Ana C. Jarvis
San Bernardino Valley College

Raquel Lebredo
California Baptist College

Francisco Mena
Crafton Hills College

SE DICE...?

SECOND EDITION

PHOTOGRAPH CREDITS

J. Allan Cash: p. 150

Courtesy, Caterpillar Americas Co.: p. 192

Courtesy, Chicago Natural History Museum: p. 43

Courtesy, Colombia Information Service: p. 263, bottom right

Owen Franken: pp. 8, 19, 46, 115 bottom, 166 left, 167 bottom

Courtesy, Hispanic Society of America: p. 297

Bohdan Hrynewych: pp. 114 top, 348, 391 right, 391 left

Edward Jones: p. 166 right

Courtesy, Library of Congress: p. 242

Peter Menzel: facing p. 1, pp. 4, 10, 22, 36, 52, 66, 94, 112, 114 bottom, 115 top, 116,
132, 141, 146, 164, 167 top, 168, 176, 206, 222, 225, 227, 228, 235, 260, 262 left, 262
right, 263 top, 263 bottom left, 267 left, 267 right, 268, 276, 292, 302, 308, 311 top, 311
bottom left, 311 bottom right, 312 top, 312 bottom, 314, 328, 334, 351 bottom right,
352, 358, 366, 386, 389, 392

Courtesy, Mexican Tourist Office: p. 351 top

Courtesy, Spanish Tourist Office: p. 351 bottom left

Harold Webb: pp. 388 left, 388 right

Cover photographs by Peter Menzel

International Standard Book Number: 0-669-04495-4

Library of Congress Catalog Card Number: 81-81599

¿Cómo se dice. . . ?, Second Edition, is an integrated beginning program in college Spanish. It contains a text, a student's workbook/laboratory manual, an audio program, and an instructor's manual—all the components necessary to ensure success in language learning.

The program emphasizes the active use of language for communication without neglecting the other language skills. A variety of learning activities and strategies provides a flexible framework that may be adapted to different classroom situations as well as to the individual instructor's techniques and teaching methods.

This edition of *¿Cómo se dice. . . ?* includes:

1. Two preliminary lessons: the first contains useful classroom vocabulary; the second presents greetings, farewells, and brief conversational exchanges.
2. Twenty regular lessons, each containing:
   a. a dialogue followed by an English translation
   b. vocabulary
   c. principles of Spanish pronunciation (Lessons 1–9)
   d. grammar presentation
   e. exercises following each grammar point
   f. *¡A ver cuánto aprendió!:* a section containing a variety of situational exercises that review the grammar and vocabulary presented in the lesson
   g. proverbs, sayings, songs, poems, and cartoons
   h. *Ejercicios de lectura:* brief reading exercises appearing at the end of every other lesson, beginning with Lesson 2
3. *Bosquejos culturales:* reading lessons stressing Hispanic culture and civilization. Starting after Lesson 6, a *Bosquejo* appears after every second or third lesson.
4. Self-Tests following every fifth lesson.
5. Appendixes containing the following:
   a. introduction to the Spanish sound system; rules governing linking, intonation, syllabification, and accentuation; study of cognates
   b. verb paradigms
   c. answer keys to the Self-Tests
   d. Spanish-English vocabulary
   e. English-Spanish vocabulary
   f. index

Every effort has been made to develop realistic dialogues that emphasize practical, everyday conversation. These dialogues present meaningful situations and contain useful, current vocabulary and idiomatic expressions.

All grammatical concepts are illustrated with examples and followed by exercises. The *¡A ver cuánto aprendió!* section, a feature unique to this text, appears at the end of each lesson; it reviews grammar and vocabulary through exercises that require the student's active participation.

The seven *Bosquejos culturales,* appearing at two to three lesson intervals, present insights into Spanish and Latin American culture and civilization. They are graded according to the student's increasing mastery of vocabulary and sentence structure.

Selected poems, sayings, proverbs, songs, riddles, and cartoons are interspersed throughout the text. These elements combine with the *Bosquejos* to give the student a vivid, panoramic view of the Spanish-speaking world.

Supplementary Materials

Instructor's Manual

The *Instructor's Manual* contains lesson-by-lesson guidelines for the teacher as well as a syllabus for quarter and semester systems.

Student's Workbook/Laboratory Manual

The student's *Workbook/Laboratory Manual* consists of two sections. The Workbook section contains a wide variety of exercises and activities that provide additional writing practice and reinforce the material covered in the textbook. The Laboratory Manual section contains material to be done in conjunction with the audio program: dialogues for student repetition, listening-comprehension exercises based on the dialogues, pronunciation exercises, structure drills, and dictations.

Answer Keys at the end of this supplement provide answers for all written activities in both the Workbook and Laboratory Manual sections. Thus this *Workbook/Laboratory Manual* is a fully self-contained unit, since the student need not refer back to the textbook to complete any of the exercises.

Audio Program

A complete audio program accompanies this edition of ¿*Cómo se dice.* . . *?* The program consists of ten reels or cassettes that play for approximately ten hours, providing considerable practice in hearing and speaking Spanish as well as in listening comprehension and writing.

Each laboratory lesson contains: a dialogue for student repetition, a listening-comprehension exercise based on the dialogue, basic pronunciation drills (through Lesson 9), a variety of audiolingual structure drills, and dictation. Thus the audio program reinforces the material presented in the text while providing speaking and listening practice.

In revising ¿*Cómo se dice.* . . *?* we have endeavored to improve every aspect of the book. We studied all the comments sent by those colleagues who had used the first edition, implemented many of their suggestions, and added changes of our own. The results can be summarized as follows:

1. The number of lessons has been reduced from twenty-three to twenty, thus rendering the text more manageable for a full course of first-year instruction.
2. The vocabulary has been reduced. Cognates have been listed separately to facilitate the word-learning process.
3. The sequence of grammatical points has been revised; certain structures and concepts, such as command forms and preterit vs. imperfect, are presented earlier than in the previous edition.
4. Some of the dialogues have been replaced. Others have been revised and updated.
5. The two preliminary lessons encourage oral communication in Spanish from the very beginning.
6. Grammar explanations have been simplified and shortened whenever possible. Concepts too difficult for first-year students have been omitted from this edition.
7. The *¡A ver cuánto aprendió!* sections have been expanded to include exercises that encourage students to "see" themselves in different situations and to express wishes and thoughts in Spanish.
8. The *Ejercicios de lectura* provide reading practice while reinforcing the vocabulary and structures presented elsewhere in the lesson.
9. Many of the *Bosquejos culturales* have been rewritten, simplified and shortened. Most of the photographs are new to this edition.
10. The review sections of the first edition have been replaced by Self-Tests. Answer keys are provided in an appendix so that students can easily check their own progress.

We wish to thank our colleagues who have used the first edition for their constructive criticism and suggestions. We are especially grateful to Professors Alice Kent Taub, St. Louis University; Dorothy Clemens, Chipola Junior College; Carol Maier, Bradley University, Ernest Norden, Baylor University; and Maxine Williams, Northwest University, for their valuable reviews. We also want to express our appreciation to the members of the editorial staff of D. C. Heath and Company for their many valuable suggestions, which have substantially enhanced the quality of the manuscript.

A. C. Jarvis

R. Lebredo

F. Mena

Contents

Preliminary Lesson I

1

In the Classroom · Useful expressions for the Class ·
Cardinal Numbers (0–9) · Colors

Preliminary Lesson II

5

Greetings and Farewells · Titles · Polite Expressions · Some Useful
Questions · Days of the Week

Lección **1**

Al teléfono

11

PRONUNCIACIÓN   Spanish **a, e**

13

ESTRUCTURAS GRAMATICALES

13

1. Subject Pronouns · 2. Present Indicative of Regular **-ar** Verbs ·
3. Gender · 4. Plural Forms · 5. The Definite Article · 6. Negative
Sentences · 7. Interrogative Sentences

Lección **2**

Con la recepcionista

23

PRONUNCIACIÓN   Spanish **i, o**

25

ESTRUCTURAS GRAMATICALES

25

1. Cardinal Numbers (10–30) · 2. Possession · 3. Present Indicative of **ser** ·
4. Agreement of Adjectives and Nouns · 5. Possessive Adjectives ·
6. Present Indicative of Regular **-er** and **-ir** Verbs · 7. Present Indicative of
the Irregular Verbs **tener** and **venir** · 8. Expressions with **tener**

EJERCICIO DE LECTURA

35

Lección 3

¿Bailamos...? 37

PRONUNCIACIÓN   Spanish **u**, linking 39
ESTRUCTURAS GRAMATICALES 40

1. Cardinal Numbers (40–100) • 2. The Indefinite Article • 3. The Personal **a** • 4. Contractions • 5. Present Indicative of the Irregular Verbs **ir, dar**, and **estar** • 6. Verbs **ser** and **estar**: Comparison of Uses • 7. Present Indicative of Stem-changing verbs (e > ie) • 8. The Comparison of Adjectives and Adverbs

Lección 4

¡Buen viaje! 53

PRONUNCIACIÓN   Spanish **b, v, d, g** (before **a, o,** or **u**) 55
ESTRUCTURAS GRAMATICALES 56

1. Cardinal Numbers (100-1,000) • 2. Telling Time • 3. **ir a plus** Infinitive • 4. Present Indicative of Stem-changing Verbs (o > ue) • 5. Uses of **hay** • 6. Ordinal Numbers

EJERCICIO DE LECTURA 65

Lección 5

En Lima 67

PRONUNCIACIÓN   Spanish **p, t, c, q** 69
ESTRUCTURAS GRAMATICALES 70

1. Months and Seasons of the Year • 2. Present Indicative of Stem-changing Verbs (e > i) • 3. Direct Object Pronouns • 4. Affirmative and Negative Expressions • 5. Demonstrative Adjectives and Pronouns

SELF-TEST   Lessons 1-5 83

Lección 6

Pidiendo información 95

PRONUNCIACIÓN   Spanish **g** (before **e** or **i**), **j, h** 97

ESTRUCTURAS GRAMATICALES   98

1. Present Progressive · 2. Summary of the Uses of **ser** and **estar** · 3. More
about Irregular Verbs · 4. **Saber** vs. **conocer** and **pedir** vs. **preguntar** ·
5. Indirect Object Pronouns

EJERCICIO DE LECTURA   110

Bosquejo cultural 1   *Algunas costumbres de la familia hispánica*   113

Lección 7

En la universidad   117

PRONUNCIACIÓN   Spanish **ll, ñ**   119
ESTRUCTURAS GRAMATICALES   119

1. Special Construction with **gustar** · 2. Possessive Pronouns · 3. Irregular
Comparison of Adjectives and Adverbs · 4. Direct and Indirect Object
Pronouns Used Together · 5. Preterit of Regular Verbs · 6. The Present
Indicative of the Verb **jugar**

Lección 8

Hogar, dulce hogar...   133

PRONUNCIACIÓN   Spanish **l, r, rr, z**   135
ESTRUCTURAS GRAMATICALES   136

1. Preterit of **ser, ir,** and **dar** · 2. Reflexive Constructions · 3. Time
Expressions with **hacer** · 4. Irregular Preterits · 5. Use of **tener que**

EJERCICIO DE LECTURA   148

Lección 9

De vacaciones   151

LA ENTONACIÓN   153

ESTRUCTURAS GRAMATICALES   154

1. Verbs with Orthographic Changes in the Preterit • 2. Preterit of Stem-
changing Verbs (**e**>**i** and **o**>**u**) • 3. Position of Adjectives • 4. Adjectives
that Change Their Meaning According to Position • 5. Formation of
Adverbs • 6. The Expression **acabar de**

Bosquejo cultural **2**   *La educación en los países hispanoamericanos*   165

Lección **10**

Problemas sociales y económicos   169

ESTRUCTURAS GRAMATICALES   171

1. Imperfect Tense • 2. Irregular Imperfects • 3. Past Progressive •
4. Pronoun Objects of a Preposition • 5. Uses of **hacía . . . que**

EJERCICIO DE LECTURA   178

SELF-TEST   Lessons 6-10   180

Lección **11**

En el hospital   193

ESTRUCTURAS GRAMATICALES   196

1. Preterit and Imperfect • 2. Changes in Meaning with the Imperfect and
Preterit • 3. **Hace** meaning "ago" • 4. The Verb **oír** • 5. The Infinitive as
the Object of the Verbs **oír**, **ver**, and **escuchar**

Lección **12**

En el restaurante   207

ESTRUCTURAS GRAMATICALES   210

1. Weather Expressions • 2. Command Forms: **Ud.** and **Uds.** • 3. Position of
Object Pronouns with Direct Commands • 4. Uses of **por** • 5. Uses of **para**

EJERCICIO DE LECTURA   220

Bosquejo cultural **3**   *La cocina española e hispanoamericana*   223

Lección **13**

Le toca a Ud...   229

ESTRUCTURAS GRAMATICALES   231

1. Past Participle • 2. Present Perfect Tense • 3. Past Perfect Tense
(Pluperfect) • 4. Past Participles Used as Adjectives • 5. Some Uses of the
Definite Article • 6. Spanish Equivalents of "that," "which," "who," "whom"

Lección **14**

¿Será que el coche está demasiado viejo?   243

ESTRUCTURAS GRAMATICALES   245

1. The Future Tense • 2. Future of Probability • 3. The Conditional •
4. Use of the Conditional to Express Probability in the Past • 5. Uses of **el
cual, el que, lo cual, lo que,** and **cuyo**

EJERCICIO DE LECTURA   258

Bosquejo cultural 4   *Contrastes en los países latinoamericanos*   261

Lección **15**

Anita va de compras   269

ESTRUCTURAS GRAMATICALES   271

1. Future Perfect Tense • 2. Conditional Perfect • 3. Reciprocal
Reflexives • 4. **Se** as an Indefinite Subject • 5. Diminutive Suffixes

SELF-TEST   Lessons 11-15   280

Lección **16**

En el banco   293

ESTRUCTURAS GRAMATICALES   295

1. The Subjunctive • 2. The Subjunctive in Indirect or Implied Commands •
3. **Qué** and **cuál** for "what" • 4. Uses of **sino** and **pero**

EJERCICIO DE LECTURA   306

Bosquejo cultural 5   *España*   309

Lección **17**

—————————————— Viajando por tren   315

ESTRUCTURAS GRAMATICALES   317

1. The Subjunctive after Verbs of Emotion • 2. First Person Plural
Command • 3. Expressions that Take the Subjunctive • 4. Uses of **volver a**

Lección **18**

—————————————— Buscando casa   329

ESTRUCTURAS GRAMATICALES   331

1. The Subjunctive to Express Doubt, Unreality, Indefiniteness, and
Nonexistence • 2. The Use of the Subjunctive or Indicative after
Conjunctions of Time • 3. The Present Perfect Subjunctive • 4. The
Familiar Commands (**tú** and **vosotros**)

EJERCICIO DE LECTURA   346

Bosquejo cultural 6   *Celebraciones*   349

Lección **19**

—————————————— Eva y Sergio van al centro médico   353

ESTRUCTURAS GRAMATICALES   355

1. The Imperfect Subjunctive • 2. Uses of the Imperfect Subjunctive •
3. The Pluperfect Subjunctive • 4. Sequence of Tenses with the Subjunctive

Lección **20**

¡El puesto es suyo!   367

ESTRUCTURAS GRAMATICALES   371

1. Summary of the Uses of the Subjunctive • 2. *If*-Clauses • 3. The Passive
Voice • 4. Substitutes for the Passive

EJERCICIO DE LECTURA   384

Bosquejo cultural 7   *Minorías latinoamericanas en los Estados Unidos*   387

SELF-TEST   Lessons 16-20   393

Appendixes   403

APPENDIX A: Spanish Sounds: the Vowels, the Consonants • Rhythm •   403
Linking • Intonation • The Alphabet • Syllable Formation in Spanish •
Accentuation • Cognates

APPENDIX B: Verbs   414

APPENDIX C: Answer Key to the Self-Tests   428

Vocabulary   439

Index   473

Maps: Mexico   264 • Central America and the Caribbean   265 •
South America   266 • Spain   313

Additional Materials

Instructor's Manual • Workbook/Laboratory Manual •
Tapes: *Number of reels:* 10 7″ double track. *Speed:* 3¾ ips. *Running time:*
10 hours (approximately). *Also available in cassettes.*

► **1.** En la sala de clase   (*In the classroom*)

You will see the people and objects in the illustration below in a typical classroom. Try to learn these words, which will be frequently used both in class and in the book.

► **2.** Expresiones útiles para la clase
(*Useful expressions for the class*)

You will hear your professor use the following directions and general terms in class. You should familiarize yourself with them.

A. When the professor is speaking to the whole class:

1. **Abran sus libros, por favor.**   Open your books, please.
2. **Cierren sus libros, por favor.**   Close your books, please.

3. Escriban, por favor.   Write, please.
4. Escuchen, por favor.   Listen, please.
5. Estudien la lección . . .   Study lesson . . .
6. Hagan el ejercicio número . . . Do exercise number . . .
7. Pronuncien, por favor.   Pronounce, please.
8. Repitan, por favor.   Repeat, please.
9. Siéntense, por favor.   Sit down, please.
10. Vayan a la página . . .   Go to page . . .

B.   When speaking to one student:

1. Continúe, por favor.   Go on, please.
2. Lea, por favor.   Read, please.
3. Vaya a la pizarra, por favor. Go to the chalkboard, please.

C.   General expressions:

1. Dictado   Dictation
2. Examen   Exam
3. Presente   Present, here

► **3.** Números cardinales (0–9)   (*Cardinal numbers*)

If you learn to count from zero to nine, you will be able to give your phone number in Spanish:

0	cero	5	cinco
1	uno	6	seis
2	dos	7	siete
3	tres	8	ocho
4	cuatro	9	nueve

Now learn how to ask someone what his (her) phone number is:

¿Cuál es su número de teléfono?   *What is your phone number?*

► **4.** Colores   (*Colors*)

You will see different colors in the classroom. Learn how to say them in Spanish:

blanco	*white*	azul	*blue*
amarillo	*yellow*	verde	*green*
anaranjado	*orange*	marrón (café)	*brown*
rosado	*pink*	gris	*gray*
rojo	*red*	negro	*black*

¡A VER CUÁNTO APRENDIÓ!   (Let's see how much you learned!)

A. Review the numbers:

Here are some telephone numbers. Read them aloud:

853–4472	976–3261	972–1430
682–5120	383–7604	684–0805

Ask one of your classmates for his or her telephone number.

B. Review the colors:

Think about the following objects and give their color(s) in Spanish:

1. an orange
2. the American flag
3. a tree
4. coffee
5. coal
6. snow
7. a canary
8. a cloudy sky
9. rosy cheeks
10. your clothes
11. your shoes
12. the cover of *¿Cómo se dice . . . ?*

C. Review the words referring to people and objects you see in the classroom.

Name the following:

Preliminary Lesson II

PROFESOR	—Señorita Ruiz, el doctor Mena.[1]
SEÑORITA RUIZ	—Mucho gusto, doctor Mena.[1]
DOCTOR MENA	—El gusto es mío, señorita Ruiz.
SEÑORITA GARCÍA	—Buenos días, señor López.
SEÑOR LÓPEZ	—Buenos días, señorita García. ¿Cómo está usted?
SEÑORITA GARCÍA	—Muy bien, gracias. ¿Y usted?
SEÑOR LÓPEZ	—Bien, gracias.
SEÑORITA GARCÍA	—Hasta luego.
SEÑOR LÓPEZ	—Adiós.
ALUMNA	—Buenas tardes, profesora.
PROFESORA	—Buenas tardes, señorita. ¿Cómo se llama usted?
ALUMNA	—Me llamo Julia Sandoval.
PROFESORA	—¿Cuál es su número de teléfono?
ALUMNA	—Cinco-cuatro-ocho—tres-dos-cero-nueve.
DOÑA MARÍA	—Buenas noches, don Miguel. ¿Cómo está usted?
DON MIGUEL	—No muy bien, doña María.
DOÑA MARÍA	—Lo siento.
SEÑORA VEGA	—Muchas gracias por todo, señorita.
SEÑORITA PAZ	—De nada, señora. Hasta mañana.
SEÑORA VEGA	—Hasta mañana. Saludos a don Enrique.
PROFESOR	—¿Qué día es hoy, Carlos?
CARLOS	—Hoy es miércoles. Profesor, ¿cómo se dice "you're welcome" en español?
PROFESOR	—Se dice "de nada".
CARLOS	—¿Qué quiere decir "lo siento"?
PROFESOR	—Quiere decir "I'm sorry".

---

[1] When you are speaking about a third person (indirect address), and using a title with the name, the definite article is required. It is omitted when you are addressing someone directly.

BRIEF CONVERSATIONS

PROF.	Miss Ruiz, Doctor Mena.
MISS R.	A pleasure, Doctor Mena.
DR. M.	The pleasure is mine, Miss Ruiz.
MISS G.	Good morning, Mr. López.
MR. L.	Good morning, Miss García. How are you?
MISS G.	Very well, thank you. And you?
MR. L.	Fine, thank you.
MISS G.	See you later.
MR. L.	Good-bye.
STUDENT	Good afternoon, professor.
PROF.	Good afternoon, young lady. What is your name?
STUDENT	My name is Julia Sandoval.
PROF.	What is your phone number?
STUDENT	Five-four-eight—three-two-zero-nine.
DOÑA M.	Good evening, Don Miguel. How are you?
DON M.	Not very well, Doña María.
DOÑA M.	I'm sorry.
MRS. V.	Thank you very much for everything, miss.
MISS P.	You're welcome, Madam. I'll see you tomorrow.
MISS V.	I'll see you tomorrow. Say hello to don Enrique.
PROF.	What day is it today, Carlos?
CARLOS	Today is Wednesday. Professor, how does one say "you're welcome" in Spanish?
PROF.	One says "de nada".
CARLOS	What does "lo siento" mean?
PROF.	It means "I'm sorry".

Vocabulary

GREETINGS AND FAREWELLS

adiós   good-bye
buenas noches   good evening
buenas tardes   good afternoon
buenos días   good morning
¿Cómo está usted?   How are you?
hasta luego   see you later
hasta mañana   I'll see you tomorrow

TITLES

doctor (Dr.)   doctor[1] (*masc.*)
doctora (Dra.)   doctor[1] (*fem.*)
don   title of respect (*masc.*) *used with first name*
doña   title of respect (*fem.*) *used with first name*
profesor   professor, teacher (*masc.*)
profesora   professor, teacher (*fem.*)
señor (Sr.)   Mr., sir, gentleman
señora (Sra.)   Mrs., Madam, lady
señorita (Srta.)   Miss, young lady

POLITE EXPRESSIONS

de nada   you're welcome
el gusto es mío   the pleasure is mine
gracias   thank you
lo siento   I'm sorry
muchas gracias   thank you very much
mucho gusto   a pleasure, how do you do?

SOME USEFUL QUESTIONS

¿Cómo se dice . . . ?   How does one say . . . ?
¿Cómo se llama usted?   What is your name?
¿Qué día es hoy?   What day is it today?
¿Qué quiere decir . . . ?   What does . . . mean?

DAYS OF THE WEEK

lunes   Monday
martes   Tuesday
miércoles   Wednesday
jueves   Thursday
viernes   Friday
sábado   Saturday
domingo   Sunday

ATENCIÓN: The days of the week are not capitalized in Spanish.

GENERAL VOCABULARY

alumno(a)   student, pupil
bien   well
cómo   how
conversaciones breves   brief conversations
¿cuál?   which, what
en español   in Spanish
hoy   today
hoy es   today is
me llamo . . .   my name is . . .
muy bien   very well
no   not
por todo   for everything
quiere decir . . .   it means . . .
saludos a . . .   say hello to . . .
se dice . . .   one says . . .
y   and

---

[1]In Spanish-speaking countries, lawyers and other professionals who have the equivalent of a Ph.D. are also addressed as **doctor** or **doctora**.

¡A VER CUÁNTO APRENDIÓ!

A. ¡Conversemos!   (*Let's talk!*)

Give appropriate responses:

1. Mucho gusto, señor _____ (señora _____, señorita _____).
2. Buenos días.
3. Buenas tardes.
4. Buenas noches.
5. ¿Cómo está usted?
6. ¿Cómo se llama usted?
7. ¿Cuál es su número de teléfono?
8. ¿Cómo se dice "thank you very much" en español?
9. ¿Qué quiere decir "lo siento"?
10. Hasta mañana, señor _____ (señora _____, señorita _____).
11. Hasta luego.
12. Muchas gracias por todo.
13. ¿Qué día es hoy?

B. The person asking these questions is always a day ahead. Respond, following the model:

MODELO: Hoy es lunes, ¿no?
No, hoy es domingo.

1. Hoy es miércoles, ¿no?
2. Hoy es domingo, ¿no?
3. Hoy es viernes, ¿no?
4. Hoy es martes, ¿no?
5. Hoy es sábado, ¿no?
6. Hoy es jueves, ¿no?

C. Complete the following dialogues:

1. *Don Antonio meets doña Sara:*

DON ANTONIO   —¿Cómo está usted, doña Sara?
DOÑA SARA   _____
DON ANTONIO   —Lo siento. Hasta mañana, señora. Saludos a don José.
DOÑA SARA   _____

2. *Professor Mena and Mr. Roberto Soto are in the classroom. Today is Friday:*

PROF. MENA   —¿Cómo se llama usted, señor?
ROBERTO   _____
PROF. MENA   —Mucho gusto, señor Soto.
ROBERTO   _____

PROF. MENA	—¿Qué día es hoy?
ROBERTO	_____
PROF. MENA	—¿Cómo se dice "seven" en español?
ROBERTO	_____
PROF. MENA	—¿Qué quiere decir "hasta luego"?
ROBERTO	_____
PROF. MENA	—Muy bien. Hasta luego, señor Soto.
ROBERTO	_____

3. *A student thanks her teacher for helping her:*

ALUMNA	_____
PROFESORA	—De nada, señorita García. Hasta luego.
ALUMNA	_____

D. Situaciones   (*Situations*)

What do you say in each of the following situations?:

1. You meet Mr. García in the evening and you ask him how he is.
2. You ask Prof. Vega how to say "you're welcome" in Spanish.
3. You ask a young lady what her name is.
4. You ask a lady what her phone number is.
5. You ask Prof. Gómez what "muy bien" means.
6. You introduce Dr. Cortés to your teacher.

ATENCIÓN: Make sure you have mastered the material covered in *Preliminary Lessons I* and *II* before you start *Lección 1*.

Lección

1

Raquel desea hablar con doña María:

RAQUEL —Hola. ¿Está doña María?

MARISA —No, no está. Lo siento.

RAQUEL —¿Dónde está?

MARISA —En el mercado.

RAQUEL —Entonces llamo[1] más tarde.

MARISA —Muy bien. Adiós.

Carmen habla con María:

MARÍA —Bueno.

CARMEN —Hola. ¿Está María?

MARÍA —Sí, con ella habla. ¿Carmen?

CARMEN —Sí. ¿Qué tal, María?

MARÍA —Muy bien, gracias. ¿Qué hay de nuevo?

CARMEN —Nada. ¡Oye!, ¿estudiamos inglés[2] hoy?

MARÍA —Sí. Y mañana estudiamos español.

CARMEN —Hasta luego, entonces.

Pedro desea hablar con Ana:

ROSA —Hola.

PEDRO —Hola. ¿Está Ana?

ROSA —Sí, un momento, por favor. ¿De parte de quién?

PEDRO —De Pedro Morales.

ANA —Hola, Pedro. ¿Qué tal?

PEDRO —Bien, ¿y tú?

ANA —Más o menos.

PEDRO —¿Por qué? ¿Problemas sentimentales?

ANA —No, económicos. ¡Yo necesito dinero!

PEDRO —¿Quién no? ¡Oye! ¿Tú trabajas esta noche?

ANA —Sí, trabajo en el hospital.

---

[1]The present indicative is often used in Spanish to express a near future.   [2]Names of languages and nationalities are not capitalized in Spanish.

ON THE PHONE

Rachel wishes to speak with Doña Maria:

R.   Hello. Is Doña Maria there?
M.   No, she isn't. I'm sorry.
R.   Where is she?
M.   At the market.
R.   Then I'll call later.
M.   Very well. Good-bye.

Carmen speaks with Maria:

M.   Hello.
C.   Hello. Is Maria there?
M.   Yes, this is she. Carmen?
C.   Yes, how is it going, Maria?
M.   Very well, thank you. What's new?
C.   Nothing (new). Listen! Are we studying English today?
M.   Yes, and tomorrow we're studying Spanish.
C.   See you later, then.

Peter wishes to speak with Ann:

R.   Hello.
P.   Hello, is Ana there?
R.   Yes, one moment, please. Who's calling?
P.   Peter Morales.
A.   Hi, Peter, how is it going?
P.   Fine, and you?
A.   So-so. (More or less).
P.   Why? Love problems?
A.   No, financial (ones). I need money!
P.   Who doesn't? Listen! Are you working tonight?
A.   Yes, I'm working at the hospital.

Vocabulario

COGNADOS   (*Cognates*)[1]

el **hospital**   hospital
la **lección**   lesson
no   no
el **problema**   problem
el **teléfono**   telephone

NOMBRES

(*nouns*)

el **dinero**   money
el **español**   Spanish (language)
el **inglés**   English (language)
el **mercado**   market

VERBOS

(*verbs*)

desear   to wish, to want
está   is (*from the verb* **estar**, to be)[2]
estudiar   to study
hablar   to speak, to talk
llamar   to call
necesitar   to need
trabajar   to work

PALABRAS INTERROGATIVAS

(*question words*)

¿dónde?   where?
¿por qué?   why?
¿qué?   what
¿quién?   who?

OTRAS PALABRAS

(*other words*)

con   with
en   in, at, on
entonces   then

hola, bueno[3]   hello
mañana   tomorrow
muy   very
nada   nothing
o   or
sí   yes

ALGUNAS EXPRESIONES

(*some expressions*)

al teléfono   on the phone
con ella habla   this is she
¿de parte de quién?   who's calling?
¿está . . . + (name)?   is . . . (name) there?
esta noche   tonight
más o menos   more or less, so-so
más tarde   later
¡oye!   listen!
por favor   please
problemas económicos   financial problems
problemas sentimentales   love problems
¿qué hay de nuevo?   what's new?
¿qué tal?   how is it going?
¿quién no?   who doesn't?
un momento   one moment

---

[1]For a complete explanation of *cognates*, see Appendix A.   [2]The verb form, **está**, is used in this lesson to indicate location.   [3]In some countries, **bueno** is used when answering the phone.

Pronunciación   ▶ **A.** Spanish **a**

Spanish **a** is pronounced like the *a* in the English word *father*. Listen to your teacher and repeat the following words from the dialogue:

Ana	tal	está
nada	habla	trabaja
gracias	hasta	mañana

▶ **B.** Spanish **e**

Spanish **e** is pronounced like the *e* in the English word *met*. Listen to your teacher and repeat the following words from the dialogue:

qué	parte	teléfono
usted	noche	mercado
entonces	problemas	sentimentales

Estructuras gramaticales   ▶ **1.** Subject pronouns   (*Pronombres personales usados como sujetos*)

Singular		*Plural*	
yo I		**nosotros** we (*masc.*)	
		nosotras we (*fem.*)	
tú you (*familiar*)		**vosotros** you (*masc., familiar*)	
		vosotras you (*fem., familiar*)	
usted you (*formal*)		**ustedes** you (*formal*)	
él he		**ellos** they	
ella she		**ellas** they	

❀ The masculine plural forms may refer to the masculine gender alone or to both genders together:

Ellos (Luis y Carlos) hablan español.   *They (Louis and Charles) speak Spanish.*

Ellos (María, don Miguel y Raúl) hablan inglés.   *They (Maria, don Miguel, and Raul) speak English.*

Nosotros (Ana María, Carlos y yo) trabajamos en el mercado.   *We (Ann Maria, Charles, and I) work at the market.*

❀ The **vosotros** form is used only in Spain. In Latin America, the plural form **ustedes** (*abbr.* **Uds.**) is used as the plural form of both **usted** (*abbr.* **Ud.**) and **tú.**[1]

❀ The **tú** form is used as the equivalent of *you* when addressing a close friend, a relative, or a child. The form **usted** is used in all other instances.

EJERCICIOS

A. Say in Spanish:

1. we (*fem.*)	6. you (*fam. sing.*)
2. I	7. they (*fem.*)
3. you (*form. pl.*)	8. we (*masc.*)
4. he	9. you (*form. sing.*)
5. they (*masc.*)	10. she

B. Give the plural of the following subject pronouns:

1. yo	4. tú
2. ella	5. Ud.
3. él	

▶ **2.** Present indicative of regular **-ar** verbs
(*Presente de indicativo de los verbos regulares terminados en* **-ar**)

Spanish verbs are classified into three main patterns of conjugation, according to the ending of the infinitive. The three infinitive endings are **-ar, -er,** and **-ir.**

Regular verbs ending in **-ar** are conjugated like the verb **hablar**, *to speak:*

hablar to speak		
Singular		
yo	hablo	Yo **hablo** español.
tú	hablas	Tú **hablas** inglés.
Ud.		Ud. **habla** español.
él	habla	El señor Mena **habla** español. Él **habla** español.
ella		La señorita García **habla** español.
		Ella **habla** español.
Plural		
nosotros	hablamos	Nosotros **hablamos** español.
vosotros	habláis	Vosotros **habláis** español.
Uds.		Uds. **hablan** español.
ellos	hablan	Ellos **hablan** inglés.
ellas		Ellas **hablan** inglés.

---

[1]The **ustedes** form will be used in this book.

✻ The infinitive of Spanish verbs consists of a stem (such as **habl-**) and an ending (such as **-ar**).

✻ The stem **habl-** does not change. The endings change with the subject.

✻ The Spanish present tense is equivalent to three English forms:

Yo **hablo** inglés. $\begin{cases} \textit{I speak English.} \\ \textit{I do speak English.} \\ \textit{I am speaking English.} \end{cases}$

✻ Since the verb endings indicate the speaker, the subject pronouns are frequently omitted:

Hablo español.   *I speak Spanish.*
Hablamos inglés.   *We speak English.*

✻ They may be used for emphasis or clarification, however:

Ella habla inglés y **yo** hablo español.

EJERCICIOS

A. Give the corresponding forms of the following regular verbs:

1. **yo:**   trabajar, hablar, necesitar, estudiar, llamar, desear
2. **tú:**   trabajar, hablar, necesitar, estudiar, llamar, desear
3. **Roberto:**   trabajar, hablar, necesitar, estudiar, llamar, desear
4. **Ud.:**   trabajar, hablar, necesitar, estudiar, llamar, desear
5. **nosotros:**   trabajar, hablar, necesitar, estudiar, llamar, desear
6. **ellos:**   trabajar, hablar, necesitar, estudiar, llamar, desear

B. Item Substitution (Repeat the following sentences, substituting the words in parenthesis. Make sure that the verbs agree with the new subjects.):

1. *Yo* trabajo en el hospital. (nosotros, tú, ellos, María)
2. *Nosotros* hablamos español. (yo, el profesor, tú, ellos)
3. *Ella* necesita dinero. (tú, nosotros, yo, ustedes)
4. *Tú* estudias inglés. (nosotros, yo, él, ellas)
5. *Ellos* llaman más tarde. (yo, nosotras, Ud., tú)
6. *Él* desea hablar con Eva. (tú, ellos, nosotros, Uds.)

▶ **3.** Gender   (*Género*)

In Spanish all nouns—including those denoting non-living things—are either masculine or feminine:

Masculine	Feminine
mercado	ciudad
señor	señora
teléfono	lección

Some practical rules to determine gender of Spanish nouns:

1. Most words ending in **-a** are feminine; most words ending in **-o** are masculine:

Masculine	*Feminine*	
diner**o**	mes**a**	*table*
mercad**o**	sill**a**	*chair*

ATENCIÓN: Two important exceptions are **día**, *day*, which is masculine, and **mano**, *hand*, which is feminine.

2. Nouns ending in **-sión, -ción, -tad, -dad**, and **-umbre** are feminine:

televi**sión** *television*	universi**dad** *university*
conversa**ción** *conversation*	certi**dumbre** *certainty*
liber**tad** *liberty*	

The gender of other nouns must be learned: **español**, *Spanish* (language), is masculine; **pared**, *wall*, is feminine.

ATENCIÓN: Although the following words end in **-a** they are masculine:

poema *poem*	idioma *language*
programa *program*	problema *problem*
sistema *system*	tema *theme, subject*
clima *climate*	telegrama *telegram*

EJERCICIO

Read the following words and say whether they are masculine or feminine:

1. pared	5. problema	9. mano	13. organización
2. mesa	6. ciudad	10. lumbre	14. día
3. turismo	7. sociedad	11. libertad	15. solución
4. mercado	8. silla	12. idioma	16. conversación

▶ **4.   Plural forms**   (*Formas del plural*)

The plural of nouns is formed by adding **-s** to words ending in a vowel and **-es** to words ending in a consonant. Nouns ending in **-z** change the **z** to **c** and add **-es**:

señora: señora**s**	profesor: profesor**es**
mercado: mercado**s**	conversación: conversacion**es**[1]
mano: mano**s**	español (*Spaniard*): español**es**
lápiz (*pencil*): lápi**ces**	cruz (*cross*): cru**ces**

---

[1]Notice that the plural form does not have a written accent mark.

EJERCICIO   Make the following plural:

1. señorita   6. pared
2. teléfono   7. lección
3. señor   8. lápiz
4. español   9. día
5. profesora   10. doctor

▶ **5.** The definite article   (*El artículo definido*)

Spanish has four forms equivalent to the English definite article *the:*

	Singular	*Plural*
Masculine	el	los
Feminine	la	las

EXAMPLES: **el** señor   **los** señores
          la señora   **las** señoras
          el mercado   **los** mercados

※ In Spanish the article and the noun agree in gender and number.

EJERCICIO   Supply the appropriate definite articles:

1. _____ señorita   11. _____ universidad
2. _____ doctor   12. _____ dinero
3. _____ conversación   13. _____ problema
4. _____ libertad   14. _____ certidumbre
5. _____ telegramas   15. _____ señoras
6. _____ lecciones   16. _____ teléfono
7. _____ profesores   17. _____ manos
8. _____ señor   18. _____ clima
9. _____ mercado   19. _____ ideas
10. _____ días   20. _____ programas

▶ **6.** Negative sentences   (*Oraciones negativas*)

To make a sentence negative, simply place the word **no** in front of the verb:

Yo trabajo en el hospital.   *I work in the hospital.*
Yo **no** trabajo en el hospital.   *I do not work in the hospital.*

Ud. habla español.   *You speak Spanish.*
Ud. **no** habla español.   *You don't speak Spanish.*

Nosotros estudiamos inglés.	*We study English.*
Nosotros **no** estudiamos inglés.	*We don't study English.*
Él habla inglés.	*He speaks English.*
Él **no** habla inglés.	*He does not speak English.*

ATENCIÓN: If the answer to a question is in the negative, the word **no** will appear twice, at the beginning of the sentence, as in English, and in front of the verb.

¿Habla Ud. español?	*Do you speak Spanish?*
No, **no** hablo español.	*No, I do not speak Spanish.*
¿Trabaja la señora en el hospital?	*Does the lady work in the hospital?*
No, ella **no** trabaja en el hospital.	*No, she does not work in the hospital.*

EJERCICIO

Make the following sentences negative:

1. Yo hablo español.
2. Él trabaja en la ciudad.
3. Nosotros estudiamos la lección.
4. Ud. habla inglés.
5. Ella llama mañana.
6. Tú deseas hablar con Ana.
7. Uds. necesitan los mapas.
8. Ellas hablan inglés.
9. Roberto necesita el programa.
10. La señora está en el mercado.

▶ **7.** Interrogative sentences   (*Oraciones interrogativas*)

In Spanish there are several ways of asking a question to elicit a *yes/no* answer:

1. ¿**Elena** habla español?
2. ¿Habla **Elena** español?   Sí, Elena habla español.
3. ¿Habla español **Elena**?

These three questions ask for the same information and have the same meaning. Example 1 is a declarative sentence that is made interrogative by a change in intonation.

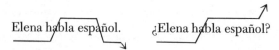

Elena habla español.   ¿Elena habla español?

In example 2 an interrogative is formed by placing the subject (**Elena**) after the verb. In example 3 the subject (**Elena**) has been placed at the end. Notice that Spanish uses two question marks, an inverted one at the beginning of the sentence as well as one at the end.

EJERCICIOS

A. Change the following sentences to the interrogative form:

1. Ellos desean hablar español.
2. La profesora está en la sala de clase.
3. Marisa y Rosa necesitan dinero.
4. Roberto trabaja en la universidad.
5. Necesitas el cuaderno.
6. Nosotros estudiamos español.
7. El doctor Mena necesita trabajo.
8. Ud. trabaja en el hospital.
9. Los profesores estudian el programa.
10. Él llama esta noche.

B. Say in Spanish:

1. Does Mary speak Spanish?
2. Do you (*fam., sing.*) work at the hospital?
3. Do they need money?
4. Does Carmen study in Chile?
5. Do you (*pl.*) study English?

¡A VER CUÁNTO APRENDIÓ!

A. Give appropriate responses:

1. Hola. ¿Qué hay de nuevo?
2. ¿Qué idioma habla Ud.?
3. ¿Dónde trabajan Uds.?
4. ¿Estudia en Buenos Aires?
5. ¿Habla español el profesor (la profesora)?
6. ¿Trabaja en el mercado el profesor (la profesora)?
7. ¿Necesitas dinero?
8. ¿Con quién desea Ud. hablar?
9. Hola. ¿Está el profesor (la profesora)?
10. ¿Estudian Uds. inglés?

B. ¡Repase el vocabulario! (*Review the vocabulary!*)

Complete with the appropriate words and read aloud:

1. ¡Oye! ¿ _____ (nosotros) inglés hoy?
2. ¿Qué hay de _____ ? ¿Nada?
3. ¿Problemas sentimentales o _____ ?
4. ¿Por qué _____ ella en el mercado? ¿ _____ dinero?
5. ¿No está? Entonces llamo _____ .
6. Nosotros _____ hablar español con el profesor.
7. ¿Dónde está el doctor? ¿En el _____ ?
8. ¿De parte de _____ ?
9. Sí, está. Un _____ , por favor.
10. Hola, ¿qué _____ ? ¿Bien?

C. Complete the following conversations:

1. *On the phone:*
   —¿Está el doctor López?

   _____

   —De parte de Raúl Díaz.

   _____

2. *Miss López asks where the professor is:*
   —Hola, Miguel. ¿Dónde está el profesor?

   _____

   —¿En el mercado? Entonces, hasta mañana.

   _____

3. *Anita has financial problems.*
   —Buenas noches, Anita. ¿Qué tal?

   _____

–¿Por qué? ¿Problemas sentimentales?

_____

4. *On the phone:*
   –Hola. ¿Está María?

   _____

   –¿Cómo estás, María?

   _____

   –Nada nuevo. ¡Oye! ¿Trabajas esta noche?

   _____

D. Situaciones

What would you say in the following situations?:

1. You ask whether Mr. Vera is home.
2. You tell a caller to wait a moment.
3. You ask who is calling.
4. Someone asks to speak to you. You say: This is he (she).
5. You tell someone you'll call later.
6. Someone asks how you are. You tell him you're just fine and ask him what's new.

Lección 2

La señora Mercedes Pérez de Jiménez viene a solicitar trabajo y contesta las preguntas de la recepcionista.

Información personal:

SRA. DE JIMÉNEZ	—Buenos días, señorita. Vengo a solicitar trabajo.
RECEPCIONISTA	—Buenos días. Tome asiento, por favor.
SRA. DE JIMÉNEZ	—Gracias.
RECEPCIONISTA	—¿Cuál es su nombre y apellido? ¿Cómo se llama Ud.?
SRA. DE JIMÉNEZ	—Mercedes Pérez de Jiménez.
RECEPCIONISTA	—¿Lugar de nacimiento?
SRA. DE JIMÉNEZ	—Soy de la ciudad de México.
RECEPCIONISTA	—¿Dirección?
SRA. DE JIMÉNEZ	—Vivo en la calle Roma número diez y ocho.[1]
RECEPCIONISTA	—¿Su número de teléfono?
SRA. DE JIMÉNEZ	—Mi número es cinco-siete-seis-ocho-cinco-cuatro-nueve.
RECEPCIONISTA	—¿Su edad? (¿Cuántos años tiene?)
SRA. DE JIMÉNEZ	—Tengo treinta años.
RECEPCIONISTA	—¿Profesión?
SRA. DE JIMÉNEZ	—Soy enfermera.
RECEPCIONISTA	—¿Estado civil?
SRA. DE JIMÉNEZ	—Soy casada.

Información familiar:

RECEPCIONISTA	—¿Cómo se llama su esposo?
SRA. DE JIMÉNEZ	—Esteban Jiménez.
RECEPCIONISTA	—¿Dónde trabaja él?
SRA. DE JIMÉNEZ	—Mi esposo trabaja para la compañía Sandoval.
RECEPCIONISTA	—¿Qué profesión tiene su esposo?
SRA. DE JIMÉNEZ	—Es ingeniero.
RECEPCIONISTA	—¿Tienen Uds. hijos?
SRA. DE JIMÉNEZ	—Sí, tenemos dos hijos y una hija.
RECEPCIONISTA	—¿Los niños son mexicanos también?
SRA. DE JIMÉNEZ	—Sí, ellos son de México también.
RECEPCIONISTA	—Gracias. Ahora debe llenar la otra planilla.

(Después de llenar la otra planilla, la señora de Jiménez decide entrar en la cafetería. Como tiene hambre y sed, come un sándwich de jamón y queso y ensalada y bebe un refresco.)

---

[1]Notice that in Spanish the name of the street goes *before* the number.

WITH THE RECEPTIONIST

Mrs. Mercedes Pérez de Jiménez comes to apply for a job and answers the receptionist's questions.

Personal Data:

MRS. J. Good morning, miss. I've come to apply for a job.

R. Good morning. Have a seat, please.

MRS. J. Thank you.

R. Your name and surname? (What is your name?)

MRS. J. Mercedes Pérez de Jiménez.

R. Place of birth?

MRS. J. I'm from Mexico City.

R. Address?

MRS. J. I live on Roma Street, number eighteen.

R. Your phone number?

MRS. J. My number is five-seven-six-eight-five-four-nine.

R. Your age? (How old are you?)

MRS. J. I am thirty years old.

R. Profession?

MRS. J. I'm a nurse.

R. Marital status?

MRS. J. I am married.

Family Data:

R. What's your husband's name?

MRS. J. Steven Jiménez.

R. Where does he work?

MRS. J. My husband works for the Sandoval Company.

R. What is your husband's profession?

MRS. J. He's an engineer.

R. Do you have children?

MRS. J. Yes, we have two sons and one daughter.

R. Are the children Mexican also?

MRS. J. Yes, they are from Mexico too.

R. Thank you. Now you must fill out the other form.

(After filling out the other form, Mrs. Jiménez decides to go into the cafeteria. Since she's hungry and thirsty, she eats a ham and cheese sandwich and salad and drinks a soft drink.)

Vocabulario

COGNADOS

la **cafetería**   cafeteria
la **ciudad**   city
la **compañía**   company
la **información**   information, data
el **ingeniero**   engineer

mexicano(a)   Mexican
personal   personal
la **profesión**   profession
el (la) **recepcionista**[1]   receptionist
el **sándwich**[2]   sandwich

NOMBRES

el **año**   year
el **apellido**   surname
la **calle**   street
la **dirección, el domicilio**   address
la **edad**   age
el (la) **enfermero(a)**   nurse
la **ensalada**   salad
el **esposo**   husband
el **estado civil**   marital status
la **hija**   daughter
el **hijo**   son
los **hijos**   children, son(s) and daughter(s)
el **jamón**   ham
el **lugar**   place
el **nacimiento**   birth
el (la) **niño(a)**   child
el **nombre**   name
la **planilla**   form
la **pregunta**   question
el **queso**   cheese
el **refresco**   soft drink, soda pop
el **trabajo**   work, job

VERBOS

beber   to drink
comer   to eat
contestar   to answer

deber   to have to, must, should
decidir   to decide
entrar (en)   to enter, to go (come) in
llenar   to fill out
ser (*irreg.*)   to be
solicitar   to apply for
tener (*irreg.*)   to have
venir (*irreg.*)   to come
vivir   to live

ADJETIVO

casado(a)   married

OTRAS PALABRAS

a   to, ~~in order to~~
ahora   now
como   since, being that
¿cuántos(as)?   how many?
de   of, from
después (de)   after
otro(a)   another, other
para   for, *in order to*
también   also, too

ALGUNAS EXPRESIONES

sándwich de jamón y queso   ham and cheese sandwich
tome asiento   have a seat

---

[1]Nouns ending in **-ista** change only the article to indicate gender: **el** recepcion**ista** (*masc.*); **la** recepcion**ista** (*fem.*)   [2]In Spain, **emparedado** or **bocadillo** is used.

VOCABULARIO ADICIONAL

divorciado(a)   divorced
Gustavo no es **divorciado.** Es casado.

la **esposa**   wife, spouse
Su **esposa** solicita trabajo.

los **Estados Unidos**   United States
Soy de los **Estados Unidos.**

norteamericano(a)   North American
Yo soy **norteamericano.**

separado(a)   separated
Él está **separado** de su esposa.

soltero(a)   single
No soy casada. Soy **soltera.**

la **viuda**   widow
No tiene esposo. Es **viuda.**

el **viudo**   widower
El señor es **viudo.**

Pronunciación

▶ **A.**   Spanish **i**

Spanish **i** is pronounced like the double *e* in the English word *see*. Listen to your teacher and repeat the following words from the dialogue:

decidir	días	niño
civil	cinco	hijo
información	nacimiento	ingeniero

▶ **B.**   Spanish **o**

Spanish **o** is a short, pure vowel. It corresponds to the *o* in the English word *no*, but without the glide. Listen to your teacher and repeat the following words:

hospital	México	vengo
como	vivo	ocho
otro	número	tengo

Estructuras gramaticales

▶ **1.**   Cardinal numbers 10–30   (*Números cardinales*)

10	**diez**	21	**veinte y uno**
11	**once**	22	**veinte y dos**
12	**doce**	23	**veinte y tres**
13	**trece**	24	**veinte y cuatro**
14	**catorce**	25	**veinte y cinco**
15	**quince**	26	**veinte y seis**
16	**diez y seis**[1]	27	**veinte y siete**
17	**diez y siete**	28	**veinte y ocho**
18	**diez y ocho**	29	**veinte y nueve**
19	**diez y nueve**	30	**treinta**
20	**veinte**		

[1]Numbers 16 to 29 may also be spelled thus: **dieciséis, dieciocho, veintiuno, veintisiete,** etc.

► **2.** Possession   (*La posesión*)

De + *noun* is used to express possession. Spanish does not use the apostrophe:

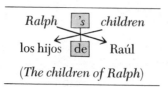

Ralph 's children

los hijos de Raúl

(*The children of Ralph*)

EXAMPLES:

las preguntas **de la recepcionista**   *the receptionist's questions*
la profesión **de los señores**   *the gentlemen's profession*

ATENCIÓN: Notice the use of the definite article before the words **preguntas** and **profesión.**

EJERCICIO

Write in Spanish:

1. The children's address
2. Mrs. García's son
3. Miss Vera's question
4. The young lady's profession

5. The doctors' phone number
6. The engineers' wives
7. The professors' problems
8. Aranda's marital status

► **3.** Present indicative of **ser**
(*Presente de indicativo del verbo* **ser**)

The verb **ser,** *to be,* is irregular. Its forms, like the forms of other irregular verbs, must be memorized:

ser to be			
yo	soy	*I am*	Yo **soy** de México.
tú	eres	*you are (fam.)*	Tú **eres** de California.
Ud.		*you are (form.)*	Ud. **es** de los Estados Unidos.
él	es	*he is*	José **es** profesor.
ella		*she is*	Luisa **es** profesora también.
nosotros	somos	*we are*	Nosotros **somos** de Madrid.
vosotros	sois	*you are (fam.)*	Vosotros **sois** ingenieros.
Uds.		*you are (form.)*	Uds. **son** doctores.
ellos	son	*they are (masc.)*	Ellos **son** recepcionistas.
ellas		*they are (fem.)*	Ellas **son** alumnas.

✳ **Ser** is used to indicate nationality, profession, or status:

Yo **soy** mexicano.   *I am a Mexican. (masc.)*
Elena **es** recepcionista.   *Helen is a receptionist.*
Edgardo **es** ingeniero.   *Edgar is an engineer.*
Marta **es** divorciada.   *Martha is divorced. (fem.)*

✳ **Ser** is used with the preposition **de** to indicate origin or possession:

Nosotros **somos de** Madrid.   *We are from Madrid.*
El libro **es de** Pedro.   *The book is Peter's.*

EJERCICIOS

A. Complete the following sentences using the appropriate forms of the verb **ser.** Then read the sentences aloud:

1. ¿De dónde _____ Ud.?
2. María y Elena _____ de México.
3. Tú no _____ norteamericano.
4. ¿De dónde _____ los niños?
5. Tú y yo _____ de Cuba.
6. Yo _____ de Madrid.
7. Él _____ profesor.
8. ¿ _____ Uds. de Chile?

B. Answer the following questions in complete sentences:

1. ¿Es Ud. de México?
2. ¿De dónde eres?
3. ¿Es Ud. divorciado(a)?
4. ¿Son Uds. los profesores?
5. ¿Eres doctor?
6. ¿Es ingeniero su esposo?
7. ¿Son Uds. de los Estados Unidos?
8. ¿Es norteamericano el profesor?

▶ **4. Agreement of adjectives and nouns**
(*Concordancia de adjetivos y nombres*)

Adjectives agree in gender and number with the nouns they modify. Adjectives ending in **o** form the feminine by changing the **o** to **a:**

el profesor mexicano   la profesora mexicana
el lápiz rojo   la pluma roja

Adjectives ending in **e** or in a consonant have the same form for the masculine and the feminine:

el niño inteligente   la niña inteligente
el esposo feliz   *(happy)*   la esposa feliz
el libro verde   la silla verde

The only exceptions are:

1. Adjectives of nationality that end in a consonant add an **a** in the feminine:

el niño español   la niña española
el señor inglés   (*English*)   la señora inglesa

2. Adjectives ending in **án, ón, ín** or **or** add an **a** in the feminine:

El alumno trabaja**dor**   (*hardworking*)   la alumna trabaja**dora**

To form the plural, adjectives follow the same rules as nouns. Adjectives ending in a vowel add -**s**; adjectives ending in a consonant add -**es**; those ending in **z** change the **z** to **c** and add -**es**:

las profesoras mexicanas
los profesores español**es**
los esposos feli**ces**

When an adjective modifies two or more nouns of different genders, the masculine plural form is used:

la niña mexicana }
el niño mexican**o** }   la niña y el niño mexican**os**

ATENCIÓN: Notice that in Spanish qualifying adjectives generally follow the noun.

EJERCICIO   Change the adjectives according to the new nouns:

1. el niño español
   la niña / los niños / las niñas

2. el señor casado
   la señora / los señores / las señoras

3. el esposo feliz
   la esposa / los esposos / las esposas

4. el alumno inteligente
   la alumna / los alumnos / las alumnas

5. el libro anaranjado
   la silla / los lápices / las mesas

▶ **5.** Possessive adjectives   (*Los adjetivos posesivos*)

Possessive adjectives always precede the nouns they introduce, and are never given vocal emphasis as in English. They agree in number with the nouns they modify:

el libro de Luisa ⟶	**su** libro	*her book*
los libros de Luisa ⟶	**sus** libros	*her books*
la casa de Jorge y María ⟶	**su** casa	*their house*
las casas de Jorge y María ⟶	**sus** casas	*their houses*

FORMS OF THE POSSESSIVE ADJECTIVES

Singular	*Plural*	
mi	**mis**	*my*
tu	**tus**	*your (fam.)*
		⎧ *your (form.)*
		⎪ *his*
su	**sus**	⎨ *her*
		⎪ *its*
		⎩ *their*
nuestro(a)	**nuestros(as)**	*our*
vuestro(a)	**vuestros(as)**	*your (fam.)*

EXAMPLES: **mi** hija   *my daughter*
mis hijos   *my children*
tu casa   *your house (fam.)*
tus casas   *your houses (fam.)*
nuestro hijo   *our son*
nuestra hija   *our daughter*
nuestros hijos   *our children (sons)*
nuestras hijas   *our daughters*

❀ **Nuestro** and **vuestro** are the only possessive adjectives that have the feminine endings **-a, -as.** The others keep the same endings for both genders.

❀ Notice that the possessive adjectives agree with the thing possessed and *not* with the possessor.

❀ Since **su** and **sus** each have several possible meanings, the forms **de él** (**de ella, de ellos, de ellas, de Ud., de Uds.**) may be substituted to avoid confusion. The "formula" is: *article + noun + **de** + pronoun:*

EXAMPLES: sus casas   las casas **de él** (**ella, Ud., etc.**)
su hijo   el hijo **de él** (**ella, Ud., etc.**)

EJERCICIOS

A. Give the following possessive adjectives in Spanish:

1. (my)   ____ pizarra
2. (our) ____ cafetería
3. (your) (**Ud.** form) ____ profesora (*or* ____ profesora ____ ____)
4. (her)   ____ teléfono (*or* ____ teléfono ____ ____)

5. (our) _____ recepcionistas
6. (his) _____ hijos (or _____ hijos _____ _____)
7. (my) _____ hijas
8. (her) _____ estado civil (or _____ estado civil _____ _____)
9. (their) _____ apellido (or _____ apellido _____ _____)
10. (your) (**tú** form) _____ profesores

B. Write in Spanish:

1. My husband doesn't work in the cafeteria.
2. Your (*fam.*) wife is at the market.
3. Our children need money.
4. His professor works in Mexico. (*Avoid confusion!*)
5. Their wives apply for jobs. (*Avoid confusion!*)
6. Her daughter is (a) nurse. (*Avoid confusion!*)

▶ **6. Present indicative of regular -er and -ir verbs** (*Presente de indicativo de los verbos regulares terminados en -er y en -ir*)

comer	to eat	vivir	to live
yo	como	yo	vivo
tú	comes	tú	vives
Ud. él ella }	come	Ud. él ella }	vive
nosotros	com**emos**	nosotros	viv**imos**
vosotros	com**éis**	vosotros	viv**ís**
Uds. ellos ellas }	com**en**	Uds. ellos ellas }	viv**en**

❊ Verbs conjugated like **comer: aprender,** *to learn;* **beber,** *to drink;* **creer,** *to believe;* **leer,** *to read;* **vender,** *to sell;* **deber,** *should, must.*

❊ Verbs conjugated like **vivir: abrir,** *to open;* **escribir,** *to write,* **recibir,** *to receive;* **decidir,** *to decide.*

EXAMPLES: Yo **como** en la cafetería.
Nosotros **comemos** sándwiches de jamón y queso y ensalada.
Él **vive** en México.
Mis hijos **viven** en la ciudad.

A. Give the corresponding forms of the following verbs:

1. **yo:**   vivir, deber, creer, escribir, beber
2. **tú:**   aprender, abrir, comer, beber, decidir, deber
3. **ella:**   leer, vivir, creer, recibir, escribir
4. **tú y yo:**   vender, decidir, beber, comer, vivir, leer, abrir
5. **Luis y Rosa:**   vivir, deber, creer, escribir, recibir, vender, abrir

B. Answer the following questions in complete sentences:

1. ¿Dónde vive Ud.?
2. ¿Debo llenar la planilla?
3. ¿Comen Uds. ensalada?
4. ¿Escribes en español o en inglés?
5. ¿Cree Ud. en Santa Claus?
6. ¿Beben Uds. refrescos?
7. ¿Abre Ud. su libro?
8. ¿Leen los estudiantes en español?
9. ¿Reciben dinero los profesores?
10 .¿Vendes refrescos?
11. ¿Aprenden Uds. el español o el inglés?[1]
12. ¿Viven Uds. en California?

▶ **7.** Present indicative of the irregular verbs **tener** and **venir**
(*Presente de indicativo de los verbos irregulares tener y venir*)

Some important Spanish verbs are irregular. This means that the verbs do not follow the regular pattern of conjugation of the -ar, -er, ir verbs. **Tener**, *to have,* and **venir**, *to come,* are irregular:

tener	to have	**venir**	to come
yo	tengo	yo	vengo
tú	tienes	tú	vienes
Ud.		Ud.	
él	tiene	él	viene
ella		ella	
nosotros	tenemos	nosotros	venimos
vosotros	tenéis	vosotros	venís
Uds.		Uds.	
ellos	tienen	ellos	vienen
ellas		ellas	

A. Item Substitution (Change the verbs according to the new subjects):

1. *Yo* tengo dinero. (él, Uds., Ud. y yo, su esposo)
2. *Él* viene con Roberto. (tú, Juana y él, Juan, yo, Ud.)

---

[1]The definite article is used with names of languages except after **hablar,** and frequently after **estudiar.**

B. Answer the following questions in complete sentences:

1. ¿Tiene Ud. teléfono?
2. ¿Tienen Uds. hijos?
3. ¿Tiene mucho dinero su esposo(a)?
4. ¿Tienes mi dirección (domicilio)?
5. ¿Tienen ellos una recepcionista?
6. ¿Viene Ud. con su esposo(a)?
7. ¿Vienes con el ingeniero?
8. ¿Vienen Uds. después de comer?
9. ¿Viene Ud. a solicitar trabajo?
10. ¿Vienen los alumnos con Uds.?

▶ **8.** Expressions with **tener**   (*Expresiones con tener*)

Many useful idiomatic expressions are formed with **tener:**

tener (mucho) frío	*to be (very) cold*
tener (mucha) sed	*to be (very) thirsty*
tener (mucha) hambre	*to be (very) hungry*
tener (mucho) calor	*to be (very) hot*
tener (mucho) sueño	*to be (very) sleepy*
tener prisa	*to be in a hurry*
tener miedo	*to be afraid*
tener razón	*to be right*
no tener razón	*to be wrong*
tener . . . años de edad	*to be . . . years old*

EXAMPLES: Yo **tengo mucha hambre.**   *I'm very hungry.*
¿**Tienes sed?**   *Are you thirsty?*
Roberto **tiene frío.**   *Robert is cold.*
Ellos no **tienen mucho calor.**   *They are not very hot.*
Tenemos **mucho sueño.**   *We are very sleepy*
¿**Tiene** Ud. **prisa?**   *Are you in a hurry?*
Yo no **tengo miedo.**   *I'm not afraid.*
Nosotros **tenemos razón.**   *We are right.*
Uds. no **tienen razón.**   *You are wrong.*
Ana **tiene veinte años.**   *Ann is twenty years old.*

EJERCICIOS

A. Answer the following questions in complete sentences:

1. ¿Tienes sed?
2. ¿Tienen Uds. prisa?
3. ¿Cuántos años tiene Ud.?
4. ¿Tienes calor?
5. ¿Tiene Ud. mucha hambre?
6. ¿Tienes miedo?
7. ¿Tiene sueño el profesor?
8. ¿Tiene razón Ud. o tengo razón yo?
9. ¿Tienes frío?
10. ¿Tienen Uds. mucho sueño?

B. Write in Spanish:

1. You (*pl.*) are right.
2. They are afraid.
3. Since I am not very hungry, I do not eat.
4. The professor is wrong.
5. The children are very sleepy.
6. Are you (*pl.*) in a hurry?

¡A VER CUÁNTO APRENDIÓ!

A. Give appropriate responses:

1. ¿Su nombre y apellido?
2. ¿Lugar de nacimiento?
3. ¿Cuál es su dirección?
4. ¿Cuál es tu número de teléfono?
5. ¿Es Ud. casado(a) o soltero(a)?
6. ¿Tiene Ud. hijos? ¿Cuántos?
7. ¿Es ingeniero su esposo?
8. ¿Cómo se llama el profesor de Uds.?
9. ¿Tiene Ud. la dirección de su profesor(a)?
10. ¿Tienes sed ahora?
11. ¿Leen Uds. bien?
12. ¿Tienes prisa?

B. By combining the words in the three columns (one word for each column starting with **A**), you can form many different sentences. Write five in the affirmative and five in the negative:

A	B	C
yo	ser	profesor
Edgardo	estudiar	en el hospital
Mi hijo	hablar	bien
Uds.	necesitar	frío
Ud.	trabajar	para la Compañía Ford
Ana y Luisa	contestar	ingeniero
Nosotros	solicitar	la planilla
La señorita López	llenar	las preguntas
El doctor Jiménez	aprender	inglés
Tú	vivir	de Madrid
	escribir	mexicano
	tener	ensalada
	leer	sed
	beber	20 años
	comer	de Puerto Rico
		trabajo

C. Say the following numbers:

5, 24, 15, 7, 13, 11, 18, 6, 19, 26, 20, 14, 12, 29, 30

D. ¡Repase el vocabulario!

Match the items in column **A** with those in column **B**:

A	B
1. Mi esposo se llama	a. de Colombia.
2. Nosotros vivimos	b. la planilla.
3. No tenemos esposos. Somos	c. en La Paz.
4. Yo trabajo para	d. refrescos.
5. Tengo cuatro hijos:	e. la compañía Sandoval.
6. Nosotros somos	f. tres niños y una niña.
7. Ahora debe llenar	g. de teléfono.
8. Tome	h. Roberto González.
9. Ellos beben	i. asiento.
10. Yo no tengo tu número	j. solteras.
11. Entramos en la	k. comer.
12. Venimos después de	l. cafetería.
13. Tenemos	m. sentimentales?
14. ¿Quién no tiene problemas	n. mucha prisa.
15. Vengo a solicitar	o. de jamón y queso.
16. Comemos sándwiches	p. trabajo.

E. Situaciones

What would you say in the following situations?:

1. You are a receptionist at a hospital. Tell a patient that he/she must fill out another form. Tell the patient that you need the personal data and also the information pertaining to his/her family.
2. You are a father (mother). Ask your child if he's hungry or thirsty. Say goodbye to him and tell him you're in a big hurry.
3. You are helping a non-English-speaking person to fill out a form. Ask her her name and surname, her address, where she is from, how old she is (two ways), and whether she is married, single, divorced, or separated. Ask her if she has (any) children.

F. Una actividad   (*An activity*)

Following the format of the dialogue, interview one of your classmates.

UN PROVERBIO ESPAÑOL   "Errar es humano, perdonar es divino."   (*To err is human, to forgive, divine.*)

Ejercicio de lectura

as a / parents / M.D.s

At school

father

La señora Hilda López es de Chile, pero ahora vive en California, donde trabaja como° enfermera. Tiene veintisiete años. Sus padres° son médicos,° y viven en Santiago, la capital de Chile.

Julio, el esposo de la señora López, es ingeniero. Ellos tienen tres hijos: Eduardo, Irene y Teresa. Los niños hablan inglés y español. En la escuela° leen y escriben en inglés.

La familia vive en la ciudad de Los Ángeles, en la calle Figueroa, número treinta. Don Emilio, el padre° de Julio, es viudo y vive con ellos.

¡A ver cuánto recuerda!   (*Let's see how much you remember!*)

1. ¿De dónde es la señora López?
2. ¿Dónde vive ahora?
3. ¿Cuántos años tiene la señora López?
4. ¿Cuál es el estado civil de la señora López?
5. ¿Cuál es la profesión de la señora López? ¿De su esposo?
6. ¿Cuántos hijos tienen?
7. ¿Cómo se llaman los hijos de Hilda y Julio?
8. ¿Hablan inglés los niños?
9. ¿En qué calle vive la familia? ¿En qué ciudad?
10. ¿Es divorciado don Emilio?

Composición

Following the style and format of the paragraph you just read, and using the questions as a guide, write a brief composition about yourself, starting with:

Me llamo ____ ; soy de ____ . Ahora vivo ____ . . .

Lección 3

El profesor Rivas da una fiesta. Muchos estudiantes de su clase van a la fiesta. Allí bailan, conversan y beben refrescos y café. Susana habla con Humberto. Susana es rubia de[1] ojos verdes. Humberto es moreno de[1] pelo negro.

SUSANA —¿De dónde eres tú, Humberto? ¿De México?

HUMBERTO —No, yo soy de Arizona, pero mis padres son de México.

SUSANA —¿Ellos viven aquí en Arizona también?

HUMBERTO —Sí, pero mis abuelos, mis tíos y mis primos están en México.

SUSANA —Oye, la chica morena, de pelo castaño y ojos castaños, ¿es tu novia?

HUMBERTO —¿Marta? No, es mi hermana.

SUSANA —Es muy bonita.

HUMBERTO —Sí, yo soy el más feo y el más bajo de la familia. Todos mis hermanos son guapísimos . . . altos, delgados . . .

SUSANA —Pero tú eres un muchacho inteligentísimo. ¡Y eres muy simpático!

HUMBERTO —¡Muchas gracias! Oye, ¿quieres una Coca-Cola?

SUSANA —Sí, por favor. ¿Y tú? ¿Quieres una Coca-Cola también?

HUMBERTO —No, gracias. Prefiero beber café.

SUSANA —¿Vas al baile de la universidad?

HUMBERTO —¿Mañana? Sí, voy con unos amigos.

SUSANA —¿A quién llevas? ¿A la sobrina del profesor?

HUMBERTO —No . . . a una chica muy simpática . . . y mucho más bonita que la sobrina del profesor.

SUSANA —¿Sí? ¿Quién es?

HUMBERTO —¡Tú! Si quieres ir . . .

SUSANA —¡Sí! ¿Bailamos?

Susana y Humberto empiezan a[2] bailar. Mientras bailan, Susana piensa que aunque Humberto no es tan guapo como sus hermanos, es un muchacho muy interesante.

---

[1]Used in this way, the preposition **de** is equivalent to the English *with*.   [2]The preposition **a** is used after **empezar** when this verb is followed by an infinitive.

SHALL WE DANCE . . . ?

Professor Rivas gives a party. Many students from his class go to the party. There they dance, talk, and drink soft drinks and coffee. Susan talks with Humberto. Susan is blonde with green eyes. Humberto is dark with black hair.

s. Where are you from, Humberto? From Mexico?

H. No, I'm from Arizona, but my parents are from Mexico.

s. Do they live here in Arizona also?

H. Yes, but my grandparents, my aunts and uncles, and my cousins are in Mexico.

s. Listen, the brunette (girl), with brown hair and brown eyes . . . is she your girlfriend?

H. Martha? No, she's my sister.

s. She's very pretty.

H. Yes, I'm the homeliest and the shortest one in the family. All my brothers are very handsome . . . tall, slender . . .

s. But you're a very intelligent young man. And you're very charming!

H. Thank you very much! Listen, do you want a Coke?

s. Yes, please. How about you! Do you want a Coke too?

H. No, thank you. I prefer to drink coffee.

s. Are you going to the dance at the university?

H. Tomorrow? Yes, I'm going with some friends.

s. Whom are you taking? The professor's niece?

H. No . . . a very charming girl . . . and much prettier than the professor's niece.

s. Really? Who is she?

H. You! If you want to go . . .

s. Yes! Shall we dance?

Susan and Humberto begin to dance. While they dance Susan thinks that, although Humberto is not as handsome as his brothers, he is a very interesting young man.

Vocabulario

COGNADOS

el **café** coffee
la **clase** class
la **familia** family

interesante interesting
mucho(a) much

NOMBRES

el **abuelo** grandfather
el (la) **amigo(a)** friend
el **baile** dance
la **chica** girl, young woman
la **fiesta** party
la **hermana** sister
el **hermano** brother
el **muchacho** boy, young man
la **novia** girlfriend, fiancée
el **ojo** eye
el **pelo** hair
el **primo** cousin
la **sobrina** niece
el **tío** uncle

ADJETIVOS

alto(a) tall
bajo(a) short
bonito(a) pretty
castaño brown (*ref. to hair or eyes*)
delgado(a) thin, slender
feo(a) ugly, homely
guapo(a) handsome, good-looking
moreno(a) dark
muchos(as) many
rubio(a) blond(e)
simpático(a) charming, pleasant

VERBOS

bailar to dance
conversar to talk, to converse
dar (*irreg.*) to give
empezar (e>ie) to begin
estar (*irreg.*) to be
ir (*irreg.*) to go
llevar to take (someone or something someplace) *to carry to wear*
pensar (e>ie) to think
preferir (e>ie) to prefer
querer (e>ie) to want

OTRAS PALABRAS

allí there
aquí here
aunque although
más more
mientras while
pero but
que that
si if
todos(as) all

ALGUNAS EXPRESIONES

¿Bailamos . . . ? Shall we dance . . . ?

VOCABULARIO ADICIONAL

flaco – skinny

¿a dónde?   where (to)
¿A dónde vas?

gordo(a)   fat
No es **gordo.** Es muy delgado.

¿de qué color . . . ?   what color . . . ?
¿De qué color son sus ojos?

grande   big
Necesito una mesa **grande.**

fiesta de fin de año   New Year's Eve
party
¿Vamos a la **fiesta de fin de año?**

novio   boyfriend, fiance
Mi **novio** no es de México. Es de
California.

fiesta de Navidad   Christmas party
¿A quién llevas a la **fiesta de Navidad?**

pelirrojo(a)   redheaded
Ella no es rubia. Es **pelirroja.**

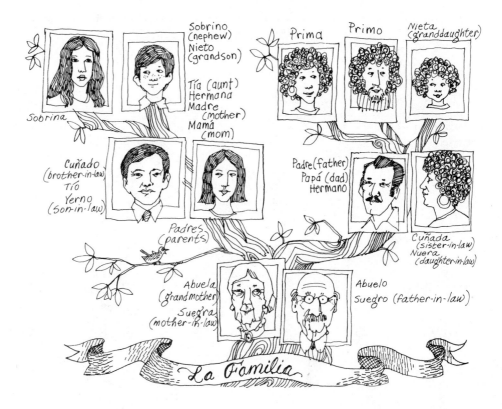

Sobrino (nephew)
Nieto (grandson)
Sobrina
Tía (aunt)
Hermana
Madre (mother)
Mamá (mom)
Cuñado (brother-in-law)
Tío
Yerno (son-in-law)
Padres (parents)
Prima
Primo
Nieta (granddaughter)
Padre (father)
Papá (dad)
Hermano
Cuñada (sister-in-law)
Nuera (daughter-in-law)
Abuela (grandmother)
Suegra (mother-in-law)
Abuelo
Suegro (father-in-law)
La Familia

Pronunciación

▶ A   Spanish **u**

Spanish **u** is shorter in length than the English **u**. It corresponds to the *ue*
sound in the English word *Sue*. Listen to your teacher and repeat the following words:

muchacho	Susana	azul	abuelo
Humberto	rubio	guapo	cuñado

▶ **B.** Linking

1. In Spanish, a final consonant is always linked with the next initial vowel:

   mis hermanos   ¿Vas al baile?

2. When two identical consonants are together, they are pronounced as one:

   es más simpática   Voy con Norma

3. When two identical vowels are together, they are pronounced as a long one:

   Rodolfo Ochoa   la chica alta

4. The final vowel of one word is linked with the initial vowel of the following word to form one syllable:

   fin de año   la hermana de Olga
   hablo español

Estructuras gramaticales

▶ **1.** Cardinal numbers 40–100   (*Números cardinales 40–100*)

40 **cuarenta**		70 **setenta**
41 **cuarenta y uno**		80 **ochenta**
50 **cincuenta**		90 **noventa**
60 **sesenta**		100 **cien**

▶ **2.** The indefinite article   (*El artículo indefinido*)

The Spanish equivalents of *a*, *an*, and *some* are the following:

	Masculine	Feminine
Singular	un	una
Plural	unos	unas

EXAMPLES: **un** chico   *a boy*   **una** chica   *a girl*
unos chicos   *some boys*   **unas** chicas   *some girls*

EJERCICIO

Complete with the correct form of the indefinite article and read aloud:

1. ____ familia
2. ____ padre
3. ____ bailes
4. ____ muchachos
5. ____ primas
6. ____ día
7. ____ pregunta
8. ____ ojos

9. _____ conversación   15. _____ tías
10. _____ madre   16. _____ universidad
11. _____ colores   17. _____ apellidos
12. _____ mano   18. _____ años
13. _____ sistema   19. _____ profesión
14. _____ hospital   20. _____ cuñado

▶ **3.** The personal **a**   (*La a personal*)

The preposition **a** is used in Spanish before a direct object referring to a definite person. It is called the "personal **a**":

¿Por qué no llamas **a Lupe?**   *Why don't you call Lupe?*
                 d.o.

Prefiero **a Olga.**   *I prefer Olga.*
        d.o.

¿Llevas **a la sobrina de Rosa?**   *Are you taking Rose's niece?*
        d.o.

ATENCIÓN:

1. The personal **a** is *not* used when the direct object is not a person:

Mis sobrinos llenan **la planilla.**
                    d.o.

¿Por qué no llevas **la mesa?**
                   d.o.

2. The verb **tener** does not take the personal **a**, even if the direct object is a person:

Tengo **dos hijos.**
      d.o.

Tenemos **una hermana.**
        d.o.

EJERCICIOS   A. Read the following sentences, adding the personal **a** when needed:

1. Mi hermano lleva _____ los niños a la cafetería.
2. Nosotros tenemos _____ una prima pelirroja.
3. ¿Llama Ud. _____ Carmen o _____ Rosa?
4. Yo no leo _____ la lección.
5. ¿Tienes _____ muchos hermanos?
6. Mi yerno lleva _____ Elena a la fiesta de Navidad.
7. ¿A dónde lleva Ud. _____ el café?
8. Yo llamo _____ los amigos de mi padre.

B. Write in Spanish:

1. Do you need his phone number?
2. She takes the girls to the party.
3. I have two grandsons.
4. I am calling my mother.
5. Are you taking your boyfriend?
6. He takes the soft drinks to the cafeteria.

▶ **4.** Contractions   (*Contracciones*)

There are only two contractions in Spanish. The preposition **de** (*of, from*) plus the article **el** become **del:**

La sobrina **de** + **el** profesor López ⟶ la sobrina **del** profesor López

The preposition **a** (*to, toward*) or the personal **a** plus the article **el** form **al:**

¿Vas **a** + **el** baile de la universidad? ⟶ ¿Vas **al** baile de la universidad?

Llevo **a** + **el** primo de Roberto. ⟶ Llevo **al** primo de Roberto.

None of the other combinations (**de la, de las, de los, a la, a las, a los**) is contracted.

EJERCICIOS

A. Complete orally, using one of the following: **de la, de las, del, de los, a la, a las, al, a los:**

1. Vengo _____ baile _____ universidad.
2. Ellos necesitan _____ muchachas.
3. Ellos llaman _____ estudiantes.
4. El libro es _____ abuela de María.
5. Humberto lleva _____ chicas _____ baile de fin de año.
6. El mercado es _____ tíos de Juan.
7. El dinero es _____ señor López.
8. Nosotros tenemos la dirección _____ chicas.

B. Write in Spanish:

1. Are they coming from the dance?
2. My father-in-law is from the United States.
3. The money is Mr. Vega's.
4. I am taking Mr. Guerra's son to the dance.
5. Are you Dr. Rita Pereyra's sister-in-law?

► **5.** Present indicative of the irregular verbs **ir, dar,** and **estar**
(*Presente de indicativo de los verbos irregulares* **ir, dar** y **estar**)

		ir to go	**dar** to give	**estar** to be
yo		voy	doy	estoy
tú		vas	das	estás
Ud. él ella	}	va	da	está
nosotros		vamos	damos	estamos
vosotros		vais	dais	estáis
Uds. ellos ellas	}	van	dan	están

EJERCICIOS

A. Item Substitution:

1. *Yo* voy a la fiesta. (nosotros, tú, mis suegros, Uds.)
2. *Ellos* están bien. (nosotros, yo, tú, mi yerno, Ud.)
3. *Él* da dinero. (mi tía, yo, tú, mi suegro y yo, ellos)

B. Answer the following questions in complete sentences:

1. ¿Con quién vas a la fiesta de Navidad?
2. ¿Van Uds. con el profesor (la profesora)?
3. ¿Van a la escuela los niños de dos años?
4. ¿Da Ud. mucho dinero?
5. ¿Cómo está Ud.?
6. ¿Está en el mercado tu padre?
7. ¿Está Ud. con su esposo(a)?
8. ¿Con quién están las chicas?
9. ¿A dónde vamos mañana?
10. ¿Dan Uds. muchas fiestas?

C. Write in Spanish:

1. She is going with her mother-in-law.
2. I am going with my brother-in-law.
3. We give money, although we don't have much.
4. Where are they? At the university?
5. She is not here.

▶ **6.** Verbs **ser** and **estar**—comparison of uses
(*Los verbos* **ser** *y* **estar**—*comparación de usos*)

Up to this point, the verbs **ser** and **estar** (both meaning *to be*) have been used to indicate the following:

ser	estar

1. Possession:
     La cafetería **es** de Pedro.
	1. Current condition:
	     ¿Cómo **está** Ud.?

2. Profession:
     Es ingeniero.
	2. Location:
	     —¿Dónde **está** la señora?
	     —**Está** en el mercado.

3. Nationality: Sus hijos **son** mexicanos.	
4. Origin: Sí, ellos **son** de México también.	

5. Basic characteristic:
     Olga **es** bonita.
     Es alta y delgada.
     ¿De qué color **son** sus ojos?
     Ella **es** morena.	

EJERCICIO

Complete the following sentences with the correct forms of **ser** or **estar,** as needed:

1. Yo _____ en la Universidad de California.
2. Mis hijos _____ norteamericanos.
3. ¿Cómo _____ Uds.? ¿Bien?
4. Humberto _____ alto, delgado y rubio.
5. Sus ojos no _____ verdes. _____ azules.
6. ¿Dónde _____ tu novia?
7. Mi abuelo _____ de Montana.
8. Mi mamá _____ enfermera.
9. No _____ mis mapas.
10. Yo _____ morena. Tú _____ rubia.

► **7.** Present indicative of stem-changing verbs (**e>ie**)   (*Presente de indicativo de los verbos que cambian en la raíz: e>ie*)

Certain verbs undergo a change in the stem in the present indicative. When the **e** is the last stem vowel and it is stressed, it changes to **ie** as follows:

preferir	to prefer		
yo	prefiero	nosotros	preferimos
tú	prefieres	vosotros	preferís
Ud. él ella	prefiere	Uds. ellos ellas	prefieren

✷ Notice that the stem vowel is not stressed in the verb forms used with **nosotros** and **vosotros,** and therefore the **e** does not change to **ie.**

✷ Stem-changing verbs have regular endings like other -**ar,** -**er,** and -**ir** verbs.

✷ Some other verbs that undergo the same change are: **cerrar,** *to close;* **entender,** *to understand;* **perder,** *to lose;* **querer,** *to want, to love;* **empezar** and **comenzar,** both meaning *to begin, to start;* **pensar,** *to think, to plan.* (See Appendix for complete list.)

EJERCICIOS

A. Item substitution:

1. *Yo* quiero ir[1] con ellas. (tu sobrina y yo, tú, ellos, él)
2. *Yo* empiezo la clase. (tú, mi tía, nosotros, ellos)
3. *Mi novia* pierde dinero. (nosotros, mis padres, tú, Ud., yo)
4. *Tú* comienzas a trabajar más tarde. (Uds., yo, nosotros, mi suegra)
5. *Tú* cierras el libro. (nosotros, yo, ella, Uds.)

B. Answer the following questions in complete sentences:

1. ¿Prefieres vivir en Buenos Aires o en Los Ángeles?
2. ¿Prefieren Uds. el inglés o el español?
3. ¿Cierran Uds. los libros?
4. ¿Entiende Ud. una conversación en español?
5. ¿Entienden Uds. el inglés?
6. ¿Quieres bailar con mi hermano(a)?
7. ¿Quiere Ud. café o un refresco?
8. ¿Qué prefiere el profesor? ¿Hablar español o inglés?
9. ¿Entiendes la lección?
10. ¿Piensa Ud. ir al baile de fin de año?

---

[1]In Spanish, as in English, when two verbs are used together, the second one is in the infinitive: Quiero **ir.** *I want to go.*

▶ **8.** The comparison of adjectives and adverbs
(*Comparación de los adjetivos y adverbios*)

A. In Spanish, the comparative of most adjectives and adverbs is formed by placing **más** (*more*) or **menos** (*less*) before the adjective or the adverb. **Que** is the equivalent of English *than:*

Elena es **más alta que** yo.   *Helen is taller than I.*
Olga es **más bonita que** Lupe.   *Olga is prettier than Lupe.*
Juan es **menos inteligente que** Carlos.   *John is less intelligent than Charles.*

In a comparative construction it is possible to compare more than one person or thing:

Olga y Rolando son **más inteligentes que** Lupe.   *Olga and Roland are more intelligent than Lupe.*
Elena y Juan son **más feos que** ella.   *Helen and John are uglier than she (is).*

In an equal comparison, **tan . . . como** is used:

Ella es **tan simpática como** Humberto.   *She is as pleasant as Humberto.*
Él habla español **tan bien como** yo.   *He speaks Spanish as well as I.*

As we mentioned above, *than* is usually translated by **que**. However, before a numeral expression of quantity **de** is used instead of **que**:

Él tiene **más de** veinte años.   *He is more than twenty years old.*
Ella tiene **menos de** cinco dólares.   *She has less than five dollars.*

EJERCICIO

Complete the following sentences with the correct translation of the words in parentheses:

1. Mi padre es _____ (*thinner than*) tu tío.
2. Él es _____ (*less handsome than*) tú.
3. Anita es _____ (*more intelligent than*) su hermano.
4. Ella es _____ (*as pleasant as*) mi nieta.
5. Juan tiene _____ (*less than*) veinte años.
6. Nosotros leemos _____ (*as well as*) ellos.
7. Yo soy _____ (*fatter than*) tú.
8. Luis es _____ (*shorter than*) ella.
9. La lección cinco es _____ (*less interesting than*) la lección nueve.
10. California es _____ (*bigger than*) Nevada.
11. Tenemos _____ (*more than*) veinte dólares.
12. Mi cuñada es _____ (*as pretty as*) tu prima.

B. The superlative construction is similar to the comparative. It is formed by placing the definite article before the person or thing being compared:

Marta es **la chica más bonita de** la clase.   *Martha is the prettiest girl in the class.*

Carlos es **el muchacho más alto de** la familia.   *Charles is the tallest boy in the family.*

Ana y Luisa son **las profesoras más inteligentes de** la universidad. *Ann and Louise are the most intelligent professors at the university.*

In many instances, the noun may not be expressed in a superlative:

Marta es **la más bonita de** la clase.   *Martha is the prettiest (one) in the class.*

Carlos es **el más alto de** la familia.   *Charles is the tallest (one) in the family.*

Eva y Paco son **los menos inteligentes de** la universidad.   *Eve and Paco are the least intelligent (ones) at the university.*

ATENCIÓN: Notice that Spanish **de** translates English *in* or *at* after a superlative.

EJERCICIO

Write in Spanish:

1. Are you the shortest girl in the class?
2. My father is the thinnest in his family.
3. Your girlfriend is the most beautiful girl in the class.

4. My cousin John is the most handsome one in the family.
5. He is the least intelligent in the class.
6. Mary and Charles are the tallest and Rita and Rachel are the shortest in the class.

C. When a high degree of a given quality is expressed without comparing it to the same quality of another person or thing, Spanish has two ways of expressing it:

1. By modifying the adjective with an adverb (**muy, sumamente**):

   Lidia es **sumamente** simpática.   *Lydia is extremely charming.*

2. By adding the suffix **-ísimo**[1] (**-a, -as, -os**) to the adjective. If the word ends in a vowel, the vowel is dropped before adding the suffix:

alto	alt + -ísimo =	**altísimo**
fea	fe + -ísima =	**feísima**
delgad**os**	delgad + -ísimos =	**delgadísimos**
fácil (*easy*)	facil + -ísimo =	**facilísimo**

These forms are called the *absolute superlative.*

EJERCICIO

Repeat the following sentences, using the other form of the absolute superlative:

MODELO: Ella es muy (sumamente) alta.
          Ella es altísima.

1. Roberto es muy inteligente.
2. Raquel es sumamente baja.
3. Él es muy guapo.
4. Ellos son muy delgados.
5. El español es sumamente fácil.
6. Las muchachas son muy feas.

¡A VER CUÁNTO APRENDIÓ!

A. Compare these people to each other:

1. María es ____ ____ que Rosa.
2. Rosa es ____ ____ que María.
3. Carlos es ____ ____ que Rosa y María.

---

[1]Notice that the **-í** of the suffix always has a written accent mark.

4. Carlos es ___ ___ que Juan.
5. Juan es ___ ___ que Carlos.
6. Juan es ___ ___ que María.
7. Juan es el ___ ___ de todos.
8. Carlos es el ___ ___ de todos.
9. Rosa es la ___ ___ de todos.
10. Juan no es ___ ___ ___ Carlos.

B. Answer the following personal questions:

1. ¿Es Ud. más alto(a) que sus padres?
2. ¿Es Ud. rubio(a), moreno(a) o pelirrojo(a)?
3. ¿Tiene Ud. novio(a)?
4. ¿De qué color son sus ojos?
5. ¿Prefiere ir a un baile o estudiar la lección?
6. ¿De qué color es su pelo? ¿Negro, rubio, castaño o gris?
7. ¿A dónde vas?
8. ¿Entienden Uds. el español?
9. ¿Quieren Uds. escribir en inglés o en español?
10. ¿Qué colores prefiere Ud.?
11. ¿Está aquí el libro del profesor (de la profesora)?
12. ¿Es Ud. el más alto (la más alta) de la clase?
13. ¿Conversan Uds. en español?
14. ¿Piensas dar una fiesta de fin de año o de Navidad?
15. ¿Tiene Ud. más o menos de veinte dólares?

C. ¡Repase el vocabulario!

Complete the following sentences with appropriate words and read aloud:

1. Santa Claus viene el día de _____ .
2. El hermano de mi papá es mi _____ .
3. No es rubio. No es moreno. Es _____ .
4. El esposo de mi hija es mi _____ .
5. El hijo de mi hermano es mi _____ .
6. Su novio es guapísimo, _____ no es simpático.
7. Yo soy el _____ de mi abuelo.
8. Ellos conversan _____ bailan.
9. Tiene el _____ castaño.
10. No es _____ . Es rubio.
11. La esposa de mi hijo es mi _____ .
12. Mi mamá y mi papá son mis _____ .
13. ¿No vas al baile de _____ de año?
14. No es alto, delgado y guapo. Es _____ , _____ y _____ .
15. Mis padres son de los Estados Unidos. Mi padre es de Montana y mi _____ es de Nevada.

D. Situaciones

What would you say in the following situations?:

1. Ask your friend if he wants to go to the New Year's Eve party with your sister. Tell him that you think that she is pretty, intelligent, and very charming.
2. Describe the kind of boy/girl you prefer.
3. Ask someone to dance.
4. Someone offers you coffee. Tell him you don't want to drink coffee, and that you prefer a Coke.
5. Someone tells you that your boyfriend/girlfriend is not very good-looking. Tell that person that although he/she is not good-looking, he/she is extremely intelligent and very interesting.

E. Composición

Write a composition describing each member of your family. Include the following:

1. Color of each person's eyes and hair.
2. Other personal characteristics. (Establish comparisons between the other members of your family and yourself.)
3. Age of each person.

4. Place of birth and current residence of each member of the family.
5. Place of employment or study of each member of the family.
6. Marital status and number of children of each member of the family.

| UN POEMA | La rosa es roja,
la violeta es azul;
la miel[1] es dulce,[2]
y así eres tú.[3]

[1]honey [2]sweet [3]and so are you | PARA CANTAR | (To the tune of "Row, row, row your boat")

Voy, voy, voy, feliz[1]
río abajo[2] voy,
En mi barquito de vela,[3] contento,[4]
río abajo voy.

[1]happy [2]down the river [3]sailboat [4]happy |

Lección

4

¡Buen viaje!

Teresa va a una agencia de viajes en la ciudad de México para comprar un pasaje para Lima. Va a visitar a una amiga en la capital del Perú.

TERESA —¿Cuánto cuesta un pasaje para Lima?

AGENTE —¿De ida y vuelta?

TERESA —De ida.

AGENTE —¿Primera clase o turista?

TERESA —Turista.

AGENTE —Seis mil quinientos pesos.[1]

TERESA —¿Qué documentos necesito para viajar?

AGENTE —Necesita un pasaporte.

TERESA —¿Cuánto equipaje puedo llevar?

AGENTE —Puede llevar dos maletas.

TERESA —¿Cuándo hay vuelos para Lima?

AGENTE —Mañana hay uno. Hay vuelos los[2] martes, jueves y sábados a las diez de la mañana.

TERESA —Quiero un pasaje para el sábado, por favor.

El sábado por la mañana, Teresa llega al aeropuerto. Sus padres y sus hermanos vienen con ella. La chica habla con el empleado.

EMPLEADO —Su pasaje, por favor. ¿Cuántas maletas tiene Ud.?

TERESA —Tengo tres maletas, dos maletines y un bolso de mano.

EMPLEADO —Sólo puede llevar un maletín y un bolso de mano con Ud.

TERESA —Muy bien. ¿Dejo el otro maletín con las maletas?

EMPLEADO —Sí, señorita, y debe pagar exceso de equipaje.

TERESA —Bueno. ¿A qué hora sale el avión?

EMPLEADO —Al mediodía. Tiene dos horas de retraso.

TERESA —Entonces voy a almorzar primero. ¡Ah! ¿Cuál es la puerta de salida para tomar el avión?

EMPLEADO —La puerta número cuatro. Aquí están los comprobantes para su equipaje. ¡Buen viaje, señorita!

---

[1]Mexican currency   [2]In Spanish the equivalent of *on + day(s) of the week* is **el (los)** + *days of the week.*

HAVE A NICE TRIP!

Theresa goes to a travel agency in Mexico City to buy a ticket to Lima. She's going to visit a friend in the capital of Peru.

T.   How much does a ticket to Lima cost?
A.   Round trip?
T.   One-way.
A.   First class or tourist?
T.   Tourist.
A.   Six thousand five hundred pesos.
T.   What documents do I need to travel?
A.   You need a passport.
T.   How much luggage can I take?
A.   You can take two suitcases.
T.   When are there flights to Lima?
A.   There's one leaving tomorrow. There are flights on Tuesdays, Thursdays, and Saturdays at ten in the morning.
T.   I want a ticket for Saturday, please.

On Saturday morning Theresa arrives at the airport. Her parents and her brothers come with her. The girl talks with the clerk.

T.   I have three suitcases, two pieces of hand luggage and a handbag.
C.   You can only take one piece of hand luggage and one handbag with you.
T.   Very well. Shall I leave the other bag with the suitcases?
C.   Yes, miss, and you must pay for excess luggage.
T.   All right. What time does the plane leave?
C.   At noon. It is two hours behind (schedule).
T.   Then I'm going to have lunch first. Oh, which is the boarding gate for taking the plane?
C.   Gate number four. Here are the claim checks for your luggage. Have a nice trip, miss!

Vocabulario

COGNADOS

el **aeropuerto**	airport
el **agente**	agent
la **capital**	capital
el **documento**	document
el **exceso**	excess
el **pasaporte**	passport

NOMBRES

la **agencia de viajes**   travel agency
el **avión**   plane
el **bolso de mano**   handbag
el **comprobante**   claim check
el (la) **empleado(a)**   clerk
el **equipaje**   luggage
la **hora**   time, hour
la **maleta, valija**   suitcase
el **maletín**   hand luggage
la **mañana**   morning
el **mediodía**   noon
el **pasaje, billete**   ticket, fare   —**de primera clase**   first-class ticket
la **puerta**   door, gate
la **salida**   exit
el **viaje**   trip
el **vuelo**   flight

VERBOS

almorzar (o>ue)   to have lunch
comprar   to buy
costar (o>ue)   to cost
dejar   to leave (behind)
llegar   to arrive

pagar   to pay
poder (o>ue)   to be able to
tomar   to take (a plane, train, etc.)
viajar   to travel
visitar   to visit

OTRAS PALABRAS

bueno   all right, well, O.K.
¿cuándo?   when?
¿cuánto(a)?   how much?
para   in order to, to
sólo   only

ALGUNAS EXPRESIONES

¿a qué hora?   what time?
¿a qué hora sale . . . ?   what time does . . . leave?
buen viaje   (have a) nice trip
clase turista   tourist class
de ida   one-way
de ida y vuelta   round trip
exceso de equipaje   excess luggage
primera clase   first class
tener . . . de retraso (atraso)   to be . . . behind (schedule)

EURO-AMERICA TOURS, S. A.

Espartinas, 1 – Tels. 276 05 41 / 276 97 42 – Telex 43.977 – MADRID-1
General Mola con Goya

VOCABULARIO ADICIONAL

el **almuerzo**   lunch
El[1] **almuerzo** es a las doce.

el **autobús, ómnibus**   bus
No viajo en coche. Viajo en **autobús**.

el **automóvil, coche, carro**   automobile,
   car
Viajamos en **automóvil**.

el **barco**   ship
Quiero viajar en **barco**.

la **cena**   dinner, supper
La[1] **cena** es a las nueve.

el **desayuno**   breakfast
El[1] **desayuno** es a las siete.

la **entrada**   entrance
No es la salida. Es la **entrada**.

la **medianoche**   midnight
Rafael llega a la **medianoche**.

el **tren**   train
¿Desea Ud. viajar en **tren** o en avión?

el, la **turista**   tourist
En México hay muchos **turistas**.

el, la **viajero(a)**   traveler
Los **viajeros** vienen en tren.

Pronunciación

▶ **A.**   Spanish **b** and **v**

Spanish **b** and **v** are pronounced exactly alike. Both sound like a weak English *b*, as in the word *Abe*. They are even weaker when pronounced between vowels. Never pronounce these consonants like English *v*. Listen to your teacher and repeat the following words from the dialogue:

va	bien
viajar	bolso
volar	sábado
vive	comprobante

▶ **B.**   Spanish **d**

Spanish **d** is slightly softer than the *d* in the English word *day*. When pronounced between two vowels or at the end of a word, it is similar to the *th* in the English word *they*. Listen to your teacher and repeat the following words from the dialogue:

documento	dejo	ida	sábado
diez	debe	empleado	salida
de	dos	puedo	ciudad

---

[1]In Spanish, the definite article is used with the words **desayuno, almuerzo,** and **cena**.

▶ **C.** Spanish **g**

1. When followed by **a, o,** or **u,** Spanish **g** is equivalent to the *g* in the English word *guy*. Listen to your teacher and repeat the following words:

   Gastón   guapo   gordo

2. When pronounced between vowels, it is much softer. Repeat after your teacher:

   amigo   llega   pagar

3. In the combinations **gue** and **gui,** the **u** is silent. Repeat after your teacher:

   Guevara   Guillermo   alguien

Estructuras gramaticales

▶ **1.** Cardinal numbers 100–1,000   (*Números cardinales 100–1.000*)

100 **cien**	500 **quinientos**
101 **ciento uno**	600 **seiscientos**
185 **ciento ochenta y cinco**	700 **setecientos**
200 **doscientos**	800 **ochocientos**
300 **trescientos**	900 **novecientos**
400 **cuatrocientos**	1.000 **mil**

❀ When counting over one hundred, **ciento** is used.

❀ Notice that y appears only between the numbers 16 to 99.

❀ Spanish does not count in hundreds beyond a thousand. After a thousand, the numbers are represented thus: **dos mil, tres mil, catorce mil,** etc. Notice that a period is used instead of a comma.

▶ **2.** Telling time   (*La hora*)

A. The following points should be remembered when learning to tell time in Spanish:

1. **Es** is used with **una:**

   Es la una y cuarto.   *It is a quarter after one.*

   Son is used with all the other hours:

   Son las dos y cuarto.   *It is a quarter after two.*
   Son las cinco y diez.   *It is ten after five.*

2. The definite article is always used before the hour:

   Es **la** una y veinte.   *It is twenty after one.*
   Son **las** cuatro y media.   *It is four thirty.*

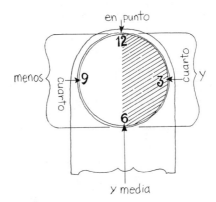

3. The hour is given first, then the minutes:

   Son las cuatro y diez.   *It is ten after four* (literally: *"four and ten"*).

4. The equivalent of *past* or *after* is **y:**

   Son las doce y cinco.   *It is five after twelve.*

5. The equivalent of *to* or *till* is **menos.** It is used with fractions of time up to a half hour:

   Son las ocho **menos** veinte.   *It is twenty to eight.*

When telling time, the order is the following:

1. **Es** or **Son**
2. **la** or **las**
3. the hour
4. **y** or **menos**
5. the minutes

Es	Son
la	las
una	cinco
y	menos
veinte.	diez.

ATENCIÓN: The equivalent of *at + time* is **a + la(s)** + *time:*

A la una.   *At one o'clock.*
A las cinco y media.   *At five thirty.*

EJERCICIO

Write and say in Spanish:

1. It is one o'clock.
2. It is ten after one.
3. It is a quarter after five.
4. It is twenty to one.
5. It is seven thirty.

B. Note the difference between **de la** and **por la,** when used with time:

1. When a specific time is mentioned, **de la** (**mañana, tarde, noche**) should be used. This is the equivalent of the English A.M. and P.M.:

Los martes, jueves y sábados a las diez **de la** mañana.   *Tuesdays, Thursdays, and Saturdays at ten in the morning (10 A.M.)*
Llego a las cuatro **de la** tarde.   *I'm arriving at four in the afternoon (4 P.M.)*
El avión llega **a las** once de la noche.   *The plane arrives at eleven at night (11 P.M.).*

2. When a specific time is *not* mentioned, **por la** (**mañana, tarde, noche**) should be used:

Yo trabajo **por la** tarde.   *I work in the afternoon.*
Ellos llegan **por la** mañana.   *They arrive in the morning.*
¿Trabajan Uds. **por la** noche?   *Do you work at night?*

EJERCICIOS

A. Complete the following sentences, using **de la** or **por la** as required:

1. Los lunes a las cinco _____ tarde.
2. Él no come _____ noche.
3. Yo voy _____ mañana.
4. El avión llega a las diez _____ noche.
5. Queremos viajar _____ tarde.
6. Nosotros llegamos el viernes a las tres _____ mañana.

B. Write in Spanish:

1. Breakfast is at seven-thirty in the morning.
2. Do you prefer to travel in the morning or at night?
3. The train arrives at four o'clock in the afternoon.
4. What time does the ship arrive? In the morning?
5. The bus arrives at seven o'clock in the evening.

▶ **3. Ir a** plus infinitive   (*Ir a más el infinitivo*)

Ir a + *infinitive* is also used to express future time. It is equivalent to the English expression *to be going to*. The "formula" is:

ir (conjugated) + **a** + *infinitive*		
Voy	**a**	**almorzar.**
I am going		*to eat lunch.*

EXAMPLES:

Yo **voy a viajar** a Lima.   *I am going to travel to Lima.*
Ellos **van a necesitar** pasaportes.   *They are going to need passports.*
¿**Vas a pagar** exceso de equipaje?   *Are you going to pay excess luggage?*
Él no **va a visitar** a su suegra.   *He is not going to visit his mother-in-law.*

EJERCICIOS

A. Item Substitution

1. *Yo* voy a viajar el domingo. (nosotros, tú, mis hermanos, la señorita)
2. *El empleado* no va a pagar exceso de equipaje. (yo, nosotros, ellos, tú)
3. *Ellos* van a almorzar primero. (yo, mi abuelo, mi tía y yo, tú, mis sobrinos)

B. Answer the following questions according to the model:

MODELO: ¿Vas a visitar a tus padres *o a tus tíos?*
           Voy a visitar a mis tíos.

1. ¿Vas a llevar un bolso de mano o un maletín?
2. ¿Van a venir Uds. el lunes o el martes?
3. ¿Quién va llevar el equipaje? ¿Ud. o el empleado?
4. ¿Qué va a tomar Ud.? ¿El tren o el avión?
5. ¿Vas a dejar el pasaporte o el comprobante?
6. ¿A qué hora vamos a ir? ¿A las cuatro o a las cinco?
7. ¿Vas a viajar en avión o en barco?
8. ¿Van a llegar Uds. al mediodía o a la medianoche?

C. Write in Spanish:

1. I am going to buy a first-class ticket.
2. The plane is going to arrive at noon.
3. Well, we are going to have lunch.
4. Are you going to buy a one-way ticket?
5. What time are you going to come, sir?

▶ **4.** Present indicative of stem-changing verbs (**o > ue**) (*Presente de indicativo de los verbos que cambian en la raíz: o > ue*)

As you learned in Lesson 3, certain verbs undergo a change in the stem in the present indicative. When **o** is the last stem vowel and it is stressed, it changes to **ue**, as follows:

poder	to be able to
puedo	podemos
puedes	podéis
puede	pueden

❧ Notice that the stem vowel is not stressed in the verb forms used with **nosotros** and **vosotros**, and therefore the **o** does not change to **ue**.

❧ Other verbs that undergo the same change are the **-ar** verbs **encontrar**, *to find;* **recordar**, *to remember;* **volar**, *to fly;* **contar**, *to tell, to count;* **almorzar**, *to have lunch;* **costar**, *to cost;* the **-er** verb **volver**, *to return;* the **-ir** verb **dormir**, *to sleep.* For a complete list of stem-changing verbs, see the Appendix.

EJERCICIOS

A. Item Substitution

1. *Yo* puedo llevar los documentos. (nosotros, ella, tú, los viajeros, la señorita)
2. *Ella* no encuentra las maletas. (nosotros, Uds., yo, tú, el empleado)
3. *Él* duerme mucho. (yo, nosotros, los niños, tú, mi hija)
4. *Mi nieto* cuenta de uno a cien. (yo, nosotros, Uds., tú, ellos)

B. Complete the following sentences, using the correct form of the verbs in parentheses, and read aloud:

1. El pasaje (costar) ____ $700.
2. ¿Cuánto (costar) ____ los pasajes de ida y vuelta?
3. Yo no (encontrar) ____ los documentos.
4. Nosotros no (encontrar) ____ el billete.
5. Tú y yo no (volver) ____ el sábado.
6. ¿A qué hora (volver) ____ Uds. al aeropuerto?
7. Nosotros (dormir) ____ por la mañana.
8. Tú (dormir) ____ mucho.
9. Mi amigo y yo no (poder) ____ llevar el equipaje.
10. Los turistas (almorzar) ____ en el tren.

C. Answer the following questions in complete sentences:

1. ¿Cuánto cuesta un café?
2. ¿Pueden Uds. viajar a Lima?

3. ¿Puedes almorzar ahora?
4. ¿A qué hora vuelves a tu casa?
5. ¿Duermen Uds. bien?
6. ¿Vuelan los aviones los domingos?
7. ¿Recuerdan Uds. a sus padres?
8. ¿A qué hora vuelven Uds.?

▶ **5.** Uses of **hay**   (*Usos de hay*)

The form **hay** means *there is, there are*. It has no subject, and must not be confused with **es** (*it is*) and **son** (*they are*):

¿A qué hora **hay** vuelos para Lima?   *At what time are there flights to Lima?*
Hay un niño en el avión.   *There is a child on the plane.*
¿**Hay** una agencia de viajes aquí?   *Is there a travel agency here?*
No **hay** muchos turistas.   *There aren't many tourists.*

EJERCICIOS

A. Answer the following questions in complete sentences:

1. ¿Cuántas chicas morenas hay aquí?
2. ¿Cuántos muchachos guapos hay aquí?
3. ¿Cuántas puertas hay aquí?
4. ¿Hay muchos turistas en su ciudad?
5. ¿Cuántos días hay en un año (*year*)?

B. Write in Spanish:

1. There are no flights to the capital on Wednesdays.
2. Is there an agent at the travel agency?
3. There are no buses on Fridays.
4. There are only two suitcases in the car.
5. There is a round-trip ticket for my friend.

▶ **6.** Ordinal numbers   (*Números ordinales*)

primero(a)	*first*	sexto(a)	*sixth*
segundo(a)	*second*	séptimo(a)	*seventh*
tercero(a)	*third*	octavo(a)	*eighth*
cuarto(a)	*fourth*	noveno(a)	*ninth*
quinto(a)	*fifth*	décimo(a)	*tenth*

❋ Spanish uses cardinal numbers for dates except for *the first*:

el **primero** de octubre   el **diez** de octubre

❈ The ordinal numbers **primero** and **tercero** drop the final **-o** before masculine singular nouns.[1]

❈ Ordinal numbers agree in gender and number with the nouns they modify.

❈ Ordinal numbers are seldom used after "the tenth."

¡A VER CUÁNTO APRENDIÓ!

A. Some personal questions:

1. ¿Quieres un pasaje de ida a Lima?
2. ¿Vas a viajar en primera clase o (clase) turista?
3. ¿Cuántos maletines puedo llevar en el viaje?
4. ¿Trabaja Ud. los sábados por la tarde?
5. ¿Qué días trabaja Ud.?
6. ¿Necesita Ud. comprobantes para su equipaje?
7. ¿A qué hora es la cena (el almuerzo) (el desayuno)?
8. ¿Cuántos pelirrojos hay en la clase?
9. ¿Vas a estudiar mañana por la noche?
10. ¿Voy a necesitar un pasaporte para viajar a Los Angeles?
11. ¿Cuánto cree Ud. que cuesta un Mercedes Benz?
12. ¿Cuándo vas a comprar un coche?

B. Express the correct time in Spanish, writing out the numerals. Start with clock number one. (See art on facing page.)

C. Say the following numbers:

3,575; 1,963; 6,315; 27,276; 1,758; 5,126; 578,954; 965,513; 765; 789

D. Give the ordinal numbers equivalent to the following cardinal numbers:

1. cinco	6. seis
2. uno	7. tres
3. nueve	8. ocho
4. siete	9. cuatro
5. dos	10. diez

---

[1]The same rule applies to the adjectives **bueno** (*good*) and **malo** (*bad*) when they are placed before masculine singular nouns: el **primer** avión, un **buen** hotel, el **tercer** hijo, un **mal** día.

E. ¡Repase el vocabulario!

Match the items in column **A** with those in column **B:**

	A		**B**
I	1. La cena es a las nueve	a.	por la tarde.
F	2. El desayuno es a las siete	b.	comprobantes.
S	3. Hay vuelos para Quito los	c.	los pasajes.
B	4. Aquí tiene los	d.	la puerta número dos.
H	5. El tren tiene	e.	para su equipaje.
D	6. Yo no encuentro	f.	de la mañana.
A	7. Victoria trabaja	g.	de equipaje.
D	8. La puerta de salida es	h.	dos horas de retraso.
G	9. Necesita los comprobantes	i.	de la noche.
E	10. Debe pagar exceso	j.	miércoles y viernes.
L	11. Caracas es la	k.	es la entrada.
O	12. Los viajeros están	l.	capital de Venezuela.
N	13. No quiero dejar	m.	a volver?
M	14. ¿Cuándo vas	n.	la maleta aquí
K	15. No es la salida;	o.	en el aeropuerto.

F. Complete the following dialogue:

En el aeropuerto:

EMPLEADO —¿Tiene Ud. su pasaje, señor?
SR. VEGA _____

EMPLEADO —¿Cuántas maletas tiene Ud.?
SR. VEGA _____

EMPLEADO —No puede llevar dos maletines con Ud. en el avión.
SR. VEGA _____

EMPLEADO —Sí, por favor; debe dejar un maletín con las otras dos maletas.
SR. VEGA _____

EMPLEADO —Sale a las dos de la tarde.
SR. VEGA _____

EMPLEADO —Sí, necesita comprobantes para su equipaje. Aquí están.
SR. VEGA _____

EMPLEADO —La puerta número dos, a la derecha. Buen viaje, señor.
SR. VEGA _____

G. Situaciones

What would you say in the following situations?:

1. You are at a travel agency. Tell the travel agent you need to buy a first-class round-trip ticket to Mexico. Ask the agent if you need a passport. Ask him/her if there are flights to Mexico on Saturday mornings.
2. You are at the airport. Tell the clerk you have two suitcases, and ask him/her if you can take your handbag on the plane.
3. You are on the plane. Ask the flight attendant what time lunch is.
4. Wish someone a nice trip.
5. Tell your friend you can't have lunch now because you're in a hurry. Tell him/her you'll be back at four-thirty in the afternoon.

PROVERBIOS ESPAÑOLES	"Más vale lo malo conocido que lo bueno por conocer." (*Literally: A known evil is better than a hoped-for good*)
	"Dime con quién andas y te diré quién eres." (*A man is known by the company he keeps*)
UNA CANCIÓN	(To the tune of: "Are You Sleeping, Brother John?")
	Buenos días, buenos días.
	¿Duerme usted? ¿duerme usted?
	Suena la campana, suena la campana.
	Din din don, din din don.

Ejercicio de lectura

who

Armando va a la agencia de viajes y compra un pasaje de ida y vuelta para Caracas, la capital de Venezuela. Va a visitar a sus padres que° viven allí. El pasaje de primera clase cuesta ochocientos dólares, pero Armando no tiene mucho dinero y compra un pasaje de clase turista.

El avión sale el viernes a las nueve de la noche, del aeropuerto Internacional de Los Ángeles. Anita, la novia de Armando, está en el aeropuerto con él. Armando tiene sólo una maleta y un bolso de mano. La puerta de salida para tomar el avión es la puerta número seis. Son las ocho y media y empiezan a llamar a los pasajeros. A las nueve en punto sale el avión.

¡A ver cuánto recuerda!

¿Es verdad o no?

1. Armando va al mercado para comprar un pasaje. F
2. Armando compra un pasaje de ida para Caracas. F
3. Caracas es la capital de Bolivia. F
4. Armando va a visitar a su mamá y a su papá. T
5. Los padres de Armando viven en Lima. F
6. El pasaje de primera clase cuesta más de setecientos dólares. T
7. Armando viaja en clase turista. T
8. El avión sale el viernes a las nueve de la mañana. F
9. El avión sale de Los Ángeles. T
10. Armando debe pagar exceso de equipaje. F
11. Armando va al aeropuerto con su hermana Anita. F
12. Armando debe ir a la puerta de salida número seis. T
13. Empiezan a llamar a los pasajeros a las ocho. F
14. El avión tiene una hora de retraso. F
15. El avión sale al mediodía. F

El avión llega a Lima por la mañana. Teresa entra en el aeropuerto, que es grande y muy moderno. Presenta el pasaporte y pasa por la aduana. En el aeropuerto hay objetos de oro y plata. Teresa compra algunos para su familia.

En la aduana:

INSPECTOR	—Debe abrir sus maletas. ¿Tiene Ud. algo que declarar?
TERESA	—Tengo esta cámara fotográfica y estos cigarrillos. Nada más.
INSPECTOR	—¿Y esta maleta?
TERESA	—Ésa no es mi maleta. Sólo tengo éstas.
INSPECTOR	—Muy bien. Todo está en regla.
TERESA	—¿Hay alguna oficina de turismo por aquí?
INSPECTOR	—Sí, es aquélla a la izquierda.

En la oficina de turismo, Teresa pide información:

TERESA	—Buenos días, señor. ¿Tiene Ud. una lista de hoteles y pensiones?
EMPLEADO	—Sí, señorita. También hay una lista de restaurantes y lugares de interés. Aquí están.
TERESA	—Gracias. ¿Dónde puedo tomar un taxi?
EMPLEADO	—La segunda puerta a la derecha. También hay un autobús que la lleva al centro. Es ése.

Teresa toma el autobús y va a un hotel del centro, donde pide una habitación:

TERESA	—Necesito una habitación sencilla con baño privado, por favor. No tengo reservación.
EMPLEADO	—Tenemos una con vista a la calle que cuesta veintisiete dólares por día. También hay otra interior en el tercer piso por veinte dólares.
TERESA	—¿Tiene alguna habitación más barata? Ésas son muy caras.
EMPLEADO	—No, no hay ninguna. En diciembre hay muy pocos cuartos libres.
TERESA	—Prefiero el cuarto interior. ¿Aceptan cheques de viajero?
EMPLEADO	—Sí, señorita.
TERESA	—¿A cómo está el cambio de moneda?
EMPLEADO	—Diez soles[1] por dólar.

(Teresa firma el registro.)

TERESA	—¿Puede alguien llevar mis maletas al cuarto, por favor?

---

[1] Peruvian currency

IN LIMA

The airplane arrives in Lima in the morning. Theresa enters the airport, which is big and very modern. She presents her passport and goes through customs. At the airport there are objects of gold and silver. Theresa buys some for her family.

Going through customs:

C. I.   You must open your suitcases. Do you have anything to declare?

T.   I have this camera and these cigarettes. Nothing else.

I.   And this suitcase?

T.   That one is not my suitcase. I only have these.

C. I.   Very well. Everything is in order.

T.   Is there a tourist office here?

C. I.   Yes, it is that one on the left.

At the tourist office Theresa asks for information:

T.   Good morning, sir. Do you have a list of hotels and boarding houses?

C.   Yes, miss. There is also a list of restaurants and places of interest. Here they are.

T.   Thanks. Where can I get a taxi?

C.   The second door to the right. There's also a bus that takes you downtown. It's that one.

Theresa takes the bus and goes to a hotel downtown where she asks for a room:

T.   I need a single room with a private bathroom, please. I have no reservation.

C.   We have one overlooking the street that costs twenty-seven dollars a day. There is also an interior one on the third floor for twenty dollars.

T.   Do you have any cheaper rooms? Those are very expensive.

C.   No, there aren't any. In December there are few vacant rooms.

T.   I prefer the interior room. Do you accept traveler's checks?

C.   Yes, miss.

T.   What is the rate of exchange?

C.   Ten soles per dollar.

(Theresa signs the register.)

T.   Can someone take my suitcases to the room, please?

C.   Yes, the bellhop will come to take them right away. Here is the key.

T.   I want to have dinner in my room. At what time do they serve dinner?

I.   They serve it at nine o'clock.

EMPLEADO   —Sí, en seguida viene el botones a llevarlas. Aquí tiene la llave.

TERESA   —Quiero cenar en mi habitación. ¿A qué hora sirven la cena?

EMPLEADO   —La sirven a las nueve.

Vocabulario

COGNADOS

el **dólar**   dollar
el **hotel**   hotel
el (la) **inspector(a)**   inspector
el **interés**   interest
   interior   interior
la **lista**   list
   moderno(a)   modern
el **objeto**   object

la **oficina**   office
   privado(a)   private
el **registro**   register
la **reserva** }
la **reservación** }   reservation
el **restaurante**   restaurant
el **taxi**   taxi

NOMBRES

la **aduana**   customs
el **baño**   bathroom
el **botones**   bellboy, bellhop
la **cámara fotográfica**   camera
el **centro**   downtown (area)
el **cigarrillo**   cigarette
el **cuarto**   room
el **cheque de viajero**   traveler's check
la **derecha**   right
la **habitación**   room
la **izquierda**   left
el **lugar**   place
la **llave**   key
la **oficina de turismo**   tourist office
el **oro**   gold
la **pensión**   boarding house
el **piso**   floor
la **plata**   silver

VERBOS

aceptar   to accept
cenar   to have dinner, supper
declarar   to declare
firmar   to sign
pasar (por)   to go through, by
pedir (e>i)   to ask for, to request

presentar   to present
servir (e>i)   to serve

ADJETIVOS

barato(a)   cheap, inexpensive
caro(a)   expensive
libre   vacant, free
sencillo(a)   single, simple

OTRAS PALABRAS

algo   something, anything
pocos(as)   few
por   per, for
que   which, that

ALGUNAS EXPRESIONES

¿A cómo está el cambio (de moneda)?   What is the rate of exchange?
aquí tiene   here is, here you are
con vista a   overlooking
en seguida   right away
nada más   nothing else
por aquí   around here
tener algo que declarar   to have something to declare
todo está en regla   everything is in order

VOCABULARIO ADICIONAL

el **ascensor**, el **elevador**   elevator
¿Hay un **ascensor** aquí?

cancelar   to cancel
Voy a **cancelar** el pasaje.

confirmar   to confirm
Deseo **confirmar** el vuelo.

doble   double
Quiero una habitación **doble**.

la **embajada**   embassy
¿Dónde está la **embajada** norteamericana?

el **jabón**   soap
¿Hay **jabón** en el baño?

la **lista de espera**   waiting list
Estoy en la **lista de espera**.

la **tarjeta de turista**   tourist card
Si Ud. es argentino, necesita una **tarjeta de turista**.

la **toalla**   towel
Necesito otra **toalla**.

la **visa**   visa
Necesitamos **visa** para viajar a Perú.

Pronunciación

▶ **A.** Spanish **p**

Spanish **p** is pronounced like the English *p*, but with no expulsion of air. Listen to your teacher and repeat the following words:

aeropuerto	pasar	comprar
pide	inspector	por
pensión	puerta	puedo

▶ **B.** Spanish **t**

Spanish **t** is pronounced by placing the tongue against the upper teeth. Listen to your teacher and repeat the following words:

Teresa	aeropuerto	todo
habitación	tengo	taxi
restaurante	objeto	interés

▶ **C.** Spanish **c**

The Spanish sound for the letter **c** in the combinations **ca, co,** and **cu** is /k/, pronounced as in English. The Spanish /k/, however, is not aspirated. Listen to your teacher and repeat the following words:

comprar	cuartos	pocos
cámara	como	Carmen
vacante	con	café

▶ **D.** Spanish **q**

Spanish **q** is always followed by a **u**; it is pronounced like the *c* in the English word *come*, but without any expulsion of air. Listen to your teacher and repeat the following words:

Quintana	Roque	quien
que	quiere	equipaje
aquí	izquierda	Quevedo

Estructuras gramaticales

▶ **1.** Months and seasons of the year
(*Los meses y las estaciones del año*)

Los meses del año

enero	*January*	julio	*July*
febrero	*February*	agosto	*August*
marzo	*March*	septiembre	*September*
abril	*April*	octubre	*October*
mayo	*May*	noviembre	*November*
junio	*June*	diciembre	*December*

In Spanish, the names of the months are not capitalized.

Las estaciones del año

la primavera	*spring*	el otoño	*autumn*
el verano	*summer*	el invierno	*winter*

Note that the seasons of the year are all masculine, except **la primavera.**

▶ **2.** Present indicative of stem-changing verbs (**e**>**i**) (*Presente de indicativo de los verbos que cambian en la raíz: e>i*)

Certain **-ir** verbs undergo a special change in the stem. When **e** is the last stem vowel and it is stressed, the **e** changes to **i** in the present indicative:

servir	to serve	**pedir**	to ask for, to request	**seguir**	to follow, to continue
sirvo	servimos	pido	pedimos	sigo	seguimos
sirves	servís	pides	pedís	sigues	seguís
sirve	sirven	pide	piden	sigue	siguen

Notice that the stem vowel is not stressed in the verb forms used with **nosotros** and **vosotros**, therefore, the **e** does not change to **i.**

- Verbs like **seguir** and **conseguir** (*to get, to obtain*) drop the **u** before **a** or **o**: **yo sigo, yo consigo.**
- The verb **decir** (*to say, to tell*) undergoes the same change, but in addition it has an irregular first person singular: **yo digo.** For a complete list of stem-changing verbs, see the Appendix.

HR
★★★
HOTEL
CONDE
DUQUE
Pl. Conde del Valle de Suchil, 5
MADRID-15

EJERCICIOS

A. Item Substitution

1. *Yo* sirvo la cena. (ella, tú, nosotros, Uds., los empleados)
2. *Teresa* pide una lista de hoteles. (yo, María y yo, él, tú, ellas)
3. *Juan* sigue en Lima. (nosotros, mi hijo, yo, tú, ella y él)
4. *Yo* no consigo trabajo. (mi cuñada, tú, nosotros, Uds., Ud. y él)
5. *Él* dice que es barato. (Uds., yo, Rosa, tú, nosotros, ellos)

B. Complete the following sentences, using the correct forms of the verbs in parentheses, and read aloud:

1. Yo (seguir) ____ en el hotel.
2. Nosotros no (conseguir) ____ habitaciones con baño privado.
3. Ellos (servir) ____ el desayuno a las ocho.
4. Nosotros (pedir) la reservación de Elena.
5. Ella y yo (seguir) ____ al botones al cuarto.
6. Yo (decir) ____ que él es bajo y feo.
7. Nosotros (pedir) ____ información.
8. Tú y yo (servir) ____ los refrescos.
9. Tú (conseguir) ____ habitación.
10. Hilda (decir) ____ que no va a la fiesta de fin de año.

C. Answer the following questions in complete sentences:

1. ¿A qué hora sirven Uds. el desayuno?
2. ¿Sirve Ud. vodka en sus fiestas?
3. ¿Piden Uds. Coca-Cola o Seven-Up?
4. ¿Dicen Uds. su edad?
5. ¿Dónde consiguen Uds. la visa?
6. ¿Dices que sí o que no?
7. ¿Sigues en los Estados Unidos?
8. ¿Dónde consigues la lista de hoteles?

▶ **3. Direct object pronouns**
   (Pronombres usados como complemento directo)

A direct object *directly* receives the action of the verb:

> Ellos leen **la lección.**   *They read the lesson.*
>   d.o.

> Ella compra **el libro de español.**   *She buys the Spanish book.*
>   d.o.

A *direct object pronoun* may be used in place of a direct object.

A. Forms of the direct object pronouns

		Singular			*Plural*
me	me		**nos**	us	
te	you (*fam.*)		**os**	you (*fam.*)	
lo	{ you (*form., masc.*) { him, it (*masc.*)		**los**	{ you (*form., masc.*) { them (*masc.*)	
la	{ you (*form., fem.*) { her, it (*fem.*)		**las**	{ you (*form., fem.*) { them (*fem.*)	

EXAMPLES: ¿Tiene **la llave?** Sí, **la** tengo.

¿Sirven **la cena** aquí? Sí, **la** sirven aquí.

¿Compra Ud. **los pasajes?** Sí, **los** compro.

Ellos **me** visitan.   *They visit me.*
¿**Te** encuentra él?   *Does he find you?*
Yo **lo** compro.   *I buy it.*
Estela **nos** visita.   *Estelle visits us.*

Note that in some parts of Spain, **le** is used instead of **lo** for *him* or *you* (*form.*).

B. Position of direct object pronouns

1. In Spanish, object pronouns are normally placed before a conjugated verb:

   La sirven a las nueve.   *They serve it at nine.*

2. In a negative sentence the **no** must precede the object pronoun:

   No **la** sirven a las nueve.   *They don't serve it at nine.*

3. The object pronoun may be attached to the end of an infinitive:

   En seguida viene el botones a llevar**las**.   *The bellboy will come to take them right away.*

   EXAMPLES: Yo **te llevo**.   *I take you.*

   Yo **no te llevo**.   *I don't take you.*

   Yo voy a **llevarte**.   *I'm going to take you.*

4. Whenever a conjugated verb and an infinitive are used in the same clause, the pronoun may either be added to the infinitive or placed before the conjugated verb:

   Quiero llevar**te**. }
   Te quiero llevar. } *I want to take you.*

EJERCICIOS

A. Replace the italicized object with the appropriate pronoun:

MODELO: Compro las *toallas.*
          Las compro.

1. Necesito *jabón.*
2. El cuarto tiene *baño privado.*
3. Aceptan *cheques de viajero.*
4. Puede llevar *las tarjetas de turista.* (two forms)
5. El hotel no tiene *ascensor.*
6. Van a dar *una lista.* (two forms)
7. Pido *la habitación interior.*
8. No tengo *habitaciones sencillas.*
9. Debe abrir *el restaurante.* (two forms)
10. Compramos *los objetos de plata y oro.*

B. Pattern Drill. Answer the questions orally, following the models:

MODELO 1:   ¿Llevas a Roberto?   *Sí, lo llevo.*

1. ¿Llevas a los niños?   3. ¿Me llevas?   5. ¿Te llevo?
2. ¿Llevas a María?   4. ¿Nos llevas?

MODELO 2:   ¿Vas a visitar a María?
            No, no voy a visitarla.[1]
            (*No, no* la *voy a visitar.*)[1]

1. ¿Vas a visitar a los chicos?   4. ¿Vas a visitar al inspector?
2. ¿Me vas a visitar?   5. ¿Vas a visitar las capitales?
3. ¿Nos vas a visitar?

C. Answer the following questions in complete sentences, using direct object pronouns:

1. ¿A qué hora vas a llamarme?
2. ¿Los visitan a Uds. sus amigos?
3. ¿Quién te va a llevar a la pensión?
4. ¿Tienes mi cámara fotográfica?
5. ¿Firman Uds. el registro?
6. ¿Tienen Uds. la visa para Costa Rica?
7. ¿Confirman o cancelan Uds. los pasajes?
8. ¿Pides la tarjeta de turista para viajar?

D. Write in Spanish:

1. He loves me.   5. We request them (*masc.*).
2. I buy it (*fem.*).   6. I get them (*fem.*) at the restaurant.
3. He calls us.   7. She takes you (*fam.*).
4. Do you want to read it (*masc.*)?   8. Do you need to declare it (*fem.*)?

▶ **4.** Affirmative and negative expressions
    (*Expresiones afirmativas y negativas*)

A.

Affirmative	Negative
algo something, anything	**nada** nothing
alguien someone, somebody, anyone	**nadie** nobody, no one
alguno(a), **algún** any, some	**ninguno(a)**, **ningún** no, none, not any
siempre always	**nunca**, **jamás** never
también also, too	**tampoco** neither, not either
o . . . o either . . . or	**ni . . . ni** neither . . . nor

※ **Alguno** and **ninguno** drop the **-o** before a masculine singular noun: **algún** niño; **ningún** niño; but **alguna** niña; **ninguna** niña.

---

[1]Note the position of the pronoun in each of the two model responses.

✤ Note that **alguno(a)** may be used in the plural form, but **ninguno(a)** is not pluralized.

EXAMPLES:

Tengo **algo** que declarar.   *I have **something** to declare.*
No tengo **nada** que declarar.   *I have **nothing** to declare.*
Hay **alguien** aquí.   *There is **somebody** here.*
No hay **nadie** aquí.   *There is **nobody** here.*
Desea comprar **algunos** objetos.   *She wants to buy **some** objects.*
No desea comprar **ningún** objeto.   *She doesn't want to buy **any** objects.*
Algún día voy a visitarte.   ***Some day** I'm going to visit you.*
Nunca voy a visitarte.   *I'm **never** going to visit you.*
Yo **también** te quiero.   *I love you, **too**.*
Yo **tampoco** te quiero.   *I don't love you, **either**.*
Voy a la pensión **o** al hotel.   *I'm going to the boarding house **or** to the hotel.*
No voy **ni** a la pensión **ni** al hotel.   *I'm going **neither** to the boarding house **nor** to the hotel.*

B.   Spanish frequently uses a double negative form to express a degree of negation: the adverb **no** is placed before the verb; the second negative word either follows the verb or appears at the end of the sentence. However, if the negative word precedes the verb, **no** is never used:

No hablo español **nunca.**
OR: **Nunca** hablo español.   } *I **never** speak Spanish.*

No compro **nada nunca.**
OR: **Nunca** compro **nada.**   } *I **never** buy **anything**.*

EJERCICIOS

A.   Make the following sentences negative:

1. Compro algo.
2. Algún día voy a viajar a Madrid.
3. Algunos sirven la cena.
4. Quieren o café o té (tea).
5. Entran algunos amigos.
6. Hay alguien en la entrada.
7. Siempre encontramos habitaciones dobles.
8. El inspector de aduana va también.

B.   Answer the following questions negatively:

1. ¿Vas a ir a Madrid algún día?
2. ¿Siempre viajan Uds. en el verano?

3. ¿Vas a la oficina de turismo con alguien?
4. ¿Vas a conseguir una tarjeta de turista también?
5. ¿Vas a comprar objetos de plata o de oro?
6. ¿Quieres algo?
7. ¿Vas a visitar a algunas chicas?
8. ¿Quieres trabajar en una embajada algún día?

C. Write in Spanish:

1. He doesn't sign anything.
2. Do you talk with anybody?
3. They never go downtown.
4. She studies either English or Spanish.
5. My husband does not remember either.
6. It is neither cheap nor expensive.
7. I never buy anything for anybody.
8. There isn't anybody around here.

▶ **5.** Demonstrative adjectives and pronouns
(*Los adjetivos y los pronombres demostrativos*)

A. Demonstrative adjectives point out persons or things. Like all other adjectives, they agree in gender and number with the nouns they modify. The three demonstrative adjectives are **este, ese,** and **aquel. Este**

means *this;* **ese** means *that;* **aquel** means *that (over there).* Each demonstrative adjective has four forms:

Singular		Plural	
Masculine	*Feminine*	*Masculine*	*Feminine*
este	esta	estos	estas
ese	esa	esos	esas
aquel	aquella	aquellos	aquellas

EXAMPLES:

este piso	**estos** pisos
esta embajada	**estas** embajadas
ese restaurante	**esos** restaurantes
esa oficina	**esas** oficinas
aquel tren	**aquellos** trenes
aquella cámara fotográfica	**aquellas** cámaras fotográficas

EJERCICIOS

A. Change the demonstrative adjectives according to the gender and number of the nouns:

1. *esta* lista de espera, _____ casas, _____ elevador, _____ autobuses
2. *ese* empleado, _____ oficina, _____ dólares, _____ pensiones
3. *aquella* señora, _____ cheque, _____ toallas, _____ cigarrillos

B. Write in Spanish:

1. These young ladies have dinner at ten.
2. That hotel, which is in Lima, is very modern.
3. I'm going to buy those cigarettes. Nothing else.
4. Are you going to sign this register?
5. That girl (over there) works at the tourist office.
6. Those gentlemen (over there) must go through customs.

B. The demonstrative pronouns are the same as the demonstrative adjectives, except that the pronouns have a written accent. Each demonstrative pronoun has a neuter form. The neuter pronouns have no accent, because there are no corresponding forms in the demonstrative adjectives:

Singular			*Plural*		
Masculine	*Feminine*		*Masculine*	*Feminine*	
éste	ésta	*this one*	éstos	éstas	*these ones*
ése	ésa	*that one*	ésos	ésas	*those ones*
aquél	aquélla	*that one (over there)*	aquéllos	aquéllas	*those ones (over there)*

Neuter	
esto	*this thing*
eso	*that thing*
aquello	*that thing (over there)*

EXAMPLES: ¿Quieres este libro o **ése?**
Mis hermanos son **aquéllos.**
¿Qué es **aquello** (*that thing over there*)?

❧ The demonstrative pronouns present the same relationship in space as the demonstrative adjectives; that is, the **este, éste** forms point to a person or object that is close to the person who is talking (*this*), the **ese, ése** forms point to a person or object that is near the person to whom one is talking (*that*), and the **aquel, aquél** forms point to a person or object that is distant from both (*that one over there*).

❧ The demonstrative pronouns replace both the noun and the corresponding demonstrative adjective.

❧ The neuter forms are used to refer to unidentified or imprecise objects or things.

EJERCICIOS

A. Pattern Drill

MODELO: ¿Quieres esta lista o ésa?
Prefiero aquélla.

1. ¿Quieres estas maletas o ésas?
2. ¿Quieres estos bolsos de mano o ésos?
3. ¿Quieres este refresco o ése?
4. ¿Quieres esta cámara o ésa?
5. ¿Quieres esto o eso?

B. Complete the following sentences by translating the words in parentheses:

1. Firmo este registro y _____ (*that one over there*).
2. Quiero estos cigarrillos y _____ (*those*).
3. Necesito esta llave y _____ (*that one over there*).
4. Voy a comprar esta toalla y _____ (*those*).
5. No quiero esas maletas; quiero _____ (*these*).
6. No voy a comer en ese restaurante. Voy a comer en _____ (*this one*).

¡A VER CUÁNTO APRENDIÓ!

A. Give appropriate responses:

1. ¿Cuántas maletas lleva Ud. cuando viaja?
2. ¿A qué hora sirven Uds. el desayuno?
3. ¿En qué piso está tu cuarto?
4. ¿Cuál es el quinto mes del año? ¿Y el tercero? ¿Y el décimo?
5. ¿Prefiere Ud. una habitación doble o sencilla?
6. ¿Qué lugares de interés hay en la ciudad donde Ud. vive?
7. ¿Tiene Ud. un cuarto grande?
8. ¿Prefiere Ud. objetos de oro o de plata?
9. ¿Qué estación del año prefiere?
10. ¿Viene Ud. a la universidad en taxi?
11. ¿El baño está a la derecha o a la izquierda?
12. ¿Quiere Ud. una lista de hoteles y pensiones?
13. ¿Lleva Ud. cheques de viajero cuando viaja?
14. ¿Quién lleva tus maletas? ¿Tú o el botones?
15. Yo soy el inspector. ¿Tiene algo que declarar?
16. ¿Cuál es tu libro? ¿Éste, ése o aquél?
17. ¿Vas a llevarme a almorzar?
18. ¿Hay alguien en su cuarto ahora?
19. Quiero vender mi cámara fotográfica. ¿La quieren comprar?
20. ¿Llamas a tus padres todos los días?

B. ¡Repase el vocabulario!

Select the right answer:

1. Los meses del invierno son:

   a. diciembre, junio y marzo.   c. diciembre, enero y febrero.
   b. enero, julio y abril.

2. Octubre es un mes:

   a. del verano.   c. del otoño
   b. de la primavera.   d. del invierno.

3. En el aeropuerto debo presentar:

    a. la llave.   b. el baño.   c. el pasaporte.

4. Quiero una habitación:

    a. en la oficina de turismo.   c. en el ómnibus.
    b. con vista a la calle.

5. Deseo declarar:

    a. la reservación.   c. la lista de hoteles.
    b. esta cámara fotográfica.

6. Debes pasar por la aduana:

    a. con el restaurante.   c. con las maletas.
    b. con el piso.

7. Voy a comprar algo para:

    a. mis padres.   b. la aduana.   c. la llave.

8. El botones va a llevar:

    a. el barco.   b. el ascensor.   c. las maletas.

9. ¿Dónde puedo tomar:

    a. el jabón?   b. el ascensor?   c. el tercer piso?

10. Sirven la cena:

    a. a las nueve de la mañana.   c. a las nueve de la noche.
    b. a las tres de la tarde.

11. En el verano hay pocos cuartos:

    a. libres.   b. modernos.   c. casados.

12. En el Hilton una habitación con vista a la calle cuesta cincuenta dólares:

    a. por año.   b. por mes.   c. por día.

C. Complete the following dialogues:

1. *Carlos va a Tijuana:*

    CARLOS   —¿Dónde está tu pasaporte?
    ROBERTO   _____
    CARLOS   —¡Sí, lo necesitas! ¿No vas a ir a México?
    ROBERTO   _____
    CARLOS   —¿Tijuana? ¿Y para eso necesitas todas esas maletas?
    ROBERTO   _____
    CARLOS   —¡No! ¡No puedo llevarlas al coche!

2. *En el hotel:*

TURISTA   —¿Tienen habitaciones?

HOTELERO   _____

TURISTA   —No, interior.

HOTELERO   _____

TURISTA   —¡Cincuenta dólares por día! ¿Aceptan cheques de viajeros?

HOTELERO   _____

D. Situaciones

What would you say in the following situations?:

1. You are at the travel agency. Ask the agent whether you need a visa to travel to Mexico and what the rate of exchange is. Tell the agent that you want a one-way ticket.
2. You are at the airport. Tell the inspector that you have nothing else to declare, and ask if everything is in order.

3. You are at the tourist office. Ask the clerk if he/she has a list of hotels and boarding houses, and also a list of places of interest. Say that you need them right away.

4. You are the clerk at the tourist office. Tell some tourists that there are some buses that can take them downtown and that they can also take a taxi.

5. You are the clerk at a hotel. Tell a tourist that you don't have any single rooms with private bathrooms because there are few vacant rooms in July.

UN POEMA

Treinta días trae[1] noviembre
con abril, junio y septiembre;
de veintiocho sólo hay uno
y los demás,[2] de treinta y uno.

[1]brings   [2]and the others

Self-Test

LESSONS 1-5

Take this test. When you finish, compare your answers with the answer key provided for this section in Appendix C. Then use a red pen to correct any mistakes you might have made. Ready? Go!

LESSON 1

A. *Subject Pronouns and Present Indicative of Regular -ar Verbs*

Rewrite each pair of sentences to form one sentence, combining the subjects and changing the forms of the verbs as needed:

1. a. Ella habla inglés y español.
   b. Yo (Ana) hablo inglés y español.
2. a. Él trabaja en el hospital.
   b. Ud. trabaja en el hospital.
3. a. Ella (Rosa) llama más tarde.
   b. Ella (Nora) llama más tarde.
4. a. Ella estudia inglés.
   b. Él estudia inglés.
5. a. Tú (Luis) necesitas dinero.
   b. Yo (Eva) necesito dinero.
6. a. Él desea hablar con Eva.
   b. Yo deseo hablar con Eva.

B. *Gender of Nouns and the Definite Article*

Use the appropriate form of the definite article (**el, la los, las**) with each of the following nouns:

1. televisión
2. manos
3. clima
4. mercados
5. lección
6. teléfono
7. mesas
8. profesor
9. idioma
10. paredes
11. silla
12. días

C. *Plural Forms*

Make the following plural:

1. el señor y la señorita
2. la doctora y el profesor
3. la conversación
4. el lápiz
5. el día
6. la pared
7. la ciudad
8. el ejercicio

D. *Negative and Interrogative Sentences*

Write the following conversations in Spanish:

1. Do you speak Spanish?
   No, I don't speak Spanish.

2. Does he need (the) Lesson One?
   No, he doesn't need (the) Lesson One.

3. Are they calling later?
   No, they're not calling later.

4. Do you work at the university?
   No, we don't work at the university.

5. Does Carmen study English?
   No, Carmen doesn't study English.

E. *Just Words . . .*

Match the questions or statements in column **A** with the appropriate responses in column **B**:

A	**B**
1. Hola. ¿Está Raúl?	a. ¡¿Quién no?!
2. ¿Por qué? ¿Problemas económicos?	b. Habla Pedro Morales.
	c. Un momento, por favor.
3. ¡Oye! ¿Qué hay de nuevo?	d. No, sentimentales . . .
4. ¿Necesitas dinero?	e. Dinero.
5. ¿Qué tal?	f. Estudiamos español.
6. Deseo hablar con Ana.	g. María Gómez.
7. ¿Dónde está don Luis?	h. De Rita Vera.
8. ¿Quién habla?	i. Más o menos.
9. ¿Cómo está Ud.	j. No, en el hospital.
10. ¿Quién está al teléfono?	k. Con él habla.
11. ¿Estudiamos esta noche?	l. Muy bien, gracias. ¿Y Ud.?
12. ¿Qué idioma estudian Uds.?	m. No, mañana.
13. ¿De parte de quién?	n. En el mercado.
14. ¿Qué necesitan Uds.?	o. Nada.
15. ¿Trabaja en el mercado?	

LESSON 2

A. *Cardinal Numbers 10–30*

Write the following numbers:

14, 10, 30, 22, 16, 8, 11, 15, 27, 12, 5, 13

B. *Possession*

Unscramble the words to form a question or a statement:

1. de / teléfono / Nora / número / es / cuál / de / el / ¿ ?
2. las / de / contestamos / recepcionista / nosotros / preguntas / la
3. dirección / Ernesto / de / la / de / hija / es / cuál / la / ¿ ?

C. *Present Indicative of* **ser**

Write in Spanish:

1. I am Mexican, but the children are from California.
2. The nurse is (a) widow. Are you married, Mr. Soto?
3. Are you (*fam.*) North American? We are from the United States too.
4. Mr. Vera is (an) engineer.
5. Robert and I are single.

D. *Agreement of Adjectives and Nouns*

Rewrite the following sentences, making all of the nouns feminine. Change the adjectives and articles accordingly:

1. El niño es inteligente.
2. El doctor es español.
3. Los señores son ingleses.
4. El profesor es mexicano.
5. Los hijos de ella no son felices.

E. *Possessive Adjectives*

Answer the following questions in the affirmative. Use the appropriate possessive adjectives:

1. ¿Ana es la esposa de Roberto?
2. ¿El hijo de Uds. es divorciado?
3. ¿Los hijos de ellos beben refrescos?
4. ¿Las hijas de Uds. solicitan el trabajo?
5. ¿Mis hijas deben llenar otra planilla? (*Use familiar*)

F. *Present Indicative of Regular* **-er** *and* **-ir** *Verbs*

Complete the following sentences, using the appropriate form of the verbs in the list:

vivir	escribir	decidir	leer	comer	beber
creer	vender	aprender	recibir	deber	abrir

1. Yo no _____ sándwiches. _____ ensalada.
2. Adriana _____ en la calle Magnolia.
3. Ellos _____ el inglés, no el español.
4. ¿ _____ Uds. refrescos?
5. ¿Tú no _____ en Santa Claus?
6. Ud. no _____ el libro.
7. Juan y yo _____ en inglés.
8. Paco no _____ mucho dinero.
9. Yo _____ entrar en la cafetería.
10. Ud. _____ escribir la información personal.
11. ¿ _____ Uds. libros mexicanos?
12. Ellos _____ refrescos en la cafetería.

G. *Present Indicative of the Irregular Verbs* **tener** *and* **venir**

Complete the following sentences, using the correct forms of **venir** or **tener,** as needed:

1. ¿Cuántos hijos _____ Uds.?
2. Después de trabajar, ella _____ a la universidad para estudiar.
3. Como nosotros no _____ el número de teléfono de Ana, llamamos a su mamá.
4. Tome asiento. El señor Rojas _____ más tarde.
5. Yo _____ dos hijos y tres hijas.
6. Nosotros _____ con los ingenieros de la compañía.
7. Yo no _____ a solicitar trabajo.
8. Nosotros no _____ mucho dinero.

H. *Expressions with* **tener**

Write in Spanish:

1. Are you in a hurry, Miss Peña?
2. I'm not hungry, but I'm very thirsty.
3. Are you hot? I'm cold!
4. The children are sleepy.
5. We are not scared.
6. You are right. Mary is thirty years old.

I. *Just Words . . .*

Supply the missing words, according to the information provided:

1. _____: Marisa Cortés
2. _____: Calle Lima, 423
3. _____: Veinticinco años
4. _____: Caracas, Venezuela
5. _____: Separada
6. _____: Enfermera

LESSON 3

A. *Cardinal Numbers 40–100*

Solve the following problems:

1. cincuenta + (más) veinticinco =   _____
2. cien − (menos) quince =   _____
3. treinta + doce =   _____
4. noventa y tres − treinta y uno =   _____
5. setenta y nueve − diez y nueve =   _____

B. *The Indefinite Article*

Write in Spanish:

1. a dance   3. some friends   5. some boys
2. some girls   4. a party

C. *The Personal a*

Write sentences using the elements provided. Include the personal **a** when needed:

1. yo / llevar / mis hermanos / a la fiesta
2. nosotros / llevar / el café / a la cafetería
3. mamá / llamar / mi abuela
4. nosotros / tener / cuatro hijos

D. *Contractions*

Answer the following questions. Use the information provided in parentheses to formulate your answers:

1. ¿De dónde vienen Uds.?   (hospital)
2. ¿A dónde vas?   (baile de fin de año)
3. ¿A quién llama tu tío?   (el cuñado de mi prima)
4. ¿A quiénes necesitan ellos?   (las enfermeras)
5. ¿De dónde vienes?   (universidad)
6. ¿A quién llevan Uds.?   (los nietos de doña Lola)
7. ¿De dónde viene el padre de Roberto?   (mercado)
8. ¿De dónde es la tía de tu novio?   (la ciudad)

E. *Irregular Verbs ir, dar, and estar*

Complete the following sentences, using the present indicative of **ir, dar,** or **estar,** as needed:

1. Yo no ____ a la fiesta con mi suegra.
2. Nosotros ____ un baile aquí esta noche.
3. Mi sobrina ____ en el hospital.

4. ¿Dónde _____ las hermanas de tu cuñada?
5. El yerno de doña Rita _____ a la fiesta con sus amigos.
6. Tus abuelos no _____ mucho dinero.
7. Yo _____ en el mercado.
8. ¿Dónde _____ tú?
9. ¿A dónde _____ tus sobrinos?
10. Yo no _____ mi número de teléfono.

F. *Uses of ser and estar*

Give the Spanish equivalent:

1. Her granddaughter is tall and thin.
2. Where are your dad and your brother?
3. My daughter-in-law is from El Salvador.
4. Are you (a) nurse?
5. My father-in-law's market is in Los Angeles.
6. How is your mother, Miss Vera?

G. *Present Indicative of Stem-changing Verbs (e>ie)*

Complete the following sentences, using the present indicative of the verbs in the list, as needed:

entender	cerrar	empezar	preferir
pensar	querer	perder	comenzar

1. Mi tío no _____ beber café.
2. Nosotros no _____ la lección dos.
3. Ella _____ mucho dinero en Las Vegas.
4. ¿ _____ tú el libro?
5. Las clases _____ esta noche.
6. Nosotros _____ a trabajar mañana.
7. Yo no _____ ir al baile de fin de año.
8. Luis y yo _____ beber refrescos.

H. *The Comparison of Adjectives and Adverbs*

Write sentences using the elements provided. Use the comparative, the superlative, or the absolute superlative constructions, as needed:

1. Alfredo / estudiante / más / inteligente / clase
2. La lección doce / menos / interesante / la lección siete
3. Mi novia / más bonita / tu novia
4. Roberto / más / guapo / familia
5. Rosa / muchacha / muy / inteligente
6. El profesor / tener / menos / veinte estudiantes

I. *Just Words . . .*

Choose the word or phrase in parentheses that best completes the meaning of the sentences:

1. ¿De qué color son los ojos de Jorge? ¿(Anaranjados, Castaños, Amarillos)?
2. Roberto no es alto. Es (moreno, simpático, bajo).
3. Mi pelo es (rubio, verde, rosado).
4. José no es feo. Es muy (gris, guapo, grande).
5. Muchos estudiantes conversan y bailan en (el hospital, el mercado, la fiesta).
6. Roberto piensa que, si todas las chicas quieren bailar, él prefiere dar (una fiesta, una enfermera, una solicitud) en su casa.
7. (Aunque, Pero, Mientras) Elena es más bonita que Raquel, es menos inteligente.
8. Doña Teresa tiene noventa y ocho años. Su pelo es (rojo, negro, blanco).
9. No quiero beber café. Prefiero bailar. (¿Bailamos . . . ?, ¿Marrón . . . ?, ¿Allí . . . ?)
10. ¡No! Pedro no es gordo. Es muy (feo, delgado, simpático).

LESSON 4

A. *Cardinal Numbers 100–1,000*

Write the following dates, house numbers, and amounts of money:

1. El año 1492
2. El año 1776
3. El año 1865
4. El año 1981
5. Calle Universidad número 2.532
6. Calle Magnolia número 5.123
7. $7.274 (dólares)
8. $322.269 (dólares)

B. *Telling Time*

Answer the following questions in complete sentences. Use the information provided in parentheses to formulate your answers:

1. ¿A qué hora es el desayuno?   (7:30 A.M.)
2. ¿Qué hora es?   (5:25)
3. ¿A qué hora sale el avión?   (1:10 P.M.)
4. ¿A qué hora es el almuerzo?   (12 P.M.)
5. ¿A qué hora estudian Uds.?   (mañana)
6. ¿Qué hora es?   (1:25)
7. ¿A qué hora es la cena?   (7:45 P.M.)
8. ¿A qué hora empieza la clase?   (6:15 A.M.)
9. ¿Qué hora es?   (10:35)
10. ¿Cuándo son sus clases?   (noche)

C. **Ir a** *plus Infinitive*

Write sentences to tell what is going to happen. Use the words provided:

MODELO: la viajera / comprar / billetes / primera clase
La viajera va a comprar billetes de primera clase.

1. los empleados / tomar / avión / la mañana
2. yo / viajar / México
3. ¿ / tú / visitar / tu suegra / ?
4. nosotros / no / dejar / maletas / aeropuerto
5. ¿ / cuándo / llegar / Ud. / capital / ?

D. *Present Indicative of Stem-changing Verbs (o>ue)*

Complete the following sentences, using the present indicative of the verbs in the list, as needed:

     recordar   almorzar   costar
     contar   poder

1. ¿Cuánto _____ un pasaje de ida y vuelta?
2. Nosotros no _____ pagar exceso de equipaje.
3. ¿ _____ Ud. cuál es su número de teléfono?
4. Yo _____ de uno a veinte en español.
5. Tengo hambre. ¿A qué hora _____ (nosotros)?

E. *Uses of* **hay**

Give the Spanish equivalent:

1. Is there only one door?
2. There are two flights on Saturdays.
3. There are (no) agents at the travel agency.

F. *Ordinal Numbers*

Answer the following questions, according to the model:

MODELO: —¿Es la *segunda* puerta?
            —*No, es la primera.*

1. ¿Es el *cuarto* avión?   4. ¿Es el *noveno* automóvil?
2. ¿Es el *sexto* maletín?   5. ¿Es el *octavo* ómnibus?
3. ¿Es la *décima* estudiante?

G. *Just Words . . .*

Complete the following sentences, using appropriate words or phrases from the vocabulary in *Lección 4:*

1. A la medianoche voy al aeropuerto _____ tomar el avión.
2. ¿Uds. van a volar a México mañana? ¡ _____ !
3. No puedo comprar un pasaje de primera clase. Quiero un pasaje de _____ .
4. Voy a Buenos Aires, pero no vuelvo. Quiero un pasaje de _____ .
5. ¡Son las cuatro! El avión tiene tres horas de _____ .
6. Bueno, tengo mi pasaporte. ¿Necesito otros _____ ?
7. Aquí tiene el comprobante para su _____ .
8. Aquí está la entrada y ahí está la _____ .
9. No tengo valijas. Sólo un bolso de _____ .
10. Nosotros no almorzamos a las once y media. Almorzamos al _____ .
11. En París hay muchos _____ norteamericanos.
12. Puedo ir de California a Arizona en avión, en coche, en tren o en ómnibus, pero no en _____ .

LESSON 5

A. *Present Indicative of Stem-changing Verbs (e>i)*

Give the Spanish equivalent:

1. At the "Mexico" restaurant they serve dinner at nine.
2. She requests a room overlooking the street.
3. We follow the bellboy to the room.
4. Do you (*pl.*) get reservations in December?
5. I'm saying (I say) that he must sign the register right away.

B. *Direct Object Pronouns*

Complete the following sentences with the Spanish equivalent of the words in parentheses:

1. ¿El libro? No quiero _____ (*buy it*). Es muy caro.
2. Yo _____ (*call you*) más tarde, Anita.
3. ¿La cena? Ellos _____ (*serve it*) a las siete.
4. Ella tiene cigarrillos, pero no va a _____ (*declare them*).
5. Mamá no _____ (*take me*) al hotel.
6. ¿Las toallas? Yo no _____ (*need them*).
7. Yo tengo cheques de viajero, pero ellos no _____ (*accept them*).
8. Yo no puedo _____ (*take you*), señor Vega.
9. Ellos quieren las cámaras fotográficas, pero yo no _____ (*have them*).
10. Nosotros no podemos _____ (*call you*), señorita Roca.

C. *Affirmative and Negative Expressions*

Change the following sentences to the affirmative:

1. Ellos no van a querer nada.
2. No hay nadie en el baño.

3. No tengo ningún objeto de oro y plata.
4. Ellos nunca pasan por la aduana.
5. Yo tampoco ceno a las nueve.
6. Jamás tiene las listas de los hoteles.
7. No puedes ir ni a la derecha ni a la izquierda.
8. Ellos nunca quieren nada tampoco.

D. *Demonstrative Adjectives and Pronouns*

Give the Spanish equivalent:

1. these cigarettes and those (ones)
2. that key and this one
3. these offices and those (ones) [over there]
4. this taxi and that one [over there]
5. this boarding house and that one [over there]

E. *Just Words . . .*

Choose the correct response to the following questions or statements:

1. ¿Son caras las habitaciones en los hoteles del centro?
   a. No, son de oro y plata.
   b. No, están en el segundo piso.
   c. No, son baratas.

2. ¿Dónde vas a conseguir los pasajes?
   a. En la oficina de turismo.
   b. En el baño.
   c. En un restaurante.

3. ¿Qué documentos debo presentar?
   a. Veinte dólares.
   b. La tarjeta de turista y la visa.
   c. Los cigarrillos.

4. ¿A cómo está el cambio de moneda?
   a. Aquí tiene la llave.
   b. Nada más.
   c. Veinte soles por dólar.

5. ¿Tiene algo que declarar?
   a. Necesito una lista de los lugares de interés.
   b. Esta cámara fotográfica.
   c. Sí, van a declararlo.

6. Necesitamos una habitación doble y dos habitaciones sencillas.
   a. No tenemos ningún cuarto libre, señorita.
   b. Hay pocas habitaciones modernas.
   c. Todo está en regla.

7. ¿Dónde trabaja el inspector?
   a. En el avión.
   b. En la aduana.
   c. En el hospital.

8. El cuarto con vista a la calle es muy caro.
   a. ¿Quiere una habitación interior?
   b. El ascensor está a la izquierda.
   c. No hay muchas oficinas de turismo por aquí.

9. ¿Qué desea, señorita?
   a. Una habitación sencilla, con baño privado.
   b. Ése es el ómnibus que me lleva al centro.
   c. No tengo nada que declarar.

10. ¿No puedes ir a México?
    a. No, y voy a confirmar los pasajes.
    b. No, voy a cancelar las reservaciones.
    c. No soy de México; soy de Guatemala.

11. ¿Tienen jabón?
    a. Están en la embajada norteamericana.
    b. Sí, tenemos uno con vista a la calle.
    c. Sí, pero no tenemos toallas.

12. ¿Están Uds. en la lista de espera?
    a. Tengo una lista de los lugares de interés de nuestra ciudad.
    b. El botones tiene la lista.
    c. No, nosotros tenemos reservaciones.

Lección

6

Pidiendo información

Julia, una chica de Honduras, está en Madrid, visitando a sus tíos. Ella les escribe a sus padres a menudo y ahora está tratando de encontrar la oficina de correos. Decide preguntarle dónde queda a un señor que está parado en la esquina, leyendo el periódico.

JULIA	—Perdón. ¿Sabe Ud. dónde queda la oficina de correos?
SR. GÓMEZ	—Está a cinco cuadras de aquí.
JULIA	—Es que . . . soy extranjera y no conozco las calles.
SR. GÓMEZ	—¡Ah!, debe seguir derecho por esta calle hasta llegar a Cuatro Caminos.
JULIA	—¿Cuántas cuadras?
SR. GÓMEZ	—Dos. Después debe doblar a la derecha, en la calle Bravo Murillo.
JULIA	—¿La oficina de correos está en esa calle?
SR. GÓMEZ	—Sí, ahí mismo. Es un edificio antiguo y está frente a la estación del metro.

En la oficina de correos:

JULIA	—Buenos días. Quiero retirar un paquete. Mi nombre es Julia Reyes.
EMPLEADO	—Un momento, por favor. (*Al rato.*) No hay ningún paquete para Julia Reyes.
JULIA	—¿No hay nada? ¡Pero mi padre me dice que me manda unos libros!
EMPLEADO	—Le aseguro que no hay nada. Lo siento.
JULIA	—Bueno. ¿Dónde puedo comprar sellos?
EMPLEADO	—En la ventanilla número dos, a la izquierda.

En la ventanilla número dos, Julia le pide al empleado los sellos que necesita:

JULIA	—Quiero enviar estas cartas a Honduras por vía aérea.
EMPLEADO	—¿Certificadas?
JULIA	—Sí, por favor. ¿Cuánto es?
EMPLEADO	—Son ciento cincuenta pesetas,[1] señorita.
JULIA	—¿A dónde debo ir para enviar un telegrama?
EMPLEADO	—Debe subir al segundo piso. La oficina de telégrafos está arriba.

Julia está un poco cansada. Sale de la oficina de correos y camina hacia el metro. "España es bonita", piensa la muchacha.

---

[1]Spanish currency

ASKING FOR INFORMATION

Julia, a girl from Honduras, is in Madrid visiting her aunt and uncle. She writes to her parents often and now she is trying to find the post office. She decides to ask a gentleman, who is standing on the corner reading the paper, where it is located.

J. Excuse me. Do you know where the post office is located?

MR. G It is five blocks from here

J. The fact is . . . I am a foreigner and I don't know the streets.

MR. G Oh! You must continue straight ahead on this street until you arrive at Cuatro Caminos.

J. How many blocks?

MR. G Two. Then you must turn right on Bravo Murillo Street.

J. Is the post office on that street?

MR. G Yes. Right there. It is an old building, and it is in front of the subway station.

At the post office:

J. Good morning. I want to claim a package. My name is Julia Reyes.

C. One moment, please. (*A while later.*) There isn't any package for Julia Reyes.

J. There isn't anything? But my father tells me he is sending me some books!

C. I assure you that there is nothing. I am sorry.

J. All right. Where can I buy stamps?

C. Window number two, to the left.

At window number two, Julia asks the clerk for the stamps that she needs:

J. I want to mail these letters to Honduras. Air mail.

C. Registered?

J. Yes, please. How much is it?

C. That's one hundred fifty pesetas, miss.

J. Where must I go in order to send a telegram?

C. You must go up to the second floor. The telegraph office is upstairs.

Julia is a little tired. She leaves the post office and walks toward the subway. "Spain is beautiful", the girl thinks.

Vocabulario

NOMBRES

el **camino**   road
la **carta**   letter
la **cuadra**   block *(city)*
el **edificio**   building
   España   Spain
la **esquina**   street corner
la **estación del metro**   subway station
el **metro**   subway
la **oficina de correos**   post office
la **oficina de telégrafos**   telegraph office
el **paquete**   package, parcel
el **periódico**   newspaper   *in a little*
el **rato**   while, moment
el **sello**, la **estampilla**, el **timbre** (*Mex.*)   stamp   *small*
la **ventanilla**   window   *tickets*
   ventana   window (general)

VERBOS

asegurar   to assure
caminar   to walk
conocer (*irreg.*)   to know, to be acquainted with
doblar   to turn, to bend *(directions)*
enviar   ⎤ *packages (directions)*
mandar   ⎦ to send / *an order*
preguntar   to ask (a question)
quedar   to be located

retirar   to claim, to withdraw
saber   to know (a fact, how to)
salir (*irreg.*)   to go (get) out, to leave
subir   to go up, to climb
tratar (de)   to try
bajar – to go down

ADJETIVOS

antiguo(a), **viejo(a)**[1]   old
cansado(a)   tired
certificado(a)   registered, certified
extranjero(a)   foreign
parado(a)   standing
centado   sitting

OTRAS PALABRAS

arriba   upstairs
después   then, afterwards
hacia   toward
hasta   until

ALGUNAS EXPRESIONES

a menudo   often
ahí mismo   right there
al rato   a while later
derecho   straight (ahead)
es que . . .   the fact is . . .
frente a   across from *(facing)*
perdón   excuse me
por vía aérea   by air mail
un poco   a little (quantity)

letra – letter of alphabet
bloque – concrete block
rincón – corner in a room
delente de – in front of (but not facing)

---

[1]When referring to people, **viejo** is used, not **antiguo**.

VOCABULARIO ADICIONAL

abajo downstairs
No está arriba. Está **abajo**.

bajar to descend, to go down
Ud. debe **bajar** en seguida.

el correo mail
¿A qué hora llega el **correo**?

la **estación** station
El tren llega a la **estación**.

el giro postal money order
Deseo enviar un **giro postal**.

sentado(a) sitting, seated
No está parado. Está **sentado**.

la **tarjeta postal** postcard
Voy a comprar una **tarjeta postal**.

Pronunciación

▶ **A.** Spanish **g** (before **e** or **i**)

When followed by **e** or **i**, Spanish **g** sounds somewhat like the *h* in the English words *hen* and *his*. Listen to your teacher and repeat the following words:

Gerardo	inteligente	agente
giro	general	Genaro
registro	Argentina	ingeniero

▶ **B.** Spanish **j**

Spanish **j** sounds somewhat like the *h* in the English word *hit*. (In some countries it has a sound resembling the *ch* in the German word *ich*.) Listen to your teacher and repeat the following words:

Julia	abajo	ojos
extranjera	bajar	equipaje
tarjeta	objeto	jueves

▶ **C.** Spanish **h**

Spanish **h** is always silent. Listen to your teacher and repeat the following words:

hay	hacia	habitación
Honduras	hermano	hasta
ahora	hotel	hija

Estructuras gramaticales

▶ **1.** Present progressive   (*Presente + Gerundio*)

The present progressive describes an action that is in progress during a certain period of time. The present progressive is formed with the present tense of **estar** and the gerund (equivalent to the English *-ing* form) of the verb:

GERUND ENDINGS		
hablar	comer	vivir
habl -**ando**	com -**iendo**	viv -**iendo**

EXAMPLES: Julia **está tratando** de encontrar la oficina.
José y Enrique **están comiendo.**
Yo **estoy escribiendo.**
Tú **estás hablando** inglés.
Nosotros **estamos enviando** cartas.

Following are some irregular gerunds:

pedir: **pidiendo**   traer (*to bring*): **trayendo**
decir: **diciendo**   caer (*to fall*): **cayendo**
servir: **sirviendo**   leer: **leyendo**
dormir: **durmiendo**   oír (*to hear*): **oyendo**

Notice that the **i** of -**iendo** becomes **y** between vowels.

ATENCIÓN: The present progressive is *never* used in Spanish to indicate a future action. Some verbs, such as **ser, estar, ir,** and **venir,** are rarely used in the progressive construction.

EJERCICIOS

A. Item Substitution

1. *Ella* está tratando de subir. (nosotros, Marta y María, yo, tú, Uds.)
2. *Él* está estudiando. (nosotros, tú, Julia y Pedro, yo, Ud.)
3. *Yo* estoy leyendo un libro. (tú y yo, ella, tú, Uds.)
4. *Tú* estás pidiendo los sellos. (Ud., nosotros, ellas, yo)

B. Change the verbs in the following sentences to the present progressive:

MODELO: Ella *come.*
Ella está comiendo.

1. El señor Núñez *trata* de salir.
2. Ellos *leen* un libro de español.
3. Julia *dobla* la esquina.
4. *Preguntan* dónde está la entrada.

5. Uds. *envían* las cartas a España.
6. Lo *dice* la chica extranjera.
7. Yo *retiro* el paquete.
8. Tú *traes* el telegrama.

C. Answer the following questions in complete sentences:

1. ¿Está durmiendo el profesor?
2. ¿Con quién estás hablando?
3. ¿Dónde están estudiando Uds.?
4. ¿Qué están pidiendo ellos?
5. ¿Quién está oyendo la radio?
6. ¿Qué están leyendo los estudiantes?
7. ¿Qué está diciendo Ud.?
8. ¿Están Uds. comprando estampillas o tarjetas postales?

▶ **2.** Summary of the uses of **ser** and **estar**
(*Resumen de los usos de ser y estar*)

The English verb *to be* has two Spanish equivalents, **ser** and **estar**. As a general rule, **ser** expresses who or what the subject is essentially, while **estar** indicates a current state or condition. **Ser** and **estar** are not interchangeable.

A. Uses of **ser**

Ser expresses a fundamental quality and serves to identify the essence of a person or a thing.

1. It describes the basic nature or character of a person or thing:

Julia **es** inteligente.
La chica **es** rubia.
Las maletas **son** rectangulares.

2. It describes the material that things are made of:

Las maletas **son** de cuero (*leather*).
El objeto **es** de oro.

3. It is used with expressions of age:

Julia no **es** vieja.

4. It is used with origin and nationality:

Es que . . . **soy** extranjera.
Somos de Perú.

5. It is used with professions and jobs:

    Mi esposo **es** ingeniero.
    Su tío **es** profesor.

6. It is used with expressions of time and dates:

    Hoy **es** jueves, cuatro de abril.
    Son las cuatro y cuarto de la tarde.
    El día de la independencia **es** el cuatro de julio.

7. It is used with events:

    La fiesta **es** en el hotel Rivera.
    La cena **es** en el restaurante del Astoria.

8. It is used to indicate possession or relationship:

    Los libros **son** de Julia.
    El inspector de aduana **es** el hermano de Raúl.

ATENCIÓN:　Note that the verb **ser** serves as a union between the subject and an adjective, noun, or pronoun:

    EXAMPLE:　La *oficina de correos* **es** un *edificio* muy antiguo.

EJERCICIOS

A. Complete the following sentences, using the correct form of the verb **ser**:

1. Aníbal ＿＿ muy simpático.
2. Mis hermanos ＿＿ altos.
3. Los objetos ＿＿ de plata.
4. Nosotros no ＿＿ viejos.
5. Yo ＿＿ mexicano.
6. Tú ＿＿ de Madrid.
7. Mi cuñado ＿＿ inspector de aduana.
8. Mi hermana y yo ＿＿ delgados.
9. ＿＿ las nueve y media.
10. Hoy ＿＿ viernes.
11. Mis ojos ＿＿ castaños.
12. Pablo ＿＿ el yerno de doña Isabel.
13. ¿Dónde ＿＿ la fiesta?
14. Los libros ＿＿ de Toño.
15. Ellos ＿＿ cinco hermanos. Roberto ＿＿ el más alto.

B. Answer the following questions in complete sentences:

1. ¿De dónde es Ud.?
2. ¿Es de plata o de oro tu anillo (*ring*)?
3. ¿Qué hora es?

4. ¿De quién es este libro?
5. ¿El botones es tu hermano?
6. ¿Eres norteamericano o español?
7. ¿De qué color es su pelo?
8. ¿Es de día o de noche?
9. ¿Dónde es la fiesta? ¿En tu casa?
10. ¿Es médico tu padre?

B.   Uses of estar

Estar has a more transitory quality and implies the possibility of change. It also describes where things are located.

1. It indicates place or location:

> La señora **está** en la oficina de telégrafos.
> La oficina **está** a unas cinco cuadras de aquí.
> Los estudiantes extranjeros **están** en el quinto piso.

2. It is used to indicate the result of an action (used with the past participle):

> La carta **está** terminada (*finished*).

3. It is used to indicate a current condition:

> **Estamos** cansados.
> La estación del metro **está** muy sucia (*dirty*).

4. With personal reactions, it describes what is perceived through the senses, that is, how a subject tastes, feels, looks, seems:

> ¡La cena **está** muy buena!

5. It is used with the gerund to form the present progressive:

> Julia **está** caminando.
> **Estoy** leyendo el periódico.

EJERCICIOS

A. Complete the following sentences, using the correct form of the verb **estar**:

1. Mi suegro _____ en el hospital.
2. ¿Dónde _____ los sellos?
3. Yo no _____ muy bien.
4. Nosotros _____ muy cansados.
5. La ensalada _____ muy buena.
6. Tú _____ muy bonita hoy.
7. La oficina _____ a dos cuadras de aquí.

8. El metro ____ a la izquierda.
9. Ella ____ pidiendo información.
10. Yo ____ caminando hacia la estación del metro.

B. Answer the following questions in complete sentences:

1. ¿Está bueno el sándwich?
2. ¿Dónde está el periódico?
3. ¿Dónde está la ventanilla para comprar sellos?
4. ¿Están Uds. arriba o abajo?
5. ¿Dónde están las cartas?

C. Complete the following sentences, using **ser** or **estar**, as required:

1. Las chicas ____ en la fiesta de Navidad.
2. Mi esposo ____ profesor.
3. Nosotros ____ mexicanos, pero ahora ____ en California.
4. La puerta de salida ____ a la izquierda.
5. Mi padre ____ alto y delgado.
6. El periódico ____ de María.
7. El almuerzo ____ muy bueno.
8. Los libros que ____ en la maleta ____ de Manuel.
9. ____ las tres y media de la tarde.
10. El empleado que ____ en la ventanilla número cinco ____ muy guapo.

D. Say in Spanish:

1. The post office is across (the street) from my house.
2. That building is big, isn't it?
3. Excuse me. Are you Maria's mother?
4. Mr. Vera is standing at the corner.
5. Where is the telegram?
6. I am a little tired.
7. My son is (a) doctor. He's at the hospital.
8. The clerk is right there.
9. Where are you from, Miss Pérez?
10. What are you eating, Carlos?
11. The Spanish class is in (the) room 404.
12. My son's eyes are green.

▶ **3.** More about irregular verbs
(*Más acerca de los verbos irregulares*)

In the present tense some common verbs are irregular in the first person singular only:

salir (*to go out*):	**salgo**, sales, sale, salimos, salís, salen
hacer (*to do, to make*):	**hago**, haces, hace, hacemos, hacéis, hacen
poner (*to put, to place*):	**pongo**, pones, pone, ponemos, ponéis, ponen
caer (*to fall*):	**caigo**, caes, cae, caemos, caéis, caen
traer (*to bring*):	**traigo**, traes, trae, traemos, traéis, traen
parecer (*to seem, to look*):	**parezco**, pareces, parece, parecemos, parecéis, parecen
conducir (*to conduct, to drive*):	**conduzco**, conduces, conduce, conducimos, conducís, conducen
traducir (*to translate*):	**traduzco**, traduces, traduce, traducimos, traducís, traducen
conocer (*to know*):	**conozco**, conoces, conoce, conocemos conocéis, conocen
caber (*to fit*):	**quepo**, cabes, cabe, cabemos, cabéis caben
ver (*to see*):	**veo**, ves, ve, vemos, veis, ven
saber (*to know*):	**sé**, sabes, sabe, sabemos, sabéis, saben

EJERCICIOS

A. Answer the following questions in complete sentences:

1. ¿Sale Ud. a menudo?
2. ¿Dónde pones las estampillas?
3. ¿Cuándo haces el trabajo?
4. Hay seis chicas en el coche. ¿Cabes tú también?
5. ¿Sabe Ud. español?
6. ¿Conduces el coche de tus padres?
7. ¿Traduces la lección al inglés?
8. ¿Conoce Ud. España?
9. ¿Y el libro de español? ¿Lo trae Ud.?
10. ¿Ves al profesor (a la profesora) todos los días?

B. Say in Spanish:

1. I don't see the road.
2. I go out at five-thirty every day.
3. I look tired.
4. I put it in my handbag.
5. I am not bringing anything.

▶ **4.   Saber** vs. **conocer; pedir** vs. **preguntar**

A.   Saber vs. **conocer**

Spanish has two verbs meaning to know: **saber** and **conocer.**

1. When *to know* means to know something by heart, to know how to do something, or to know a fact, Spanish uses **saber:**

> No **sé** los verbos irregulares.
> Juan **sabe** hablar inglés.
> Ellos **saben** dónde queda la oficina.

2. When *to know* means to be familiar or acquainted with a person, a thing, or a place, it is translated as **conocer:**

> Nosotros **conocemos** a Mario.
> Elisa **conoce** todas las novelas de Cervantes.
> ¿**Conoces** Guadalajara?

EJERCICIO

Supply the correct forms of **saber** and **conocer** in the present indicative:

1. ¿ _____ (tú) al esposo de Olga?
2. Nosotros _____ al Dr. López, pero no _____ dónde vive.
3. ¿ _____ (Ud.) qué hora es?
4. Yo _____ España, pero no _____ hablar español.
5. Uds. no _____ conducir.
6. Ella no _____ mi dirección.
7. Los chicos no _____ a su abuelo.
8. Él no _____ dónde está la carta certificada.

B.   Pedir vs. **preguntar**

1. **Pedir** means *to ask for*[1] in the sense of *to request:*

> ¿**Pido** el paquete en la ventanilla?
> Vamos a **pedir** la llave.

2. **Preguntar** means *to ask (a question):*

> Ellos **preguntan** a qué hora llega el correo.
> Voy a **preguntar** dónde está la estación.

EJERCICIO

Supply the correct forms of **pedir** and **preguntar:**

1. Voy a _____ hasta dónde vamos.

---

[1]Note that **pedir** means *to ask for;* the preposition *for* has no Spanish equivalent in this case.

2. Al rato, el niño _____ un refresco.
3. Él _____ si vamos a mandar el giro.
4. Ellos _____ si deben doblar en la esquina.
5. Es que . . . ella siempre _____ dinero.
6. Ellos _____ el periódico.
7. Voy a _____ dónde está la ventanilla.
8. Ellas _____ si deben bajar.
9. ¿Vas a _____ una habitación sencilla o una doble?
10. Vamos a _____ si hay habitaciones interiores libres.

▶ **5.** Indirect object pronouns
   (*Pronombres usados como complemento indirecto*)

An indirect object tells *to whom* or *for whom* something is done:

Compro **el libro para José.**   *I buy the book for Joseph.*
       d.o.   i.o.

An *indirect object pronoun* may be used in place of the indirect object. In Spanish, the indirect object pronoun includes the meaning *to* or *for*.

The forms of the indirect object pronouns are as follows:

	Singular		*Plural*
me	(to) me	**nos**	(to) us
te	(to) you (*fam. sing.*)	**os**	(to) you (*fam. pl.*)
le	{ (to) you (*form. sing.*) (to) him (to) her	**les**	{ (to) you (*form. pl.*) (to) them (*masc., fem.*)

❋ The indirect object pronouns are the same as the direct object pronouns, except in the third person.

❋ Indirect object pronouns are usually placed in front of the verb:

Mi padre **me** dice que **me** manda unos libros.   *My father tells me that he's sending me some books.*

However, when used with an infinitive, the indirect object pronoun may be placed either in front of the conjugated verb or attached to the infinitive:

Le quiero enviar un telegrama hoy. }   *I want to send **him** a telegram*
OR: Quiero enviar**le** un telegrama hoy. }   *today.*

When used with the present progressive, the indirect object pronoun may be placed either in front of the conjugated verb or attached to the gerund:

Pedro **nos** está diciendo que es lunes. }   *Peter is telling **us** that it's*
OR: Pedro está diciéndo**nos** que es lunes. }   *Monday.*

ATENCIÓN: The indirect object pronouns **le** and **les** require clarification when the context does not specify the gender or the person to which they refer. Spanish provides clarification by using the preposition **a** + *personal (subject) pronoun:*

> **Le** doy la información.   *I give the information . . . (to whom? to him? to her? to you?)*
> BUT: **Le** doy la información **a ella.**   *I give the information to her.*

This form is also used to express emphasis:

> **Le** doy el pasaje **a él.**   *I give the ticket to him (and to nobody else).*

The prepositional form provides clarification; it is not, however, a substitute for the indirect object pronoun. While the prepositional form may be omitted, the indirect object pronoun must always be used.

EJERCICIOS

A. Substitution Drill

1. Pedro *me* trae los paquetes. (nos, les, te, le)
2. Van a pedir*te* las cien pesetas. (me, nos, les, le)
3. Está escribiéndo*te* una carta. (nos, le, me, les)
4. *Les* están mandando un giro postal. (le, me, nos, te)

B. Complete the following sentences with the correct indirect object pronouns:

1. *(to her)* ＿＿＿ doy el dinero.
2. *(to me)* ＿＿＿ da los pasajes.
3. *(to you, fam. sing.)* ＿＿＿ damos las cartas.
4. *(to us)* ＿＿＿ da el telegrama.
5. *(to them)* ＿＿＿ damos las estampillas.
6. *(to her)* ＿＿＿ vamos a dar la dirección.
7. *(to you, form. pl.)* ＿＿＿ doy el paquete.
8. *(to him)* ＿＿＿ traemos los sellos.
9. *(to you, form. sing.)* ＿＿＿ compro la maleta.
10. *(to us)* ＿＿＿ escriben las cartas.

C. Pattern Drill

MODELO: ¿Van a darle el dinero?
          ¡Claro que le van a dar el dinero!

1. ¿Van a darme el telegrama?
2. ¿Van a darle las estampillas?
3. ¿Van a darles la carta?
4. ¿Van a darnos el paquete?
5. ¿Van a darte el giro postal?

D. Answer the following questions in complete sentences:

1. ¿Qué va a traerme Ud. de México?
2. ¿Puedes darme veinte dólares?
3. ¿Le estás escribiendo una carta a tu primo?
4. ¿Les va a mandar Ud. un telegrama a sus padres?
5. ¿Nos van a traer Uds. los libros mañana?
6. ¿Va a darte una "A" el profesor (la profesora)?
7. ¿Van a llevarle una cámara fotográfica a tu mamá?
8. ¿A quién vas a darle la llave de tu habitación?
9. ¿Les voy a dar yo una "F" a Uds.?
10. ¿Puedes conseguirnos un cuarto en el hotel?
11. ¿Te están mandando dinero tus padres?
12. Si vas a París, ¿me vas a mandar una tarjeta postal?

E. Say in Spanish:

1. I'm not going to give you (*fam., sing.*) the money. (two ways)
2. They are speaking to us. (two ways)
3. We are bringing them the letters.
4. They give me the stamps.
5. Is he going to give them the package? (two ways)

¡A VER CUÁNTO APRENDIÓ!

A. Give the appropriate responses:

1. ¿Sabe Ud. en qué calle queda la oficina de correos?
2. Para ir a la cafetería, ¿debo seguir derecho o doblar?
3. ¿Cuántas cuadras debe caminar para llegar a su casa?
4. ¿Es extranjero(a) su profesor(a)?
5. ¿Prefiere Ud. los edificios antiguos o modernos?
6. Estoy tratando de encontrar la estación del metro. ¿Puede Ud. decirme dónde queda?
7. ¿Viene Ud. a retirar un paquete?
8. ¿Qué le pregunta Ud. al profesor?
9. ¿Dónde puedo comprar estampillas?

10. ¿A dónde debo ir para mandar un telegrama?
11. ¿Qué está Ud. haciendo en este momento?
12. ¿Les pide Ud. dinero a sus padres?
13. ¿Conoce Ud. España?
14. ¿Estás leyendo o escribiendo?
15. ¿Eres de los Estados Unidos o eres extranjero(a)?

B. Write sentences with the following pairs of words, using **ser** or **estar**, as needed. Follow the model:

MODELO: mi hijo / de México
Mi hijo es de México.

1. muchachos / en Madrid
2. oficina de correos / esquina
3. Yo / cansado
4. objetos / plata
5. las cuatro / la tarde
6. dónde / la ventanilla
7. oficina de telégrafos / arriba
8. paquete / amarillo
9. edificio / moderno
10. Jorge / leyendo
11. la fiesta de fin de año / mi casa
12. mi cuñado / médico

C. Write and say in Spanish:

1. They say that they are speaking to *her*, not to *him*.
2. A while later he walks toward the building.
3. I am (an) American, but I am not from California.
4. The fact is . . . the building is right there.
5. The mail arrives at eight o'clock.
6. I know him but I don't know where he works.

D. Una actividad

¿Quién soy? These can be movie stars, cartoon characters, characters from fiction, politicians, writers, or other famous people.

1. Soy un gran emperador (*emperor*) francés: soy bajo y no muy guapo pero soy muy inteligente.
2. Estoy escribiendo *El almanaque del pobre* (poor) *Ricardo.*
3. Yo tengo tres sobrinos y un tío con mucho dinero. Me llamo Donaldo.
4. Julieta me quiere mucho.
5. Mi novela se llama *Don Quijote.*
6. Yo voy a descubrir América.
7. Soy un comediante inglés, muy famoso. Me llamo Carlitos.
8. Tengo mucha prisa: a las doce de la noche debo salir del palacio.
9. Soy italiana, y mi esposo se llama Carlo Ponti.
10. Mi amigo favorito es Tom Sawyer.

E. ¡Repase el vocabulario!

Match the items in column **A** with those in column **B**:

A	**B**
1. Me escribe	a. la estación del metro.
2. No soy norteamericana,	b. en la ventanilla número cinco.
3. Debes seguir	c. certificada.
4. Está frente a	d. hacia la esquina.
5. Viene a retirar	e. a menudo.
6. Puede comprar estampillas	f. abajo.
7. Quiero enviar una carta	g. derecho.
8. Ella está caminando	h. a cinco cuadras de aquí.
9. Las oficinas están	i. un paquete.
10. La oficina queda	j. soy extranjera.
11. No están parados. Están	k. edificio muy antiguo.
12. Te aseguro que es un	l. sentados.

F. Complete the following dialogue:

Rosa desea saber dónde está la oficina de correos y le pregunta a un señor:

ROSA —Necesito ir a la oficina de correos. ¿Sabe Ud. dónde está?

SEÑOR _____

ROSA —No sé dónde está la estación del metro.

SEÑOR _____

ROSA —¿A cinco cuadras de aquí?

SEÑOR _____

ROSA —¿Un edificio antiguo? Muchas gracias.

En la oficina de correos:

EMPLEADO	_____
ROSA	—Deseo comprar sellos para enviar estas cartas a México.
EMPLEADO	_____
ROSA	—Sí, por vía aérea.
EMPLEADO	_____
ROSA	—No, no deseo enviarlas certificadas. ¿Cuánto es?
EMPLEADO	_____
ROSA	—¿A dónde debo ir para enviar un telegrama?
EMPLEADO	_____
ROSA	—Muchas gracias.

G. Situaciones

What would you say in the following situations?:

1. You are in Madrid. Ask someone where the telegraph office is located. Tell him/her that you are a foreigner and don't know the streets.
2. A foreigner asks you for directions to the post office. Tell this person that he must continue straight ahead until he gets to Union Street. There, he must turn left.
3. You are at the post office. Ask the clerk if there is a package for you.
4. Tell the clerk at the post office that you want to send some letters (by) air mail, and ask her where you can buy stamps.
5. Ask the clerk at the post office how much it costs to send a registered letter to the United States.
6. Tell someone in the post office that, to send a money order, he must go up to the second floor.

UN PROVERBIO ESPAÑOL   "A quien madruga Dios lo ayuda."   (*The early bird catches the worm.*)

Ejercicio de lectura

Isabel Morales, una chica de San Diego, está en México, visitando a sus abuelos. Ahora está leyendo una carta de su primo Víctor, que le escribe muy a menudo.

Después de leer la carta, Isabel le contesta a su primo y decide ir a la oficina de correos. La muchacha sale de la casa° y camina hasta la esquina, dobla a la izquierda, y sigue derecho hasta llegar a la estación del metro. Toma el metro y va al centro.

house

Cuando llega a la oficina de correos, Isabel compra estampillas para mandar la carta por vía aérea a los Estados Unidos, y luego va a la oficina de telégrafos para enviarles un telegrama a sus padres. Isabel escribe el telegrama:

LLEGO LOS ÁNGELES JULIO VEINTE, AERO-MÉXICO

¡A ver cuánto recuerda!

Answer the following questions in complete sentences:

1. ¿De dónde es Isabel Morales?
2. ¿Qué está haciendo en México?
3. ¿De quién es la carta que está leyendo?
4. ¿Qué hace Víctor muy a menudo?
5. ¿Qué hace Isabel después de leer la carta de Víctor?
6. ¿Camina Isabel hasta la oficina de correos?
7. ¿Van a ir por autobús las cartas de Isabel?
8. ¿Para qué va Isabel a la oficina de telégrafos?
9. ¿Cuándo llega Isabel a Los Ángeles?
10. ¿Va por TWA?

Algunas costumbres°
de la familia hispánica

°customs

En los países de habla española,° la familia tiene una gran° importancia. Incluye° a padres e° hijos y también a los abuelos, tíos y primos. Los hijos generalmente viven con los padres hasta que se casan.° En muchas familias, los abuelos viven con sus hijos y nietos, y ayudan a criar° a los niños.

°Spanish-speaking countries / great / includes
and
until they get married
help raise

Cuando la mujer° se casa, no pierde el apellido de soltera;° añade° el apellido del esposo al apellido personal. Por ejemplo,° cuando María Rivas Vera se casa con Juan Pérez Álvarez su nombre completo es María Rivas de Pérez. En los países hispánicos usan° los dos apellidos: el apellido del padre y el apellido de la madre (en ese orden). Los hijos de María Rivas y Juan Pérez van a usar los apellidos Pérez Rivas.

woman / maiden name / she adds
for example

they use

Otra costumbre que podemos mencionar está relacionada° con las horas de las comidas.° La comida principal, el almuerzo, es entre° la una y las dos de la tarde, y es la más completa. El desayuno generalmente es café con leche° y pan con mantequilla.° A las cuatro de la tarde generalmente toman la merienda.° La cena es entre las ocho y las nueve de la noche. Después de cenar, muchos van al cine° o al teatro, o caminan por las calles, que están siempre muy concurridas° hasta muy tarde.

is related
meals / between
milk
bread and butter / afternoon snack
movie theater
full of people

¡A ver cuánto recuerda!

Answer the following questions:

1. ¿Es muy importante la familia en un país de habla española?
2. ¿Incluye la familia sólo a padres e hijos?
3. ¿Con quién viven los hijos hasta que se casan?
4. ¿Pierde la mujer su apellido de soltera cuando se casa?
5. Si Estela Díaz Rodríguez se casa con Pablo Gómez Fuentes, ¿cuál va a ser el apellido completo de Estela?
6. Si tiene un hijo (Carlos), ¿cuál va a ser su nombre completo?

7. ¿A qué hora es la comida principal?
8. ¿Qué comen y beben para el desayuno generalmente?
9. ¿Qué toman a las cuatro de la tarde?
10. ¿A qué hora es la cena?
11. ¿A dónde van muchas personas después de cenar?
12. ¿Cómo están las calles hasta muy tarde?

Izquierda: Una familia cubana en Miami.
Abajo: Una fiesta de cumpleaños en la Ciudad de México.
En la pagina siguiente, arriba: Una boda en Barcelona, España.
En la pagina siguiente, abajo: Una reunión familiar.

Lección

7

En la universidad

Pedro Quintana es un muchacho cubano que[1] vive con sus padres en California. Ayer decidió hablar con su consejero para planear su programa de estudios.[2]

PEDRO —Vengo a hablarle de mi programa de clases.

CONSEJERO —Muy bien. Voy a traer su carpeta. ¿Qué horario va a tener?

PEDRO —No estoy seguro, pero yo juego al fútbol y necesito mucho tiempo para practicar.

CONSEJERO —Está bien. Veo que tiene muchas clases de sicología. ¿Ésa va a ser su especialización?

PEDRO —Creo que sí. Es una materia que me gusta muchísimo.

CONSEJERO —¿Qué asignaturas quiere tomar?

PEDRO —Me parece que es mejor tomar algunos cursos generales para tener los requisitos.

CONSEJERO —Sí, es preferible tomarlos lo antes posible.

PEDRO —Este semestre puedo tomar historia, química y sociología.

CONSEJERO —Bien, pero el próximo semestre debe tomar una clase de inglés, porque Ud. no tomó inglés el año pasado.

PEDRO —Bueno. ¿Dónde entrego las tarjetas?

CONSEJERO —Debe llevárselas a la cajera y pagarle a ella.

El primer día de clases, Pedro vio a su amiga Carolina, una chica de Puerto Rico. Antes de ir[3] a sus clases, conversaron un rato en la biblioteca.

PEDRO —Hola, Carolina. ¿Qué clases tomas este semestre?

CAROLINA —Literatura inglesa, matemáticas, sicología y educación física.

PEDRO —Tengo un libro de sicología muy bueno. Si quieres, te lo presto.

CAROLINA —¿Me lo puedes prestar hasta enero?

PEDRO —Sí, yo ya terminé esa asignatura. ¿Comemos juntos hoy donde comimos el viernes?

CAROLINA —Sí, te veo a las doce, como siempre. ¡Ah, Pedro! ¿Estos libros son tuyos?

PEDRO —No, no son míos. Me los prestó Juan. ¡Oye, ya es tarde!

---

[1]The relative pronoun **que** may refer to persons or things, and may be translated as *who, whom, which,* or *that.*   [2]Spanish uses prepositional phrases that correspond to the English adjectival use of nouns: **programa de estudios** = *study program.*   [3]After prepositions, Spanish uses the infinitive, not the gerund: **antes de ir** = *before going.*

AT THE UNIVERSITY

Peter Quintana is a young man from Cuba who lives with his parents in California. Yesterday he decided to talk with his counselor in order to plan his study program.

P.   I am coming to speak to you about my classes (program of classes).

C.   Very well. I am going to get your folder. What schedule are you going to have?

P.   I'm not sure, but I play football and I need a lot of time to practice.

C.   Very well. I see that you have many psychology classes. Is that going to be your major?

P.   I think so. It is a subject that I like very much.

C.   What subjects do you want to take?

P.   I think it's better to take some general courses to fulfill the requirements.

C.   Yes, it is better to take them as soon as possible.

P.   This semester I can take history, chemistry, and sociology.

C.   Fine, but next semester you must take an English class, because you didn't take English last year.

P.   All right. Where do I turn in the cards?

C.   You must take them to the cashier and pay her.

The first day of class Peter saw his friend Caroline, a girl from Puerto Rico. Before going to their classes, they talked in the library for a while.

P.   Hi, Caroline! What classes are you taking this semester?

C.   English, literature, math, psychology, and physical education.

P.   I have a very good psychology book. If you'd like, I'll lend it to you.

C.   Can you lend it to me until January?

P.   Yes, I already finished that course (subject). Shall we eat together today where we ate last Friday?

C.   Yes, I'll see you at twelve as usual. Oh, Peter! Are these books yours?

P.   No, they are not mine. John lent them to me. Listen! It's (already) late!

C.   O.K. If there's no other choice, I'm going to my math class.

P.   Don't you like math?

C.   Yes, I like math but I don't like the teacher. He's the worst (one) at the university!

P.   Good luck!

CAROLINA   —Bueno. Si no hay más remedio, voy a mi clase de matemáticas.

PEDRO   —¿No te gustan las matemáticas?

CAROLINA   —Sí, me gustan las matemáticas, pero no me gusta el profesor. ¡Es el peor de la universidad!

PEDRO   —¡Buena suerte!

Vocabulario

COGNADOS

cubano(a)   Cuban
el **curso**   course
la **historia**   history
general   general
la **literatura**   literature

las **matemáticas**   mathematics
el **semestre**   semester
la **sicología**   psychology
la **sociología**   sociology

NOMBRES

la **asignatura**, la **materia**   subject (in school), course
la **biblioteca**   library
el (la) **cajero**(a)   cashier
la **carpeta**   folder
el (la) **consejero**(a)   counselor
la **educación física**   physical education
la **especialización**   major
el **fútbol**   soccer, football
el **horario**   schedule
el **programa de estudios** (**clases**)   study program
la **química**   chemistry
el **requisito**   requirement
la **tarjeta**   card
el **tiempo**   time (period)

VERBOS

entregar   to turn in, to deliver
gustar   to be pleasing to, to like
jugar (irreg.)   to play (games)
planear   to plan
practicar   to practice
prestar   to lend
terminar   to finish

ADJETIVOS

juntos(as)   together
pasado(a)   last, past
próximo(a)   next

OTRAS PALABRAS

antes (**de**)   before   después de after
ayer   yesterday
mejor   better, best
porque   because
que   who, that, which
tarde   late
ya   already

ALGUNAS EXPRESIONES

buena suerte   good luck
como siempre   as usual
creo que sí   I think so
es preferible   It's better (preferable)
está bien   all right, O.K.
estar seguro(a) (**de**)   to be sure (that)
lo antes posible   as soon as possible
si no hay más remedio   if there's no other choice

VOCABULARIO ADICIONAL

la **calculadora**   calculator
Voy a comprar una **calculadora** para mi
   clase de matemáticas.

la **computadora**   computer
La compañía IBM vende **computadoras.**

la **contabilidad**   accounting
Voy a tomar una clase de **contabilidad.**

el **diccionario**   dictionary
¿Qué quiere decir *better?* Necesito un
   diccionario.

difícil   difficult
La clase de educación física no es **difícil.**

facil — easy

el **examen**   examination
Debo estudiar porque mañana tengo un
   examen.

fácil   easy
No es difícil. Es muy **fácil.**

la **matrícula**   registration
La **matrícula** cuesta mucho dinero.

la **nota**   grade
Mi **nota** en la clase de español es "A".

el **trimestre**   quarter
Este **trimestre** tengo una clase de
   sicología.

Pronunciación

▶ **A.** Spanish **ll**

In most countries Spanish **ll** has a sound similar to the *y* in the English word
yes. Listen to your teacher and repeat the following words:

calle	cigarrillo	llave	sello
llevar	ventanilla	estampilla	llegar

▶ **B.** Spanish **ñ**

Spanish **ñ** is similar to the *ny* in the English word *canyon.* Listen to your
teacher and repeat the following words:

español	niño	mañana	España
señor	señorita	otoño	año

Estructuras gramaticales

▶ **1.** Special construction with **gustar**
   (*Construcción especial con* **gustar**)

The Spanish verb **gustar** is equivalent to the English expression *to be pleas-ing to*

Me gusta **el fútbol.**   *Football is pleasing to me.*
(i.o.)   (subject)   (subject)   (i.o.)

Notice that the word order is inverted in the Spanish sentence.

A special construction is required to translate the English *to like,* as in *to like
something.* This is done by making the English direct object the subject of

the Spanish sentence. The English subject then becomes the indirect object of the Spanish sentence:

I like football.   **Football** *is pleasing* ***to me.***
(s.)   (d.o.)   (s)   (i.o.)

Me gusta **el fútbol.**
(i.o.)   (s.)

Notice that when the Spanish subject is plural, the verb is also plural:

Me gustan las matemáticas.   *I like mathematics.*
¿Le gustan más[1] estas calculadoras?   *Do you like these calculators better?*

EJERCICIOS

A. Pattern Drill

MODELO 1:   ¿Quieres estas maletas?
No, no me gustan estas maletas.

1. ¿Quieres estos refrescos?
2. ¿Quieres estos bolsos de mano?
3. ¿Quieres estos maletines?
4. ¿Quieres estos libros?
5. ¿Quieres estos cigarrillos?

MODELO 2:   No quiero tomar química.
¿Por qué? ¿No te gusta la química?

1. No quiero tomar historia.
2. No quiero tomar literatura.
3. No quiero tomar sicología.
4. No quiero tomar sociología.
5. No quiero tomar educación física.

MODELO 3:   ¿Por qué no baila Pablo?
Porque no le gusta bailar.

1. ¿Por qué no bebe Elena?
2. ¿Por qué no come el niño?
3. ¿Por qué no sale Carmen?
4. ¿Por qué no viaja Isabel?
5. ¿Por qué no estudia Jorge?

MODELO 4:   ¿Prefieren Uds. Buenos Aires o Lima?
Nos gusta más Buenos Aires.

1. ¿Prefieren Uds. Madrid o Los Ángeles?
2. ¿Prefieren Uds. Caracas o Bogotá?
3. ¿Prefieren Uds. México o Guatemala?

---

[1]When used with **gusta**, **más** is the equivalent of *better* or *best*.

4. ¿Prefieren Uds. California o Arizona?
5. ¿Prefieren Uds. Cuba o Puerto Rico?

MODELO 5:   ¿Quieren café ellos?
                  Sí, les gusta mucho el café.

1. ¿Quieren ensalada ellos?
2. ¿Quieren Coca-Cola ellos?
3. ¿Quieren Seven-Up ellos?
4. ¿Quieren tequila ellos?
5. ¿Quieren un refresco ellos?

B. Write in Spanish:

1. We don't like to practice.
2. He likes Cuban girls.
3. I like to eat here.
4. Do you like your schedule, Miss Paz?
5. They like salad very much.
6. Do you like your accounting class, Rita?

▶ **2.** Possessive pronouns   (*Pronombres posesivos*)

A. The possessive pronouns in Spanish agree in gender and number with the thing possessed. They are generally used with the definite article.[1]

Singular		Plural		
Masculine	*Feminine*	*Masculine*	*Feminine*	
el mío	la mía	los míos	las mías	*mine*
el tuyo	la tuya	los tuyos	las tuyas	*yours (fam.)*
el suyo	la suya	los suyos	las suyas	*yours (form.)* *his* *hers*
el nuestro	la nuestra	los nuestros	las nuestras	*ours*
el vuestro	la vuestra	los vuestros	las vuestras	*yours (fam.)*
el suyo	la suya	los suyos	las suyas	*yours (form.)* *theirs*

---

[1]The forms of the possessive pronouns are the same as the long forms of the possessive adjectives. However, they differ in function, since the possessive adjectives, like other adjectives, modify the nouns, while the pronouns replace the nouns:

Leo **mi** libro.	*I am reading my book.*	(*possessive adjective*)
Leo un libro **mío.**	*I am reading a book of mine.*	(*possessive adjective, long form*)
Leo **el mío.**	*I am reading mine.*	(*possessive pronoun*)

EXAMPLES:

¿Qué libro prefieres? **¿El mío** o **el tuyo?**   *Which book do you prefer?*
Mine, or yours?

¿Quieres tus tarjetas o **las nuestras?**   *Do you want your cards or ours?*

ATENCIÓN: After the verb **ser,** the article is usually omitted:

¿Son **tuyos** estos libros? —Sí, son **míos.**   *Are these books yours? Yes,*
they're mine.

EJERCICIOS

A. Supply the correct possessive pronouns to agree with each subject:

MODELO: Yo tengo una tarjeta. Es _____ .
Yo tengo una tarjeta. Es mía.

1. Mario tiene un billete. Es _____ .
2. Nosotros tenemos dos carpetas. Son _____ .
3. Pedro tiene una llave. Es _____ .
4. Yo tengo dos pasaportes. Son _____ .
5. Tú tienes tres hijas. Son _____ .
6. Uds. tienen tres cartas. Son _____ .
7. Pablo tiene un documento. Es _____ .
8. Ellos tienen mil pesetas. Son _____ .

B. Pattern Drills

MODELO 1:   Este lápiz es de Jorge, ¿verdad?
No, no es suyo. Es mío.

1. Estas tarjetas son de Marisa, ¿verdad?
2. Este cuarto es de Teresa, ¿verdad?
3. Esta estampilla es de Pedro, ¿verdad?
4. Estos coches son de Ernesto, ¿verdad?
5. Estos cheques son de Paula, ¿verdad?

MODELO 2:   ¿Quieres la calculadora de Juan?   (No, *mi* calculadora)
No, quiero la mía.

1. ¿Quieres tu pluma?   (No, *la* pluma *de Rosa*)
2. ¿Quieres el diccionario de Paco?   (No, *tu* diccionario)
3. ¿Quieres los programas de los estudiantes?   (No, *nuestros* programas)
4. ¿Quieres el horario de Ana?   (No, *mi* horario)
5. ¿Quieres tus mapas?   (No, *los* mapas *del profesor*)

C. Write in Spanish:

1. These pencils are not mine.
2. Those grades are yours. (*tú* form)

3. These tourist cards are ours.
4. This chalk is mine.
5. These are my suitcases. Where are yours? (*Ud.* form)
6. You go to your class, and I go to mine.

B. Since the third-person forms of the possessive pronouns (**el suyo, la suya, los suyos, las suyas**) could be ambiguous, they may be replaced for clarification by the following:

el de	Ud.
la de	él
los de	ella
las de	Uds.
	ellos
	ellas

EXAMPLES: *The dictionary?*
¿El diccionario?

It's theirs. (*plural, feminine possessor*)
Es **suyo.** (*unclarified*)
Es **el de ellas.** (*clarified*)

EJERCICIOS

A. Pattern Drill

MODELO: ¿Es la pluma de Luis o la de Ud.?
Es la de él.

1. ¿Son los programas de Carlos o los de Ud.?
2. ¿Es la maleta de sus padres o la de Ud.?
3. ¿Son los exámenes de su amigo o los de Ud.?
4. ¿Es el hijo de María o el de Ud.?
5. ¿Es el escritorio de las chicas o el de Ud.?

B. Read the following sentences, changing them according to the model:

MODELO: *La clase de Pedro* es muy difícil.
La de él es muy difícil.

1. El programa de Elena es muy fácil.
2. El equipaje del señor Quesada es azul.
3. Las notas de Uds. son muy buenas.
4. Los escritorios de esos estudiantes son más caros.
5. Su (*your*) profesora no habla español.
6. La tía de Eva vive en Quito.

► **3.** Irregular comparison of adjectives and adverbs
(*Comparación irregular de adjetivos y adverbios*)

The following adjectives and adverbs have irregular comparative forms in Spanish. In addition to the irregular forms, some adjectives can use the formula **más** + *regular form;* note, however, that the regular and irregular forms have different meanings:

			Irregular Comparative	*Regular Comparative*
Adjectives	mucho	*much*	más *more*	
	poco	*little*	menos *less, least*	
	bueno	*good*	mejor *better, best*	
	malo	*bad*	peor *worse, worst*	
	grande	*big*	mayor (age) *older, oldest*	más grande (size) *bigger, biggest*
	pequeño	*small*	menor (age) *younger, youngest*	más pequeño (size) *smaller, smallest*
Adverbs	mucho		más	
	poco		menos	
	bien	*well*	mejor	
	mal	*badly*	peor	

EXAMPLES:

Tú necesitas **mucho** tiempo, pero yo necesito **más.**   *You need much time, but I need more.*

Yo tengo treinta años y mi hermano tiene quince. Yo soy **mayor** que él. Él es **menor** que yo.   *I am thirty years old and my brother is fifteen. I am older than he. He is younger than I.*

Mis maletas son **más grandes** que las tuyas.   *My suitcases are bigger than yours.*

Mi coche es **bueno,** pero el tuyo es **mejor.**   *My car is good, but yours is better.*

Es **el peor** profesor de la universidad.   *He is the worst professor at the university.*

Mi hija es **la mejor** estudiante de su clase.   *My daughter is the best student in her class.*

Ella baila **bien,** pero yo bailo **mejor.**   *She dances well, but I dance better.*

EJERCICIOS

A. Answer the following questions in complete sentences:

1. Mi primo tiene veinte años y yo tengo treinta. ¿Quién es mayor?
2. Mi padre tiene sesenta años y mi madre tiene cincuenta y ocho. ¿Quién es menor?

3. Yo tengo veinte dólares. Tú tienes diez y siete. ¿Quién tiene más dinero?
4. ¿Quién habla mejor el español: tú o el profesor (la profesora)?
5. Pedro tiene una "D" en historia. Antonio tiene una "F". ¿Quién tiene la peor nota?
6. ¿Quién tiene menos dinero? ¿Tu padre o tú?
7. ¿Cuál es más grande? ¿Tu escritorio o el mío?
8. Yo sé veinte verbos, y tú sabes diez. ¿Quién sabe más?

B. Say in Spanish:

1. My brother is younger than I.
2. His wife is much older than he.
3. My class is smaller than his.
4. I do it well, but you do it better.
5. My counselor is bad, but yours is worse.
6. This company sells the best computers.

▶ **4.** Direct and indirect object pronouns used together
(*Pronombres de complemento directo e indirecto usados juntos*)

When an indirect object pronoun and a direct object pronoun are used together, the indirect always comes first. When they precede the verb, they are separated:

> Yo tengo un diccionario. Si quieres, **te lo** presto.
> ¿**Me lo** puedes prestar?

If they follow the verb (e.g., when used with an infinitive or a gerund), both object pronouns are attached to it:

> Están diciéndo**telo**.[1]
> ¿Puedes prestár**melo?**

If both pronouns belong to the third person, the indirect object pronoun (**le** or **les**) is changed to **se:**

> Yo **le** doy **el dinero.** ⟶ Yo **se** lo doy.
>   i.o.   d.o.

> Nosotros **les** damos **la mesa.** ⟶ Nosotros **se** la damos.
>   i.o.   d.o.

For clarification, it is sometimes necessary to add **a él, a ella, a Ud., a Uds., a ellos, a ellas:**

> **Se** lo dice a ellas.   *He tells it to them.*

---

[1]Note the use of the written accent mark, following the rules for accentuation. (See Appendix A.)

Ella se lo trae **a él**.   *She brings **it to him**.*

Ella quiere dársela **a ellos**.   *She wants to give **it to them**.*

Él está comprándoselos **a ella**.   *He is buying **them for her**.*

EJERCICIOS

A. Replace the word in italics with the appropriate pronouns:

MODELOS: *Le* compro *la casa.*
           Se la compro.

           Te digo *mi nombre.*
           Te lo digo.

1. *Les* traigo *los diccionarios.*
2. *Te* escribimos *las cartas.*
3. *Me* compra *el coche.*
4. *Nos* envían *las pizarras.*
5. *Le* mandan *el telegrama.*
6. *Me* escribe *las tarjetas.*
7. *Te* dejo *los exámenes.*
8. *Les* damos *el desayuno.*

B. Pattern Drills

MODELO 1:   ¿Cuándo puedes prestarme el libro?
            Puedo prestártelo esta noche.

1. ¿Cuándo puedes traerme la pizarra?
2. ¿Cuándo puedes comprarme la pluma?
3. ¿Cuándo puedes terminarme el examen?
4. ¿Cuándo puedes prestarme el lápiz?
5. ¿Cuándo puedes darme los borradores?

MODELO 2:   Necesito un escritorio. ¿Puede Ud. traérmelo?
            Sí, se lo traigo en seguida.

1. Necesito tiza. ¿Puede Ud. comprármela?
2. Necesito unos libros de historia. ¿Puede Ud. prestármelos?
3. Necesito este horario. ¿Puede Ud. dármelo?
4. Necesito estos ejercicios. ¿Puede Ud. escribírmelos?
5. Necesito las tarjetas. ¿Puede Ud. traérmelas?

MODELO 3:   ¿Se lo das a ella o se lo das *al consejero?*
            Se lo doy a él.

1. ¿Se los entregas a él o se los entregas a *mis padres?*
2. ¿Se la escribes a ella o se la escribes a *los estudiantes?*
3. ¿Se las traes a ella o se las traes al *cajero?*
4. ¿Se lo prestas a él o se lo prestas a *las chicas?*
5. ¿Se lo compras a ella o se lo compras al *niño?*

C. Write in Spanish:

1. The exam? You must give it to us.
2. The books? You must bring them to her.
3. The desk? You must buy it for him.
4. The cards? You must turn them in to me.
5. The folder? You must lend it to them.

▶ **5.** Preterit of regular verbs (*Pretérito de los verbos regulares*)

Spanish has two simple past tenses: the preterit and the imperfect. The preterit is used to refer to past acts that were completed in a past time. (The imperfect will be studied in *Lección 10*.)

The preterit of regular verbs is formed as follows. Note that the endings for the **-er** and **-ir** verbs are the same:

-ar verbs	-er verbs	-ir verbs
tomar to take	**comer** to eat	**escribir** to write
tomé	comí	escribí
tomaste	comiste	escribiste
tomó	comió	escribió
tomamos	comimos	escribimos
tomasteis	comisteis	escribisteis
tomaron	comieron	escribieron

EXAMPLES:

Ud. **tomó.**   *You took. You did take.*
Yo **comí.**   *I ate. I did eat.*
Ellos **decidieron.**   *They decided. They did decide.*

ATENCIÓN: Spanish has no equivalent for English *did* used as an auxiliary verb in questions and negative sentences:

¿**Escribieron** ellos?   *Did they write?*
¿**Comió** él?   *Did he eat?*
Yo no **terminé.**   *I did not finish.*

EJERCICIOS

A. Item Substitution

1. *El consejero* decidió venir ayer. (nosotros, Uds., tú, yo, ellos)
2. *Los estudiantes* ya terminaron el curso. (yo, Ud., tú, nosotras)
3. *Yo* vendí los cuadernos. (nosotros, Uds., tú, Eva)

B. Change the verbs in the following sentences to the preterit tense and read aloud:

1. Ana y yo comemos juntas.
2. Ellos planean el programa de estudios.
3. ¡Ah! Como siempre le presto mi libro.
4. El trimestre termina antes de julio.
5. Yo salgo de la biblioteca.
6. ¿Bebe Ud. un refresco?
7. Nosotros conocemos al profesor de literatura.
8. ¿Tú no estudias esa materia?
9. Uds. abren la puerta.
10. Habla de su especialización.

C. Answer the following questions in complete sentences:

1. ¿Comió Ud. ayer antes de salir?
2. ¿Estudiaron Uds. química el semestre pasado?
3. ¿Ya tomó Ud. todos los requisitos generales?
4. ¿Vieron Uds. sus notas de español?
5. ¿Les escribiste a tus padres?
6. ¿Recibió Ud. el dinero para la matrícula?
7. ¿Qué asignaturas tomó Ud. el semestre (trimestre) pasado?
8. ¿Qué aprendió Ud. en esta clase?
9. ¿Tomó Ud. una clase de matemáticas el verano pasado?
10. ¿Con qué escribió el profesor en la pizarra?

▶ **6.** The present indicative of the verb **jugar**
(*Presente de indicativo del verbo **jugar***)

jugar to play (a game)	
juego	jugamos
juegas	jugáis
juega	juegan

EJERCICIO

Item Substitution

Yo juego al fútbol.

1. Tú _____.
2. _____ al tenis.
3. Nosotros _____.
4. _____ al básquetbol.
5. Ellos _____.
6. _____ al golf.
7. Él _____.

¡A VER CUÁNTO APRENDIÓ!

A. Give appropriate responses:

1. ¿Necesita Ud. hablar con un consejero?
2. ¿De qué quiere hablarme?
3. ¿Es fácil o difícil el español?
4. ¿Cuál es la clase que le gusta más?
5. ¿Juegan Uds. al fútbol?
6. ¿Cuál es su especialización?
7. ¿De quién es esta pluma?
8. ¿Está Ud. tomando algunos requisitos generales?
9. ¿Va a tomar Ud. una clase de sicología el próximo semestre?
10. Necesito mil dólares. ¿Puedes prestármelos?
11. No tengo diccionario de español. ¿Puede Ud. darme el suyo?
12. ¿Ya planearon Uds. su programa de estudios?
13. ¿Este libro es mío, tuyo o de él?
14. ¿Dónde comió Ud. el sábado pasado?
15. ¿Practicas mucho el español?
16. ¿Tienes tiempo para ir a una fiesta?

B. Write in Spanish:

1. And the exams? Did you send them to me?
2. Do you have a good schedule? Mine is better!
3. No, I don't play on Tuesdays. I practice my Spanish, as usual.
4. If you don't have time, we can do it tomorrow.
5. If there's no other choice, I go to class.
6. My major is physical education.
7. I want to bring it to you as soon as possible.
8. Is it difficult? I think so!
9. All right! I wish you good luck.
10. Do you like this subject?

C. Complete the following dialogues:

1. CONSEJERO   —Ud. debe tomar una clase de inglés y una de matemáticas.

    ESTUDIANTE   _____

    CONSEJERO   —¡Pero el fútbol no es un requisito!

    ESTUDIANTE   _____

    CONSEJERO   —No . . . El profesor de inglés es muy bueno.

    ESTUDIANTE   _____

    CONSEJERO   —¡Está bien! Puede tomarlas el próximo semestre.

2. RAÚL   _____

    CARMEN   —¡Cómo no! Te veo en el restaurante a la una.

    RAÚL   _____

    CARMEN   —Bueno. ¿Te parece bien a las doce?

    RAÚL   _____

    CARMEN   —No, no puedo prestártelos. Sólo tengo un dólar.

D. ¡Repase el vocabulario!

¿Es verdad (*true*) o no es verdad?

1. Necesito tiza para escribir una carta.
2. Para tomar clases en la universidad, debo pagar la matrícula.
3. En la clase de química, estudiamos los verbos irregulares.
4. Debo pagarle a la cajera.
5. Es preferible planear el programa lo antes posible.
6. Estudio literatura porque me gusta la contabilidad.
7. Un trimestre tiene tres meses.
8. Jugamos al fútbol en la biblioteca.
9. Hay cuatro semestres en el año.
10. Yo soy mayor que mi padre.
11. Roberto tiene una "A+" en literatura. Es el mejor de la clase.
12. Mi abuela es menor que yo.

E. Situaciones

What would you say in the following situations?:

1. Your counselor tells you that you must take English. Tell him/her you are sure that you already took all the general requirements last year.
2. You found a red pen. Ask to whom it belongs.
3. You got a "D" in math. Tell your teacher you don't like math. Tell him/her also that you don't have time to study for it, and that math isn't your major.
4. Tell someone in your class that you don't have (a) chemistry book, and ask if he/she can lend one to you.

5. Tell the teacher that the students who are in this class don't have much time to practice.

F. Composición

Write a composition about your college activities. Include the following:

1. your major
2. classes you are taking this semester
3. classes you took last semester
4. classes you like and classes you don't like
5. some extra-curricular activities

UN POEMA   ¿Qué es poesía?[1] dices mientras clavas
   En mi pupila tu pupila azul;[2]
¿Qué es poesía? ¿Y tú me lo preguntas?
   ¡Poesía . . . eres tú!

(de *Rimas*, de Gustavo Adolfo Bécquer, España, 1836–1870)

[1]poetry   [2]your blue eyes look into mine

Lección
8

Hogar, dulce hogar...

Carlos e[1] Isabel Rocha son cubanos. Hace ocho años que viven en Miami. Los primeros años fueron muy difíciles, pero ahora están muy contentos. Ella es profesora de matemáticas y él trabaja en la oficina de correos. Tienen dos hijos: Carlitos e[1] Isabelita. Hoy todos se levantaron temprano porque tienen que limpiar la casa.

CARLOS —Ya barrí la cocina y limpié la alfombra. ¡Uf! Como te dije anoche, necesitamos una criada.

ISABEL —¡Tonterías! En los Estados Unidos eso es imposible, querido.

CARLOS —Tienes razón. ¡Oye! ¿Cómo te fue ayer? ¿Fuiste a la peluquería?

ISABEL —No, no tuve tiempo. Vine a casa a las seis, me lavé la cabeza, me peiné y fui a ver a tu mamá.

CARLOS —Sí, y no me esperaste. ¿Le diste el regalo?

ISABEL —Sí, se lo di, pero estoy segura de que no le gustó.

CARLOS —¡Son ideas tuyas! Hace diez años que conoces a mamá y todavía no la entiendes.

ISABEL —¿Sólo diez años? ¡Pues parecen cien!

CARLOS —Yo sé que ella se queja mucho. Es que es terrible. Ella vive muy lejos de aquí y está sola todo el día.

ISABEL —Sola no. Siempre está con sus vecinas. Ayer vino doña Teresa otra vez y estuvo toda la tarde con ella.

Mientras tanto, Carlitos e[1] Isabelita discuten en la cocina:

ISABELITA —¡Fue culpa tuya! Tú bañaste al perro en la cocina y ensuciaste el piso.

CARLITOS —¡Y tú no te bañaste! ¡Y te pusiste el vestido de mamá! ¡Te va a dar una paliza!

ISABELITA —¡Odioso! Yo le voy a contar que tú no hiciste la tarea y rompiste un vaso ayer.

CARLITOS —¡Mentirosa! ¡No fui yo![2] ¡Fue el perro! ¡Y tú llegaste tarde a clase ayer!

ISABEL —¡Isabelita! ¿Dónde está el vestido azul que planché la semana pasada?

ISABELITA —Me lo puse para jugar.

ISABEL —¡¿Qué?! ¿El vestido que traje de México? ¿Estás loca?

---

[1]Before a word beginning with **i** or **hi**, the equivalent of *and* is **e**.   [2]The subject pronoun may be placed at the end of the sentence for emphasis.

HOME, SWEET HOME . . .

Carlos and Isabel Rocha are Cuban. They have been living in Miami for eight years. The first years were very difficult, but now they are very happy. She is a math teacher and he works at the post office. They have two children: Carlitos and Isabelita. Today they all got up early because they have to clean the house.

c.   I already swept the kitchen and cleaned the rug. Boy! As I told you last night, we need a maid.

I.   Nonsense! In the United States that is impossible, dear.

c.   You're right. Listen! How did it go yesterday? Did you go to the beauty parlor?

I.   No, I didn't have time. I came home at six, washed my hair, combed it, and went to see your mother.

c.   Yes, and you didn't wait for me. Did you give her the present?

I.   Yes, I gave it to her, but I'm sure she didn't like it.

I.   It's your imagination (They are your ideas)! You have known Mom for ten years and you still don't understand her.

I.   Only ten years? It seems (They seem) like a hundred!

c.   I know she complains a lot. But it's terrible. She lives very far from here, and she's alone all day long.

I.   Not alone. She's always with her neighbors. Yesterday Doña Teresa came again and was with her all afternoon.

In the meantime, Carlitos and Isabelita are arguing in the kitchen:

I. JR.   It was your fault! You gave the dog a bath in the kitchen and got the floor dirty.

c. JR.   And you didn't take a bath! And you put on Mom's dress! She's going to give you a spanking!

I. JR.   You hateful thing! I'm going to tell her that you didn't do your homework and broke a glass yesterday.

c. JR.   Liar! It wasn't me! It was the dog! And you were late to class yesterday!

I.   Isabelita! Where is the blue dress I ironed last week?

CARLOS   —¡Ya trabajamos mucho! ¿Vamos a McDonald's a comer hamburguesas?

ISABELITA
Y CARLITOS   —¡Buena idea, papá!

ISABEL   —Ay, sí . . . ya tengo hambre. Pero después continuamos limpiando la casa.

Vocabulario

COGNADOS

la **hamburguesa** hamburger	**imposible** impossible
la **idea** idea	**terrible** terrible

NOMBRES

la **alfombra**   carpet, rug
la **cocina**   kitchen
el (la) **criado(a)**   servant, maid
la **culpa**   blame, fault, guilt   *tew*
el **hogar**   home
el (la) **mentiroso(a)**   liar
la **paliza**   spanking, beating
la **peluquería**   beauty parlor
el (la) **perro(a)**   dog
el **regalo**   gift, present
la **semana**   week
la **tarea**   homework
la **tontería**   nonsense, foolishness
el **vaso**   glass
el (la) **vecino(a)**   neighbor
el **vestido**   dress

VERBOS

bañar(se)   to bathe (oneself)
barrer   to sweep
continuar   to continue
discutir   to argue
ensuciar(se)   to get something (oneself) dirty
esperar   to wait (for)
lavar(se)   to wash (oneself)
levantarse   to get up
limpiar(se)   to clean (oneself)
peinar(se)   to comb (one's hair)
planchar   to iron

ponerse   to put on
quejarse   to complain
romper   to break

ADJETIVOS

estar **contento(a)**   happy, pleased
dulce   sweet
loco(a)   crazy
odioso(a)   hateful
querido(a)   dear
solo(a)   alone, by oneself

OTRAS PALABRAS

anoche   last night
e   and
lejos   far   *cerca – near*
pues   well, then
todavía   yet

ALGUNAS EXPRESIONES

¿Cómo te fue?   How did it go (for you)?
lavarse la cabeza   to wash one's hair
llegar tarde   to be late
mientras tanto   meanwhile, in the meantime
otra vez   again
todo el día   all day long
venir a casa   to come home

R. I put it on to play.

I. What?! The dress I brought from Mexico? Are you crazy?

C. We already worked a lot! Shall we go to McDonald's to eat hamburgers?

R.

D.

R. Good idea, Dad!

I. Oh, yes . . . I'm hungry already. But afterwards we'll continue cleaning the house.

VOCABULARIO ADICIONAL

cerca   near
No vive lejos. Vive **cerca**.

cocinar   to cook
Mamá está en la cocina **cocinando**.

la escoba   broom
Necesito una **escoba** para barrer.

pasar la aspiradora   to vacuum
Le **pasé la aspiradora** a la alfombra.

regalar   to give (a gift)
Te voy a **regalar** un diccionario.

temprano   early
Ellos llegaron **temprano**.

toda la mañana[1]   all morning long
Trabajamos **toda la mañana**.

todo el tiempo   all the time
Mi mamá trabaja **todo el tiempo**.

Pronunciación

▶ **A.** Spanish l

Spanish **l** is pronounced like the *l* in the English word *lean*. The tip of the tongue must touch the palate. Listen to your teacher and repeat the following words:

hola	Ángel	paliza
español	regalo	Aníbal
difícil	Isabel	general

▶ **B.** Spanish r

Spanish **r** sounds something like the *dd* in the English word *ladder*. Listen to your teacher and repeat the following words:

querido	ahora	tarde
hogar	Carlos	horario
ayer	aspiradora	literatura

▶ **C.** Spanish rr
(spelled **r** at the beginning of words and **rr** between vowels)

Spanish **rr** is a strong trill. Listen to your teacher and pronounce the following words:

regalo	Rosa	terrible
barrer	perro	Roberto
romper	Raúl	regalar

---

[1]Also: **toda la tarde** (*all afternoon*) and **toda la noche** (*all night long*).

▶ **D.** Spanish **z**

In Latin America the Spanish **z** is pronounced like the *ss* in the English word *pressing*. In Spain it is pronounced like the *th* in the English word *think*. Avoid using the buzzing sound of the English *z* in the words *zoo* and *zebra*. Listen to your teacher and repeat the following words:

paliza	cruz	Pérez
Zulema	zoológico	tiza
lápiz	zorro	azul

Estructuras gramaticales

▶ **1.** Preterit of **ser**, **ir**, and **dar**
(*Pretérito de los verbos ser, ir y dar*)

The preterits of **ser**, **ir**, and **dar** are irregular:

ser to be	**ir** to go	**dar** to give
fui	fui	di
fuiste	fuiste	diste
fue	fue	dio
fuimos	fuimos	dimos
fuisteis	fuisteis	disteis
fueron	fueron	dieron

EXAMPLES:

Los primeros años **fueron** muy difíciles.   *The first years were very difficult.*
Fue culpa tuya.   *It was your fault.*
¿**Fuiste** a la peluquería?   *Did you go to the beauty parlor?*
¿Le **diste** el regalo a mamá?   *Did you give the gift to mother?*

Note that **ser** and **ir** have exactly the same preterit forms.

EJERCICIOS

A. Item Substitution

1. No fui *yo.* (ella, Roberto, nosotros, Uds., los niños)
2. *Gustavo* fue al aeropuerto hoy. (yo, mamá, ellos, nosotros, tú)
3. *Yo* le di el regalo. (tú, nosotros, los profesores, papá, Uds.)

B. Complete the following sentences with the preterit of **ir, dar,** or **ser,** and read aloud:

1. Yo no _____ a la capital ayer.
2. Ellos me _____ el registro.

3. Nosotros _____ sus alumnos el año pasado.
4. Ella me _____ la escoba ayer.
5. Nosotros no _____ con Jorge a la fiesta de fin de año.
6. Yo te _____ los regalos el mes pasado.
7. Yo nunca _____ consejero.
8. Tú nos _____ el vestido ayer.
9. _____ una buena idea pasar la aspiradora.
10. Nosotros _____ a la peluquería por la mañana.

C. Answer the following questions in complete sentences:

1. ¿Con quién fuiste a la oficina de correos?
2. ¿Fue Ud. a la fiesta con su mamá?
3. ¿Quién fue el primer presidente de los Estados Unidos?
4. ¿A quién le diste el regalo?
5. ¿Me dieron Uds. la tarea?
6. ¿Fueron Uds. estudiantes de esta universidad el año pasado?
7. ¿A quién le dieron Uds. mi número de teléfono?
8. ¿Quién te dio esa cámara fotográfica?
9. Alguien limpió la cocina. ¿Fuiste tú?
10. ¿Fue Ud. a la agencia de viajes ayer?

▶ **2.** Reflexive constructions   (*Construcciones reflexivas*)

Most verbs in Spanish can be made reflexive if the verb acts upon the subject:

Julia le prueba el vestido a su hija.   *Julia tries the dress on her daughter.*
Julia **se prueba** el vestido.   *Julia tries on the dress.*

Julia le prueba el vestido a su hija.

Julia se prueba el vestido.

REFLEXIVE PRONOUNS	
me	myself, to (for) myself
te	yourself, to (for) yourself (**tú** *form*)
nos	ourselves, to (for) ourselves
os	yourselves, to (for) yourselves (**vosotros** *form*)
se	yourself, to (for) yourself (**Ud.** *form*)
	yourselves, to (for) yourselves (**Uds.** *form*)
	himself, to (for) himself
	herself, to (for) herself
	itself, to (for) itself
	themselves, to (for) themselves

Reflexive pronouns are positioned in the sentence in the same manner as object pronouns.

ATENCIÓN: Notice that, except for **se**, the reflexive pronouns have the same forms as the direct and indirect object pronouns.

vestirse to dress oneself, to get dressed	
Yo me **visto.**	*I dress myself.*
Tú **te vistes.**	*You dress yourself.* (**tú** form)
Ud. **se viste.**	*You dress yourself.* (**Ud.** form)
Él **se viste.**	*He dresses himself.*
Ella **se viste.**	*She dresses herself.*
Nosotros **nos vestimos.**	*We dress ourselves.*
Vosotros **os vestís.**	*You dress yourselves.* (**vosotros** form)
Uds. **se visten.**	*You dress yourselves.* (**Uds.** form)
Ellos **se visten.**	*They (masc.) dress themselves.*
Ellas **se visten.**	*They (fem.) dress themselves.*

A.   The following common verbs are used in the reflexive:

despertarse (**e**>**ie**)   *to wake up*
levantarse   *to get up*
vestirse (**e**>**i**)   *to get dressed*
desvestirse (**e**>**i**)   *to get undressed*
bañarse   *to bathe*
afeitarse, rasurarse   *to shave*
acostarse (**o**>**ue**)   *to go to bed*
preocuparse (**por**)   *to worry (about)*
probarse (**o**>**ue**)   *to try on*
sentarse (**e**>**ie**)   *to sit down*

Julia baña al'perro.

Julia se baña.

EJERCICIOS

A. Complete the following sentences, using the present indicative of the verbs in parentheses, and read aloud:

1. Mi tía _____ (despertarse) tarde a menudo.
2. Yo _____ (vestirse) en mi habitación.
3. Mis vecinos _____ (levantarse) a las cinco.
4. ¿Quiere Ud. _____ (probarse) el vestido amarillo?
5. Tu nuera _____ (preocuparse) por los niños.
6. ¿A qué hora _____ (acostarse) tú?
7. Nosotros _____ (bañarse) por la noche.
8. Papá _____ (afeitarse) en el baño.
9. Ella siempre _____ (sentarse) en esa silla.
10. No debes _____ (desvestirse) aquí.

B. Pattern Drill

MODELO 1:   ¿A qué hora se levantó Julio?
             No sé a qué hora se levantó él, pero yo me levanté a las seis.

1. ¿A qué hora se acostó Julio?
2. ¿A qué hora se despertó Julio?
3. ¿A qué hora se bañó Julio?
4. ¿A qué hora se afeitó Julio?

MODELO 2:   ¿Ya van a acostarse los chicos?
             Sí, *ellos ya van a acostarse, pero nosotros no vamos a acostarnos todavía.*

1. ¿Ya van a bañarse los chicos?
2. ¿Ya van a levantarse los chicos?
3. ¿Ya van a vestirse los chicos?
4. ¿Ya van a desvestirse los chicos?
5. ¿Ya van a lavarse los chicos?

---

[1]The personal **a** is used because a pet is considered part of the family.

C. Say in Spanish:

1. She combed her hair.
2. The children don't want to go to bed.
3. You need to take a bath.
4. Did you shave this morning?
5. She is trying on the blue dress.

B.   Some verbs are always used with reflexive pronouns in Spanish:

acordarse (**o**>**ue**) (de)   *to remember*
arrepentirse (**e**>**ie**) (de)   *to repent, to regret*
atreverse (a)   *to dare*
burlarse (de)   *to make fun (of)*
quejarse (de)   *to complain*

Notice that the use of a reflexive pronoun does not necessarily imply a reflexive action.

EJERCICIO

Answer the following questions:

1. ¿Te acordaste de firmar el registro?
2. ¿Se arrepiente Ud. de estar en esta clase?
3. ¿Se atreven Uds. a hablar español todo el tiempo?
4. ¿Estás burlándote de mis ideas?
5. ¿Se quejan Uds. de los exámenes?

C.   Some verbs change their meaning when they are used with reflexive pronouns:

acostar (**o**>**ue**) *to put to bed*	acostarse *to go to bed*
dormir (**o**>**ue**) *to sleep*	dormirse *to fall asleep*
levantar *to lift, to raise*	levantarse *to get up*
llevar *to take*	llevarse *to carry off*
probar (**o**>**ue**) *to try, to taste*	probarse *to try on*
poner *to put*	ponerse *to put on*
quitar *to take away*	quitarse *to take off*
ir *to go*	irse *to go away, to leave*

EXAMPLES:

Yo acuesto a **mis hijos** antes de acostarme.   *I put my children to bed before going to bed.*

Marta **se** probó el vestido azul después de probar **el café**.   *Martha tried on the blue dress after tasting the coffee.*

EJERCICIOS

A. Supply the appropriate verbs from the list on page 140, **C.**

1. Mi cuñada _____. Quiere dormir porque tiene mucho sueño.
2. Doña Estela le _____ el vestido a su hija.
3. Ayer yo _____ a las seis de la mañana.
4. Los estudiantes _____ en clase, porque tienen mucho sueño.
5. Ya son las diez. Voy a _____ a mi nieto.
6. ¿Quieres _____ la ensalada o las hamburguesas?
7. ¿_____ Ud. bien?
8. Él no puede _____ la mesa porque es muy grande.
9. La mamá de Luisito _____ a los niños a la escuela.
10. Él _____ mis libros anoche.

B. Say in Spanish:

1. I put my daughter to bed, and then I went to bed.
2. She took off her dress.
3. My sister left last week.
4. He raised the package.
5. She woke up at six and got up at seven.
6. Where do you put the cigarettes?
7. She is putting the dress on.
8. They went to the airport.

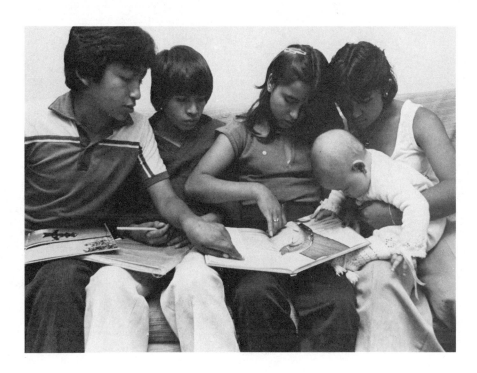

► **3.** Time expressions with **hacer**
(*Expresiones de tiempo con el verbo **hacer***)

English uses the present perfect progressive tense to express how long something has been going on:

*I **have been living** here for twenty years.*

Spanish follows this formula:

Hace + Length of time + **que** + Verb (*in the present tense*)

EXAMPLES:

Hace ocho años **que viven** en Miami.   *They have been living in Miami for eight years.*
Hace diez años **que conoces** a mamá.   *You have known Mother for ten years.*
¿Cuánto tiempo **hace que Ud. estudia** español?   *How long have you been studying Spanish?*

EJERCICIOS

A. Item Substitution

1. Hace diez años que tú conoces a mamá.
2. _____ tres meses _____.
3. _____ él _____.
4. _____ espera _____.
5. _____ una hora _____.
6. _____ a su esposa.
7. _____ el ómnibus.
8. _____ cinco minutos _____.

B. Pattern Drill

MODELO: ¿Estás lavando?
          Sí, hace dos horas que estoy lavando.

1. ¿Estás esperando?   4. ¿Estás limpiando?
2. ¿Estás barriendo?   5. ¿Estás practicando?
3. ¿Estás planchando?   6. ¿Estás cocinando?

C. Answer the following questions in complete sentences:

1. ¿Cuánto tiempo hace que Ud. vive en esta ciudad?
2. ¿Cuánto tiempo hace que tú estudias aquí?
3. ¿Cuánto tiempo hace que Uds. trabajan en esta ciudad?
4. ¿Cuánto tiempo hace que Ud. no come?

5. ¿Cuánto tiempo hace que no limpias la casa?
6. ¿Cuánto tiempo hace que Uds. hablan español?
7. ¿Cuánto tiempo hace que no le pasan la aspiradora a la alfombra?
8. ¿Cuánto tiempo hace que tus padres están casados?

D. Say in Spanish:

1. They have been arguing for two hours.
2. How long have they been waiting for the plane?
3. I have been studying Spanish for two years.
4. I haven't washed my hair for ten days.
5. We haven't ironed for two months.
6. I have been playing football for three years.

▶ **4.** Irregular preterits   (*Pretéritos irregulares*)

The following Spanish verbs are irregular in the preterit:

tener:	tuve, tuviste, tuvo, tuvimos, tuvisteis, tuvieron
estar:	estuve, estuviste, estuvo, estuvimos, estuvisteis, estuvieron
andar:[1]	anduve, anduviste, anduvo, anduvimos, anduvisteis, anduvieron
poder:	pude, pudiste, pudo, pudimos, pudisteis, pudieron
poner:	puse, pusiste, puso, pusimos, pusisteis, pusieron
saber:	supe, supiste, supo, supimos, supisteis, supieron
hacer:	hice, hiciste, hizo,[2] hicimos, hicisteis, hicieron
venir:	vine, viniste, vino, vinimos, vinisteis, vinieron
querer:	quise, quisiste, quiso, quisimos, quisisteis, quisieron
decir:	dije, dijiste, dijo, dijimos, dijisteis, dijeron
traer:	traje, trajiste, trajo, trajimos, trajisteis, trajeron
conducir:	conduje, condujiste, condujo, condujimos, condujisteis, condujeron
traducir:	traduje, tradujiste, tradujo, tradujimos, tradujisteis, tradujeron
producir:[3]	produje, produjiste, produjo, produjimos, produjisteis, produjeron

ATENCIÓN: The preterit of **hay** (impersonal form of **haber**) is **hubo** (*there was, there were*):

Anoche **hubo** una fiesta.   *Last night there was a party.*

EJERCICIOS

A. Item Substitution

1. Ayer *yo* no tuve tiempo. (tú, mi nieta, nosotros, Juan y Pedro)
2. *Los vecinos* vinieron a casa a las cinco. (tú, yo, Rosa, Ud. y yo, ellas)

---

[1]andar = *to walk;* andar por = *to go around*   [2]Note that the third person singular changes **c** to **z** in order to maintain the soft sound (**él hizo**).   [3]producir = *to produce*

3. *Tú* hiciste todo el trabajo. (yo, nosotros, los empleados, el cajero)
4. *Yo* conduje el coche. (Uds., él, tú, nosotros)

B. Pattern Drill

MODELO: ¿No vas a traer el programa de estudios?
          Ya lo traje.

1. ¿No vas a poner el vaso en la cocina?
2. ¿No vas a hacer la reservación?
3. ¿No vas a traducir las lecciones?
4. ¿No vas a traer la carta certificada?
5. ¿No vas a decir tu edad?
6. ¿No vas a tener la fiesta?

C. Complete the following sentences, using the preterit of the verb in parentheses:

1. Yo (estar) _____ en el hotel anoche.
2. Él no (poder) _____ venir a almorzar ayer.
3. Nosotros le (decir) _____ la hora esta mañana.
4. ¿Dónde (poner) _____ (tú) los lápices ayer?
5. ¿Por qué no (venir) _____ Uds. al centro anoche?
6. ¿(Traer) _____ ellos las plumas rojas ayer?
7. Ella nunca me (querer) _____.
8. Él (conducir) _____ el auto toda la mañana.
9. ¿(Traducir) _____ Ud. los certificados el año pasado?
10. Mi novia lo (saber) _____ ayer.

D. Change the following sentences to the preterit, and add an expression referring to the past tense:

MODELO: No vengo.
          Ayer no vine.

1. No tenemos mucho tiempo.
2. Estamos en la calle Séptima.
3. Él anda por la ciudad.
4. La criada lo trae.
5. ¿Puedes llevar al perro?
6. ¿Dónde ponen los cheques?
7. Él no hace nada.
8. Colombia produce mucho café.
9. No queremos comprar esa alfombra.
10. ¿Qué dice tu sobrina?

11. ¡Pues yo lo sé!
12. Hay una fiesta.

E. Answer the following questions in complete sentences:

1. ¿Tuvo Ud. la culpa?
2. ¿Dónde estuvieron Uds. anoche?
3. ¿Tuvieron Uds. un día terrible ayer o estuvieron contentos?
4. ¿Pudiste venir temprano a la universidad ayer?
5. ¿Dónde pusiste la tiza?
6. ¿Qué hicieron tus amigos ayer?
7. ¿Viniste solo(a) a la universidad?
8. ¿Me dijeron Uds. algo?
9. ¿Anduvieron tus padres por la universidad la semana pasada?
10. ¿Condujeron Uds. su coche ayer?

▶ **5.** Use of **tener que**   (*Uso de **tener que***)

The Spanish equivalent of *to have to* is **tener que:**

Ellos **tienen que** limpiar la casa.   *They have to clean the house.*
¿**Tengo que** llenar la planilla?   *Do I have to fill out the form?*
Ayer **tuve que** lavarme la cabeza.   *Yesterday I had to wash my hair.*

EJERCICIOS

A. Item Substitution

1. *Yo* tengo que acostar a mi nieto. (tú, nosotros, él, ellos)
2. El miércoles *él* tuvo que vender el carro. (nosotros, Ud., tú, ellos)

B. Pattern Drill

MODELO: —Nosotros no podemos pagar la pensión hoy.
       —*¡Pues no tienen que pagarla hoy!*

1. Yo no puedo empezar la lección hoy.
2. Él no puede contestar las cartas hoy.
3. Tú no puedes cancelar los pasajes hoy.
4. Ellos no pueden confirmar las reservaciones hoy.
5. Ud. no puede retirar el paquete hoy.
6. Uds. no pueden llamar al agente hoy.

C. Answer the following questions in complete sentences:

1. ¿Qué tienes que hacer al mediodía?
2. ¿Tienen Uds. que continuar estudiando todo el día?

3. ¿Tiene Ud. que mandar sus cartas por vía aérea?
4. ¿Tengo que regalarles algo a Uds.?
5. ¿Tienen Uds. que venir a clase los domingos?
6. ¿Tiene Ud. que caminar mucho para llegar a la universidad o vive cerca?
7. Traigo tequila de México. ¿Tengo que declararla?
8. ¿Tengo que decirles mi nombre y apellido otra vez?

¡A VER CUÁNTO APRENDIÓ!

A. Give appropriate responses:

1. ¿Hace mucho tiempo que esperas aquí?
2. ¿Cómo te fue hoy?
3. ¿Cuándo limpiaste la alfombra?
4. ¿Quién ensució el piso de la cocina?
5. ¿Discutió Ud. con sus padres la semana pasada?
6. ¿Fue una tontería tomar una clase de español?
7. ¿Se lavó Ud. la cabeza ayer?
8. ¿Dónde puso Ud. el periódico?
9. ¿Se queja Ud. si tiene que trabajar todo el tiempo?
10. ¿Cuánto tiempo hace que no ves a tu novio(a)?
11. ¿Estuvo Ud. todo el día al teléfono ayer?
12. ¿Llegaron Uds. tarde hoy?

13. ¿Le diste el regalo al profesor (la profesora)?
14. ¿Es buena idea comer hamburguesas para la cena?
15. ¿Tuvo Ud. que levantarse temprano ayer?
16. ¿Con quién discutes más? ¿Con tu esposo(a)? ¿Tus hermanos? ¿Tus padres? ¿El profesor?
17. ¿Por qué le vas a dar una paliza a tu hermano?
18. ¿Es Ud. mentiroso(a)?
19. ¿Qué hizo Ud. ayer toda la tarde?
20. ¿Les cuenta Ud. sus problemas a sus vecinos?

B. Write and say in Spanish:

1. Hello, dear. How did it go today?
2. He vacuumed. Meanwhile I cooked.
3. They came by themselves.
4. He said: "Everything is in order."
5. I have lived at this address for thirteen years.
6. She is very happy because her husband is coming home.
7. I didn't give him a spanking. Are you crazy?
8. He went to the dance with his aunt.
9. (You) hateful (thing)!
10. Home, sweet home!
11. They have to work all morning long.
12. They complained about the inspector.

C. ¡Repase el Vocabulario!

Read the descriptions of the following activities, and then try to guess who or what the people are (e.g., a father, a teacher, etc.):

1. Ayer limpié la casa y los chicos la ensuciaron otra vez.
2. Ayer pasé un día terrible con los estudiantes.
3. Ayer trabajé en la oficina todo el día, y cuando volví a casa no encontré a mis hijos ni a mi esposa.
4. Ayer trabajé mucho con mis pacientes.
5. Mis padres no me permitieron mirar televisión. ¡Y todo porque ayer rompí un vaso!
6. Ayer no me dieron comida y ladré (*barked*) todo el día.
7. Mi nieta fue a la fiesta con Roberto.
8. Mi profesor me dio una "F" porque no estudié.
9. Ayer mi sobrino ensució el piso y rompió dos vasos.
10. Ayer mi nuera pasó toda la tarde en la cocina.
11. Tengo que bañar al paciente del cuarto número 128.
12. La escuela está muy lejos. Si mis hijos no se levantan, van a llegar tarde.

D. Situaciones

What would you say in the following situations?:

1. You are at home. Ask your daughter if she took her bath and combed her hair. Ask your son if he cleaned his room, and tell him he has to sweep the kitchen.
2. You are a mother. Your daughters have been playing house. Tell them they look very pretty, and ask them if they did their homework.
3. You are a married man. Ask your wife why she didn't put on the dress you gave her (as a gift), and ask her if she likes it.
4. You are a child. Tell your brother that your mother is going to give him a spanking because he brought the dog into the kitchen.
5. Your Argentinian friend wants to have a maid. Tell her she's crazy, and that in the United States it's impossible to have a maid because it's very expensive.

Ejercicio de lectura

Yo siempre me levanto temprano porque tengo que estar en la universidad a las ocho de la mañana. Me despierto a las seis y media y, después de bañarme, afeitarme y vestirme, desayuno. Me siento en la cocina y estudio, y salgo para la universidad a las siete y media. No me atrevo a llegar tarde, pues mi profesor de matemáticas es muy estricto.°

strict

Tengo clases toda la mañana, y por la tarde voy a la biblioteca a estudiar. A veces° me duermo leyendo algunos de mis libros.

sometimes

Vuelvo a casa a las cinco. Me desvisto, me quito los zapatos y duermo un rato. Cocino algo para la cena, estudio o hago mi tarea y luego miro las noticias.° Me acuesto a las once y media.

news

A veces estoy muy cansado, pero no me quejo. Si quiero ser ingeniero, tengo que estudiar mucho.

¡A ver cuánto recuerda!

Answer the following questions in complete sentences:

1. ¿Por qué me levanto siempre temprano?
2. ¿A qué hora me despierto?
3. ¿Qué hago después de bañarme, afeitarme y vestirme?
4. ¿Qué hago en la cocina?
5. ¿A qué hora salgo para la universidad?
6. ¿Por qué no me atrevo a llegar tarde?
7. ¿Cuándo tengo clases?

8. ¿Qué hago por la tarde?
9. ¿Qué hago a veces en la biblioteca?
10. ¿A qué hora vuelvo a casa?
11. ¿Qué hago cuando llego a casa?
12. ¿Qué hago después de dormir un rato?
13. ¿A qué hora me acuesto?
14. ¿Estoy cansado a veces?
15. ¿Qué tengo que hacer si quiero ser ingeniero?

Now write the answers to the above questions in paragraph form, add punctuation, and you will have a composition. Start this way: "Ud...."

Lección 9

De vacaciones

Roberto acaba de llegar de sus vacaciones en las montañas. Él y unos amigos pasaron un fin de semana en Chile, gozando del hermoso paisaje de los Andes.

TOMÁS —¡Roberto! ¿Qué tal? ¿Cuándo llegaste?

ROBERTO —Llegué esta mañana. ¿Por qué no viniste con nosotros? ¡Lo pasamos divinamente!

TOMÁS —¡Porque no pude! Tú sabes que empecé a trabajar el sábado. ¿Fueron a la montaña todos?

ROBERTO —No, Pablo pasó toda la mañana en la cabaña y después fue a montar a caballo.

TOMÁS —¿No fueron de pesca? ¡Supongo que llevaste tu caña de pescar!

ROBERTO —¡Por supuesto! ¡Y pesqué una trucha enorme!

TOMÁS —(Bromeando) Pues a mí me dijeron que tú pescaste la más pequeña . . .

ROBERTO —Te mintieron. Todos pudimos cenar con la trucha que pesqué.

TOMÁS —¿Cómo estuvo el tiempo?

ROBERTO —¡Magnífico! ¡Cielos azules! ¡Noches serenas y estrelladas!

TOMÁS —¿Durmieron afuera o adentro?

ROBERTO —Todos dormimos afuera en nuestras bolsas de dormir.

TOMÁS —¡Hombre! Me das envidia. La próxima vez voy con Uds.

Zulema y Teresa planean un viaje a Mar del Plata, la hermosa ciudad argentina.

ZULEMA —¡Qué hermosa[1] va a estar la playa! ¿Trajiste tu traje de baño nuevo?

TERESA —Sí, lo traje solamente para enseñártelo. ¡Me costó un ojo de la cara!

ZULEMA —¡Qué bonito![1] Yo quiero aprender a[2] nadar este verano.

TERESA —Yo trabajé de salvavidas el año pasado. Puedo enseñarte.

ZULEMA —¡Magnífico! ¿Hiciste las reservaciones del hotel?

TERESA —No, porque vamos a acampar. Ya tengo la tienda de campaña y las bolsas de dormir, y ya hice las maletas.

ZULEMA —¡Perfecto! Ahora solamente necesitamos el dinero para el pasaje.

---

[1]Note that *how* + *adjective* is translated as **qué** + *adjective*: **¡Qué** hermosa! *How beautiful!* [2]The preposition **a** is used after **aprender** when this verb is followed by an infinitive. The same rule applies to **enseñar, empezar** and **comenzar**.

ON VACATION

Robert has just arrived from his vacation in the mountains. He and some friends spent a weekend in Chile enjoying the beautiful landscape of the Andes.

T.   Robert! How is it going? When did you arrive?

R.   I arrived this morning. Why didn't you come with us? We had a great time!

T.   Because I wasn't able to. You know I started to work on Saturday. Did everybody go to the mountain?

R.   No, Paul spent the whole morning in the cabin and then went horseback riding.

T.   Didn't you go fishing? I suppose you took your fishing rod.

T.   Of course! And I caught an enormous trout!

T.   (Kidding) Well, they told me that you caught the smallest one . . .

R.   They lied to you. We were all able to dine on the trout I caught.

T.   How was the weather?

R.   Great! Blue skies! Peaceful, starry nights!

T.   Did you sleep outside or inside?

R.   We all slept outside in our sleeping bags.

T.   Man! You make me jealous. Next time I'm going with you.

Zulema and Theresa are planning a trip to Mar del Plata, the beautiful Argentinian city.

Z.   How beautiful the beach is going to be! Did you bring your new bathing suit?

T.   Yes, I brought it just to show it to you. It cost me an arm and a leg!

Z.   How pretty! I want to learn how to swim this summer.

T.   I worked as a lifeguard last year. I can teach you.

Z.   Great! Did you make the hotel reservations?

Z.   No, because we're going to go camping. I already have the tent and the sleeping bags, and I already packed.

T.   Perfect! Now we only need the money for the ticket.

VOCABULARIO

COGNADOS

enorme enormous	**perfecto(a)** perfect
magnífico(a) magnificent, great	las **vacaciones**[1] vacation
la **montaña** mountain	

NOMBRES

la **bolsa de dormir** sleeping bag
el **caballo** horse
la **cabaña** cabin
la **caña de pescar** fishing rod
el **cielo** sky
la **envidia** envy, jealousy
el **paisaje** landscape
la **playa** beach
el (la) **salvavidas** lifeguard
el **tiempo** weather
la **tienda de campaña** tent
el **traje de baño** bathing suit
la **trucha** trout
la **vez** time (in a series)

VERBOS

acampar to camp, to go camping
bromear to kid, to joke
enseñar to show, to teach
gozar (de) to enjoy
mentir (e>ie) to lie, to tell a lie
montar to mount, to ride
nadar to swim
pasar to spend (time)
pescar to fish, to catch (a fish)
suponer (*conj. like* **poner**) to suppose

gastar — spend money

ADJETIVOS

estrellado(a) starry
hermoso(a) beautiful
nuevo(a) new
sereno(a) calm, peaceful
todos(as) everybody, all

OTRAS PALABRAS

adentro inside
afuera outside
solamente only

ALGUNAS EXPRESIONES

darle envidia a alguien to make someone jealous
de vacaciones on vacation
el fin de semana weekend
hacer las maletas to pack
¡hombre! man!
ir de pesca to go fishing
me costó un ojo de la cara it cost me an arm and a leg
pasarlo divinamente to have a great time
por supuesto of course

[1]This word is always used in the plural form in Spanish.

VOCABULARIO ADICIONAL

alquilar, rentar   to rent
Voy a **alquilar** una cabaña.

la autopista   freeway, highway
En California hay muchas **autopistas.**

cazar   to hunt
No quiero pescar. Prefiero **cazar.**

el desierto   desert
El Sahara es un **desierto.**

el lago   lake
Nos bañamos en el **lago.**

el mar   sea   *— calm*
Nosotros nadamos en el **mar.**
la mar — turbulant

la mujer   woman
Eva fue la primera **mujer.**

la nieve   snow
Hay **nieve** en la montaña.

el océano   ocean
El **océano** Pacífico es más grande que el
    Atlántico.

el río   river
El **río** Amazonas está en el Brasil.

La entonación

Intonation refers to the variations in the pitch of your voice when you are talking. Intonation patterns in Spanish are different from those in English. Note the following with regard to Spanish intonation:

1. For normal statements, the pitch generally goes *up* on the first stressed syllable, and then *down* on the last stressed syllable:

Pablo pasó toda la mañana en la cabaña.

2. For questions eliciting information, the pitch is highest on the stressed syllable of the interrogative pronoun:

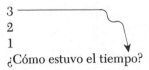

¿Cómo estuvo el tiempo?

3. For questions that can be answered with *yes* or *no*, the pitch is generally highest on the last stressed syllable:

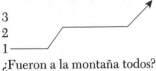

¿Fueron a la montaña todos?

4. In exclamations, the pitch is highest on the first stressed syllable:

¡Qué hermosa va a estar la playa!

Listen to your teacher and then repeat the following sentences, trying to imitate closely your teacher's intonation:

Marta trabajó toda la noche.   ¿Vinieron a la playa temprano?

¿Qué hicieron los chicos ayer?   ¡No quiero comer nada!

Estructuras gramaticales

► 1. Verbs with orthographic changes in the preterit
     (*Verbos que tienen cambios ortográficos en el pretérito*)

   A. Verbs ending in **-car** and **-gar** change **c** to **qu** and **g** to **gu** before an **e** in the first person of the preterit:[1]

sacar to take out		**llegar** to arrive	
saqué	sacamos	llegué	llegamos
sacaste	sacasteis	llegaste	llegasteis
sacó	sacaron	llegó	llegaron

Other verbs that follow the same pattern are:

tocar (*to touch, play* [*an instrument*]):	**toqué**	pagar (*to pay*):	**pagué**
buscar (*to look for*):	**busqué**	jugar (*to play*):	**jugué**
pescar (*to fish*):	**pesqué**	rogar (*to beg*):	**rogué**
negar (*to deny*):	**negué**	apagar (*to turn off*):	**apagué**

   B. Verbs ending in **-zar** change **z** to **c** before **e** in the first person of the preterit:

empezar to begin	
empecé	empezamos
empezaste	empezasteis
empezó	empezaron

---

[1]These changes are purely orthographic and occur whenever these conditions are present, regardless of the verb tense involved.

Other verbs that follow the same pattern are:

gozar (*to enjoy*):   **gocé**   rezar (*to pray*):   **recé**
comenzar (*to begin*):   **comencé**   cazar (*to hunt*):   **cacé**

EJERCICIOS

A. Pattern Drill

    MODELO: ¿Quién sacó la alfombra?
               La saqué yo.

1. ¿Quién buscó las plumas?   5. ¿Quién empezó la tarea?
2. ¿Quién pescó esa trucha?   6. ¿Quién comenzó la clase?
3. ¿Quién pagó el hotel?   7. ¿Quién cazó el ciervo (*deer*)?
4. ¿Quién apagó el motor?   8. ¿Quién tocó el piano?

B. Answer the following questions in the affirmative:

1. ¿Sacaste tus maletas de cuero del avión?
2. ¿Buscaste el libro de matemáticas?
3. ¿Llegaste temprano?
4. ¿Pagaste los bocadillos?
5. ¿Apagaste el motor del coche?
6. ¿Empezaste a estudiar para el examen?
7. ¿Comenzaste a planear tus vacaciones?
8. ¿Lo negaste?
9. ¿Tocaste el piano en la fiesta?
10. ¿Rezaste anoche?

C. Write in Spanish:

1. I didn't touch that table.   4. I enjoyed the landscape.
2. I caught an enormous trout.   5. I started to spend all my money.
3. I didn't pray last night.   6. I did not deny it.

C. Verbs whose stem ends in a strong vowel change the unaccented **i**
between vowels to **y** in the third person singular and plural of the
preterit:

leer to read	
leí	leímos
leíste	leísteis
leyó	**leyeron**

Other verbs that follow the same pattern:

creer (*to believe*): **creyó, creyeron**
caer(se) (*to fall*): **cayó, cayeron**

A. Answer the following questions in complete sentences:

1. ¿Leyó Ud. *Don Quijote?*
2. ¿Me creyeron Uds.?
3. ¿Se cayó Ud. en la calle?
4. ¿Qué leyeron Uds. ayer?
5. ¿Te creyó tu mamá?

B. Say in Spanish:

1. Didn't he read the book?
2. They believed me.
3. The child fell down.
4. They read the paper.
5. He didn't believe anything.

▶ **2.** Preterit of stem-changing verbs: (**e**>**i** and **o**>**u**)
(*Pretérito de los verbos que cambian en la raíz: e>i y o>u*)

Stem-changing verbs of the **-ir** conjugation change **e** to **i** or **o** to **u** in the
third person singular and plural of the preterit:

sentir to feel		dormir to sleep	
sentí	sentimos	dormí	dormimos
sentiste	sentisteis	dormiste	dormisteis
sintió	sintieron	durmió	durmieron

Other verbs that follow the same pattern:

pedir	seguir
mentir	conseguir
servir	
repetir (*to repeat*)	morir

A. Pattern Drill

MODELO 1: Tú mentiste, ¿no?
Yo no mentí. Mintió mi suegra.

1. Tú se lo pediste, ¿no?
2. Tú lo conseguiste, ¿no?
3. Tú lo serviste, ¿no?
4. Tú lo repetiste, ¿no?
5. Tú lo seguiste, ¿no?

MODELO 2:   Uds. pidieron la bolsa de dormir, ¿no?
            No, nosotros no la pedimos. La pidieron ellos.

1. Uds. sirvieron la cena, ¿no?
2. Uds. repitieron la lección, ¿no?
3. Uds. siguieron al viajero, ¿no?
4. Uds. consiguieron el caballo, ¿no?
5. Uds. pidieron las vacaciones, ¿no?

B. Write in Spanish:

1. The children lied to their mother.
2. The lifeguard died last night.
3. Did you get the claim checks?
4. Did you ask for the package, Mr. Smith?
5. Did they sleep inside or outside?
6. They served only hamburgers and salad.

▶ **3.**   Position of adjectives   (*Posición de los adjetivos*)

1. In Spanish, descriptive adjectives usually follow the noun:

   el muchacho **alto**   *the tall boy*   la trucha **pequeña**   *the small trout*

2. Adjectives that indicate a quality usually attributed to the noun often precede the noun:

   la **blanca** nieve   *the white snow*   la **roja** sangre   *the red blood*

3. Cardinal and ordinal numbers, possessives, demonstratives, indefinite adjectives, and negative adjectives regularly precede the noun:

   cinco cabañas   *five cabins*   el **primer** día   *the first day*
   mis amigos   *my friends*   **aquellas** montañas   *those mountains*
   algún día   *some day*   la **próxima** vez   *next time*

4. Adjectives that express nationality always follow the noun:

   estudiantes **españoles**   *Spanish students*
   niños **cubanos**   *Cuban children*

5. Adjectives that usually follow the noun can be placed before it, thus acquiring an emotional or poetic feeling, or a more emphatic or dramatic value:

   los **hermosos** paisajes   *the beautiful landscapes*
   la **oscura** noche   *the dark night*

EJERCICIOS

A. Read the following sentences, placing the adjectives given in parentheses in the proper position:

1. Los muchachos llegaron ayer.   (españoles)
2. Ella compró tizas.   (rojas, blancas y amarillas)
3. Pesqué una trucha.   (pequeña)
4. La nieve cubre (*covers*) las montañas.   (blanca)
5. Es un profesor.   (inglés)
6. Recuerdo sus ojos.   (hermosos) (*Be poetic!*)
7. Tiene lápices.   (algunos, rojos)
8. Hay muchachas en la playa.   (bonitas, muchas)
9. El hotel es bueno.   (primer)
10. Hay cabañas.   (cinco)

B. Describe the following nouns with an appropriate adjective:

1. el hombre
2. la playa
3. el pelo
4. los ojos
5. el paisaje
6. la montaña
7. el día
8. la cabaña
9. el caballo
10. los niños
11. el cielo
12. el hogar
13. las vacaciones
14. el coche
15. el hotel
16. el barco
17. la casa
18. la mujer
19. las lecciones
20. la recepcionista

▶ **4.** Adjectives that change their meaning according to position (*Adjetivos que cambian de significado de acuerdo con su posición*)

Certain adjectives change their meaning according to their position in the sentence with regard to the noun. Some of them are:

nuevo: un **nuevo** traje de baño   (*a new—different or additional—bathing suit*)
un traje de baño **nuevo**   (*a new—just bought—bathing suit*)

grande: un **gran** hombre   (*a great man*)
un hombre **grande**   (*a big man*)

pobre: la **pobre** niña   (*the poor—unfortunate—girl*)
la niña **pobre**   (*the poor—not rich—girl*)

único: mi **único** libro   (*my only book*)
un libro **único**   (*a unique book*)

ATENCIÓN: Remember that **grande** becomes **gran** in front of a masculine or feminine singular noun.

EJERCICIO

Say in Spanish:

1. The poor (unfortunate) woman lost her money.
2. Lincoln was a great American president (*presidente*).
3. There is a new (different) receptionist.
4. They have a new car. (just bought)
5. This is my only red pen.
6. It is a unique book.
7. Napoleon was not a big man, but he was a great man.
8. If he is a poor man (not rich), I don't want him.

▶ **5.** **Formation of adverbs**   (*La formación de los adverbios*)

Most Spanish adverbs are formed by adding **-mente** (the equivalent of English *-ly*) to the adjective:

especial	*special*	especial**mente**	*specially*
reciente	*recent*	reciente**mente**	*recently*

Adjectives ending in **-o** change the **-o** to **-a** before adding **-mente**:

lento	*slow*	lent**amente**	*slowly*
rápido	*rapid*	rápid**amente**	*rapidly*

If two or more adverbs are used together both change the **-o** to **-a**, but only the last one ends in **-mente**:

Habló clara y lenta**mente**.   *He spoke clearly and slowly.*

If the adjective has an accent, the adverb retains it:

difícil   **difícilmente**

EJERCICIOS

A. Change the following adjectives into adverbs:

1. fácil   (*easy*)
2. feliz   (*happy*)
3. claro   (*clear*)
4. raro   (*rare*)
5. necesario   (*necessary*)
6. frecuente   (*frequent*)
7. triste   (*sad*)
8. trágico   (*tragic*)
9. alegre   (*merry*)
10. desgraciado   (*unfortunate*)

B. Complete the following sentences with appropriate adverbs:

1. Ellos hablaron _____ y _____.
2. Mis padres vienen a verme _____.
3. Jaime vino _____.
4. El pobre muchacho me habló _____.
5. Tengo _____ diez dólares.
6. Los muchachos bailan _____.
7. Él murió _____.
8. _____, no tengo dinero.

► **6.** The expression **acabar de** (*La expresión acabar de*)

Acabar de means *to have just*. While English uses the present perfect tense, plus the word *just*, Spanish uses this formula:

Subject + **acabar** (*conjugated in the present tense*) + **de** + Infinitive

EXAMPLES:

Roberto **acaba de** llegar.   *Robert has just arrived.*
Tú **acabas de** ensuciar el piso.   *You have just gotten the floor dirty.*
Nosotros **acabamos de** comer.   *We have just eaten.*
Ellos **acaban de** salir.   *They have just left.*

ATENCIÓN: Note that **acabar** is a regular verb.

EJERCICIOS

A. Item Substitution

1. *Mamá* acaba de hacer las maletas. (yo, tú, nosotros, ellos, él)
2. ¿El maletín? *Los chicos* acaban de comprarlo. (Ud., nosotros, él, tú, yo)
3. *Yo* acabo de almorzar. (nosotros, mis hijos, tú, la enfermera, Uds.)

B. Pattern Drill

MODELO 1:   ¿Ya terminaste el trabajo?
                      Sí, acabo de terminarlo.

1. ¿Ya barriste la cocina?
2. ¿Ya enseñaste la lección dos?
3. ¿Ya trajiste la lista de espera?
4. ¿Ya alquilaste la cabaña?
5. ¿Ya recibiste los comprobantes?

MODELO 2:   ¿Ya terminaron Uds. la clase de sociología?
                      Sí, acabamos de terminarla.

1. ¿Ya vieron a los vecinos?
2. ¿Ya llamaron Uds. a la criada?
3. ¿Ya limpiaron Uds. la alfombra?
4. ¿Ya compraron Uds. el regalo?
5. ¿Ya sirvieron Uds. los refrescos?

¡A VER CUÁNTO APRENDIÓ!

A. Give the appropriate responses:

1. ¿Acamparon Uds. este fin de semana?
2. ¿Acaba de llegar a la clase el profesor?
3. ¿Te gusta ir a las montañas?

4. ¿Les da el profesor exámenes frecuentemente?
5. ¿Bromean Uds. mucho con el profesor (la profesora)?
6. ¿Cómo estuvo el tiempo ayer?
7. ¿Cuánto pagó Ud. por su libro de español?
8. Generalmente hay un salvavidas en la playa. ¿Es una buena idea?
9. ¿Pescó Ud. alguna vez una trucha enorme?
10. ¿Ya empezaste a estudiar para el examen?
11. ¿Quieres ir de pesca al lago?
12. Yo voy de vacaciones a Hawai. ¿Te da envidia?
13. ¿Vas a cazar con nosotros la próxima vez?
14. ¿Trajiste tu traje de baño para enseñármelo?
15. ¿Hiciste las reservaciones en el hotel?
16. ¿Te costó un ojo de la cara tu coche nuevo?
17. ¿Lo pasas divinamente en esta clase?
18. ¿Quieres ir a montar a caballo?
19. Vamos a acampar en la montaña. ¿Necesitamos una bolsa de dormir?
20. ¿Vives cerca del Océano Pacífico o del Océano Atlántico?
21. ¿Le mintió Ud. al profesor (a la profesora)?
22. ¿Cuántas horas durmió Ud. anoche?

B. Write and say in Spanish:

1. I am on vacation.
2. They enjoyed the beautiful landscape of the Andes.
3. She went to the Amazon River.
4. We went fishing.
5. I didn't catch anything.
6. I brought my new sleeping bag.
7. He is (an) only child.
8. Are you planning on learning how to swim?
9. Did you pack already? Perfect!
10. Do you like to drive on the freeway?
11. Let's see . . . I need a one-way ticket.
12. I suppose everybody read *Don Quijote*.

C. ¡Repase el Vocabulario!

Indicate the right choice and read aloud:

1. Rosa nada en (el desierto, el mar, la nieve).
2. Ya hice (el dinero para el pasaje, la playa, las maletas).
3. Los muchachos montaron (en el pasaje, a caballo, en la envidia).
4. Ella no pudo venir (ayer, mañana, la semana próxima).
5. Napoleón fue (un hombre grande, un gran hombre, un famoso médico).
6. ¡(Noches, Días, Tardes) serenas y estrelladas!

7. Murió (trágicamente, alegremente, desgraciadamente).
8. Voy a cazar. Necesito (la caña de pescar, el cielo, el rifle).
9. El tiempo estuvo (magnífico, nuevo, enorme).
10. El Misisipí es un (lago, río, mar).
11. Adán fue el primer (médico, hombre, ingeniero).
12. La ciudad que queda más lejos de Los Ángeles es (San Francisco, Las Vegas, Nueva York).
13. Pagué doscientos dólares por este vestido. (Fui de pesca, Me da envidia, Me costó un ojo de la cara).
14. Fuimos de pesca y por supuesto llevamos la (cabaña, caña de pescar, autopista) nueva.
15. No está adentro; está (cerca, lejos, afuera).

D. Complete the following dialogues:

1. CARLOS   —¿Dónde pasaron las vacaciones?
   MARÍA   _____

   CARLOS   —¡¿En Acapulco?! ¿Lo pasaron bien?
   MARÍA   _____

   CARLOS   —¿Qué tal estuvo el tiempo?
   MARÍA   _____

   CARLOS   —¿Fueron de pesca?
   MARÍA   _____

   CARLOS   —¿Pescaron mucho?
   MARÍA   _____

   CARLOS   —¡Me das envidia!

2. ISABEL   _____
   LIDIA   —Sí, lo compré ayer.

   ISABEL   _____
   LIDIA   —¡Me costó un ojo de la cara!

   ISABEL   _____
   LIDIA   —Sí, ya hice las maletas.

   ISABEL   _____
   LIDIA   —No, porque no tengo tienda de campaña.

   ISABEL   _____
   LIDIA   —Sí, hice reservaciones en el hotel La Siesta.

   ISABEL   _____
   LIDIA   —No, voy por tren.

E. Situaciones

What would you say in the following situations?:

1. Someone offers you a piece of cake. Say that you're not hungry and that you have just eaten.

2. Someone asks you about your vacation. Say that you learned how to swim and ride a horse and that you caught an enormous trout.
3. Someone invites you to go camping. Say that you need a tent and a sleeping bag. Ask if you're going to need anything else.
4. Tell your friend you want to spend a weekend in Las Vegas. Tell him/her also that you already made the hotel reservations.

UN POEMA   Cultivo una rosa blanca,
en julio como en enero,
para el amigo sincero
que me da su mano franca.

Y para el cruel que me arranca
el corazón[1] con que vivo,
cardo ni ortiga[2] cultivo:
cultivo la rosa blanca.

De *Versos sencillos,* por José Martí (Cuba, 1853-1895)

[1]breaks my heart   [2]neither thistle nor nettle

BOSQUEJO CULTURAL

La educación en los países° de habla española

countries

El sistema de educación en los países de habla española es muy diferente al sistema de educación en los Estados Unidos.

En la mayoría de los países, la educación elemental dura° seis años. Después de terminar° la escuela primaria,° los estudiantes pueden asistir° a una escuela comercial, a una escuela normal (donde estudian para maestros°), a escuelas tecnológicas,° o a los institutos o liceos, donde se preparan para estudiar en la universidad.

lasts
finishing / grade school / attend
school teachers
trade schools

El plan de estudios en la educación secundaria es muy rígido y no hay cursos electivos. Todos los estudiantes deben tomar ciertas asignaturas cada° año. En las escuelas comerciales se preparan para trabajar como tenedores de libros° o contadores,° y para asistir a la Facultad de Ciencias Económicas. En las escuelas normales, los estudiantes se preparan para ser maestros de escuelas primarias, y después pueden continuar sus estudios en la Facultad de Educación. En las escuelas tecnológicas, los alumnos aprenden diferentes oficios,° para trabajar como plomeros,° carpinteros, electricistas, etc.

each
bookkeepers
accountants

trades
plumbers

En las escuelas primarias y en las escuelas secundarias, los estudiantes deben aprobar° todas las asignaturas antes de pasar al próximo grado o año, o repetir el curso.

to pass

Las universidades se dividen° en "facultades",° donde los estudiantes toman clases directamente relacionadas° con su especialización. Los planes de estudios son también rígidos, y tampoco hay cursos electivos.

are divided / colleges
related

Los estudiantes españoles y latinoamericanos toman una parte muy activa en los problemas políticos del país. Muchas revoluciones comienzan en las aulas° de la universidad.

classrooms

¡A ver cuánto recuerda!

Answer the following questions:

1. ¿Cuántos años dura la educación elemental en la mayoría de los países de habla española?

2. ¿A qué escuelas pueden asistir los estudiantes después de terminar la escuela primaria?
3. ¿Cómo es el plan de estudios en la educación secundaria?
4. ¿Dónde estudian los futuros tenedores de libros y contadores?
5. ¿Dónde estudian los futuros maestros?
6. ¿Qué aprenden los estudiantes en las escuelas tecnológicas?
7. ¿Pueden pasar los estudiantes al próximo grado o año antes de aprobar las asignaturas?
8. ¿Qué clases toman los alumnos en las "facultades"?
9. ¿Toman parte los estudiantes en los problemas políticos del país?
10. ¿Dónde comienzan muchas revoluciones hispanoamericanas?

En la página 164: Estudiantes de la Escuela Normal de Maestros, Guadalajara, México.
En la página anterior, izquierda: Alumna de una escuela secundaria, San José, Costa Rica.
En la página anterior, derecha: Alumnos de primaria tomando el autobús para ir a la escuela, Málaga, España. **Arriba:** Estudiantes de la Facultad de Medicina, Ciudad de México.
Abajo: Estudiantes de un liceo, San José, Costa Rica.

Problemas sociales y económicos

Esta mañana Olga y Fernando, dos estudiantes de sociología, comentaban un artículo del periódico. El artículo era sobre el aumento de la prostitución, los asesinatos, las violaciones, los robos y los asaltos en las grandes ciudades.

OLGA —¿Leíste este artículo?

FERNANDO —Sí, cada día hay más crímenes. Es el desempleo . . .

OLGA —No, no estoy de acuerdo contigo. Durante la depresión había más pobreza; mucha gente no tenía empleo; y no había tanto crimen.

FERNANDO —Sí, pero todos estaban en la misma situación; no había tanta diferencia.

OLGA —Mi abuelo dice que él iba a las casas de la gente rica y pedía trabajo a cambio de comida.

FERNANDO —Sí, pero probablemente sabía que otros tenían que hacer lo mismo[1] para poder comer.

OLGA —Hoy en día tenemos el problema de las drogas, que no tenían en esa época.

FERNANDO —Necesitamos más programas para ayudar a los drogadictos.

OLGA —Necesitamos jueces más estrictos. ¡Y la pena capital!

FERNANDO —No, no. El problema es la economía. Los precios suben cada día.

OLGA —Los sueldos también aumentan.

FERNANDO —¡Y también los impuestos! ¡Eso es lo triste![1] Nuestros abuelos no tenían que pagar tanto.

OLGA —¡Pero ganaban mucho menos! Hoy en día el nivel de vida es más alto.

FERNANDO —Ayer un periodista estaba hablando sobre la posibilidad del aumento de la inflación.

OLGA —Sí, porque la gente gana cien y gasta doscientos . . .

Hacía dos horas que Olga y Fernando hablaban de problemas sociales y económicos cuando llegó Marta.

MARTA —¿Por qué no fueron a clase hoy? Tuvimos un examen sobre la delincuencia juvenil y los problemas de la inflación.

---

[1]In Spanish, the neuter **lo** may be used with the masculine, singular form of an adjective to produce a noun having a general or abstract meaning: **lo mismo** = *the same thing;* **lo triste** = *the sad thing* or *what is sad.*

SOCIAL AND ECONOMIC PROBLEMS

This morning, Olga and Fernando, two sociology students, were commenting on a newspaper article. The article was about the increase of prostitution, murders, rapes, burglaries, and assaults in the big cities.

o.   Did you read this article?

F.   Yes, every day there are more crimes. It's the unemployment . . .

o.   No, I don't agree with you. During the depression there was more poverty; many people didn't have jobs; and there wasn't so much crime.

F.   Yes, but they were all in the same situation; there wasn't so much difference.

o.   My grandfather says he used to go to the rich people's homes and ask for work in exchange for food.

F.   Yes, but he probably knew that others had to do the same (thing) to be able to eat.

o.   Nowadays we have the drug problem, which they didn't have in those days.

F.   We need more programs to help drug addicts.

o.   We need judges (who are) more strict. And capital punishment!

F.   No, no. The problem is the economy. Prices go up every day.

o.   Salaries also increase.

F.   And also taxes! That's the sad (thing)! Our grandparents didn't have to pay so much.

o.   But they earned much less! Nowadays the standard of living is higher.

F.   Yesterday a journalist was talking about the possibility of an increase in inflation.

o.   Yes, because people earn one hundred and spend two hundred . . .

Olga and Fernando had been talking about social and economic problems for two hours when Martha arrived.

M.   Why didn't you go to class today? We had a test on juvenile delinquency and the problems of inflation.

Vocabulario

COGNADOS

el **artículo**   article
el **asalto**   assault
el **crimen**   crime
la **depresión**   depression
la **diferencia**   difference
la **droga**   drug
la **economía**   economy

la **inflación**   inflation
la **posibilidad**   possibility
probablemente   probably
prostitución   prostitution
la **situación**   situation
social   social

NOMBRES

el **asesinato**   murder
el **aumento**   increase
la **comida**   food
la **delincuencia juvenil**   juvenile delinquency
el **desempleo**   unemployment
el (la) **drogadicto(a)**   drug addict
el **empleo**   job
la **gente**   people
el **impuesto**   tax
el (la) **juez**   judge
la **pena capital**   capital punishment
el (la) **periodista**   journalist
la **pobreza**   poverty
el **precio**   price
el **robo**   robbery, burglary
el **sueldo, salario**   salary
la **violación**   rape

VERBOS

aumentar   to increase
ayudar   to help

comentar   to comment on
ganar   to earn, *to win, to merit*
gastar   to spend (money)
Basar to spend time

ADJETIVOS

alto(a)   high
mismo(a)   same
rico(a)   rich
pobre poor

OTRAS PALABRAS

cada   each
durante   during
había (from **haber**)   there was
sobre   about
tanto(a)   so much

ALGUNAS EXPRESIONES

a cambio de   in exchange for
en esa época   in those days
estar de acuerdo   to agree
hoy en día   nowadays
nivel de vida   standard of living

VOCABULARIO ADICIONAL

el **arma**   weapon, arm
No tengo **armas.**

el (la) **asesino(a)**   murderer
El **asesino** es un drogadicto.

el (la) **borracho(a)**   drunk
El **borracho** tomó mucha tequila.

la **cárcel**   jail
Los asesinos están en la[1] **cárcel.**

la **estación de policía**   police station
Llevaron al borracho a la **estación de policía.**

la **huelga**   strike
Los estudiantes quieren una **huelga.**

el **ladrón,** la **ladrona**   thief
El **ladrón** está en la cárcel.

matar   to kill
Mataron a dos turistas.

el **policía**[2]   police officer
El **policía** está en la esquina.

prender, arrestar   to arrest
El policía **prendió** al ladrón.

robar   to steal
El ladrón le **robó** el coche.

Estructuras gramaticales

▶ **1.** Imperfect tense   (*El imperfecto*)

A. There are two simple past tenses in Spanish: the preterit, which you studied in *Lección 7,* and the imperfect. The imperfect is a descriptive tense; it does not express a completed action. It expresses a continued, customary, or repeated action or state of being in the past:

Ellos **ganaban** mucho menos.   *They earned much less.*
Pedía trabajo a cambio de comida.   *He used to ask for work in exchange for food.*
Era un hermoso día.   *It was a beautiful day.*

B. To form the imperfect tense, add the following endings to the stem:

-ar verbs	-er and -ir verbs	
gastar	tener	vivir
gast-**aba**	ten-**ía**	viv-**ía**
gast-**abas**	ten-**ías**	viv-**ías**
gast-**aba**	ten-**ía**	viv-**ía**
gast-**ábamos**	ten-**íamos**	viv-**íamos**
gast-**abais**	ten-**íais**	viv-**íais**
gast-**aban**	ten-**ían**	viv-**ían**

---

[1]Note the use of the definite article before **cárcel** in the Spanish sentence: *in jail* = en **la** cárcel.
[2]Note: **la policía** = *police force*

❁ Notice that all endings of -er and -ir verbs are the same.

❁ Notice that all endings of -er and -ir verbs have an accent mark on the i.

❁ The Spanish imperfect tense is equivalent to three English forms:

$$\text{Yo } \textbf{vivía} \text{ in Lima.} \begin{cases} \textit{I used to live in Lima.} \\ \textit{I was living in Lima.} \\ \textit{I lived in Lima.} \end{cases}$$

EJERCICIOS

A. Item Substitution

1. *Yo* ayudaba a los policías. (nosotros, tú, él, Uds.)
2. *Ese hombre* siempre perdía su dinero en Las Vegas. (ellos, yo, tú, Juan y yo, Rosa)
3. *Nosotros* servíamos la comida. (tú, Raúl, las mujeres, Ud., yo)

B. Change to the imperfect, and read aloud:

1. Él comenta el artículo.
2. Creen en la pena capital.
3. Hablas con la periodista.
4. Los precios suben cada día.
5. Hay muchos crímenes en esta ciudad.
6. El cielo está sereno y estrellado.
7. Siempre enviamos las cartas por vía aérea.
8. Él nunca solicita empleo.
9. Mi abuelo recuerda la depresión.
10. Yo no tengo nada que declarar.
11. Ud. vuelve a medianoche.
12. Ellos reciben un aumento de sueldo.

C. Complete the following sentences, using the imperfect tense of the verbs in the list, and read aloud:

aumentar	vivir	hablar	preguntar	tener
querer	haber	vender	estar	costar

1. No ＿＿ mucha diferencia.
2. Supongo que ellos ＿＿ separados en esa época.
3. Un vuelo a Quito no ＿＿ tanto dinero.
4. Ellos ＿＿ sobre la delincuencia juvenil.
5. El juez ＿＿ en la misma ciudad.
6. Ellos ＿＿ drogas en la esquina.
7. La gente ＿＿ una huelga general.
8. El desempleo ＿＿ rápidamente.
9. Tú ＿＿ por qué.
10. Los viajeros no ＿＿ visa.

▶ **2.** Irregular imperfects (*Imperfectos irregulares*)

The only irregular verbs in the imperfect are:

ser	ver	ir
era	veía	iba
eras	veías	ibas
era	veía	iba
éramos	veíamos	íbamos
erais	veíais	ibais
eran	veían	iban

EJERCICIOS

A. Item Substitution

1. Cuando *yo* era niño no sabía nadar. (tú, él, mi hermano y yo, Alicia y Julia)
2. *Nosotros* siempre los veíamos en marzo. (Federico, yo, nosotros, Uds., tú)
3. *Ellos* iban de vacaciones en mayo. (yo, tú, Ud., nosotros, él y ella)

B. Answer the following questions in complete sentences:

1. ¿A qué escuela ibas cuando eras chico(a)?
2. ¿Qué hora era cuando te levantaste?
3. ¿A dónde iban Uds. de vacaciones cuando eran chicos(as)?
4. ¿Veía Ud. a sus abuelos todos los domingos?
5. ¿En qué ciudad vivían tus padres cuando eran niños?
6. ¿Te gustaba nadar en el mar cuando eras pequeño(a)?

C. Write in Spanish:

1. In those days people didn't complain because taxes weren't high.
2. They used to go to the subway station every day.
3. I always used to see him at the police station.
4. The sad thing was that the situation was worse.
5. The drug addict was going to the hospital.
6. The judge was very strict with (the) thieves but he wasn't bad.

▶ **3.** Past progressive (*Pasado progresivo*)

To emphasize the idea of action in progress in the past, Spanish uses the imperfect tense of the verb **estar** as an auxiliary plus the gerund of the verb (which is invariable in form):

Estábamos hablando de la economía.	*We were talking about the economy.*
Yo **estaba comiendo.**	*I was eating.*
Ellos **estaban sirviendo** la comida.	*They were serving the food.*

EJERCICIOS

A. Change the verbs in the following sentences to the past progressive:

1. La inflación aumenta cada día.
2. Hablan de la posibilidad de una huelga.
3. Habla lenta y claramente.
4. Ella se pone el vestido.
5. Leemos un artículo sobre la pobreza.
6. Yo no vendo armas.
7. La policía busca al asesino.
8. La mata.
9. Escriben un artículo sobre los problemas sociales.
10. La señora limpia la alfombra.
11. Tú haces muchas preguntas.
12. La gente comenta la situación.

B. Complete the following sentences, using the past progressive of the verbs in parentheses, and read aloud:

1. Nosotros (escribir) _____ una carta.
2. Tú (leer) _____ el periódico.
3. Ellos (hablar) _____ con las chicas.
4. Probablemente Jorge (beber) _____ refrescos.
5. Los precios (subir) _____ cada día.
6. Ella me (decir) _____ que estaba muy triste y cansada.
7. El pobre Juan (pedir) _____ trabajo a cambio de comida.
8. El periodista (comentar) _____ sobre la prostitución.

▶ **4.** Pronoun objects of a preposition
(*Pronombres usados como objetos de preposición*)

Singular		*Plural*	
mí	me	nosotros	us
ti	you	vosotros	you
Ud.	you	Uds.	you
él	him	ellos	them
ella	her	ellas	them

EXAMPLES: Siempre hablo de **ti.**   *I always talk about you.*
La tarjeta postal es para **mí.**   *The postcard is for me.*
Le escribo a **ella.**   *I'm writing to her.*
Mi madre va **contigo.**   *My mother is going with you.*
¿Vas **conmigo** o **con él?**   *Are you going with me or with him?*

These pronouns are the same as the subject pronouns, except for the first and second person singular forms: **mí** and **ti.**

✻ When used with the preposition **con,** the first and second person singular forms become **conmigo** (*with me*) and **contigo** (*with you*).

EJERCICIO

Complete with the correct forms of the pronouns:

1. Ese vestido anaranjado es para ____ (*her*).
2. Le estaba hablando de ____ (*you, fam. sing.*).
3. Mi cuñada no estudia con ____ (*you, pl.*).
4. Él comentaba el asesinato con ____ (*me*).
5. Ellos no estaban de acuerdo con ____ (*you, fam. sing.*).
6. Yo caminaba hacia ____ (*them*).
7. Esta maleta marrón es para ____ (*us*).
8. Estoy loca por ____ (*you, fam. sing.*).
9. Aquella valija gris era para ____ (*him*).
10. Anoche cenaron con ____ (*you, form. sing.*).

▶ **5. Uses of hacía . . . que**   (*Usos de hacía . . . que*)

Hacía . . . que is used:

1. To describe a situation that had been going on for a period of time and was still going on at a given moment in the past:

   Hacía un año **que** vivía en esa casa.   *She had been living in that house for a year.*
   Hacía doce años **que** estudiaba.   *He had been studying for twelve years.*
   Hacía dos días **que** no comía.   *I hadn't eaten for two days.*

2. To tell of something that was going on in the past when something else happened:

   Hacía dos meses **que** estaba allí cuando yo llegué.   *He had been there for two months when I arrived.*

✻ Notice that in a **hacía . . . que** construction the verb that follows is *not* in the preterit.

EJERCICIOS

A. Answer the following questions in complete sentences:

1. ¿Hacía mucho tiempo que me esperabas?
2. ¿Cuánto tiempo hacía que estabas en la universidad cuando yo llegué?
3. ¿Hacía mucho rato que estudiabas cuando yo entré?
4. ¿Cuánto tiempo hacía que Uds. no tenían examen?
5. ¿Hacía mucho que vivías en esta ciudad cuando empezaste las clases?

B. Translate into Spanish:

1. I hadn't been working for two months.
2. Had that man been living there for a year?
3. The thief had been in jail for two years when he died.
4. The boys had been working for two hours when I came.
5. We had been studying for five years.

¡A VER CUÁNTO APRENDIÓ!

A. Give the appropriate responses:

1. ¿Por qué está aumentando el crimen hoy en día?
2. ¿Leyó Ud. algún artículo sobre el desempleo?
3. ¿Ya empezaste a buscar empleo?
4. ¿Es un problema la inflación en este país?
5. ¿Está aumentando el número de drogadictos?
6. ¿Viven Uds. cerca de una estación de policía?
7. ¿Hay más asaltos durante el día o durante la noche?
8. ¿Hace Ud. lo mismo todos los días?
9. ¿Tenemos un nivel de vida muy alto en los Estados Unidos?
10. ¿Dónde hay más pobreza: en la India o en los Estados Unidos?
11. ¿Está Ud. siempre de acuerdo con sus padres?
12. ¿Es Ud. rico(a)?

13. ¿Cuánto tiempo hacía que Uds. estaban en clase cuando llegó el profesor (la profesora)?
14. ¿Qué estaba Ud. haciendo ayer a las tres de la tarde?
15. Voy a la biblioteca. ¿Puede venir conmigo?
16. ¡Qué bonita pluma! ¿Es para mí?

B. Write in Spanish:

1. I believe in (the) capital punishment.
2. The possibilities of employment were increasing.
3. I am not a drunk.
4. The students want a strike.
5. The murderer had been in jail for five years.
6. This money order is not for me; it's for them.
7. They were talking about rape.
8. Did he say anything about the robbery?
9. When I was (a) child, my cousins used to go to the beach with me.
10. I used to see him every day.

C. Match the words in column **A** with the definitions in column **B**:

A	**B**
1. inflación	a. opuesto de "riqueza"
2. desempleo	b. dinero que pagamos al Tío Sam
3. pobreza	c. persona que toma drogas
4. impuestos	d. persona que roba
5. ladrón	e. muy pocas oportunidades de trabajo
6. drogadicto	f. aumento en los precios y devaluación del dinero

D. ¡Repase el vocabulario!

Indicate the right choice, and real aloud:

1. El policía prendió (el empleo, al ladrón, el arma).
2. El desempleo es (un problema social, una fiesta, un periodista).
3. Lo triste es que (tengo un empleo magnífico, el problema está peor, tengo un libro de español).
4. Necesitamos jueces más (borrachos, ladrones, estrictos).
5. Esa mujer es una asesina. (Mató a su padre, Compró una casa, Fue a la estación de policía).
6. Lo llevaron a la cárcel. (Lo arrestaron, Lo vieron, Lo aceptaron).
7. A la gente no le gusta (pagar impuestos, comer bien, ir de vacaciones).
8. Tiene mucho dinero. Es (pobre, rico, barato).
9. Él entiende el problema de la inflación, pues es (experto en drogas, experto en español, experto en economía).
10. El nivel de vida es más alto en (los Estados Unidos, la India, Bolivia).

E. Complete the following dialogues:

1.   LUIS   _____

   ANA   —Sí, lo leí. Otra vez mataron a dos policías.

   LUIS   _____

   ANA   —Sí, aumentó mucho porque tenemos muchos problemas con el desempleo y con las drogas.

   LUIS   _____

   ANA   —Sí, mejores programas para ayudar a los drogadictos y también arrestar a la gente que vende las drogas.

   LUIS   _____

2. DOÑA EVA   —La gente se queja de la situación económica . . .

   DON PACO   _____

   DOÑA EVA   —Sí, durante la depresión el problema era peor, pero todos estábamos en la misma situación . . .

   DON PACO   _____

   DOÑA EVA   —No estoy de acuerdo. La gente sí quiere trabajar, pero no hay empleos.

   DON PACO   _____

   DOÑA EVA   —Sí, la gente gana más pero tenemos que pagar más impuestos.

F. Situaciones

What would you say in the following situations?:

1. You are a sociology teacher. Ask your students if they think there are more crimes nowadays because of unemployment. Ask them also why there is more crime in the big cities.
2. You are talking about the depression. Say that, in those days, many people worked in exchange for food.
3. You are a politician. In describing your platform, say that we need better programs to help (the) drug addicts, judges (who are) more strict, and more jobs.
4. You are talking with someone about your childhood. Tell him/her that, when you were a child, you used to go fishing with your uncle.

Ejercicio de lectura

Esta mañana el profesor de sociología habló sobre los problemas sociales y económicos que existen en muchas ciudades. Habló sobre los asesinatos, las violaciones, los robos y los asaltos que ocurren cada día, y también sobre los problemas que traen el desempleo y la pobreza.

explained

Uno de los estudiantes le preguntó si estos problemas existían también durante los años de la gran depresión económica en los Estados Unidos. El profesor explicó° que, aunque en esa época había mucha pobreza y mucho desempleo, todos estaban en la misma situación, y había programas especiales para ayudar a la gente muy pobre.

El profesor habló también sobre el problema de las drogas, y dijo que necesitábamos más programas para ayudar a los drogadictos. Una estudiante dijo que necesitábamos jueces más estrictos para mandar a la cárcel a todos los asesinos y ladrones.

La discusión fue muy interesante. Hablaron sobre otros problemas también: la prostitución, las huelgas, la inflación, la delincuencia juvenil. No estuvieron de acuerdo en todo, pero todos dijeron que, si los precios continuaban aumentando y la gente tenía que pagar más y más impuestos, iba a ser imposible vivir en los Estados Unidos.

country

Hacía una hora que los estudiantes hablaban de todos estos problemas cuando Juan Carlos Peña, un muchacho extranjero, habló por primera vez: —Con todos esos problemas, Estados Unidos continúa siendo el país° con el nivel de vida más alto, y donde más libertad hay.

¡A ver cuánto recuerda!

¿Es verdad o no?

1. Esta mañana, la clase de sociología fue sobre problemas sociales y económicos.
2. El profesor no quiso hablar de los años de la depresión económica en este país.
3. Nadie ayudaba a la gente pobre durante la depresión económica.
4. El profesor de sociología piensa que todos los drogadictos deben ir a la cárcel.
5. El profesor y sus estudiantes hablaron también sobre otros problemas.
6. Todos estuvieron de acuerdo en esto: Había mucha inflación y la gente tenía que pagar muchos impuestos.
7. Juan Carlos Peña no es norteamericano.
8. Es evidente que Juan Carlos Peña prefiere vivir en otro país.
9. Hay más pobreza en otros países que en los Estados Unidos.
10. Juan Carlos piensa que en su país hay más libertad que en los Estados Unidos.

Self-Test

LESSONS 6-10

Take this test. When you finish, compare your answers with the answer key provided for this section in Appendix C. Then use a red pen to correct any mistakes you might have made. Ready? Go!

LESSON 6

A. *Present Progressive*

Complete the following sentences, using the present progressive of the verbs from the list, as needed:

doblar	leer	comprar	beber	hablar
decir	tratar	comer	abrir	

1. Perdón. ¿Quién _____ los paquetes?
2. Ella _____ que quiere enviar las cartas por vía aérea.
3. ¿Tú _____ el periódico?
4. Ahora ellos _____ la esquina . . . ahora _____ con un señor . . .
5. Yo _____ de conseguir estampillas en la oficina de correos.
6. Nosotros _____ tarjetas postales.
7. Marta y Luis _____ sándwiches de jamón y queso.
8. ¿_____ Ud. _____ refrescos?

B. *Summary of the Uses of **ser** and **estar***

Write sentences with the elements provided. Use appropriate forms of **ser** or **estar**, as needed and add the necessary connectors:

1. ella / mamá / María
2. oficina de telégrafos / arriba
3. edificio / muy antiguo
4. Roberto / de España / ahora / en Estados Unidos
5. nosotros / un poco / cansados

6. maletas / no / de cuero
7. hoy / martes / mañana / miércoles
8. Marta / caminando / hacia / estación del metro
9. fiesta / casa / Julia
10. señor / parado / esquina

C. *More about Irregular Verbs*

Complete the following sentences, using the present indicative of the verbs in the list, as needed:

traducir	hacer	conocer	saber	salir
poner	caber	ver	traer	conducir

1. Yo _____ un Ford 1980.
2. Yo no _____ dónde están los sellos.
3. Yo no _____ en este coche. ¡Hay ocho personas!
4. Yo siempre _____ de casa a las siete y media y al rato estoy en el hospital.
5. Yo _____ las lecciones del inglés al español.
6. ¿Dónde están los timbres? Yo no los _____.
7. Le aseguro que yo no _____ nada los domingos por la mañana.
8. Yo _____ los libros en la mesa.
9. Yo no _____ al hermano de Francisco.
10. Yo _____ a mis hijos a la universidad muy a menudo.

D. *Saber vs. conocer; pedir vs. preguntar*

Give the Spanish equivalent:

1. I'm going to ask where he lives.
2. I know that you must walk five blocks.
3. I don't know your mother-in-law, Mrs. Peña.
4. He always asks for money.
5. I don't know (how to) speak Spanish.

E. *Indirect Object Pronouns*

Give the Spanish equivalent:

1. I assure you that the letter is registered, ladies.
2. Are you talking to us, John?
3. They tell me that the girl is (a) foreigner.
4. They are going to give you the stamps right there, sir.
5. I am not going to give you the key to (de) my room, Carlos.
6. I always bring them postcards.

F. *Just Words . . .*

Match the questions in column **A** with the appropriate responses in column **B**:

A	**B**
1. ¿Dónde queda la oficina?	a. No, está abajo.
2. ¿Vas a caminar?	b. Sí, hasta llegar a la calle Lima.
3. ¿Dónde puedo comprar estampillas?	c. Sí, quiero retirar unos paquetes.
4. ¿Qué le van a mandar?	d. Frente a la estación del metro.
5. ¿Vas a la oficina de correos?	e. No, tiene treinta años.
6. ¿Está arriba?	f. No, a la estación.
7. ¿Van a subir?	g. No, voy a tomar el metro.
8. ¿Es viejo?	h. No, el correo no llega hasta las diez.
9. ¿Sigo derecho?	i. Un telegrama.
10. ¿Paco va a dormir ahora?	j. No, un giro postal.
11. ¿Dónde están parados ellos?	k. No, vamos a bajar.
12. ¿Tienes la carta de Juan?	l. En Cuatro Caminos.
13. ¿Vas a ir al aeropuerto?	m. Sí, es que está muy cansado.
14. ¿Le van a mandar dinero?	n. El periódico.
15. ¿Qué estás leyendo?	o. En la ventanilla número dos.

LESSON 7

A. *Special Contruction with* **gustar**

Give the Spanish equivalent of the word or expression in parentheses:

1. ¿(*Don't you like*) _____ las matemáticas, señorita Romero?
2. (*I don't like*) _____ esas asignaturas, pero voy a tomarlas este semestre.
3. Vamos a la biblioteca porque (*we like*) _____ estudiar allí.
4. ¿(*Do you like*) _____ el fútbol, Paco?
5. (*They like*) _____ la sicología, pero (*they don't like*) _____ la sociología.
6. (*She likes*) _____ la química, pero (*she likes better*) _____ la contabilidad.

B. *Possessive Pronouns*

Give the Spanish equivalent of the pronouns in parentheses:

1. Las tarjetas de Nora están en la mesa. (*Mine*) _____ están en mi cuarto.
2. Mi carpeta está aquí. ¿Dónde está (*yours*) _____, señor Vega?
3. Ellos están planeando su programa de clases. ¿Cuándo vamos a planear (*ours*) _____?
4. No tengo diccionario. ¿Puedes prestarme (*yours*) _____, Anita?
5. Las notas de Uds. son muy buenas, pero (*ours*) _____ son muy malas.

6. Enrique necesita su calculadora, señor Mena. (*His*) ____ está en la universidad.

C. *Irregular Comparison of Adjectives and Adverbs*

Complete the following sentences, using regular or irregular comparative forms, as needed:

1. California es ____ que Maine.
2. El profesor de español habla español ____ que los estudiantes.
3. Eva tiene "A" en español. Roberto tiene "B" y Marisa tiene "F". Eva es la ____ alumna. Marisa es la ____ alumna.
4. Yo tengo veinte años y Raquel tiene catorce años. Yo soy ____ que Raquel. Raquel es ____ que yo.
5. Rockefeller tiene ____ dinero que nosotros. Nosotros tenemos ____ dinero que Rockefeller.
6. Rhode Island es ____ que California.

D. *Direct and Indirect Object Pronouns Used Together*

Give the Spanish equivalent:

1. I can lend you the schedule, Mr. Vera, but you must give it to the professor.
2. I need your accounting book. Can you lend it to me, David?
3. The cards? She brings them to us.
4. When I want the newspaper, my dad always buys it for me.
5. If you need Lola's study program, I can bring it to you, Beto.

E. *Preterit of Regular Verbs*

Instead of things that *are going to happen*, let's talk about things that have *already happened*, by changing these sentences to the preterit:

1. Mañana Luisa y yo *vamos a practicar* la lección de piano.   (Ayer)
2. El trimestre próximo yo *voy a tomar* clases muy difíciles.   (El trimestre pasado)
3. Como siempre, la cajera *va a entregar* las tarjetas esta tarde.   (Ayer)
4. ¿No *van a terminar* Uds. la lección?   (anoche)
5. Ellos *van a abrir* la carpeta.   (ya)
6. Nosotros *vamos a comer* juntos en la cafetería.   (Al mediodía)
7. ¿Tú *vas a beber* un refresco antes de ir a la clase?   (Esta mañana)
8. Yo *voy a decidir* volver a Buenos Aires.   (ya)
9. ¿Estás seguro de que ellos *van a ver* la lista de requisitos generales?   (ya)
10. Nuestra compañía *va a vender* mil computadoras el mes próximo.   (el mes pasado)

F. *The Present Indicative of the Verb* **jugar**

Complete the following sentences with the present indicative of the verb **jugar**:

1. Yo ____ al fútbol, pero María ____ al tenis.
2. ¿Tú no ____ al golf, Pedro?
3. Ud. ____ muy bien al básquetbol, señor Pérez.
4. ¿ ____ Uds. por la mañana o por la tarde?
5. Nosotros nunca ____, pero ellos siempre ____.

G. *Just Words . . .*

Complete the following sentences using appropriate words or phrases from the vocabulary in Lección 7:

1. Me gusta mucho la historia. Ésa es mi ____ en la universidad.
2. Jugamos al básquetbol en nuestra clase de ____.
3. Ayer hablé con mi ____ para planear mi programa de clases.
4. Es de La Habana. Es ____.
5. Leímos *Don Quijote* en nuestra clase de ____ española.
6. El semestre pasado tomé varios ____ generales, y ya tengo todos los requisitos.
7. No puedo jugar al fútbol porque estoy trabajando mucho y no tengo ____ para practicar.
8. El ____ trimestre voy a tomar dos clases de sicología.
9. El muchacho ____ está hablando con Olga es cubano.
10. No me gusta la clase de química, pero si no hay ____ voy a tomarla el próximo semestre.
11. ¿Tienen un examen mañana? ¡Buena ____!
12. No puedo tomar clases. No tengo dinero para pagar la ____.
13. ¿Crees que es preferible tomar todos los requisitos generales primero? Yo creo ____.
14. ¿Quieres hablar con el consejero? Está ____. Puedes venir a las dos y media.
15. Es mejor empezar a estudiar lo antes ____.
16. Esta lección no es difícil. Es muy ____.

LESSON 8

A. *Preterit of* **ser, ir** *and* **dar**

Change the following sentences according to the new subjects:

1. *Yo* fui a la cocina y comí hamburguesas.   (Nosotros)
2. *Ud.* no fue mi profesor el semestre pasado.   (Él)
3. ¿Le dio *Ud.* el regalo, *señora*?   (tú, querido[a])
4. Alguien rompió el vaso. ¿Fuiste *tú, Anita*?   (Ud., señorita Torres)

5. *Ella* no le dio la tarea a la profesora.   (Nosotros)
6. *Ellos* fueron a la peluquería solos.   (Yo)
7. *Nosotros* no le dimos una paliza.   (Yo)
8. ¿Fueron *ellos* al hospital anoche?   (tú)
9. Carlos y yo fuimos a la universidad la semana pasada.   (Carlos e Isabel)
10. ¿Fueron *Uds.* mis estudiantes el trimestre pasado?   (ellos)
11. *Nosotros* te dimos la alfombra.   (yo)
12. *Ella* nos dio una buena idea.   (Ellos)

B. *Reflexive Constructions*

Rewrite each sentence according to the new cue. Follow the model:

MODELO: Yo *me despierto* a las nueve.   (levantarse)
          Yo me levanto a las nueve.

1. *Él* se viste muy bien.   (nosotros)
2. Ellos *se bañan* todos los días.   (afeitarse)
3. *Nosotros* nos acostamos a las once.   (mis vecinos)
4. ¿*Tú* no te preocupas por tus hijos?   (Ud.)
5. Yo *me pruebo* el vestido.   (ponerse)
6. *Nosotros* nos sentamos aquí.   (Juan)
7. *El profesor* no se quejó de eso.   (tú)
8. Yo no *me peiné*.   (quejarse)
9. *Ellos* no se acordaron de eso.   (yo)
10. Yo *me fui*.   (Uds.)

C. *Time expressions with* **hacer**

Write sentences with the elements provided and using the expression **hace
. . . que** to report how long an event has been going on. Follow the model:

MODELO: una hora / nosotros / esperar
          Hace una hora que nosotros esperamos.

1. dos días / yo / no dormir
2. un mes / tú / no llamarme
3. cuatro horas / la criada / estar planchando
4. una semana / él / no lavarse la cabeza
5. media hora / ellos / estar discutiendo
6. tres días / el perro / no comer

D. *Irregular Preterits*

Give the Spanish equivalent of the verbs in parentheses:

1. Ellos (*had*) ——— la culpa.
2. ¿Dónde (*were*) ——— Uds. anoche?

3. Pedro (*walked*) ____ por la universidad.
4. Yo no (*was able*) ____ limpiar la cocina.
5. ¿Dónde (*put*) ____ tú el diccionario?
6. Anoche (*there was*) ____ una fiesta de Navidad.
7. Yo no (*did*) ____ nada.
8. ¡Mentiroso! Abuelo no (*came*) ____ ayer.
9. Cuando vio a los niños jugando en su cuarto, mi padre (*said*) ____: "¡Hogar, dulce hogar!"
10. Ella me (*brought*) ____ una hamburguesa.

E. *Use of* **tener que**

Give the Spanish equivalent:

1. He was late and I had to wait for him.
2. The children got the carpet dirty and now I have to clean it.
3. They have to continue sweeping the kitchen.
4. He's going to have to go away? Impossible!
5. We have to work all day long again.
6. Well, he doesn't have to come home yet.

F. *Just Words . . .*

Match the questions in column **A** with the appropriate responses in column **B**.

A	**B**
1. ¿Por qué dices que estoy loca?	a. Terrible.
2. ¿Por qué están contentos ellos?	b. Voy a barrer la cocina.
3. ¿Dónde vives?	c. Nos fue muy bien.
4. ¿Cómo estuvo la fiesta?	d. Con una escoba.
5. ¿Cómo les fue?	e. Porque el profesor nos dio un examen muy difícil.
6. ¿No crees que necesitamos criados?	f. Sí, a dos cuadras de aquí.
7. ¿Qué vas a hacer mientras tanto?	g. Porque les dimos muchos regalos.
8. ¿A qué hora se acostaron?	h. Porque estoy muy cansada.
9. ¿Por qué se quejaron Uds.?	i. No, no tuve tiempo.
10. ¿Con qué vas a barrer?	j. ¡Tonterías!
11. ¿Por qué te vas?	k. Está cocinando.
12. ¿Vives cerca?	l. ¡Porque vas a salir con ese muchacho odioso!
13. ¿Qué está haciendo en la cocina?	m. Un libro.
14. ¿Le pasaste la aspiradora a la alfombra?	

15. ¿Qué le regalaste a Luis?   n. A las diez.
16. ¿Vinieron temprano?   o. Muy lejos de aquí.
17. ¿Qué hiciste toda la mañana?   p. Limpié la casa.
18. ¿Por qué trabajas todo el   q. Porque necesito dinero.
    tiempo?   r. No, tardísimo.

LESSON 9

A. *Verbs with Orthographic Changes in the Preterit*

Give the Spanish equivalent of the words in parentheses:

1. Yo (*took out*) ____ la bolsa de dormir de la cabaña.
2. Yo (*arrived*) ____ a la playa a las nueve de la mañana.
3. Yo (*played*) ____ el piano anoche.
4. Yo (*looked for*) ____ mi traje de baño nuevo.
5. Yo (*caught*) ____ una trucha enorme.
6. ¡Por supuesto que yo lo (*denied*) ____!
7. Yo (*paid*) ____ doscientos dólares por esta tienda de campaña.
8. Yo (*played*) ____ y bromeé con las chicas.
9. Yo no le (*begged*) ____.
10. Yo (*turned off*) ____ el motor.
11. Yo (*began*) ____ a hablar de mis vacaciones.
12. Yo (*enjoyed*) ____ del hermoso paisaje de Yellowstone.
13. Yo no (*prayed*) ____ anoche.
14. Ellos (*read*) ____ ese libro anoche.
15. Mi papá no me (*believed*) ____.

B. *Preterit of Stem-changing Verbs (e>i and o>u)*

Complete the following sentences, using the preterit tense of the verbs in the list, as needed:

mentir	pedir	dormir	repetir
seguir	morir	conseguir	servir

1. ¿____ Ud. bien anoche?
2. Los chicos ____ a sus padres.
3. Nosotros ____ sándwiches de jamón y queso.
4. Ella me ____. No tiene veinte años; tiene diez y siete.
5. ¿No ____ Ud. el dinero para la matrícula?
6. ¿Qué le ____ los niños a Santa Claus?
7. El hombre ____ en un accidente.
8. Ella me ____ la pregunta.

C. *Position of Adjectives*

Give the Spanish equivalent:

1. Our friends camped in these mountains many times.
2. She is a very beautiful woman.
3. It was a perfect night. Peaceful and starry.
4. The Mexican students spent the weekend in Los Angeles.
5. I remember his beautiful eyes. (*Be poetic!*)

D. *Adjectives That Change Their Meaning According to Position*

Finish these sentences appropriately:

1. George Washington fue ____.
2. ____ Eva perdió a sus padres en un accidente.
3. Ella es una ____. No tiene mucho dinero.
4. No tengo otro libro. Éste es mi ____.
5. Hoy vimos a la ____. La otra recepcionista se fue ayer.
6. Tengo un ____. Lo compré esta mañana. Es un vestido muy bonito, pero me costó un ojo de la cara.
7. Es un gigante (*giant*). Es un ____.
8. No hay otra mujer como ella. Es una ____.

E. *Formation of Adverbs*

Give the Spanish equivalent of the adverbs in parentheses:

1. Me gustan estos caballos, (*especially*) ____ el caballo blanco.
2. Yo (*rarely*) ____ siento envidia.
3. El profesor habló (*slowly and clearly*) ____.
4. ¡Hombre! Tengo (*only*) ____ diez dólares. No puedo comprarte esa caña de pescar.
5. Me dan envidia. Ellos se van de vacaciones a California muy (*frequently*) ____.
6. (*Unfortunately*) ____ no puedo ir contigo porque tengo que hacer las maletas.

F. *The Expression acabar de*

Give the Spanish equivalent:

1. I have just seen a magnificent landscape.
2. We have just bought a cabin in the desert.
3. Have they just arrived?
4. Peter says that Mary has just spoken to him. She had a great time in Quito.
5. You shouldn't eat that sandwich, dear; you have just had lunch!

G. *Just Words . . .*

Match the questions in column **A** with the appropriate responses in column **B**.

A	**B**
1. ¿Van a comprarla?	a. No, es un lago.
2. ¿Por qué vas tan rápido?	b. Blanca.
3. ¿No quieres ir de pesca?	c. Magnífico.
4. ¿El Titicaca es un río?	d. No, no les gusta el mar.
5. ¿Qué es el Pacífico?	e. Mi novia.
6. ¿De qué color es la nieve?	f. Montaron a caballo.
7. ¿No van a la playa ellos?	g. No, solamente mis padres y yo.
8. ¿De qué color es el cielo?	h. ¡Estamos en la autopista!
9. ¿Quién lo sacó del mar?	i. Supongo que sí . . .
10. ¿Cómo estuvo el tiempo?	j. Un océano.
11. ¿Quién te enseñó a nadar?	k. No, afuera.
12. ¿Qué hicieron en Montana?	l. No, la vamos a alquilar.
13. ¿Saben nadar las chicas?	m. El salvavidas.
14. ¿Fueron todos?	n. Azul.
15. ¿Están adentro?	o. No, prefiero cazar.

LESSON 10

A. *Imperfect Tense*

Complete the following sentences, using the imperfect tense of the verbs in the list, as needed:

haber	pedir	ganar	vivir	salir
tener	creer	pagar	necesitar	hablar
aumentar				

1. Los estudiantes _____ sobre el aumento de los asesinatos, las violaciones y los asaltos en las grandes ciudades.
2. Nosotros _____ que _____ más crímenes en Chicago.
3. Durante la depresión, la gente no _____ empleo.
4. Ellos _____ trabajo a cambio de comida.
5. Ella dijo que (nosotros) no _____ la pena capital.
6. Los precios _____ cada día.
7. Nuestros abuelos _____ mucho menos dinero.
8. En esa época tú no _____ impuestos.
9. ¿Dónde _____ Uds.? ¿En Montevideo?
10. Nosotros _____ de casa a las cinco y media.

B. *Irregular Imperfects*

Complete the following sentences, using the imperfect tense of **ser, ver** or **ir,** as needed:

1. Cuando yo _____ niña, no había tanto desempleo.
2. Nosotros _____ a la estación de policía para hablar con los policías.
3. El artículo dice que los periodistas nunca _____ a ese juez.
4. Yo no _____ a la universidad para hablar de la situación social.
5. Cuando ella y yo _____ niñas, no sabíamos nada sobre la delincuencia juvenil.
6. ¿Dónde vivías tú cuando _____ niño?
7. En esa época mis padres _____ ricos.
8. Yo no _____ ninguna diferencia.
9. Yo no sé lo que tú _____ en esa mujer. ¡_____ tan fea!
10. Los drogadictos _____ al hospital.

C. *Past Progressive*

Give the Spanish equivalent:

1. They were talking about (the) poverty and the problems of (the) inflation.
2. She was reading an article about the robbery.
3. What were you doing, dear? Were you helping your mom?
4. We were spending a lot of money.
5. I was thinking.

D. *Pronoun Objects of a Preposition*

Write sentences using the elements provided and making any necessary changes. Use only the preterit tense. Follow the model:

MODELO: yo / hablar / de / ellos
            Yo hablé de ellos.

1. Pedro / comprarlo / para / tú
2. María / venir / con / yo
3. el borracho / caminar / hacia / nosotros
4. el ladrón / decírselo / a / él
5. ellos / cenar / con / tú
6. el muchacho / traerlos / para / yo

E. *Uses of* **hacía . . . que**

Write sentences using the **hacía . . . que** construction and the elements provided. Follow the model:

MODELO: cuatro años / tú / vivir / Lima
Hacía cuatro años que tú vivías en Lima.

1. dos horas / nosotros / esperar / en la cafetería
2. una semana / ellos / no arrestar / a nadie
3. quince minutos / el profesor / hablar / de la huelga
4. una hora / Uds. / comentar / el artículo sobre la economía
5. cinco meses / yo / no verlo

F. *Just Words . . .*

Finish these sentences, using words and expressions from the vocabulary in *Lección 10:*

1. El nivel de vida no era alto. Había mucha _____.
2. Gano más dinero. Me dieron un aumento de _____.
3. No hay diferencia. Es lo _____.
4. Toma _____. Es drogadicto.
5. Hablaron de la _____ de una huelga.
6. ¿Tú crees que él es el asesino? Yo no estoy _____ contigo.
7. Si él robó, probablemente está en la _____.
8. Anoche prendieron a veinte prostitutas. Hay mucha _____ en esta ciudad.
9. El pobre hombre murió anoche. La policía quiere saber quién lo _____.
10. En esa época no había mucho desempleo, pero hoy _____ es muy difícil encontrar trabajo.

Lección 11

En el hospital

Gustavo tuvo un accidente. Eran las dos de la tarde cuando lo trajeron al hospital en una ambulancia. Ahora está en la sala de emergencia.

ENFERMERA	—¿Cómo se siente?
GUSTAVO	—No muy bien.
ENFERMERA	—¿Qué le pasó?
GUSTAVO	—Me atropelló un coche. No lo vi venir.
ENFERMERA	—¿No lo oyó tampoco?
GUSTAVO	—No, y no sabía que era una calle de dos vías. Lo supe cuando me atropelló el coche.
ENFERMERA	—¿Dónde le duele?
GUSTAVO	—Me duele mucho la pierna. Creo que me la rompí.
ENFERMERA	—El doctor dijo que necesitaba una radiografía. Voy a llevarlo a la sala de rayos equis.
GUSTAVO	—También me corté el brazo. Sangraba mucho.
ENFERMERA	—Voy a limpiarle y desinfectarle la herida.
GUSTAVO	—¿Me va a vendar el brazo?
ENFERMERA	—Sí. ¿Cuándo fue la última vez que le pusieron una inyección contra el tétano?
GUSTAVO	—Me pusieron una hace dos meses.

En otra sección del hospital, una señora está en el consultorio del médico.

DOCTOR	—¿Hace mucho que tiene esos dolores de cabeza y esos mareos?
SEÑORA	—Me empezaron hace dos semanas. Pero cuando era chica tomaba aspirina todos los días porque siempre me dolía la cabeza.
DOCTOR	—¿Hay alguna persona diabética en su familia?
SEÑORA	—Sí, mi papá es diabético. Además, sufre del corazón.
DOCTOR	—¿La operaron alguna vez?
SEÑORA	—Sí, me operaron de apendicitis cuando tenía veinte años.
DOCTOR	—¿Es Ud. alérgica a alguna medicina?
SEÑORA	—Sí, soy alérgica a la penicilina.
DOCTOR	—¿Qué enfermedades tuvo cuando era niña?
SEÑORA	—Creo que las tuve todas porque siempre estaba enferma.
DOCTOR	—¿Está Ud. embarazada?
SEÑORA	—No, doctor.

AT THE HOSPITAL

Gustave had an accident. It was two o'clock in the afternoon when they brought him to the hospital in an ambulance. He is now in the emergency room.

N. How are you feeling?
G. Not very well.
N. What happened to you?
G. A car ran into me. I didn't see it coming.
N. You didn't hear it either?
G. No, and I didn't know it was a two-way street. I found out when the car hit me.
N. Where does it hurt?
G. My leg hurts a lot. I think I broke it.
N. The doctor said you needed an X-ray. I'm going to take you to the X-ray room.
G. I also cut my arm. It was bleeding a lot.
N. I'm going to clean and disinfect the wound.
G. Are you going to bandage my arm?
N. Yes. When was the last time you had (they gave you) a tetanus shot?
G. I had (they gave me) one two months ago.

In a different section of the hospital, a lady is in the doctor's office.

D. Have you had those headaches and (those) dizzy spells for a long time?
L. They started two weeks ago. But when I was a child I used to take aspirin every day because I always had headaches.
D. Are there any diabetics (is there any diabetic person) in your family?
L. Yes, my father is a diabetic. Besides, he has heart trouble.
D. Were you ever operated on?
L. I was operated on (they operated on me) for appendicitis when I was twenty years old.
D. Are you allergic to any medicine?
L. Yes, I'm allergic to penicillin.
D. What diseases did you have when you were a child?
L. I think I had them all because I was always sick.
D. Are you pregnant?
L. No, doctor.

DOCTOR —Bueno. Vamos a hacerle unos análisis.[1]
SEÑORA —Y para los mareos, doctor, ¿va a recetarme alguna medicina?
DOCTOR —Sí, voy a darle esta receta.

VOCABULARIO

COGNADOS

el **accidente** accident	la **inyección** injection, shot
alérgico(a) allergic	la **medicina** medicine
la **ambulancia** ambulance	la **penicilina** penicillin
la **apendicitis** appendicitis	la **persona** person *always fem.*
la **aspirina** aspirin	la **sección** section
diabético(a) diabetic	el **tétano** tetanus
la **emergencia** emergency	

NOMBRES

el **análisis** test, analysis
el **brazo** arm
el **consultorio** doctor's office
el **corazón** heart
el **dolor** pain
la **enfermedad** disease, sickness
la **herida** wound
el **mareo** dizziness, dizzy spell
la **pierna** leg
la **radiografía** X-ray
la **receta** prescription
la **sala de emergencia** emergency room
la **sala de rayos equis** X-ray room

ADJETIVOS

embarazada pregnant
enfermo(a) sick

VERBOS

atropellar to run into
cortar(se) to cut (oneself)
desinfectar to disinfect

doler (o>ue)[2] to ache, to hurt
operar to operate
pasar to happen *to spend time*
recetar to prescribe
romper(se), quebrar(se) (e>ie) to break
sangrar to bleed
sufrir to suffer
vendar to bandage

OTRAS PALABRAS

además besides

ALGUNAS EXPRESIONES

calle de dos vías, calle de doble vía two-way street
dolor de cabeza headache
inyección contra el tétano tetanus shot
la última vez the last time
poner una inyección to give an injection, a shot
sufrir del corazón to have heart trouble

---

[1]Note that the article shows the number: *singular:* **el** análisis; *plural:* **los** análisis.   [2]The construction used with the verb **doler** is the same as the one used with **gustar**: me duele la cabeza = (literally) *the head hurts me.*

D. Good. We're going to run some tests (on you).
L. And for the dizzy spells, doctor, are you going to prescribe any medicine for me?
D. Yes, I'm going to give you this prescription.

VOCABULARIO ADICIONAL

1. el **pelo,** el **cabello**   hair
2. el **ojo**   eye
3. la **nariz**   nose
4. los **dientes**   teeth
5. la **lengua**   tongue
6. la **boca**   mouth
7. la **oreja**   ear
8. el **oído**   inner ear
9. la **cabeza**   head
10. la **cara**   face
11. el **pecho**   chest
12. el **estómago**   stomach
13. la **mano**   hand
14. la **rodilla**   knee
15. el **tobillo**   ankle
16. el **dedo del pie**   toe
17. el **pie**   foot
18. el **cuello**   neck
19. la **espalda**   back
20. el **dedo**   finger

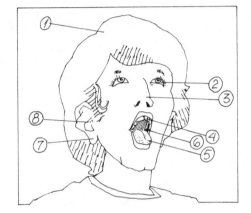

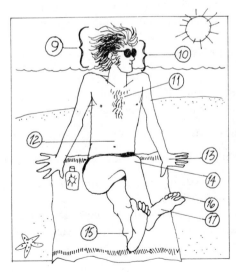

**Estructuras
gramaticales**

▶ **1.** Preterit and imperfect   (*Pretérito e imperfecto*)

The English past tense has two Spanish equivalents: the *preterit* and the *imperfect*. The choice of tense depends on what the speaker is trying to communicate. The imperfect describes a past action in process, while the preterit merely reports or narrates actions that were completed in the past.

A. The preterit is a narrative tense. It expresses a past action as completely finished. It is used:

1. To record, narrate, and report an act or event as a completed and unbroken whole, regardless of its duration:

Gustavo **tuvo** un accidente.   *Gustave had an accident.*

2. To sum up a condition or state viewed as a whole:

Ayer **estuve** muy triste.   *Yesterday I was very sad.*

B. The imperfect is a descriptive tense. It expresses continuance in past actions and recreates the past as if it were taking place before the eyes of the reader or speaker. It describes:

1. An action as being in progress during a certain time in the past:

La criada **limpiaba** la alfombra.   *The maid was cleaning the rug.*

2. What "used to happen." It indicates a continuous and habitual action:

Cuando **era** niña, **tomaba** aspirina todos los días. *When I was a child, I used to take aspirin every day.[1]*

3. A physical, mental, or emotional state or condition in the past:

Me **dolía** mucho la espalda. *My back hurt a lot.*

4. Indirect discourse:

El doctor dijo que Gustavo **necesitaba** una radiografía. *The doctor said that Gustave needed an X-ray.*

5. Time in the past:

Eran las dos de la tarde. *It was two o'clock in the afternoon.*

The following table summarizes the uses of the preterit and the imperfect: .

Preterit	Imperfect

1. Narrates an act as a completed whole in the past:
    Gustavo **tuvo** un accidente anoche.
    Me **pusieron** una inyección hace dos meses.
 	
2. Sums up a past condition or a state viewed as a whole:
    Me **dolió** la pierna toda la noche.
	1. Describes an action in progress:
	    Iba a la biblioteca cuando tuve el accidente.
	
	2. Describes what used to happen or a repeated action in the past:
	    Cuando **era** niña, **tomaba**[1] aspirina todos los días.
	
	3. Describes a physical, mental, or emotional state in the past:
	    Me **dolía** mucho la cabeza.
	
	4. Signals indirect discourse:
	    El doctor dijo que **necesitaba** una radiografía.
	
	5. Expresses the time in the past:
	    Eran las dos de la tarde cuando lo trajeron al hospital.

---

[1]Note that this use of the imperfect also corresponds to the English *would* used to describe a repeated action in the past: *When I was a child, I used to take aspirin every day.* = *When I was a child, I **would take** aspirin every day.*

EJERCICIOS

A. Write the Spanish equivalent of the following sentences, paying special attention to the use of the preterit or the imperfect in each situation:

Preterit

1. I *went* to the library with Peter last night. (*Narrates an act as a completed whole.*)
2. I *had* dizzy spells yesterday. (*Sums up a condition or state viewed as a whole.*)

Imperfect

1. I *was going* to the library when I saw Mary. (*Describes an action in progress.*)
2. I always *used to have* dizzy spells. (*Describes what "used to happen."*)
3. I *was* cold.
   They *were* very happy here. (*A physical, mental or emotional state or condition in the past.*)
4. He said he *wanted* a prescription. (*Indirect discourse.*)
5. It *was* six o'clock in the morning. (*Time in the past.*)

B. Answer the following questions, paying special attention to the use of the preterit or the imperfect:

1. ¿Tuvo Ud. un accidente alguna vez? ¿Cuándo?
2. ¿Cuándo fue la última vez que le pusieron una inyección contra el tétano?
3. ¿Dónde vivía Ud. cuando era niño(a)?
4. ¿Tuvo Ud. muchas enfermedades cuando era niño(a)?
5. ¿Qué hora era cuando tú llegaste?
6. ¿A dónde fue Ud. anoche?
7. ¿Viste a algún amigo cuando venías a la clase?
8. ¿Estuvo Ud. enfermo(a) ayer?
9. ¿Dijiste que querías una "A" en español?
10. ¿Creían Uds. que el español era fácil?

C. Complete the following sentences, using the preterit or the imperfect as needed. Then read the stories aloud:

1. _____ (ser) la una y media de la tarde cuando Marta _____ (llegar) al hospital. La cabeza le _____ (doler) mucho y _____ (tener) una pierna rota. El médico _____ (venir) en seguida y le _____ (poner) una inyección. Marta le _____ (decir) al médico que le _____ (doler) mucho la cabeza y que _____

(tener) mareos. El doctor le dijo que ＿＿ (necesitar) una radiografía. La enfermera la ＿＿ (llevar) a la sala de rayos-X.

2. Cuando nosotros ＿＿ (ser) niños, ＿＿ (vivir) en Acapulco. Todos los días ＿＿ (ir) a la playa y ＿＿ (nadar). Un día, cuando ＿＿ (volver) de la playa, mi hermana ＿＿ (cortarse) un pie y papá ＿＿ (tener) que llevarla al hospital. El médico le ＿＿ (desinfectar) y ＿＿ (vendar) la herida, le ＿＿ (recetar) penicilina y ＿＿ (decir) que no ＿＿ (deber) caminar por cinco días. Mi hermana ＿＿ (estar) muy triste todo el día.

► **2. Changes in meaning with the imperfect and preterit**
   (*Cambios de significado con el uso del imperfecto y el pretérito*)

A few Spanish verbs change their meaning when used in the preterit or the imperfect in Spanish.

conocer: *people*	conocí (preterit)	*I met*
	conocía (imperfect)	*I knew (was acquainted with)*
	Anoche **conocí** a una enfermera muy simpática. (*met her for the first time*)	
	Yo no **conocía** la ciudad. (*I wasn't acquainted with the city.*)	
saber: *facts*	supe (preterit)	*I found out, I learned*
	sabía (imperfect)	*I knew*
	Yo no **sabía** que la calle era de dos vías. (*I wasn't aware of it*)	
	Lo **supe** cuando me atropelló el coche. (*I found out or heard about it*)	
poder:	pude (preterit)	*I succeeded*
	podía (imperfect)	*I could*
	Yo **pude** venir. (*I was able to and did*)	
	Yo **podía** estudiar. (*had the ability or chance*)	
no querer:	no quise (preterit)	*I refused*
	no quería (imperfect)	*I didn't want to (but . . .)*
	Raúl **no quiso** comer. (*didn't want to and refused*)	
	Rita **no quería** ir, pero después decidió ir. (*didn't want to at the time*)	
tener:	tuve (que) (preterit)	*I had to*
	tenía (que) (imperfect)	*I felt obligated to*
	Tuvieron que traerlo en una ambulancia. (*had to and did*)	
	Tenía que tomar la medicina. (*felt obligated to*)	

EJERCICIOS

A. Pattern Drill

MODELO 1:　¿No conocías al doctor Rodríguez?
　　　　　　No, lo conocí esta mañana.

1. ¿No conocían Uds. a las enfermeras?
2. ¿No conocían ellos a los periodistas?
3. ¿No conocía Ud. a la señora Mena?

MODELO 2:　¿Sabían Uds. que él era casado?
　　　　　　Lo supimos anoche.

1. ¿Sabías que ella era soltera?
2. ¿Sabía ella que tú eras mi novio?
3. ¿Sabían ellos que yo trabajaba en la sala de emergencia?

MODELO 3:　¿No dijiste que podías venir?
　　　　　　Sí, pero tuve un accidente y no pude.

1. ¿No dijeron Uds. que podían venir?
2. ¿No dijeron ellos que podían venir?
3. ¿No dijo él que podía venir?

MODELO 4:　Yo sé que ella quería ir a la fiesta.
　　　　　　Sí, pero él no quiso llevarla.

1. Yo sé que ellas querían ir a la fiesta.
2. Yo sé que tú querías ir a la fiesta.
3. Yo sé que Uds. querían ir a la fiesta.

MODELO 5:　¿No tenías que darle el dinero a Eva?
　　　　　　Sí, pero tuve que dárselo a Ana.

1. ¿No tenías que darle la carpeta a Eva?
2. ¿No tenías que darle los lápices a Eva?
3. ¿No tenías que darle las plumas a Eva?

B. Complete the following sentences, using the preterit or the imperfect of the verbs **saber, conocer, poder, querer** and **tener**, as needed. Read each sentence aloud:

1. Yo no _____ que ella estaba embarazada. Lo _____ ayer.
2. Ella no _____ trabajar en esa sección porque no le gustaba, pero _____ que hacerlo.
3. Nosotros no _____ a esa persona. La _____ anoche, en la fiesta.
4. Él dijo que _____ llevarme a la biblioteca, pero no _____ porque se cortó la pierna.
5. Yo siempre _____ que trabajar los domingos.
6. No le gustan las fiestas. No fue a la fiesta de Raquel porque no _____.

► **3. Hace** meaning "ago"   (*Hace como equivalente de "ago"*)

With sentences in the preterit or imperfect, **hace** + period of time is equivalent to the English *ago:*

> La conocí **hace dos años.**   *I met her two years ago.*
> Vivíamos en Quito **hace diez años.**   *We were living in Quito ten years ago.*

When **hace** is placed at the beginning of the sentence, the construction is **hace** + period of time + **que:**

> **Hace dos años que** la conocí.   *I met her two years ago.*

EJERCICIOS

A. Answer the following questions in complete sentences:

1. ¿Cuánto tiempo hace que llegaste a la sala de clase?
2. ¿Cuánto tiempo hace que Uds. vinieron?
3. ¿Cuánto tiempo hace que compraste tu automóvil?
4. ¿Cuánto tiempo hace que le pusieron una inyección contra el tétano?
5. ¿Cuánto tiempo hace que Ud. conoció a su novio(a)?

B. Write in Spanish:

1. How long ago did you eat?
2. The nurse came three hours ago.
3. Our dog died two days ago.
4. I saw her at the doctor's office two weeks ago.
5. That happened many years ago.
6. Where was he living two years ago?

► **4. The verb oír**   (*El verbo oír*)

oír to hear			
Present Indicative		*Preterit*	
oigo	oímos	oí	oímos
oyes	oís	oíste	oísteis
oye	oyen	oyó	oyeron
Present Participle			
oyendo			

EXAMPLES: Mi tío no **oye** bien.   *My uncle doesn't hear well.*
¿Dijiste algo? No te **oí.**   *Did you say anything? I didn't hear you.*

EJERCICIO   Answer the following questions in the negative:

1. ¿Me oíste?   5. ¿Oyen ellos al profesor?
2. ¿Nos oyen Uds.?   6. ¿Oye Ud. algo?
3. ¿La oyó Ud.?   7. ¿Lo oyeron Uds.?
4. ¿Lo estás oyendo?   8. ¿Te oyó él?

▶ **5. The infinitive as the object of the verbs oír, ver and escuchar.**
(*El infinitivo usado como complemento de los verbos oír, ver y escuchar*)

Unlike English, Spanish uses the infinitive after verbs that refer to the senses, such as **oír**, **ver**, and **escuchar** (*to listen*). The infinitive thus becomes the object of the verb:

Cuando oigo **hablar** a los cubanos . . .   *When I hear Cubans **talking** . . .*
La veo **venir**.   *I see her **coming**.*
Te escuché **tocar** el piano.   *I listened to you **playing** the piano.*

Note that English uses the present participle rather than the infinitive in this type of construction.

EJERCICIOS   A. Answer the following questions in the affirmative. Use complete sentences:

1. ¿Oíste sonar (*to ring*) el teléfono?
2. ¿Me viste venir anoche?
3. ¿Vieron Uds. entrar al cajero?
4. ¿Me escuchaste tocar el piano?
5. ¿Oíste hablar al profesor extranjero?

B. Say in Spanish:

1. Did they hear you coming?   *te oyeron venir*
2. We always hear them talking.
3. They saw us leaving.
4. I see him playing football.
5. Did you hear me playing the piano?

¡A VER CUÁNTO APRENDIÓ!

A. Give appropriate responses:

1. ¿Te hicieron radiografías del pecho?
2. ¿A dónde te llevaron para hacerte las radiografías?
3. ¿Es Ud. alérgico(a) a alguna medicina?
4. ¿Te operaron de apendicitis alguna vez?

5. ¿Dónde vivía Ud. cuando era chico(a)?
6. ¿Qué hace Ud. cuando le duele la cabeza?
7. ¿Le sangra la nariz frecuentemente?
8. ¿Hay alguna persona diabética en su familia?
9. ¿Cómo te sientes hoy?
10. ¿Cuántos dientes tiene Ud.?
11. ¿De qué color son sus ojos?
12. ¿Alguien de su familia sufre del corazón?
13. ¿Le duelen los oídos?
14. Me corté un dedo del pie. ¿Puedes vendármelo?
15. ¿Cuánto tiempo hace que Ud. empezó a estudiar español?

B. Put the following paragraph into Spanish, paying special attention to the proper uses of the preterit and the imperfect tenses:

It was nine o'clock in the morning. John was going to the university when a car ran into him. An ambulance came and took him to the hospital. His (the) leg was bleeding and he was dizzy. Since the doctor said John needed an X-ray, the nurse took him to the X-ray room. When they went back to the doctor's office, the nurse gave John a tetanus shot.

C. ¡Repase el vocabulario!

Primera parte: ¿Es lógico o no?

1. Los muchachos vinieron a la fiesta en una ambulancia.
2. Cuando tengo mucho dolor de estómago voy al médico.
3. Mandé las cartas por correo.
4. Si necesito una radiografía voy a la cocina.
5. El asalto es una enfermedad.
6. Me vendaron la herida porque me sangraba mucho.
7. Me operaron de apendicitis porque me dolía la nariz.
8. Algunas personas son alérgicas a la penicilina.
9. Las orejas sirven para comer.
10. Le hicieron análisis para ver si era divorciado.
11. La lengua está en la boca.
12. La rodilla es parte de la cara.
13. Tenemos treinta dedos.
14. No necesito el corazón para vivir.
15. Para hacerle una radiografía, debemos ir a la sala de rayos equis.
16. Roberto está embarazado.
17. El doctor me recetó un asesinato.
18. Está enferma. Debe ir al consultorio del médico.
19. Cada vez que tengo dolor de cabeza tomo dos aspirinas.
20. Iba por una calle de dos vías cuando me atropelló un avión.

Segunda parte: Name the following parts of the body:

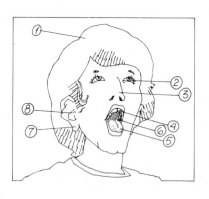 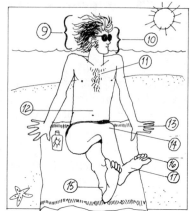 

D. Complete the following dialogues:

1. *En la sala de emergencia:*

ENFERMERA   _____

SEÑOR RÍOS   —No muy bien. Tengo mareos . . .

ENFERMERA   _____

SEÑOR RÍOS   —Me duele mucho el cuello.

ENFERMERA   _____

SEÑOR RÍOS   —¿La radiografía va a estar en seguida?

ENFERMERA   _____

SEÑOR RÍOS   —También me corté la mano. ¿Necesito una inyección contra el tétano?

ENFERMERA   _____

SEÑOR RÍOS   —Hace cinco años, creo . . .

ENFERMERA   _____

SEÑOR RÍOS   —Sí, soy alérgico a la aspirina.

2. *En el consultorio del médico:*

DOCTOR   —¿Hace mucho que tiene esos dolores en el pecho?

SEÑORA   _____

DOCTOR   —¿Alguien en su familia sufre del corazón?

SEÑORA   _____

DOCTOR   —¿La operaron alguna vez?

SEÑORA   _____

DOCTOR   —Bueno. Vamos a hacerle unos análisis.

SEÑORA   _____

> DOCTOR —Para el dolor debe tomar esta medicina. Voy a darle la receta.
>
> SEÑORA ————————————————————————
>
> DOCTOR —Quiero verla la semana próxima.

E. Situaciones

What would you say in the following situations?:

1. You are a patient. Tell your doctor that you were operated on (they operated on you) for appendicitis when you were twelve years old.
2. You are a doctor. Tell your patient you need to take X-rays of his (the) hand.
3. You are talking to a police officer. Tell him/her you didn't know you were on a two-way street and you didn't see the car coming.
4. You are talking to an accident victim. Ask him if his (the) leg hurts. Ask if he is allergic to any medicine, and then offer him an aspirin for the pain.
5. You are a nurse. Tell your patient that the doctor said he needed a tetanus shot. Ask him when was the last time he got a tetanus shot.
6. You are a doctor. Ask your patient what diseases she had when she was a child. Ask also if anyone in her family has heart trouble.

PROVERBIOS ESPAÑOLES   "Ojo por ojo y diente por diente."   (*An eye for an eye and a tooth for a tooth.*)
"A palabras necias oídos sordos."   (*Silly words fall on deaf ears.*)
"En boca cerrada no entran moscas."   (*Flies don't enter a closed mouth. Meaning:
If one keeps one's mouth shut, one doesn't get into trouble*)

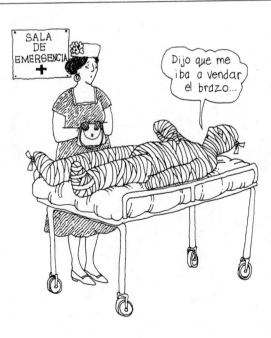

Lección

12

En el restaurante

Lidia y Jorge van a cenar a un restaurante para celebrar su aniversario de bodas, porque hoy hace dos años que se casaron.

En el restaurante:

JORGE —¿Nos sentamos aquí o prefieres aquella mesa?

LIDIA —Aquí está bien.

JORGE —*(Al mozo)* ¡Mozo! Tráiganos el menú, por favor.

MOZO —Sí, señor.

LIDIA —*(Lee el menú)* Biftec, cordero asado con puré de papas, pavo relleno, camarones . . .

JORGE —¿No te gusta la langosta? Es muy sabrosa. ¿O un filete? Aquí preparan platos riquísimos.

LIDIA —¡Ay! ¡No sé qué pedir!

MOZO —Permítanme recomendarles la especialidad de la casa: lechón asado con arroz y frijoles, y de postre, helado, flan con crema o torta helada.

JORGE —Muy bien. Para mí, lechón asado, ensalada, y de postre, flan. ¿Y para ti, querida?

LIDIA —A mí tráigame sopa, pollo frito con puré de papas, y de postre, helado.

MOZO —¿Y para tomar?

JORGE —Una botella de vino tinto. Pero no la traiga todavía. Primero tráiganos un vermut.

El mozo anota la orden y se va.

JORGE —¿Qué vamos a hacer después de cenar? ¿Quieres ir al teatro?

LIDIA —No, hace mucho frío y está empezando a llover.

AT THE RESTAURANT

Lydia and George go to a restaurant for dinner to celebrate their wedding anniversary, because they were married two years ago today.

In the restaurant:

G. Shall we sit here or do you prefer that table?

L. It's fine here.

G. (*To the waiter*) Waiter! Bring us the menu, please.

W. Yes, sir.

L. (*Reads the menu*) Steak, roast lamb with mashed potatoes, stuffed turkey, shrimp . . .

G. Don't you like lobster? It's very tasty. Or a tenderloin steak? They prepare very delicious dishes here.

L. Oh! I don't know what to order!

W. Allow me to recommend (to you) the specialty of the house: roast pork with rice and beans. For dessert, ice cream, custard with cream, or ice-cream cake.

G. Very good. For me, roast pork, salad, and for dessert, custard. And for you, darling?

L. (For me) bring me soup, fried chicken with mashed potatoes, and for dessert, ice cream.

W. And to drink?

G. A bottle of red wine. But don't bring it yet. First bring us a vermouth.

The waiter writes down the order and leaves.

G. What are we going to do after dinner? Do you want to go to the theater?

L. No, it's very cold and it's beginning to rain.

After dinner, George pays the bill and leaves a good tip. In the meantime, Lydia makes a phone call to order a taxi.

G. We're going to pass by Julia's house. Do you want to go visit her?

L. No, I'm going to see her tomorrow afternoon. Let's go home. I have a surprise for you . . .

Después de la cena, Jorge paga la cuenta y deja una buena propina. Mientras tanto, Lidia llama por teléfono para pedir un taxi.

JORGE —Vamos a pasar por la casa de Julia. ¿Quieres ir a visitarla?

LIDIA —No, yo voy a verla mañana por la tarde. Vamos a casa. Tengo una sorpresa para ti . . .

Vocabulario

COGNADOS

el **aniversario** anniversary
la **crema** cream
la **especialidad** specialty
el **menú** menu

la **sorpresa** surprise
el **teatro** theater
el **vermut** vermouth

NOMBRES

el **arroz** rice
el **biftec** steak
la **botella** bottle
los **camarones** shrimp
el **cordero** lamb
la **cuenta** bill
el **filete** tenderloin
el **flan** custard
los **frijoles** beans
el **helado** ice cream
la **langosta** lobster
el **lechón** young pig
el **mozo**, el **camarero** waiter
la **orden**, el **pedido** order
el **pavo** turkey
el **plato** dish, plate
el **pollo** chicken
el **postre** dessert
la **propina** tip
la **sopa** soup
la **torta** cake
la **torta helada** ice-cream cake
el **vino** wine

VERBOS

anotar to write down

casarse (con) to get married, to marry
celebrar to celebrate
llover (o>ue) to rain
pedir (e>i) to order
permitir to permit, to allow
preparar to prepare
recomendar (e>ie) to recommend
tomar to drink

ADJETIVOS

asado(a) roast
frito(a) fried
helado(a) iced, ice cold
relleno(a) stuffed
sabroso(a), **rico(a)** tasty, delicious
(vino) tinto red (wine)

ALGUNAS EXPRESIONES

aniversario de bodas wedding anniversary
de postre for dessert
hace mucho frío it's very cold
llamar por teléfono to make a phone call
puré de papas mashed potatoes

RESTAURANTE MIRAMAR

Especialidad en carnes y Mariscos

MENÚ

PARA EL ALMUERZO

Sándwiches[1] de pollo	$10[2]	Papas fritas (*French fries*)	$ 8
Sándwiches de jamón y queso	$12	Tortilla a la española (*omelette*)	$13
Sándwiches de huevo (*egg*)	$10	Tortilla mexicana	$11
Sopa del día	$ 8	Frijoles (*beans*)	$ 8
Ensalada	$ 9	Arroz	$ 7
Hamburguesas[1]	$15		

PARA LA CENA   (*Todos los platos de la lista se sirven[3] con la sopa del día y ensalada.*)

Pescados y mariscos (*Seafood*)

Langosta	$55	Trucha	$40
Salmón[1]	$45	Camarones	$35

Carne (*Meat*)

Albóndigas (*Meatballs*)	$25	Pavo relleno	$35
Biftec (Filete)	$45	Pollo frito	$25
Cordero	$35	Arroz con pollo (*Chicken and rice*)	$35
Lechón asado	$40		

POSTRES

Arroz con leche	$15	Helado	$10
Torta de chocolate[1]	$20	Frutas[1]	$ 8
Gelatina[1] — *jello*	$ 4	Queso	$10
Flan con crema	$25		

BEBIDAS

Agua mineral (*Mineral water*)	$ 5	Café	$10
Cerveza (*Beer*)	$10	Té[1]	$10
Champaña[1]	$30	Chocolate caliente (*Hot chocolate*)	$15
Vino blanco	$30	Jugo de frutas (*Fruit juice*)	$20
Vino tinto	$35	Leche fría (*Cold milk*)	$10

---

[1]These words are cognates and you can guess what they mean.   [2]Note that the monetary unit of Mexico and Argentina, the peso, uses the same symbol as the dollar; therefore, $10 = 10 pesos.
[3]se sirven = *are served*

VOCABULARIO ADICIONAL

PARA PONER LA MESA   (*To set the table*)

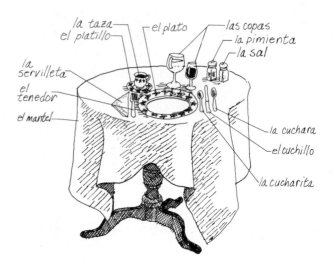

Estructuras
gramaticales

▶ **1.**   Weather expressions
(*Expresiones usadas para describir el tiempo*)

In the following expressions English uses the verb *to be*, followed by an adjective, whereas Spanish uses the verb **hacer** (*to make*), followed by a noun:

> **Hace** (mucho) frío.   *It is (very) cold.*
> **Hace** (mucho) calor.   *It is (very) hot.*
> **Hace** (mucho) viento.   *It is (very) windy.*
> **Hace** sol.   *It is sunny.*

The following words used to describe the weather do not combine with **hacer.** They are impersonal verbs that are used in the infinitive, present/past participle, and third person singular forms only:

> **llover** (**o>ue**) (*to rain*):   **Llueve.**   *It is raining.*
> **nevar** (**e>ie**) (*to snow*):   **Nieva.**   *It is snowing.*
> **lloviznar** (*to drizzle*):   **Llovizna.**   *It is drizzling.*

Other words related to the weather are: **lluvia** (*rain*) and **niebla** (*fog*).

> EXAMPLES: En Buenos Aires **hace mucho frío,** pero nunca **nieva.**
> **Hace mucho calor** en el Ecuador.
> ¿**Hace sol** o **llueve?**
> **Hace viento** hoy.
> En Galicia **llovizna** todo el tiempo.

EJERCICIOS

A. Study the words in the list, and then complete the following dialogues:

el paraguas   *umbrella*   el abrigo   *coat*
el impermeable   *raincoat*   el suéter   *sweater*
la sombrilla   *parasol*

1. –¿Necesitas un paraguas?
   –Sí, porque _____.
2. –¿No necesitas un abrigo?
   –No, porque _____.
3. –¿Quieres un impermeable?
   –No, gracias, apenas (*hardly*) _____.
4. –¿Por qué no quieres llevar el suéter?
   –¿Estás loca? ¡Hace _____!
5. –¿Vas a llevar la sombrilla?
   –Sí, porque _____.
6. –¿Necesitas un suéter y un abrigo?
   –Sí, porque _____.
7. –¿Un impermeable? ¿Por qué? ¿Está lloviendo? ¿Está lloviznando?
   –No, pero _____.
8. –¡Qué lluvia! Necesito un _____ y un _____.
9. –Cancelaron los vuelos porque hay mucha _____.

B. Write in Spanish:

1. It snowed yesterday.
2. Is it cold in Quito?
3. It is very hot in Asunción.

4. Is it sunny? I can lend you my parasol.
5. I don't want to go. It is very windy.

▶ **2.** Command forms: **Ud.** and **Uds.**
   (*Forma de mandato para **Ud.** y **Uds.***)

A. The commands for **Ud.** and **Uds.**[1] are formed by dropping the **-o** of
   the first person singular of the present indicative and adding **-e** and **-en**
   for the **-ar** verbs and **-a** and **-an** for the **-er** and **-ir** verbs:

ENDINGS OF THE FORMAL COMMANDS

	Ud.	Uds.
-ar Verbs	-e	-en
-er Verbs	-a	-an
-ir Verbs	-a	-an

---

[1]Command forms for **tú** will be studied in *Lección 18*.

The following table describes the formation of **Ud.** and **Uds.** commands:

Infinitive	First Person Singular Present Indicative	Stem	Commands	
			Ud.	Uds.
hablar	yo hablo	habl-	hable	hablen
comer	yo como	com-	coma	coman
abrir	yo abro	abr-	abra	abran
cerrar	yo cierro	cierr-	cierre	cierren
volver	yo vuelvo	vuelv-	vuelva	vuelvan
pedir	yo pido	pid-	pida	pidan
decir	yo digo	dig-	diga	digan
traducir	yo traduzco	traduzc-	traduzca	traduzcan

EXAMPLES:

Doble a la derecha.   *Turn right.*
Vuelvan mañana.   *Come back tomorrow.*
Traiga el menú.   *Bring the menu.*
Traduzca la lección de historia.   *Translate the history lesson.*

B. The command forms of the following verbs are irregular:

	dar	estar	ser	ir
Ud.	dé	esté	sea	vaya
Uds.	den	estén	sean	vayan

EXAMPLES:

Vayan juntos al teatro.   *Go to the theater together.*
Esté en la embajada a las dos.   *Be at the embassy at two.*
No **sea** odioso.   *Don't be hateful.*
No **dé** su dirección.   *Don't give your address.*

EJERCICIOS

A. Complete the following commands by supplying the appropriate command forms of the verbs in parentheses:

1. (Ir) _____ al restaurante, señoritas.
2. No (hacer) _____ arroz con pollo, señora.
3. (Comer) _____ el biftec, señores.
4. (Dejar) _____ una buena propina, señor.
5. (Poner) _____ el mantel en la mesa, doña Josefina.
6. (Venir) _____ conmigo, señoras.
7. No (traer) _____ la cuenta todavía, mozo.
8. No (lavar) _____ los platos ahora, doña Petrona.
9. (Servir) _____ el vermut en seguida, camarero.

10. No (mentir) _____ nunca, niños.
11. No (estar) _____ allí todo el día, señoritas.
12. (Dar) _____ la sexta lección, señor Vera.

B. Answer the following questions, according to the models:

MODELOS: —¿Traigo el helado?   (torta)
            —*No, traiga la torta.*

            —¿Traemos el helado?   (torta)
            —*No, traigan la torta.*

1. ¿Anoto el número de teléfono?   (la dirección)
2. ¿Preparamos esos platos?   (el postre)
3. ¿Pido langosta?   (camarones)
4. ¿Recomendamos el pavo relleno?   (el lechón asado)
5. ¿Sirvo vino blanco con el cordero?   (vino tinto)
6. ¿Ponemos la cuchara a la izquierda?   (el tenedor y la servilleta)
7. ¿Traigo la sal?   (la pimienta)
8. ¿Vamos arriba?   (abajo)
9. ¿Lavo las copas?   (los vasos)
10. ¿Decimos que sí?   (que no)
11. ¿Como arroz con leche?   (gelatina)
12. ¿Pedimos chocolate caliente?   (leche fría)

▶ **3.** Position of object pronouns with direct commands   (*Posición de los pronombres personales usados como complementos en el imperativo*)

A. In all direct *affirmative* commands, the object pronouns are placed *after* the verb and attached to it, thus forming only one word:[1]

Ud. form		*Uds. form*	
Hágalo.[2]	*Do it.*	Cómprenlo	*Buy it.*
Dígales.	*Tell them.*	Díganle.	*Tell him.*
Tráiganosla.	*Bring it to us.*	Tráiganselo.	*Bring it to him.*
Vístase.	*Get dressed.*	Vístanse.	*Get dressed.*

B. In all *negative* commands, the pronouns are placed *in front of the verb:*[1]

No **lo** haga. *Don't do it.*		No **los** traigan. *Don't bring them*
No **le** hable. *Don't speak to her.*		No **les** hablen. *Don't speak to them.*
No **se lo** dé. *Don't give it to him.*		No **se los** den. *Don't give them to him.*

---

[1]The reflexive pronouns follow the same rules: Levántese. No se levante.   [2]Note the use of the written accent following the rules for accentuation.

EJERCICIOS

A. Make the following commands negative:

1. Recomiéndela	9. Váyanse
2. Prepárelas	10. Ciérrela
3. Dígaselo	11. Pídanlo
4. Plánchelos	12. Permítanselo
5. Cásense	13. Recéteselo
6. Siéntese	14. Tradúzcanlas
7. Tráigamelo	15. Déselos
8. Préstemelas	16. Vístanse

B. Pattern Drill

Answer the following questions, according to the models:

MODELOS: —¿Sirvo las albóndigas?
—*Sí, sírvalas, por favor.*

—¿Servimos las albóndigas?
—*Sí, sírvanlas, por favor.*

1. ¿Abro la botella?
2. ¿Preparamos el flan?
3. ¿Hago la tortilla?
4. ¿Servimos los frijoles negros?
5. ¿Lavo las tazas?
6. ¿Hacemos el puré de papas?
7. ¿Me siento?
8. ¿Traemos los camarones?

Now answer all the above questions with negative commands.

C. Say in Spanish:

1. The soup? Bring it to her now, waiter.
2. The tip? Give it to him, ladies.
3. The cream? Bring it to me, miss.
4. The stamps? Buy them for me, sir.
5. The French fries? Give them to him, ladies.

▶ 4. Uses of **por**   (*Usos de por*)

The preposition **por** is used to indicate:

1. Motion "through," "around," "along," "by":

Yo camino **por** el centro.   *I walk through (around) the downtown area.*
Enrique va **por** la calle Juárez.   *Henry is going along Juarez Street.*
Gustavo pasó **por** el restaurante.   *Gustave went by the restaurant.*

2. Cause or motive of an action ("because of," "on account of," "in behalf of"):

> Llegamos tarde **por** la lluvia.   *We arrived late because of the rain.*
> Lo hago **por** ellos.   *I do it in their behalf.*

3. Agency, means, manner, unit of measure ("by," "for," "per"):

> Siempre viajamos **por** tren.[1]   *We always travel by train.*
> Le envié cien dólares **por** correo.   *I sent him a hundred dollars by mail.*

4. "In exchange for":

> Te doy diez dólares **por** ese diccionario.   *I'll give you ten dollars for that dictionary.*

5. Period of time during which an action takes place ("during," "in," "for"):

> Lo veo mañana **por** la tarde.   *I'll see him tomorrow in the afternoon.*
> Va a estar aquí **por** dos semestres.   *He's going to be here for two semesters.*

6. "In search of," "for":

> Mario fue **por** el doctor.   *Mario went in search of the doctor.*
> Voy a venir **por** ti a las siete.   *I'll come by for you at seven.*

EJERCICIOS

A. Answer the following questions in complete sentences:

1. ¿Cuánto quieres por tu libro de español?
2. ¿A qué hora vienes por mí?
3. ¿Es una buena idea caminar por Central Park por la noche?
4. ¿Pasaste por mi casa anoche?
5. ¿Cuánto pagaste por la matrícula?
6. ¿Prefieres viajar por tren o por avión?
7. ¿Siempre envías tus cartas por vía aérea?
8. ¿Estudian Uds. por la mañana o por la tarde?

B. Say in Spanish:

1. They weren't able to come to the wedding on account of the rain.
2. How much did they give you for the antique (old) desk?
3. He didn't go out through this door.
4. I always go to the beauty parlor in the morning.
5. We went by your house last weekend.

---

[1] The preposition **en** is also used to refer to means of transportation: Siempre viajamos **en** tren.

▶ 5. Uses of **para** (*Usos de para*)

The preposition **para** is used to indicate:

1. Destination in space:

   Quiero un pasaje **para** Lima.   *I want a ticket for Lima.*
   ¿A qué hora hay vuelos **para** La Paz?   *What time are there flights to La Paz?*

2. Direction in time, often meaning "by" or "for" (a certain date in the future):

   Quiero un pasaje **para** el sábado.   *I want a ticket for Saturday.*
   Debo estar allí **para** el mes de noviembre.   *I must be there by the month of November.*

3. Direction toward a recipient:

   Compré una escoba **para** la cocina.   *I bought a broom for the kitchen.*
   Trajimos la lista de requisitos **para** Fernando.   *We brought the list of requirements for Ferdinand.*

4. "In order to":

   Necesito mil dólares **para** pagar el viaje.   *I need a thousand dollars in order to pay for the trip.*
   Vamos al teatro **para** celebrar nuestro aniversario de bodas.   *We are going to the theater to celebrate our wedding anniversary.*

5. Comparison ("by the standard of," "considering"):

   El niño es muy alto **para** su edad.   *The child is very tall for his age.*
   Para norteamericano, habla muy bien el español.   *For a North American he speaks Spanish very well.*

6. Objective or goal:

   Nora y yo estudiamos **para** ingenieros.   *Nora and I are studying to be engineers.*
   Ana estudia **para** médica.   *Ann is studying to be a doctor.*

EJERCICIOS

A. Answer the following questions in complete sentences:

1. ¿Para dónde quieren los pasajes?
2. ¿Para cuándo necesitas el horario de clases?
3. ¿Para qué necesitas mil dólares?
4. Para norteamericano(a), ¿habla Ud. español muy bien?
5. ¿Estudia Ud. para ingeniero?
6. ¿Compraste un regalo para mí?

7. ¿Qué deben hacer Uds. para recibir una "A" en español?
8. Necesito cien dólares para mañana. ¿Puedes prestármelos?

B. Say in Spanish:

1. She is very tall for her age.
2. We are studying to (be) doctors.
3. I'm leaving for Madrid tomorrow.
4. We need the fried chicken and the beer by noon.
5. We took the elevator to go to the seventh floor.

Remember that **por** expresses the notions of cause, duration in time, and motive or result of an action. **Para** expresses the notions of purpose, destination, direction in time, comparison, and objective.

C. Complete the following sentences, using **por** or **para**:

1. Debe dejar el dinero aquí ____ un año.
2. Necesito la lista de materias ____ el domingo ____ la tarde.
3. Ese niño habla muy claramente ____ su edad.
4. Estos cuchillos son ____ tu mamá.
5. ¿____ quién es el dinero?
6. Ayer caminamos ____ la calle San Martín.
7. ¿Cuánto pagaste ____ la pizarra?
8. Los chicos van a viajar ____ tren.
9. Mi hermano está estudiando ____ profesor.
10. Vamos a limpiar la pared mañana ____ la mañana.
11. Me dan un dólar ____ este libro de español.
12. ____ español, habla inglés muy bien.
13. Quiero dejar mi coche aquí ____ unos días.
14. Yo lo hice ____ ti.
15. Ella piensa ir a su casa ____ pasar la aspiradora.
16. El periodista vino ____ hablar sobre los asaltos, las violaciones y otros problemas sociales.
17. Los aviones no pudieron volar ____ la niebla.
18. El pescado y los mariscos son ____ mí y las frutas son ____ ellos.

¡A VER CUÁNTO APRENDIÓ!

A. Give appropriate responses:

1. ¿Sabe Ud. en qué año se casaron sus padres?
2. Aquí tienes el menú. ¿Qué vas a pedir?
3. ¿Qué quieres de postre, arroz con leche o gelatina?

4. ¿Puede recomendarme Ud. un buen restaurante? ¿Cuál?
5. Si Ud. gasta cuarenta dólares en una cena, ¿cuánto deja de propina?
6. Cuando pones la mesa, ¿qué cosas necesitas?
7. ¿Prefieres helado o flan con crema?
8. En la ciudad donde Ud. vive, ¿hace mucho frío en el invierno?
9. En Oregón llueve muchísimo. ¿Qué necesitan tener las personas que viven allí?
10. ¿Me llamó Ud. por teléfono ayer?
11. ¿Sabe Ud. preparar platos sabrosos?
12. ¿Qué va a hacer Ud. después de cenar?
13. ¿Trajo Ud. su coche o va a llamar un taxi?
14. Yo tengo una sorpresa para Uds. ¿Qué cree Ud. que es?
15. ¿Prefieres tomar vino blanco, vermut o champaña?
16. Lea Ud. el menú del restaurante Miramar y pida el plato o los platos que desea comer.
17. ¿Cuánto debe pagar por la comida que pidió?
18. ¿Cuánto debe dejar de propina?

B. Change the following sentences to commands. Follow the models:

MODELOS: *Debe venir* mañana.
            Venga mañana.

            No deben *llamarla.*
            No la llamen.

1. *Debe pedir* la especialidad de la casa.
2. *Deben sentarse* en aquella mesa.
3. *Debe llamarlo* por teléfono.
4. *No debe dejarle* propina.
5. *Deben bajar* al sexto piso.
6. *Debe decirle* cuál es su estado civil.
7. *Deben lavarse* la cabeza hoy.
8. *Debe dármelo* lo antes posible.
9. *No deben ir* a la oficina de turismo.
10. *No deben ser* mentirosos.
11. *Debe preguntarle* a cómo está el cambio.
12. *No debe aceptárselo.*
13. *Debe servírselo* con crema.
14. *Deben anotar* el pedido.
15. *No debe permitirles* eso.

C. Complete with **por** or **para,** as required, and read aloud:

Ayer fui a la agencia de turismo ____ comprar un pasaje ____ Madrid. Pagué setecientos dólares ____ el pasaje, pero, ____ un viaje así, no es mucho.

Quería el pasaje _____ el sábado, pero no pude conseguirlo. El avión sale el domingo _____ la mañana. _____ la tarde fui otra vez al centro _____ comprar un regalo _____ mi hermano, porque mañana es su aniversario de bodas. Llamé a mi padre _____ teléfono _____ decirle que no podía ir _____ él hasta las siete. Caminé _____ el centro y pasé _____ la casa de Julia, que estudia _____ ingeniera. Julia me deseó buen viaje.

D. ¡Repase el vocabulario!

Match the questions in column **A** with the appropriate responses in column **B**. Then read aloud:

A	B
1. ¿Qué celebran hoy?	a. Flan con helado.
2. ¿Te gustó el pavo relleno?	b. No, prefiero los camarones.
3. ¿Cuál es la especialidad de la casa?	c. Veinte años.
4. ¿Qué bebidas prefieres?	d. Lechón asado.
5. ¿Qué quieres de postre?	e. No, está empezando a llover.
6. ¿Qué quieren tomar?	f. Pídaselo al mozo.
7. ¿Cuánto tiempo hace que se casaron?	g. La especialidad de la casa.
8. ¿Quieres biftec?	h. Ocho dólares.
9. ¿A dónde vamos esta noche?	i. Sí, estaba sabrosísimo.
10. ¿Qué nos recomienda Ud.?	j. Ana.
11. ¿No te gusta la langosta?	k. Una botella de agua mineral.
12. ¿Cuánto dejaste de propina?	l. No, no hace mucho frío.
13. ¿Quién pagó la cuenta?	m. Al teatro.
14. ¿Dónde está el menú?	n. Su aniversario de bodas.
15. ¿Quieres caminar por el parque?	o. No, no me gusta la carne.
16. ¿Necesitas el abrigo?	p. Cerveza o vino tinto.

E. Situaciones

What would you say in the following situations?:

1. You are at a restaurant. Ask to see the menu, and then order salad, meat-balls, soup and mashed potatoes. Tell the waiter/waitress to bring you a vermouth first. Tell him/her also that you want ice-cream cake for dessert.
2. You are a waiter/waitress. Tell your customers that you recommend roast lamb or fried chicken, and, for dessert, custard with cream. Ask them if they want a cup of hot tea.

3. Tell the maid to set the table. Tell her everything that goes on the table: the tablecloth, napkins, spoons, knives, forks, teaspoons, plates, glasses, and wine glasses, cups and saucers.
4. You are a host/hostess. Ask your guests what they want to drink. Offer these suggestions: hot chocolate, cold milk, fruit juices, tea or coffee.
5. You are at a restaurant. The waiter/waitress brought you shrimp. Complain, saying that you ordered lobster. Then ask him/her to bring you salt and pepper.
6. You are taking a friend out to dinner. Say that they serve very tasty dishes at this restaurant. Suggest that he/she order chicken and rice or steak with mashed potatoes and beans.

F. Composición

Write a dialogue between a waiter/waitress and a customer. Include the following exchanges:

1. Asking for a menu.
2. Ordering the food, the drink(s), and dessert.
3. Asking for the check.

| PROVERBIOS ESPAÑOLES | "A buena hambre no hay pan¹ duro.²" (*Hunger is the best sauce.*) |
| | "Barriga³ llena, corazón contento.⁴" (*Meaning: A full stomach makes a happy heart.*) |

¹bread ²tough, stale ³belly ⁴happy

Ejercicio de lectura

Hoy hace cinco años que Mirta y Antonio se casaron. Para celebrar su aniversario de bodas, van a cenar a un restaurante muy elegante que queda en la calle Florida.

¡Qué menú! En ese restaurante sirven platos riquísimos: langosta, camarones, cangrejo,° salmón, arroz con pollo, biftec, cordero, lechón asado. Todas las cenas se sirven con la sopa del día y ensalada.

crab

Antonio no sabe qué pedir. Le gusta mucho el lechón asado, pero quiere flan con crema de postre. –No– piensa Antonio, –es mucho . . .

Mirta va a pedir pescado° y, de postre, fruta y queso.

fish

Viene el mozo para anotar el pedido. Antonio pide lechón asado y, de postre, gelatina. Para beber, Antonio pide una copa de vino tinto y Mirta pide vino blanco. Después de la cena, él bebe una taza de café y ella bebe una taza de té.

movie theater

Antonio y Mirta conversan un rato y deciden ir al cine,° pero primero pasan por la casa de doña Rosa, la mamá de Antonio. Ella tiene una sorpresa para ellos: torta de chocolate y helado.

¡A ver cuánto recuerda!

¿Es verdad o no?

1. Mirta y Antonio se casaron hace más de tres años.
2. Hoy celebran su aniversario de bodas.
3. Cenan en uno de los peores restaurantes de la ciudad.
4. En ese restaurante sólo sirven pescados y mariscos.
5. Si Antonio pide lechón asado, no puede comer ensalada.
6. Mirta va a pedir arroz con leche de postre.
7. Antonio y Mirta beben una bebida alcohólica.
8. Antonio y Mirta hablan en el restaurante.
9. Doña Rosa es la suegra de Mirta.
10. Mirta y Antonio van a comer otro postre en la casa de doña Rosa.

BOSQUEJO CULTURAL

3

La cocina española e hispanoamericana

Si Ud. cree que los españoles y los hispanoamericanos comen solamente "tacos", "burritos" y "enchiladas", está muy lejos de la verdad.°   truth

    La cocina hispana es infinitamente variada, y además son muy populares platos que vienen de Italia, Francia, Alemania, China y Estados Unidos.

    Cada país tiene, por supuesto, platos típicos. Si quiere probar algunos, aquí tiene estas recetas.°   recipes

Tortilla a la española

En toda España y en casi toda Hispanoamérica comen la tortilla a la española. ¿Por qué no la hace Ud.? Aquí está la receta:

Ingredientes:

    3 huevos
    4 papas (patatas)
    ¾ tazas de aceite°   oil
    sal, a gusto°   to taste

Preparación:

Pele° las papas, lávelas con agua fría y séquelas.° Córtelas en rajitas° muy delgadas y fríalas° en el aceite a fuego lento.° Después de freirlas quíteles el aceite sobrante° y póngales sal a gusto.   Peel / dry them / small slices / fry them / at low temperature / take out the remaining oil

    Bata° los huevos añadiéndoles un poco de sal y dos cucharadas° de leche; mézclelo° con las papas y póngalo todo en la sartén.° Cocine la tortilla por un lado° y después voltéela° en un plato y cocine el otro lado.   Beat / spoonfuls / mix it / frying pan / side / turn it over

Esta receta es para cuatro personas.

Flan

Después de la tortilla y como postre pruebe este sabroso flan:

Ingredientes:

Para el flan:
    2 tazas de leche
    4 huevos
    8 cucharadas de azúcar°   sugar
    1 cucharadita° de vainilla   teaspoonful

Para el caramelo:
    3 cucharadas de azúcar

Preparación:

En el molde donde va a hacer el flan, ponga a derretir° al fuego° tres cucharadas   *melt / over the flame*
de azúcar. Después de unos minutos el azúcar va a tener un color dorado.°   *golden brown*
Mueva el molde para cubrirlo° todo con el caramelo y déjelo enfriar.°   *to cover it / let it cool*

    Bata los huevos. Añada el azúcar, la leche y la vainilla y revuélvalo° bien.   *stir it*
Póngalo todo en el molde y cocínelo a Baño María° en el horno° a 350 grados°   *double boiler / oven / degrees*
por una hora (para saber si ya está cocinado, introduzca un cuchillo en el flan y
si sale limpio,° ya está listo).°   *clean / ready*

    Sáquelo del horno y déjelo enfriar. Póngalo en el refrigerador. Antes de
servirlo, voltee el molde en un plato.

Enchiladas de queso

Los burritos, las enchiladas, los tamales, los tacos°[1] y las tostadas son comidas
típicas de México. Los españoles y la mayoría de los hispanoamericanos no conocen estos deliciosos platos. Si quiere probar una enchilada aquí tiene la receta:

Ingredientes:

    1 docena de tortillas de maíz°   *Mexican corn tortillas*
    1 lata° de salsa° de enchilada   *can / sauce*
    ¼ taza de aceite
    1 libra° de queso rallado°   *pound / grated*
    1 cebolla° grande, rallada   *onion*

---

[1]In Spain, four-letter words are called **tacos.**

Preparación:

Caliente° la salsa en una sartén. En otra sartén caliente las tortillas en el aceite, sin freirlas. Sáquelas del aceite y mójelas° en la salsa. Póngalas en un plato, y cúbralas con un poco de queso y cebolla. Enrolle° las tortillas como tubos y cúbralas con el resto del queso. Póngalas en el horno a 325 grados por unos cinco minutos.

Heat
wet them
Roll

Lugar donde venden jugos de fruta en la Ciudad de México.

Frijoles negros

Si visita Cuba, puede comer los famosos frijoles negros. Si no puede ir a Cuba, hágalos Ud.

Ingredientes:

1 libra de frijoles negros
10 tazas de agua
2 ajíes° grandes   bell peppers
¾ taza de aceite de oliva
1 cebolla grande
4 dientes de ajo°   cloves of garlic
4 cucharaditas de sal
½ cucharadita de pimienta
¼ cucharadita de orégano
1 hoja de laurel°   bay leaf
3 cucharadas de vinagre
2 cucharadas de aceite de oliva

Preparación:

Lave los frijoles y póngalos en el agua con un ají cortado en cuatro partes por unas ocho horas. Cocínelos en esa agua por unos 45 minutos. En una sartén, caliente las ¾ tazas de aceite y fría la cebolla, el ajo, y el ají, cortados en trozos° muy pequeños. Ponga una taza de los frijoles en la sartén y aplástelos° bien. Póngalo todo en una cacerola° con el resto de los frijoles. Añada la sal, la pimienta, el orégano y el laurel. Déjelos hervir° aproximadamente una hora. Añada el vinagre y cocínelos a fuego lento una hora más. Antes de servirlos, añada las dos cucharadas de aceite.

pieces
mash them
saucepan
boil

Esta receta es para 8 personas.

Croquetas de carne

Si es domingo, y Ud. está en la Argentina, en el Uruguay, o en el Paraguay, seguramente va a comer comida italiana. Cualquier otro día de la semana, puede probar las deliciosas croquetas argentinas.

Ingredientes:

Para las croquetas:
1 libra de carne
½ libra de jamón
1 taza de puré de papas
½ taza de queso rallado

Para empanizar:
     2 o 3 huevos
     pan rallado°   bread crumbs

Preparación:

Hierva la carne, muélala° junto con el jamón. Añada el puré de papas y el queso   grind it
rallado poco a poco hasta formar una pasta. Tome pequeñas porciones de la
pasta y déles una forma oval.

    Bata los huevos. Moje las croquetas en los huevos, cubriéndolas bien. Páse-
las por el pan rallado y fríalas en aceite caliente.

No vamos a hacerles preguntas sobre esta lectura cultural, pero prepare Ud.
estas recetas, y . . . ¡buen provecho! (*good appetite!*)

¡Buen provecho!

Lección

13

Carolina ha pedido turno en la peluquería. Jorge, su esposo, recuerda que también él necesita cortarse el pelo, y decide ir a la barbería.

En el salón de belleza:

CAROLINA —Tengo turno para las cuatro y media: corte, lavado y peinado.

PELUQUERO —Muy bien, en seguida la atiendo.

CAROLINA —Voy a leer una revista mientras espero. ¿Está la chica que hace la manicura?

PELUQUERO —No ha venido. ¿Ud. había pedido turno con ella para hoy?

CAROLINA —No, lo había pedido para la semana próxima, pero voy a estar ocupada.

Media hora después:

PELUQUERO —(*Le mira el pelo*) Parece que necesita teñirse otra vez. Ya se le ven las raíces. ¡Es increíble! Se lo teñí hace muy poco.

CAROLINA —¿Puede teñírmelo hoy? No me gustan las canas.

PELUQUERO —¿Por qué no le hago una permanente? Ya no tiene rizos.

CAROLINA —No, está muy corto. Además ahora está de moda el pelo lacio. Pero, ¿pueden depilarme las cejas?

PELUQUERO —No sé. La chica que hace eso se fue a almorzar y no ha vuelto todavía.

En la barbería:
Jorge está sentado, leyendo el periódico.

BARBERO —Creo que le toca a Ud., señor.

JORGE —Sí. (*Se sienta.*) Córteme un poco acá arriba y a los costados, por favor.

BARBERO —¡Ah! Tiene mucha caspa. Tiene que usar un champú especial. El champú "Irresistible" es muy bueno.

JORGE —Sí, ya me lo habían dicho varias veces, pero no lo he probado todavía.

BARBERO —Lo venden en la farmacia de al lado, pero hoy está cerrada. ¿Le recorto las patillas?

JORGE —Sí, un poco. Están demasiado largas. Y aféiteme también.

BARBERO —¿Le dejo el bigote como está?

JORGE —Sí.

IT'S YOUR TURN . . .

Caroline has made an appointment at the beauty parlor. George, her husband, remembers that he also needs to get a haircut, and decides to go to the barbershop.

At the beauty parlor:

C. I have an appointment for four-thirty: haircut, shampoo, and set.

H. Very well, I'll be with you (wait on you) right away.

C. I'm going to read a magazine while I wait. Is the girl who gives manicures here?

H. She hasn't come. Had you made an appointment with her for today?

C. No, I had made it for next week, but I'm going to be busy.

A half hour later:

H. (*Looks at her hair*) It seems that you need to dye (your hair) again. One can already see the roots. It's incredible! I dyed it for you a very short while ago.

C. Can you dye it for me today? I don't like grey hair.

H. Why don't I give you a permanent? You don't have curls anymore.

C. No, it's too short. Besides, straight hair is in style now. But, can I have my eyebrows plucked (can they pluck my eyebrows)?

H. I don't know. The girl who does that went to lunch and hasn't come back yet.

At the barbershop:
George is sitting, reading the newspaper.

B. I think it's your turn, sir.

G. Yes. (*He sits down.*) Cut a little up here and on the sides, please.

B. Oh! You have a lot of dandruff. You have to use a special shampoo. "Irresistible" shampoo is very good.

G. Yes, they had already told me (about it) several times, but I haven't tried it yet.

B. They sell it at the pharmacy next door, but it's closed today. Shall I trim your sideburns?

G. Yes, a little. They are too long. And shave me also.

B. Shall I leave your moustache the way it is?

G. Yes.

Vocabulario

COGNADOS

el **barbero**	barber	**irresistible**	irresistible
especial	special	la **manicura**	manicure
la **farmacia**	pharmacy	la **permanente**	permanent
increíble	incredible		

NOMBRES

la **barbería** barber shop
el **bigote** moustache
la **cana** grey hair
la **caspa** dandruff
la **ceja** eyebrow
el **corte** haircut
el **costado** side
el **champú**, el **lavado** shampoo
la **patilla** sideburn
el **peinado** set, hairdo
el (la) **peluquero(a)** hairdresser
la **raíz** root
la **revista** magazine
el **rizo** curl
el **salón de belleza** beauty parlor
el **turno** appointment

VERBOS

atender (e>ie) to wait on *a person*
depilar to pluck
recortar to trim
usar to use
teñir (e>i) to dye

ADJETIVOS

corto(a) short
lacio(a) straight
largo(a) long
ocupado(a) busy, occupied
varios(as) several

OTRAS PALABRAS

demasiado too (*too much*)

ALGUNAS EXPRESIONES

acá arriba up here
cortarse el pelo to get a haircut
de al lado next door
estar de moda to be in style
hace poco a while ago, a while back
hacer la manicura to manicure
le toca a Ud. it is your turn
pedir turno to make an appointment

VOCABULARIO ADICIONAL

la **barba**   beard
Tiene la **barba** muy larga.

calvo(a)   bald
Me gustan los hombres **calvos**.

el **esmalte de uñas**   nail polish
No me gusta ese **esmalte de uñas**.

el **espejo**   mirror
El **espejo** está roto.

el **maquillaje**   makeup
Yo no necesito **maquillaje**.

la **máquina de afeitar**   razor
Me afeito con una **máquina de afeitar**.

el **peine**   comb
No use ese **peine**.

el **rizador**   curler
Los **rizadores** están en la mesa.

el **secador**   dryer, hair dryer
Están usando el **secador**.

las **tijeras**   scissors
No me corte el pelo con esas **tijeras**.

Estructuras gramaticales

▶ **1. Past participle**   (*Participio pasivo*)

The past participle is formed by adding the following endings to the stem of the verb:

PAST PARTICIPLE ENDINGS		
-ar Verbs	**-er** Verbs	**-ir** Verbs
habl-**ado**	ten-**ido**	ven-**ido**

These verbs have irregular past participles:

abrir:	**abierto**	morir:	**muerto**
cubrir:[1]	**cubierto**	poner:	**puesto**
decir:	**dicho**	ver:	**visto**
escribir:	**escrito**	volver:	**vuelto**
hacer:	**hecho**	romper:	**roto**

EJERCICIO

Give the past participles of the following verbs:

1. tener
2. traer
3. estar
4. decir
5. quebrar
6. llevar
7. cortar
8. volver
9. romper
10. cubrir
11. vendar
12. sentir
13. entrar
14. salir
15. hacer
16. poner
17. abrir
18. escribir
19. ver
20. asegurar

---

[1]Cubrir = *to cover*

▶ **2.** Present perfect tense   (*Presente perfecto*)

The present perfect tense is formed by using the present tense of the auxiliary verb **haber** with the past participle of the verb to be conjugated:

Present of **haber**	
he	hemos
has	habéis
ha	han

FORMATION OF THE PRESENT PERFECT TENSE			
	hablar	**tener**	**venir**
yo	he hablado	he tenido	he venido
tú	has hablado	has tenido	has venido
Ud. él ella	ha hablado	ha tenido	ha venido
nosotros	hemos hablado	hemos tenido	hemos venido
vosotros	habéis hablado	habéis tenido	habéis venido
Uds. ellos ellas	han hablado	han tenido	han venido

EXAMPLES:

Carolina **ha pedido** turno.   *Caroline has made an appointment.*
La chica no **ha vuelto** todavía.   *The girl hasn't come back yet.*
Yo le[1] **he hablado** toda la tarde.   *I have talked with him all afternoon.*
Él **ha tenido** todas las enfermedades.   *He has had all the diseases.*
Ellos no **han venido** este trimestre.   *They have not come this quarter.*

Note that when the past participle is part of a perfect tense it is invariable.

The auxiliary verb **haber** is not ordinarily separated from the past participle.

EJERCICIOS

A. Item Substitution

1. *El barbero* ha terminado el trabajo. (yo, nosotros, tú, él y ella, Ud.)
2. *Ellos* la han atendido. (Ud., ella y yo, tú, Mario, yo)
3. *Nosotros* hemos pedido turno. (Marta, yo, tú, los chicos)

---

[1]The direct and indirect object pronouns are placed in front of the auxiliary verb **haber**.

B. Change the following sentences to the present perfect tense:

1. Él cierra la barbería.
2. Me depilan las cejas.
3. ¿Le tiñes las canas?
4. No se baña.
5. Ponemos las revistas aquí.
6. Tú dices que está de moda.
7. La peluquera me hace la permanente.
8. El barbero no vuelve hoy.
9. Está muy enfermo.
10. Yo no veo ese champú.

C. Write in Spanish:

1. Have you broken the mirror, dear?
2. They have gone to the pharmacy.
3. She has bought nail polish.
4. The doctor has told me that I am pregnant.
5. We have never seen the sea.

▶ **3.** Past perfect tense (pluperfect)   (*Pluscuamperfecto*)

The past perfect tense is formed by using the imperfect tense of the auxiliary verb **haber** with the past participle of the verb to be conjugated:

Imperfect of **haber**	
había	habíamos
habías	habíais
había	habían

FORMATION OF THE PAST PERFECT TENSE			
	estudiar	beber	ir
yo	había estudiado	había bebido	había ido
tú	habías estudiado	habías bebido	habías ido
Ud. él ella	había estudiado	había bebido	había ido
nosotros	habíamos estudiado	habíamos bebido	habíamos ido
vosotros	habíais estudiado	habíais bebido	habíais ido
Uds. ellos ellas	habían estudiado	habían bebido	habían ido

EXAMPLES:

Ya me lo **habían dicho.**   *They had already told me.*
Ella **había estudiado** literatura.   *She had studied literature.*
Tú **habías bebido** té.   *You had drunk tea.*
Nosotros **habíamos ido** a la oficina de telégrafos.   *We had gone to the telegraph office.*

EJERCICIOS

A. Item Substitution

1. *Tú* no habías visto mi programa de clases. (yo, el doctor, nosotros, Uds.)
2. Ya *el barbero* le había recortado el bigote. (Ud., ellos, ella y yo, tú)
3. *Él* no le había escrito. (yo, ellas, nosotros, tú, mi papá)

B. Change the following sentences to the past perfect:

1. Lo puso ahí mismo.
2. Yo nunca tuve caspa.
3. Me hicieron la manicura.
4. Ya le teñimos las raíces.
5. ¿Ya hablaste con el vecino de al lado?
6. ¿Le dio Ud. la máquina de afeitar?
7. Él no trajo los peines.
8. Se cortó las patillas.

C. Write in Spanish:

1. You hadn't told me that he was bald.
2. I had bought several curlers.
3. The class had been too long.
4. I was sure that they had died in the accident.
5. We had cooked all day long.
6. She had made an appointment for two o'clock: haircut, shampoo, and set.

▶ **4. Past participles used as adjectives**
     (*Participios pasados usados como adjetivos*)

In Spanish, most past participles may be used as adjectives. As such, they agree in number and gender with the nouns they modify:

La peluquería está **abierta** hoy.   *The beauty parlor is open today.*
El restaurante está **abierto** hoy.   *The restaurant is open today.*
Las peluquerías están **abiertas** hoy.   *The beauty parlors are open today.*
Los restaurantes están **abiertos** hoy.   *The restaurants are open today.*

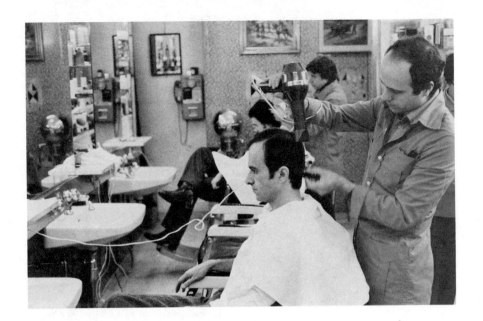

A. Supply the past participles of the verbs in parentheses; read the complete sentences aloud:

1. La lección está (terminar) _____.
2. El vaso (romper) _____ es mío.
3. Las puertas están (abrir) _____.
4. Los libros (cerrar) _____ son de Juan.
5. El trabajo (escribir) _____ por Elena está bien.
6. Las ventanas ya están (cubrir) _____.
7. Los niños estaban (cansar) _____.
8. La mesa está (poner) _____.
9. Ellos estaban (morir) _____.
10. La herida está (vendar) _____.

B. Write in Spanish:

1. All the mirrors are broken.
2. She is dead.
3. The prescriptions are written in Spanish.
4. The doctor's office is open.
5. This wine is made in California.

▶ **5. Some uses of the definite article**
   (*Algunos usos del artículo definido*)

   A. In place of a possessive:

   The possessive adjective is generally replaced by the definite article in Spanish. The possessor is indicated by an indirect object pronoun or by a reflexive (if the subject does the action to himself/herself). Note the use of the definite article in Spanish in the following specific situations indicating possession:

1. With parts of the body:

> Voy a cortar**le el** pelo.   *I'm going to cut **his** hair.*
> **Me** lavé **la** cara.   *I washed **my** face.*

2. With articles of clothing and personal belongings:

> **¿Te** pusiste **el** vestido?   *Did you put **your** dress on?*
> Ellos **se** quitaron **el** suéter.   *They took off **their** sweater.*

ATENCIÓN: The number of the subject and verb generally does not affect the number of the object because Spanish uses the singular to indicate that each person has one of any particular object:

> Ellas se pusieron **el** vestido.   *They put on **their** dress.* (Each one has one dress.)

> BUT:

> Ellas se pusieron **los** zapatos.   *They put on **their** shoes.* (Each one has two shoes.)

B.   With nouns used in a general sense:

> Me gusta **el** té, pero prefiero **el** café.   *I like tea, but I prefer coffee.*
> **Las** madres siempre se preocupan por sus hijos.   *Mothers always worry about their children.*

C.   In front of abstract nouns:

> "Denme **la** libertad o denme **la** muerte."   *"Give me liberty or give me death."*

EJERCICIOS

A. Answer the following questions in complete sentences:

1. ¿Te pusiste el impermeable? ¿Por qué? (¿Por qué no?)
2. ¿Le duele a Ud. la cabeza?
3. ¿Qué le gusta más: el pavo relleno o el arroz con pollo?
4. ¿Te gustan los muchachos rubios o los muchachos morenos (las chicas rubias o las chicas morenas)?
5. ¿Le gustan los idiomas extranjeros?
6. ¿Le duele el estómago cuando come mucho?
7. ¿Quién le corta el pelo?
8. ¿Se ponen Uds. el abrigo en invierno o en verano?
9. ¿Qué es más importante: la libertad o el dinero?
10. ¿Es la prostitución un problema en las ciudades grandes?

B. Write in Spanish:

1. I have put my dress on.
2. I haven't taken my sweater off.
3. Had they changed their dresses?
4. Did you wash your face?
5. He took off his coat.
6. My knee hurts.
7. I have broken my left arm.
8. They had washed their hands.
9. He thinks freedom is very important.
10. Do doctors earn a lot of money?

▶ **6.** Spanish equivalents of "that," "which," "who," "whom"
(*Los equivalentes españoles de "that," "which," "who," "whom"*)

A. The Spanish equivalent of *that, which, who* and *whom* is **que.** Note that Spanish **que,** unlike its English equivalents, is *not* omitted:

Tengo un secador **que** me costó cien dólares.   *I have a dryer that cost me one hundred dollars.*
Éstas son las tijeras **que** Ud. me dio.   *These are the scissors that you gave me.*
Hablé con el empleado **que** trajo la tienda de campaña.   *I spoke with the clerk who brought the tent.*

B. After a preposition Spanish uses **quien** (pl. **quienes**) for persons:

El ingeniero **de quien** te hablé está en la biblioteca.   *The engineer about whom I spoke to you is in the library.*
La señora **con quien** hablé tiene un cuarto con vista a la calle.   *The lady with whom I spoke has a room with a view of the street.*
Éstas son las muchachas **a quienes** conocí ayer.   *These are the girls I met yesterday.*

EJERCICIOS

A. Complete with **que, quien,** or **quienes:**

1. Éste es el señor _____ quiere continuar la clase.
2. Prefiero el espejo _____ cuesta cuatro dólares.
3. ¿Viste a los muchachos con _____ estudiamos ayer?
4. ¿Ése es el profesor a _____ le hablaste de tu especialización?
5. ¿Es ése el señor a _____ le vendiste tu coche?
6. Necesito hablar con el señor _____ vende revistas.

B. Write in Spanish:

1. That is the man who dyed his beard.
2. This is the shampoo that is specially for dandruff.
3. I spoke to a girl who thinks I'm irresistible. It's incredible!
4. The hairdresser with whom I spoke said my hair was too straight.
5. The girl for whom you brought the beer is not here.

¡A VER CUÁNTO APRENDIÓ!

A. Give appropriate responses:

1. ¿Se ha teñido Ud. el pelo alguna vez?
2. ¿Se lava Ud. la cabeza en la peluquería o en su casa?
3. ¿Tiene Ud. rizos o tiene el pelo lacio?
4. ¿Te gusta mi peinado?
5. ¿Está de moda el pelo largo o corto?
6. ¿A quién le toca contestar la pregunta? ¿Le toca a Ud.?
7. ¿Quiere lavado y peinado?
8. ¿Tiene barba su novio?
9. Tengo un champú especial para la caspa. ¿Lo necesita?
10. Tengo muchas canas. ¿Qué puedo hacer?
11. ¿Había pedido Ud. turno para la peluquería (barbería) el sábado pasado?
12. ¿Le corto el pelo acá arriba y a los costados?
13. ¿Tiene Ud. caspa?
14. ¿Se ha hecho Ud. la permanente alguna vez?
15. Cuando Ud. va a la peluquería (barbería), ¿tiene que esperar mucho?

B. Match the nouns in column **A** with the past participles in column **B**, and read aloud:

A	B
door 1. puertas	a. teñido
2. libros	b. sentada
3. niña	c. ocupadas
4. farmacia	d. roto
5. pelo	e. desinfectada
E 6. herida	f. cerrados
7. enfermeras	g. abiertas
8. brazo	h. depiladas
9. cejas	i. recortadas

10. patillas	j. abierta
11. carta	k. hecho
12. trabajo	l. escrita

C. Complete the following sentences with the Spanish equivalents of the verbs in parentheses:

1. Yo nunca ____ (*had gone*) a esa barbería.
2. El peluquero me ____ (*has plucked*) las cejas.
3. Nosotros ____ (*have been*) muy ocupados.
4. ¿Cuántas horas lo ____ (*had waited*) tú?
5. Ella le ____ (*had told*) que el pelo largo no estaba de moda.
6. ¡Es increíble! Ellos no nos ____ (*have seen*).
7. El barbero no ____ (*has returned*) todavía.
8. Yo no sabía que Ester ____ (*had died*).
9. Los mozos ____ (*had covered*) todas las mesas.
10. ¿Dónde ____ (*have put*) Uds. el maquillaje?

D. ¡Repase el vocabulario!

Match the questions in column **A** with the appropriate responses in column **B**. Then read aloud:

A	**B**
1. ¿Dónde te hicieron la permanente?	a. De rubio.
2. ¿Le corto acá arriba?	b. En la farmacia de al lado.
3. ¿Pediste turno en el salón de belleza?	c. No, tiene el pelo lacio.
4. ¿Qué color de esmalte de uñas usa Ud.?	d. Con las tijeras.
5. ¿De qué color vas a teñirte?	e. No, largo.
6. ¿Por qué no te afeitas?	f. Porque el pelo corto no está de moda.
7. ¿Con qué vas a cortarme el pelo?	g. En la peluquería.
8. ¿Dónde compraste el champú?	h. Rojo.
9. ¿Por qué no te cortas el pelo?	i. Uno especial para la caspa.
10. ¿Tiene rizos?	j. No, estoy muy ocupada.
11. ¿Puede atenderme ahora?	k. Sí, van a hacerme la manicura.
12. ¿Tiene el pelo corto?	l. Sí. ¡Voy a tener siete años de mala suerte!
13. ¿Qué champú compraste?	m. Hace muy poco.
14. ¿Cuánto tiempo hace que te teñiste el pelo?	n. No tengo máquina de afeitar.
15. ¿Has roto el espejo?	o. Sí, y a los costados también.

E. Complete the following dialogues:

1. *En la barbería:*

BARBERO   _____

CARLOS   —Creo que me toca a mí.

BARBERO   _____

CARLOS   —Recórteme un poco acá arriba y a los costados.

BARBERO   _____

CARLOS   —No, déjelas como están.

BARBERO   _____

CARLOS   —Sí, recórtemelo un poco.

BARBERO   _____

CARLOS   —Sí, ya lo sé, ¿qué clase de champú me recomienda Ud.?

BARBERO   _____

CARLOS   —Voy a probarlo.

2. *En la peluquería:*

PELUQUERA   —¿Corte o peinado?

LOLITA   _____

PELUQUERA   —Buena idea, ahora está de moda el pelo corto.

LOLITA   _____

PELUQUERA   —¿De qué color quiere teñírselo esta vez?

LOLITA   _____

PELUQUERA   —Lo siento; no puedo depilárselas hoy porque no voy a tener tiempo.

LOLITA   _____

PELUQUERA   —Sí, puede hacerse la manicura con Elena; ella está libre.

LOLITA   _____

PELUQUERA   —Sí, podemos hacérsela: pero debe esperar quince días después de teñirse.

LOLITA   _____

PELUQUERA   —El jueves 25 a las 3:30 de la tarde.

F. Situaciones

What would you say in the following situations?:

1. You are at the barbershop. Tell the barber to trim your moustache and your beard. Tell him also that your sideburns are too long.
2. You are a hairdresser. Tell your customer you can't wait on her now because you are very busy. Tell her to sit down and read a magazine while she waits.
3. You are at the beauty parlor. Ask one of the hairdressers if she can give

you a manicure. Tell her you also want a permanent. Ask if you need to make an appointment.
4. Tell your hairdresser you want to dye your hair because you have seen several grey hairs. Ask him/her if they sell makeup. Tell him/her you also need curlers and a hair dryer.
5. Your friend wants to buy a comb for someone. Tell her that her friend doesn't need a comb because he's bald.

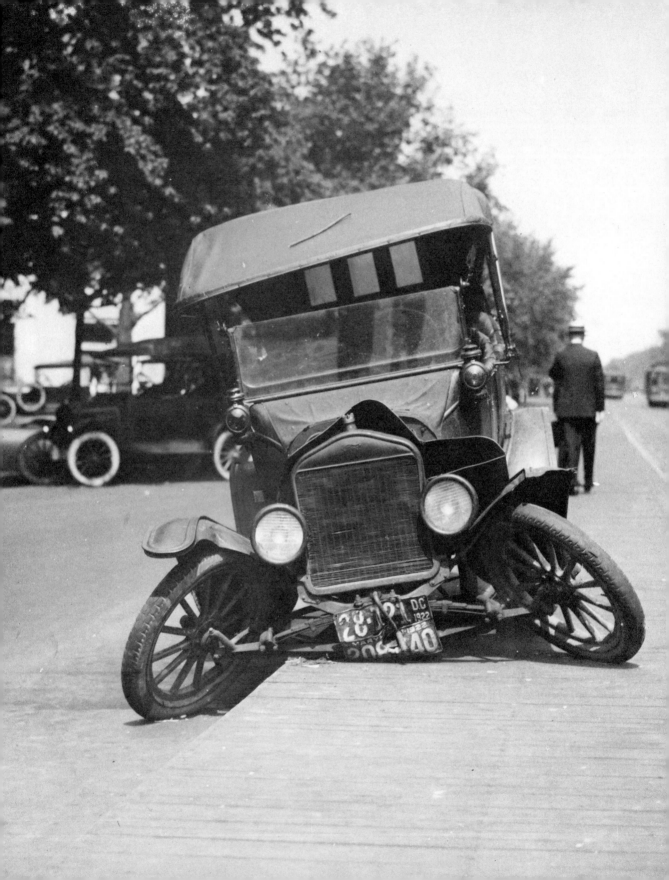

¿Será que el coche está demasiado viejo?

El señor Méndez ha venido a la gasolinera para comprar gasolina. El dependiente lo atiende en seguida.

SEÑOR MÉNDEZ —Cincuenta pesos de gasolina, por favor. El tanque está casi vacío.

DEPENDIENTE —¿Cree que necesitará aceite, señor?

SEÑOR MÉNDEZ —No, pero, ¿podría agregar agua a la batería?

DEPENDIENTE —Sí, cómo no.

SEÑOR MÉNDEZ —Ayer un mecánico cambió una goma pinchada y me dijo que necesitaba gomas nuevas. ¿Venden Uds. gomas?

DEPENDIENTE —No, señor. No vendemos gomas.

SEÑOR MÉNDEZ —¡Caramba! El mecánico dijo también que tendría que arreglar los frenos e instalar una nueva bomba de agua.

DEPENDIENTE —¿Será porque el coche ya está viejo? ¡Tiene cien mil millas! ¿No le gustaría manejar uno nuevo?

SEÑOR MÉNDEZ —No, eso costaría demasiado. Además, este coche es como un buen amigo . . .

El jueves por la mañana, el señor Méndez lleva el coche al taller. El mecánico lo revisa y luego habla con el señor Méndez.

MECÁNICO —Tendremos que arreglar el carburador y cambiar el filtro del aceite y las bujías.

SEÑOR MÉNDEZ —¿No será el arranque? Además, el coche hace un ruido terrible.

MECÁNICO —Debe ser porque el silenciador no funciona bien.

SEÑOR MÉNDEZ —Los frenos tampoco funcionan. Además, tendré que comprar un limpiaparabrisas nuevo, y arreglar el guardafangos, que está abollado.

MECÁNICO —El señor Rodríguez, cuyo coche es mucho más nuevo, tiene casi los mismos problemas con el motor de su coche.

SEÑOR MÉNDEZ —¿Podrá Ud. arreglar todo eso para el sábado?

MECÁNICO —Haré todo lo posible, señor Méndez.

CAN IT BE THAT THE CAR IS TOO OLD?

Mr. Méndez has come to the service station to buy gasoline. The attendant waits on him right away.

MR. M.   Fifty pesos (worth) of gasoline, please. The tank is almost empty.

A.   Do you think that it will need oil, sir?

MR. M.   No, but could you put some water in the battery?

A.   Yes, certainly.

MR. M.   Yesterday a mechanic changed a flat tire and told me that I needed new tires. Do you sell tires?

A.   No, sir. We don't sell tires.

MR. M.   Darn it! The mechanic also said that I would have to fix the brakes and install a new water pump.

A.   Can it be that the car is too old? It has (gone) one hundred thousand miles! Wouldn't you like to drive a new one?

MR. M.   No, that would cost too much. Besides, this car is like a good friend . . .

Thursday morning Mr. Méndez takes his car to the repair shop. The mechanic examines it and then speaks with Mr. Méndez.

M.   We will have to fix the carburetor and change the oil filter and the spark plugs.

MR. M.   Can it be the starter? Besides, the car makes a terrible noise.

M.   It must be because the muffler does not work well.

MR. M.   The brakes don't work either. Besides, I'll have to buy a new windshield wiper and fix the fender, which is dented.

M.   Mr. Rodríguez, whose car is much newer, has almost the same problems with the engine of his car.

MR. M.   Will you be able to fix all of that by Saturday?

M.   I'll do everything possible, Mr. Méndez.

Vocabulario

COGNADOS

la **batería**   battery
el **carburador**   carburetor
el **filtro**   filter
la **gasolina**   gasoline

el **mecánico**   mechanic
el **tanque**   tank
la **milla**   mile

NOMBRES

el[1] **agua**   water
el **aceite**   oil
el **arranque**   starter
la **bomba de agua**   water pump
la **bujía**   spark plug
el **dependiente**   attendant, clerk
el **freno**   brake
la **gasolinera**, la **estación de servicio**   service station
la **goma**   tire
la **goma pinchada**   flat tire
el **guardafangos**   fender
el **limpiaparabrisas**   windshield wiper
el **motor**   engine, motor
el **ruido**   noise
el **silenciador**   muffler
el **taller**   repair shop

VERBOS

agregar   to add
arreglar   to fix, to arrange

cambiar   to change
funcionar   to work, to function
instalar   to install
manejar   to drive
revisar   to check

ADJETIVOS

abollado(a)   dented
vacío(a)   empty

OTRAS PALABRAS

casi   almost
cuyo(a)   whose
demasiado   too much
luego   then, later

ALGUNAS EXPRESIONES

¡caramba!   gee!, wow!, darn it!
¡cómo no!   certainly!, of course!, surely!
todo lo posible   everything possible

[1]The definite article **el** or the indefinite article **un** are used instead of **la** or **una** with femir singular nouns beginning with *stressed* **a** or **ha**.

VOCABULARIO ADICIONAL

el **acelerador**   accelerator
No debes poner el pie en el **acelerador**.

el **capó**, la **cubierta**   hood
Voy a levantar el **capó** para mirar el motor.

la **chapa**   license plate
La **chapa** de mi coche es 24808.

descompuesto(a)   out of order
Llevé el coche al taller porque estaba descompuesto.

la **licencia**   registration
Él me pidió la **licencia** del coche.

la **luz**   light
¿Apagaste la **luz**?

lleno(a)   full
El tanque está **lleno**.

el **maletero**, la **cajuela** (*Méx.*)   trunk
¿Pusiste las maletas en el **maletero**?

el **parabrisas**   windshield
Con la lluvia se ensució el **parabrisas**.

el **volante**   steering wheel
Debes dejar las manos en el **volante**.

Estructuras gramaticales

1. The future tense   (*El futuro*)

A. Most Spanish verbs are regular in the future tense. The infinitive serves as the future stem for almost all verbs. The following endings are added to the future stem:

FUTURE TENSE ENDINGS	
-é	-emos
-ás	-éis
-á	-án

※ Future tense endings are the same for all three conjugations and all irregular verbs.

※ All future endings except the **nosotros** form have written accents.

Future Stem	First Person Singular Future Tense
trabajar-	trabajaré
aprender-	aprenderé
escribir-	escribiré
dar-	daré
ir-	iré
ser-	seré

EXAMPLES:

Yo **manejaré** el coche.   *I will drive the car.*
Tú no **aprenderás** nunca.   *You will never learn.*
Tomaremos una clase de educación física.   *We will take a physical education class.*
Roberto **irá** al río con nosotros.   *Robert will go to the river with us.*
Ellos te **darán** la batería.   *They will give you the battery.*
Yo me **depilaré** las cejas.   *I will pluck my eyebrows.*

EJERCICIOS

A. Substitution Drill

1. *Nosotros* arreglaremos el coche. (tú, el mecánico, yo, Ud., ellos)
2. *Yo* llamaré a Paco todos los días. (Ana, nosotros, Uds., tú)
3. ¿*Tú* tratarás de hacerlo? (Ud., ellos, Teresa, nosotras)

B. Complete the following sentences with the future tense of the verbs in parentheses:

1. Ellos (llegar) _____ mañana.
2. Ellos me (desear) _____ buena suerte.
3. Pedro (hablar) _____ sobre el crimen.
4. Ésa (ser) _____ la última vez.
5. ¿(Cambiar) (tú) _____ las bujías?
6. Yo (revisar) _____ los frenos.
7. ¿(Traer) _____ ella el carburador?
8. ¿(Instalar) _____ Uds. la bomba de agua?
9. ¿(Comprar) _____ ellos otro silenciador?
10. Nosotros (ir) _____ con ellos.

C. Change to the future tense:

1. Él es el tercero.
2. Beba trajo la gasolina.
3. Roberto pidió una oficina privada.
4. Le damos una propina al dependiente.
5. Me levanto temprano.
6. Ellos agregaron aceite.
7. ¿Uds. van en la primavera?
8. Ellos gozaron del hermoso paisaje.

B. With the following verbs, a modified form of the infinitive is used as the stem for the future tense. The endings are the same as the ones for regular verbs:

IRREGULAR FUTURE STEMS		
Infinitive	*Modified Form (Stem)*	*First Person Singular*
decir	dir-	diré
hacer	har-	haré
haber	habr-	habré
querer	querr-	querré
saber	sabr-	sabré
poder	podr-	podré
caber	cabr-	cabré
poner	pondr-	pondré
venir	vendr-	vendré
tener	tendr-	tendré
salir	saldr-	saldré
valer[1]	valdr-	valdré

EXAMPLES:

Haré todo lo posible.   *I'll do everything possible.*

Yo le **diré** que es irresistible.   *I will tell him he's irresistible.*

Habrá muchas sorpresas.   *There will be many surprises.*

Ud. **querrá** ir al salón de belleza.   *You will want to go to the beauty parlor.*

Tú lo **pondrás** en el segundo cuarto.   *You will put it in the second room.*

Uds. **tendrán** que venir en el otoño.   *You will have to come in autumn.*

Perú no **saldrá** nunca de la depresión.   *Peru will never get out of the depression.*

EJERCICIOS

A. Item Substitution

1. *Yo* no lo pondré en el taller. (nosotros, tú, ella, Uds., Ud.)
2. *Nosotros* sabremos arreglarlo. (tú, el mecánico, yo, ellos)
3. El sábado lo harán *ellos.* (tú, yo, los muchachos, ella)

B. Complete the following sentences with the future tense of the verbs in parentheses:

1. El doctor (decir) ____ que tú eres diabético.
2. Pedro (venir) ____ en febrero.
3. La bolsa de dormir no (caber) ____ allí.
4. José y yo (tener) ____ que arreglar los frenos.

---

[1]valer = *to be worth*

5. Nosotros no (poder) _____ cambiar el filtro.
6. Ellos (poner) _____ la batería.
7. ¿Él (querer) _____ venir alguna vez?
8. ¿Qué (hacer) _____ tú más tarde?
9. Esta noche (haber) _____ una fiesta.
10. Uds. no (saber) _____ instalarlo.

C. Change to the future tense:

1. Te dice que es viudo.
2. ¿No hay fiesta el lunes?
3. No quieren manejar.
4. ¿Tienes que revisarle el oído?
5. Nunca salimos temprano del taller.
6. No podemos cambiar la goma pinchada.
7. ¿Viene con ese odioso?
8. El espejo vale muy poco.

D. Write in Spanish:

1. The mechanic will change the oil.
2. Have a seat. He will be here right away.
3. Will the maid go out with him?
4. Will you bring the license plate?
5. We will put the chalk in the glove compartment.
6. I will tell him that she has heart trouble.

▶ **2.** Future of probability   (*Futuro de probabilidad*)

The future is also used to indicate a conjecture or statement of probability. The English language uses expressions such as *I wonder, probably, can it be that, do you suppose?* where Spanish uses the future tense:

¿Quién **será** el profesor de química?   *I wonder who the chemistry teacher is?*

¿**Estará** descompuesto?   *Do you suppose it's out of order?*

¿**Será** porque el coche está viejo?   *Can it be because the car is old?*

El señor Méndez no **querrá** comentarlo.   *Mr. Méndez probably doesn't want to comment on it.*

Serán las nueve y media.   *It must be nine-thirty.*

Ernesto **tendrá** unos quince años.   *Ernest must be about fifteen years old.*

¿**Será** el arranque?   *Do you suppose it's the starter?*

Deber + *infinitive* is also used to express either obligation or probability:

Debe ser porque el silenciador no funciona bien. }
Será porque el silenciador no funciona bien. }   *It must be because the muffler doesn't work well.*

A. Replace the **debe** + *infinitive* form with the future of probability:

1. El abrigo debe costar cien dólares.
2. El tanque debe estar vacío.
3. Debe necesitar una bomba de agua nueva.
4. Debe querer agua para la batería.
5. Debe estar hablando de la pobreza.
6. Ése debe ser el salvavidas.
7. Debe tener mareos.
8. Debe ser el arranque.
9. No debe funcionar el silenciador.
10. Deben ser como las siete y media.

B. Pattern Drill

MODELO: ¿Dónde está la criada?   (en la cocina)
          No sé ... Estará en la cocina.

1. ¿Cuántos años tiene Marta?   (unos veinte años)
2. ¿Qué hora es?   (las seis)
3. ¿Qué está haciendo el borracho?   (durmiendo)
4. ¿Cuándo vienen las periodistas?   (el miércoles)

5. ¿Cómo están los muchachos?   (bien)
6. ¿A cuántas cuadras queda la gasolinera?   (cinco cuadras)

C. Answer the following questions, using the future of probability:

1. ¿Cuántas millas hay de aquí a San Francisco?
2. ¿Qué hora es?
3. Mi coche hace un ruido terrible. ¿Qué tiene?
4. ¿Por qué tiene tantos problemas el motor de mi coche?
5. ¿Cuánto cuesta un Rolls Royce?
6. ¿Por qué no funciona el coche?
7. ¿Qué nota va a sacar Ud. en esta clase?
8. ¿Qué hacen los estudiantes después de la clase?

D. Write in Spanish:

1. Where do you suppose the spark plugs are?
2. Where do you think the psychology teacher is?
3. Can it be that he is too old?
4. Do you suppose the car needs gas and oil?
5. I wonder if we will need a new fender.

▶ 3. The conditional   (El condicional)

A. The conditional expresses the idea of *would* or *should*. Like the future, the conditional uses the infinitive as the stem. The endings for the conditional are the same for all verbs, regular and irregular:

CONDITIONAL ENDINGS	
-ía	-íamos
-ías	-íais
-ía	-ían

✻ All the conditional endings have accents.

Conditional Stem	First Person Singular Conditional
trabajar-	trabajaría
aprender-	aprendería
escribir-	escribiría
ir-	iría
ser-	sería
dar-	daría
servir-	serviría

EXAMPLES:

Eso **costaría** demasiado.   *That would cost too much.*

Yo no **acamparía** aquí.   *I wouldn't camp here.*

Tú nunca **dormirías** afuera.   *You would never sleep outside.*

¿Le **daría** Ud. una paliza?   *Would you give him a spanking?*

¿**Presentaría** Ud. sus documentos?   *Would you present your documents?*

Ellos **servirían** la comida temprano.   *They would serve the food early.*

Ella **apagaría** la luz.   *She would turn off the light.*

The conditional expresses the idea of futurity dating from the past. The future tense tells what *will* happen; the conditional tells what *would* happen:

Future	*Conditional*
Él **dice** que **estará** aquí mañana.	Él **dijo** que **estaría** aquí mañana.
*He says that he **will** be here tomorrow.*	*He said that he **would** be here tomorrow.*
Mi hijo **escribe** que **trabajará** en una gasolinera este verano.	Mi hijo **escribió** que **trabajaría** en una gasolinera este verano.
*My son **writes** that he **will work** in a gas station this summer.*	*My son **wrote** that he **would work** in a gas station this summer.*

EJERCICIOS

A. Item Substitution

1. *Yo* trabajaría en la estación de servicio. (Paco y yo, tú, ellos, Ud., él)
2. *Nosotros* iríamos con él. (tú, los chicos, ella, yo, Uds.)
3. ¡Más comerías *tú!* (yo, Elena y Julio, él, nosotros, Uds.)
4. ¿Lo recibirían *ellos?* (yo, Julia, nosotros, tú, él, Uds.)
5. *Yo* no manejaría ese coche. (tú, el mecánico, nosotros, ellos)

B. Complete the following sentences with the conditional of the verbs in parentheses:

1. El mecánico (arreglar) ____ el motor del coche.
2. Nosotros le (desear) ____ buena suerte.
3. Tus vecinos (llegar) ____ tarde.
4. Tú no me (dar) ____ envidia.
5. Yo (comprar) ____ un limpiaparabrisas nuevo.
6. Ese coche no (funcionar) ____.
7. Yo (levantar) ____ el capó.
8. Él (limpiar) ____ el parabrisas.
9. Me (gustar) ____ usar maquillaje.
10. Eso no (pasar) ____ aquí.

B. The verbs that have irregular stems in the future tense are also irregular in the conditional. The endings for the conditional of these verbs are the same as those of regular verbs:

	IRREGULAR CONDITIONAL STEMS	
Infinitive	*Modified Form (Stem)*	*First Person Singular*
decir	dir-	diría
hacer	har-	haría
haber	habr-	habría
querer	querr-	querría
saber	sabr-	sabría
poder	podr-	podría
caber	cabr-	cabría
poner	pondr-	pondría
venir	vendr-	vendría
tener	tendr-	tendría
salir	saldr-	saldría
valer	valdr-	valdría

EXAMPLES:

Él dijo que **tendría** que arreglar los frenos.   *He said I would have to fix the brakes.*

Tú no **harías** nada.   *You wouldn't do anything.*

¿**Querría** Ud. vivir en el octavo piso?   *Would you want to live on the eighth floor?*

no **sabría** el precio.   *He wouldn't know the price.*

Nosotros **pondríamos** las copas en la mesa.   *We would put the wine glasses on the table.*

EJERCICIOS

A. Item Substitution Drill

1. *Marta* no le diría de parte de quién. (yo, nosotros, tú, Uds., mi nieto)
2. ¿Lo harían *Uds.*? (tú, el profesor, yo, nosotros, ellos)
3. *Yo* lo pondría en la cajuela. (mamá, tú, nosotros, Ud., ellos)

B. Complete the following sentences with the conditional of the verbs in parentheses:

1. Eso (caber) ____ allí.
2. Los niños no (venir) ____ al taller.
3. Mi coche no (hacer) ____ ese ruido.
4. Uds. (salir) ____ el 15 de agosto.

5. Tú (tener) _____ sueño.
6. La enfermera (saber) _____ dónde está el análisis.
7. El coche no (valer) _____ nada.
8. ¿Tú los (poner) _____ frente a la clase?

C. Write the following sentences in the conditional; make any other changes necessary:

1. No *había* chapas.
2. Eva no sabía si *había* posibilidades.
3. Yo le *dije* que era estricto.
4. No *vino* este fin de semana.
5. Ella no *puede* nadar en el océano.
6. ¿*Caben* aquí?
7. ¡Caramba! ¿Cuánto *vale?*
8. Ellos no *tendrán* la receta.
9. Yo *quiero* cambiar la goma pinchada.
10. Los *pusimos* en el maletero.

D. Write in Spanish:

1. Would you go out with us?
2. My uncle wouldn't buy the carburetor.
3. I would fix the accelerator.
4. Your grandson wouldn't change the flat tire.
5. It wouldn't make any noise.

▶ 4. Use of the conditional to express probability in the past
   (*Uso del condicional para expresar probabilidad en el pasado*)

The conditional tense is also used to express probability or conjecture in the past:

¿Quien **sería** el juez?   *I wonder who the judge was.*
¿Con quién **iría** Guillermo?   *I wonder who William was going with.*
¿**Estaría** enferma?   *Could it be that she was sick?*
Irían de pesca . . .   *They probably went fishing . . .*
¿Cuántos años **tendría?**   *How old do you suppose he was?*

EJERCICIOS

A. Pattern Drill

MODELO: ¿Quién era esa señora?   (una empleada)
          ¿Quién sabe? Sería una empleada.

1. ¿Quién era ese señor?   (el papá de Marta)
2. ¿Cuántos coches había en la gasolinera?   (unos quince)

3. ¿Cuántos años tenías tú?   (unos seis o siete)
4. ¿Qué hora era cuando llegaron?   (como las cuatro)
5. ¿Qué estaba haciendo Graciela?   (llamando por teléfono)
6. ¿Qué quería el señor Méndez?   (comprar aceite)

B. Answer the following questions, using the conditional of probability. Use the clues provided for your answers:

1. ¿A dónde fueron los viajeros?   (Lima)
2. ¿Qué necesitaba el coche?   (aceite)
3. ¿Qué hizo el mecánico?   (cambiar la goma)
4. ¿Por qué hacía ese ruido el coche?   (necesitar un silenciador nuevo)
5. ¿Cuánto valía el filtro?   (cinco dólares)
6. ¿Qué hora era cuando llegó el profesor (la profesora)?   (las ocho)
7. ¿Quién era el muchacho que tenía problemas sentimentales?   (Carlos)
8. ¿Quién era esa chica tan simpática?   (Elena)

C. Write in Spanish:

1. I wonder who said that nonsense.
2. What do you suppose they heard?
3. I wonder who gave them the knives and the spoons.
4. I wonder what his salary was.
5. I wonder how old the math teacher was.

▶ **5.** **Uses of el cual, el que, lo cual, lo que and cuyo**
(*Usos de el cual, el que, lo cual, lo que y cuyo*)

A. Uses of **el cual**

Who, which, and *whom* are translated as **el cual, la cual, los cuales,** and **las cuales** instead of **que** in the following cases:

1. To avoid ambiguity and to clarify when there is more than one possible antecedent:

El cuñado de Ana, **que** viene ahora . . .   *Ana's brother-in-law, who's coming now . . .*

In this sentence **que** may refer to both **Ana** and **el cuñado.** If we wish to refer to **el cuñado,** to avoid confusion, it is better to say:

El cuñado de Ana, **el cual** viene ahora . . .

2. When the antecedent is separated from the relative pronoun by a considerable distance:

Juan, el muchacho de pelo negro, **el cual** llegó tarde . . .   *John, the boy with the black hair, who was late . . .*

3. After the prepositions **por** and **sin**:

> Sus hermanas, sin **las cuales** estaríamos perdidos, llegan hoy. *His sisters, without whom we would be lost, arrive today.*
> Su novia, por **la cual** dejó a su familia, se casó con otro. *His girl-friend, for whom he left his family, married somebody else.*

B. Uses of **el que**

1. The relative pronouns **el que, la que, los que,** and **las que** have the same uses as **el cual,** etc.:

> El cuñado de Ana, **el que** viene ahora . . .

2. In addition, **el que,** etc., are used to translate *the one who, he who, those who:*

> Juan y Pedro fueron **los que** alquilaron la casa. *John and Peter were the ones who rented the house.*
> **El que** ríe último, ríe mejor. *He who laughs last, laughs best.*

C. Uses of **lo cual** and **lo que**

These neuter forms refer back to a previous idea or phrase and are used to translate *which* or *what:*

> ¿Recuerdas **lo que** te dije ayer? *Do you remember what I told you yesterday?*
> Marta ha aprendido a tocar el piano, **lo cual** me alegra mucho. *Martha has learned to play the piano, which (accomplishment) makes me very happy.*

D. Uses of **cuyo** *always followed by a noun*

Cuyo is used mainly to refer to people; it agrees with the gender and number of the word it modifies. **Cuyo** (**cuya, cuyos, cuyas**) translates the relative pronoun *whose,* but it is never used as the equivalent of the interrogative word *whose?*:

> El señor Rodríguez, **cuyo** coche es mucho más nuevo . . . *Mr. Rodríguez, whose car is much newer . . .*
> Raúl, **cuyas** hijas son mayores . . . *Ralph, whose daughters are older . . .*
> BUT:
> ¿De quién[1] es este coche? *Whose car is this?*

---

[1]**¿De quién?** is the interrogative form Spanish uses to express the English *whose.*

EJERCICIO   Say in Spanish:

1. Father's mechanic, who always fixes our car, is very sick.
2. Martha, the girl with blonde hair and blue eyes, who was here yesterday, had an accident.
3. Mr. Somoza and Mr. Pérez, without whom we can't get the registration, aren't here.
4. She is the one who will buy the tires.
5. He who laughs last, laughs best.
6. What we need is a windshield wiper.
7. The mechanic told me it was the starter, which wasn't true.
8. Robert had changed the flat tire, which made my father very happy.
9. Mr. Guerrero, whose daughter has a Rolls Royce, is very poor.
10. Whose license plate is this?

¡A VER CUÁNTO APRENDIÓ!

A. Give appropriate responses:

1. ¿Para qué tenemos que ir a la gasolinera?
2. ¿Está lleno o vacío el tanque de su coche?
3. ¿Para qué necesitamos agua?
4. Mi coche hace un ruido terrible. ¿Por qué será?
5. ¿Por qué tenemos que cambiar la goma?
6. ¿Te gustaría manejar un Mercedes Benz?
7. ¿Para qué usa Ud. el maletero?
8. ¿Costaría mucho dinero comprar una casa en la Riviera?
9. ¿Tiene Ud. que cambiar el filtro de aceite de su coche?
10. ¿Qué harías tú con mil dólares?
11. ¿Para cuándo podrá Ud. terminar esta lección?
12. Hubo un accidente en la esquina. ¿Quién estaría al volante?

B. Complete the following sentences, using **el cual, la cual, los cuales, las cuales, el que, lo que, lo cual, cuyo,** or **de quién,** as required:

1. Éstas son las planillas, sin _____ no podemos conseguir la información.
2. Ramón no me dijo nada, _____ me parece muy raro.
3. Marta, _____ padres viven en México, está muy triste.
4. Los chicos, sin _____ no podemos salir, no han llegado.
5. Llovía mucho, por _____ tuvimos que usar el limpiaparabrisas.
6. Don Pepe, _____ hija se casó ayer, está muy enfermo.
7. ¿_____ es esta receta?
8. El profesor de Rosita, _____ vive en Chihuahua, visitó Washington.
9. _____ ríe último, ríe mejor.
10. María, ¿_____ son estas medicinas?

C. ¡Repase el vocabulario!

Match the items in column **A** with those of column **B**:

<table>
<tr><td align="center">**A**</td><td align="center">**B**</td></tr>
<tr><td>1. El tanque</td><td>a. está pinchada.</td></tr>
<tr><td>2. Será necesario cambiar</td><td>b. un coche nuevo.</td></tr>
<tr><td>3. La goma</td><td>c. arregló el coche.</td></tr>
<tr><td>4. Será necesario arreglar</td><td>d. no funciona.</td></tr>
<tr><td>5. Me gustaría manejar</td><td>e. terminarlo para el sábado.</td></tr>
<tr><td>6. El mecánico</td><td>f. la batería.</td></tr>
<tr><td>7. Será necesario cambiar el filtro</td><td>g. está vacío.</td></tr>
<tr><td>8. El acelerador</td><td>h. de aceite.</td></tr>
<tr><td>9. Haré todo lo posible por</td><td>i. los frenos.</td></tr>
<tr><td>10. Debo agregarle agua a</td><td>j. las gomas.</td></tr>
<tr><td>11. No quite las manos</td><td>k. Está lleno.</td></tr>
<tr><td>12. No está vacío.</td><td>l. del volante.</td></tr>
</table>

Name the parts of the car indicated by the numbers:

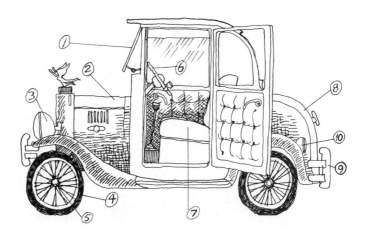

D. Situaciones

What would you say in the following situations?:

1. Ask your mechanic if he/she can check your car. Tell him/her you think the starter is out of order.
2. Tell a tourist that he can buy gasoline at the service station at the corner. Tell him also that he has a flat tire.
3. The boss asks you if you can finish a job by tomorrow. Tell him/her that, of course, you will do everything possible.

4. Tell the mechanic to raise the hood to see if you need oil. Also tell him/her to clean the windshield.

5. You are a police officer, and you have stopped a motorist. Tell him his car doesn't have a license plate. Tell him also that the lights aren't working. Ask to see the car registration.

PROVERBIOS ESPAÑOLES	"El que a hierro mata, a hierro muere." (*He who lives by the sword, dies by the sword.*)
	"El que espera, desespera." (*He who waits, despairs.*)
	"Cada loco con su tema." (*To each his own.*)

Ejercicio de lectura

PIROPOS[1]

Miguel y José Luis han traído el coche al taller. El mecánico les ha dicho que debe arreglar los frenos y cambiar el filtro del aceite y las bujías.

—¿Qué vamos a hacer mientras esperamos? —se queja Miguel. José Luis, parado en la puerta del taller, admira° a las chicas que pasan.

admires

—¡Qué curvas!° ¡Y yo sin frenos! —exclama cuando ve a una preciosa muchacha. Miguel decide hacer lo mismo y cuando ve a una señora muy guapa, llevando de la mano a su hija, dice, mirando a la señora: —¡Qué monumento! —Y a la niña: —¡Qué promesa° para el futuro!

curves

promise

Así, diciendo piropos y admirando a las chicas, la mañana se va pronto. El coche no está arreglado todavía, pues el mecánico, parado en la puerta, ha decidido seguir el ejemplo de Miguel y José Luis.

¡A ver cuánto recuerda!

Answer the following questions in complete sentences:

1. ¿Qué han hecho Miguel y José Luis con el coche?
2. ¿Qué les ha dicho el mecánico?
3. ¿Por qué se queja Miguel?
4. ¿Qué hace José Luis?
5. ¿Que le dice José Luis a la chica?
6. ¿Qué decide Miguel?

---

[1]Piropos = *compliments*

7. ¿Qué le dice Miguel a la señora que va con su hija?
8. ¿Qué le dice a la niña?
9. ¿Ya está arreglado el coche?
10. ¿Qué ha decidido el mecánico?

Now write the answers to the questions in paragraph form, add punctuation, and you will have a composition.

BOSQUEJO CULTURAL

4

Contrastes en los países latinoamericanos

Entre las veintiuna repúblicas que forman la América Latina existen muchas similaridades. Todas—excepto el Brasil—están unidas° por las costumbres y tradiciones de España, y sobre todo° por la religión católica y el idioma español. Hay, sin embargo,° contrastes entre ellas.

    Una de las grandes diferencias es que junto a° naciones de gran progreso y cultura existen otras muy poco desarrolladas° donde la mayoría de la población° es pobre y analfabeta.° Entre los países más modernos y progresistas° están Argentina, Chile, México y Venezuela. Costa Rica, aunque es un pequeño país de Centroamérica, es, sin embargo, uno de los más democráticos, y uno de los pocos en que se pone más énfasis° en la educación que en la política.

    Otro gran contraste ocurre dentro de° cada nación latina. La mayoría de los habitantes prefiere vivir en las grandes ciudades, y por eso existen todavía hoy en día grandes extensiones de tierra° sin habitantes. Las diferencias entre las ciudades y los pueblos° pequeños son muy grandes. En las ciudades hay toda clase de comodidades° modernas, y sin embargo, hay muchos pueblos donde todavía se vive primitivamente.

    Un gran problema latinoamericano es que muchos países dependen económicamente de uno o dos productos de la industria o la agricultura. Por ejemplo, Cuba vive del azúcar, Venezuela exporta petróleo,° Honduras exporta plátanos,° y Brasil tiene el café como producto principal. Bolivia depende del estaño° y la Argentina exporta carne y trigo° principalmente. Esto los hace muy vulnerables a las crisis económicas.

    Hoy en día los latinoamericanos están haciendo grandes esfuerzos° para obtener reformas económicas y sociales. Están tratando de levantar el nivel económico del obrero° y del campesino° y de reducir el número de analfabetos.

	united
	above all
	however
	next to
	developed
	population / illiterate / progressive
	more emphasis is given
	within
	land
	towns
	conveniences
	oil / bananas
	tin
	wheat
	efforts
	laborer / farm worker

Edificio del Congreso, Buenos Aires, Argentina.

¡A ver cuánto recuerda!

Answer the following questions:

1. ¿Cuántas naciones forman la América Latina?
2. ¿Qué tienen en común las naciones de Latinoamérica?
3. ¿Cuál es una de las grandes diferencias entre las naciones de Latinoamérica?
4. ¿Cuáles son algunos de los países más progresistas de Latinoamérica?
5. ¿En qué país se pone más énfasis en la educación que en la política?
6. ¿Dónde prefiere vivir la mayoría de los latinoamericanos?
7. ¿Qué gran diferencia hay entre las grandes ciudades y los pueblos pequeños de Latinoamérica?
8. ¿De qué vive Cuba?
9. ¿Cuáles son los principales productos de Venezuela? ¿de Honduras? ¿del Brasil? ¿de Bolivia? ¿de Argentina?
10. ¿Qué están tratando de obtener los latinoamericanos?

Autopistas de la Ciudad de México.

Cortando caña de azúcar en Alajuela, Costa Rica.

Indios ecuatorianos vendiendo sus mercancias.

Torres petroleras, Golfo de Venezuela.

Cargando café a bordo de un barco mercante en Colombia.

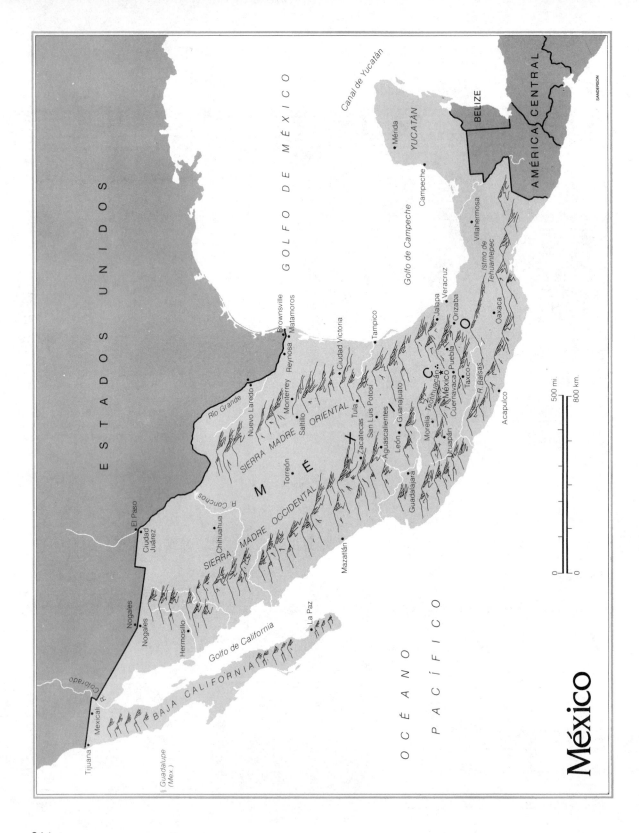

México

ESTADOS UNIDOS

GOLFO DE MÉXICO

OCÉANO PACÍFICO

AMÉRICA CENTRAL

BELIZE

YUCATÁN

Canal de Yucatán

Golfo de Campeche

Golfo de California

BAJA CALIFORNIA

Guadalupe (Mex.)

SIERRA MADRE OCCIDENTAL

SIERRA MADRE ORIENTAL

Istmo de Tehuantepec

R. Balsas

R. Conchos

Río Grande

Colorado

Tijuana
Mexicali
Nogales
Nogales
Hermosillo
La Paz
Mazatlán
Chihuahua
Ciudad Juárez
El Paso
Torreón
Saltillo
Monterrey
Nuevo Laredo
Reynosa
Matamoros
Brownsville
Ciudad Victoria
Tampico
San Luis Potosí
Zacatecas
Aguascalientes
León
Guanajuato
Guadalajara
Morelia
Uruapán
Tula
Teotihuacán
México
Cuernavaca
Taxco
Puebla
Orizaba
Jalapa
Veracruz
Oaxaca
Acapulco
Campeche
Mérida
Villahermosa

SANDERSON

500 mi.

800 km.

264

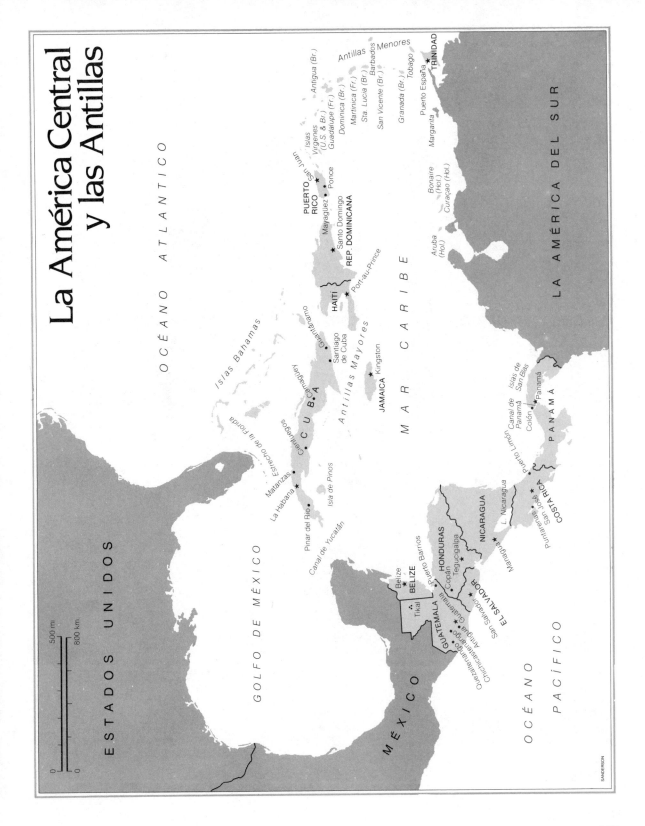

La América Central y las Antillas

ESTADOS UNIDOS

OCÉANO ATLÁNTICO

Islas Bahamas

Estrecho de la Florida

GOLFO DE MÉXICO

MÉXICO

Canal de Yucatán

Pinar del Río
La Habana
Matanzas
Cienfuegos
Isla de Pinos
C U B A
Camagüey
Guantánamo
Santiago de Cuba

Antillas Mayores

JAMAICA
Kingston

MAR CARIBE

PUERTO RICO
San Juan
Mayagüez
Ponce
Santo Domingo
REP. DOMINICANA
HAITÍ
Port-au-Prince

Islas Vírgenes (U.S. & Br.)
Antigua (Br.)
Guadalupe (Fr.)
Dominica (Br.)
Martinica (Fr.)
Sta. Lucia (Br.)
San Vicente (Br.)
Barbados
Granada (Br.)
Tobago
Puerto España
Margarita
TRINIDAD

Antillas Menores

Bonaire (Hol.)
Curaçao (Hol.)
Aruba (Hol.)

LA AMÉRICA DEL SUR

BELIZE
Belize
Tikal
Puerto Barrios
GUATEMALA
Guatemala
Antigua
Quetzaltenango
Chichicastenango
San Salvador
EL SALVADOR
Copán
HONDURAS
Tegucigalpa
NICARAGUA
Managua
L. Nicaragua
San José
COSTA RICA
Puntarenas
Puerto Limón
Canal de Panamá
Islas de San Blás
Colón
Panamá
PANAMÁ

OCÉANO PACÍFICO

500 mi
800 km

SANDERSON

265

MAR CARIBE

OCÉANO ATLÁNTICO

Barranquilla
Cartagena
Maracaibo
Caracas
TRINIDAD
Puerto España
VENEZUELA
R. Orinoco
GUAYANA
Georgetown
SURINAM
Paramaribo
GUAYANA FRAN.
Cayenne
Medellín
Bogotá
COLOMBIA
Cali
Quito
ECUADOR
Guayaquil
Iquitos
Manaus
R. Amazonas
Belem
Ecuador
CORDILLERA DE LOS ANDES
R. Madeira
B R A S I L
Recife
PERÚ
Lima
Machu Picchu
Cuzco
L. Titicaca
BOLIVIA
La Paz
Sucre
Salvador
Brasília
Arequipa
Arica
Iquique
Belo Horizonte
PARAGUAY
Río de Janeiro
São Paulo
Santos
Antofagasta
Asunción
Trópico de Capricornio
Tucumán
CHILE
ARGENTINA
CORDILLERA DE LOS ANDES
Córdoba
R. Paraná
Pórto Alegre
OCÉANO PACÍFICO
Rosario
URUGUAY
Valparaíso
Santiago
Mendoza
Buenos
Aires
Montevideo
La Plata
Río de la Plata
Concepción
Bahía Blanca

La América del Sur

Puerto Montt

Islas
Malvinas

Estrecho de
Magallanes

0   1000 mi.
0   1600 km.

Punta Arenas
Tierra del
Fuego
Cabo de
Hornos

SANDERSON

266

En Montevideo, capital del Uruguay, edificios modernos contrastan armoniosamente con muestras de arquitectura tradicional.

Una mujer dirige el tráfico en una calle de La Paz, capital de Bolivia.

Lección

15

Anita va de compras

Anita llega a la tienda a las ocho y media. La tienda no se abre hasta las nueve, pero ella quiere ser una de las primeras, porque hoy hay una gran liquidación. Sube por la escalera mecánica hasta el segundo piso donde se vende ropa de señoras.

ANITA	—¿Cuánto cuesta esa blusa amarilla?
DEPENDIENTA	—Ochocientos pesos. ¿Qué talla usa Ud.?
ANITA	—Uso talla treinta y ocho.[1] ¿Puedo probármela?
DEPENDIENTA	—Sí. El probador está a su izquierda.
ANITA	—Voy a probarme esta falda negra también.
DEPENDIENTA	—¡Ah, sí! Este modelo se usa mucho ahora.

Anita compra la blusa, pero no compra la falda porque le queda grande, y es demasiado cara. Después va a la zapatería y le pregunta al dependiente si tiene zapatos rojos.

DEPENDIENTE	—Tengo estas sandalias rojas con la bolsa haciendo juego.
ANITA	—¡Qué bonitas! (Piensa: "De haberlo sabido, habría comprado la blusa roja . . .")
DEPENDIENTE	—¿Qué número calza Ud.?
ANITA	—Yo calzo el treinta y seis.[2]
DEPENDIENTE	—Tome asiento, por favor. (*El dependiente le prueba las sandalias.*)
ANITA	—Me aprietan un poco, pero me gustan mucho. Me las llevo.
DEPENDIENTE	—¿Se las envuelvo o quiere llevárselas puestas?
ANITA	—Envuélvamelas, por favor. También quiero un par de medias.

Anita decide devolver la blusa amarilla y comprar una blusa roja. También compra una billetera para su esposo. Cuando llega a su casa lo encuentra mirando la televisión.

ANITA	—Guillermo, tenemos que ir al mercado.
GUILLERMO	—¿Por qué no vamos después de cenar? Para entonces, Juancito ya habrá llegado.
ANITA	—Sí, pero el mercado ya se habrá cerrado.
GUILLERMO	—Yo habría ido antes, pero quise esperarte. ¿Vamos?

---

[1]Equivalent to an American size 10.   [2]Equivalent to an American size 6.

269

ANITA GOES SHOPPING

Anita arrives at the store at eight-thirty. The store doesn't open until nine, but she wants to be one of the first (ones), because there is a big sale today. She goes up the escalator to the second floor, where ladies' clothes are sold.

A. How much does that yellow blouse cost?
C. Eight hundred pesos. What size do you wear?
A. I wear size thirty-eight. May I try it on?
C. Yes. The fitting room is to your left.
A. I'm going to try on this black skirt also.
C. Oh, yes! This style is very popular (worn a great deal) now.

Anita buys the blouse, but she doesn't buy the skirt because it's too big for her and it's too expensive. Afterwards she goes to the shoe store and asks the clerk if he has red shoes.

C. I have these red sandals with a matching purse.
A. How pretty! (She thinks: "Had I known, I would have bought the red blouse . . .")
C. What size shoe do you take?
A. I take a thirty-six.
C. Have a seat, please. (The clerk tries the sandals on her.)
A. They're a little tight, but I like them very much. I'll take them.
C. Shall I wrap them for you, or do you want to wear them?
A. Wrap them for me, please. I also want a pair of stockings.

Anita decides to return the yellow blouse and buy a red blouse. She also buys a wallet for her husband. When she returns home, she finds him watching T.V.

A. Bill, we have to go to the market.
B. Why don't we go after dinner? By then, Johnny will have arrived.
A. Yes, but the market will have closed already.
B. I would have gone before, but I wanted to wait for you. Shall we go?

At the market:

A. We need butter, milk, a dozen eggs, bread, sugar . . .

En el mercado:

ANITA —Necesitamos mantequilla, leche, una docena de huevos, pan, azúcar . . .

GUILLERMO —¿No vas a comprar carne?

ANITA —Sí, carne, pescado y pollo. También queso y jamón.

GUILLLERMO —Necesitamos manzanas, uvas, naranjas, melón y peras para la ensalada de frutas.

ANITA —¿Dónde están las verduras? Necesito lechuga, tomates, papas, zanahorias y cebollas. Nada más.

GUILLERMO —¡Caramba! Esto va a costar mucho.

ANITA —Bueno, podemos ponernos a dieta.

Vocabulario

COGNADOS

la **blusa** blouse
la **dieta** diet
la **docena** dozen
el **melón** melon

el **par** pair
la **sandalia** sandal
el **tomate** tomato

NOMBRES

el **azúcar** sugar
la **billetera** wallet
la **bolsa**, la **cartera** purse
la **cebolla** onion
la **escalera mecánica** escalator
la **falda** skirt
la **lechuga** lettuce
la **liquidación** sale
la **mantequilla** butter
la **manzana** apple
la **media** stocking
el **modelo** style
la **naranja** orange
el **pan** bread
la **papa** potato
la **pera** pear
el **probador** fitting room
la **ropa** clothes
la **talla**, la **medida** size
la **tienda** store
las **uvas** grapes

la **verdura** vegetable
la **zanahoria** carrot
la **zapatería** shoe store
el **zapato** shoe

VERBOS

apretar (e>ie) to be tight
calzar to take (a certain size in shoes)
devolver (o>ue) to return (something)
envolver (o>ue) to wrap
quedar to fit, to suit
usar to wear

ALGUNAS EXPRESIONES

de haberlo sabido had I known
hacer juego to match
ir de compras to go shopping
llevar puesto(a) to wear
para entonces by then
ponerse a dieta to go on a diet

Aren't you going to buy meat?
Yes, meat, fish, and chicken. Also
cheese and ham.
We need apples, grapes, oranges,
melon, and pears for the fruit salad.
Where are the vegetables? I need
lettuce, tomatoes, potatoes, carrots,
and onions. Nothing else.
Wow! This is going to cost a lot.
Well, we can go on a diet.

VOCABULARIO ADICIONAL

el **calcetín** sock
Necesito un par de **calcetines.**

la **camisa** shirt; la **corbata** tie
Aníbal lleva puesta una **camisa** blanca
   y una **corbata** azul.

la **chaqueta** jacket
Hace frío. Necesitas una **chaqueta.**

escalera stairs
Subo por la **escalera.**

el **guante** glove
Tengo las manos frías. ¿Dónde están mis
guantes?

papel higiénico toilet paper
Compré **papel higiénico.**

el **pantalón**[1] pants
Este **pantalón** rojo no hace juego con la
   chaqueta verde.

el **pañuelo** handkerchief
Compré un **pañuelo** blanco.

la **ropa interior** underwear
Pusiste la **ropa interior** en la maleta.

el **traje** suit
Compré un **traje** con dos pantalones.

Estructuras gramaticales

► **1.** Future perfect tense (*El futuro perfecto*)

The future perfect in Spanish corresponds closely in formation and meaning
to the same tense in English. The Spanish future perfect is formed with the
future tense of the auxiliary verb **haber,** plus the past participle of the main
verb:

yo	**habré terminado**	*I will have finished*
tú	**habrás vuelto**	*you will have come back*
él	**habrá comido**	*he will have eaten*
nosotros	**habremos escrito**	*we will have written*
vosotros	**habréis dicho**	*you (fam.) will have said*
ellos	**habrán salido**	*they will have gone out*

This tense is used, like the English equivalent, to indicate an action that will
have taken place by a certain time in the future:

Juancito ya **habrá llegado** para entonces. *Johnny will have arrived
   by then.*
Yo **habré terminado** de revisarlo para las cinco. *I will have finished
   checking it by five.*

Like the simple future, the future perfect may also be used to express
probability:

Él lo **habrá envuelto** ya. *He has probably already wrapped it.*
¿**Habrá venido** el dependiente? *Do you suppose the clerk has come?*

---

[1]May also be used in the plural: **los pantalones.**

EJERCICIOS

A. Complete the following sentences, changing the verbs in parentheses to the future perfect tense:

1. Para el sábado, nosotros (terminar) _____ de arreglar la blusa y la falda.
2. Para diciembre, Roberto y Alicia ya (casarse) _____.
3. A esa hora, Julio ya (escribir) _____ el artículo.
4. Para entonces, yo (hacer) _____ la comida.
5. A esa hora, tú no (volver) _____ todavía.
6. Para entonces, la tienda (cerrarse) _____.
7. Yo ya (comprar) _____ el pan y la mantequilla.
8. ¿Crees que él ya (vender) _____ las sandalias?
9. ¿Crees que a Elena le (quedar) _____ bien los zapatos?
10. Supongo que ella (devolver) _____ la cartera y la billetera.

B. Write in Spanish:

1. I will have opened the pharmacy by then.
2. By noon, they will have eaten the cheese and the ham.
3. By tomorrow, she will have washed my socks and my shirt.
4. By nine o'clock, they will have closed the shoe store.
5. By September, we will have sold the theater.
6. By then, they will have changed the flat tire.

▶ 2. Conditional perfect   (*El condicional perfecto*)

The conditional perfect is formed with the conditional of the auxiliary verb **haber**, plus the past participle of the main verb:

yo	**habría vuelto**	*I would have returned*
tú	**habrías comido**	*you would have eaten*
él	**habría salido**	*he would have gone out*
nosotros	**habríamos estudiado**	*we would have studied*
vosotros	**habríais hecho**	*you (fam.) would have done*
ellos	**habrían muerto**	*they would have died*

This tense is used in the same way as the English conditional perfect: to indicate an action that *would have taken place* (but didn't):

> De haberlo sabido, yo **habría comprado** la blusa roja.   *If I had known, I would have bought the red blouse.*
>
> Ellos **habrían ido** antes, pero no pudieron.   *They would have gone earlier, but they were unable to.*

The conditional perfect may also be used to express probability in the past:

> ¿Se lo **habría contado**?   *Do you suppose he had told her?*
>
> ¿Por qué lo **habrían arrestado**?   *Why do you think they had arrested him?*

EJERCICIOS

A. Item Substitution

1. *Yo* me habría puesto a dieta. (tú, él, nosotros, ella, ellos)
2. *Ella* lo habría roto. (José y Elena, tú y yo, él, yo)
3. *Nosotros* habríamos llamado al policía. (tú, yo, Juan, María, ellos)

B. Pattern Drill

MODELO 1:   Ella todavía no alquiló la cabaña.   (nosotros)
     ¡Pues nosotros ya la habríamos alquilado!

1. Ella todavía no hizo el postre.   (mamá)
2. Ella todavía no entregó el traje.   (ellos)
3. Ella todavía no le puso la inyección contra el tétano.   (nosotros)
4. Ella todavía no compró las verduras ni el melón.   (yo)
5. Ella todavía no lavó los pantalones.   (tú)
6. Ella todavía no devolvió la chaqueta.   (Uds.)

MODELO 2:   Luis no entendió nada.   (tú)
     ¡Tú tampoco habrías entendido nada!

1. Luis no dijo nada de la huelga.   (nosotros)
2. Luis no trajo nada de la tienda.   (yo)
3. Luis no estuvo de acuerdo con nada.   (tú)
4. Luis no cocinó nada.   (ella)
5. Luis no pescó nada.   (Uds.)
6. Luis no le recomendó nada.   (Ud.)

C. Write in Spanish:

1. He wouldn't have eaten the meat.
2. We would have bought a dozen eggs and sugar.
3. They would have brought the grapes and the pears.
4. He wouldn't have worn that tie.
5. You would have broken your leg!

▶ 3.   Reciprocal reflexives
(*Pronombres reflexivos en función recíproca*)

As we have already seen in *Lección 8*, the reflexive pronouns are used whenever the subject does the action to itself. But the reflexive pronouns may also be used in the plural form (**nos, os, se**) to express a mutual or reciprocal relationship. The reflexive is then translated by the expressions (*to*) *each other* or (*to*) *one another.*

Ellos **se** ayudan.   ***They help each other.***

Nos queremos mucho.   *We love each other very much.*

Los amigos **se** escriben.   ***The friends write to each other.***

EJERCICIO

Say in Spanish:

1. They will always try to help each other.
2. We don't love each other very much.
3. We don't speak to each other at home.
4. You never help each other.
5. Do you write to each other often?

▶ 4.   Se as an indefinite subject   (*Se como sujeto indefinido*)

Spanish uses the reflexive **se** + *third person singular or plural of a verb* to form impersonal constructions, announcements, and general directions. It corresponds to the English *one, they, people,* or the passive voice:

Se vende ropa de señoras.   *Ladies' clothes are sold (here).*
¿Cómo **se sale** de aquí?   *How does one get out of here?*
Aquí **se habla** español.   *Spanish is spoken here.*
¿A qué hora **se abren** las tiendas?   *What time do the stores open?*
Se dice que ella lo mató.   *They say she killed him.*

EJERCICIOS

A. Answer the following questions in complete sentences:

1. ¿Se habla inglés en Cuba?
2. ¿A qué hora se abren las tiendas?
3. ¿Se habla español en el Brasil?
4. ¿Se usa ahora el pelo corto y lacio?
5. ¿Qué clase de coche cree Ud. que se vende más?
6. ¿Qué colores se usan más en el verano?
7. ¿Se vive bien en los Estados Unidos?
8. ¿Dónde se compran las manzanas?

9. ¿Creen Uds. que se estudia mucho aquí?
10. ¿Dónde se venden guantes?

B. Write in Spanish:

1. Water pumps, carburetors, and brakes are fixed at this repair shop.
2. They say he is the murderer.
3. Oranges are sold here.
4. How does one get out of this room?
5. English is spoken in Australia.

▶ 5. Diminutive suffixes (*Sufijos diminutivos*)

To express the idea of smallness and also to denote affection, Spanish uses diminutive suffixes. The most common suffixes used to express the diminutive are **-ito(a)** and **-cito(a)**. Usually, if the word ends in **a** or **o**, these vowels are dropped and the suffix **-ito(a)** is added:

perro	perr + ito =	**perrito** (*little dog*)
casa	cas + ita =	**casita** (*small house*)
abuela	abuel + ita =	**abuelita** (*granny*)
pequeño	pequeñ + ito =	**pequeñito** (*very small*)
poco	poc + ito =	**poquito**[1] (*very little*)

If the word ends in a consonant other than **n** or **r**, the suffix **-ito** is added:

mantel + ito =	**mantelito**
lápiz + ito =	**lapicito**[1]

If the word ends in **e**, **n**, or **r**, the suffix **-cito(a)** is added:

peine + cito =	**peinecito**
Leonor + cita =	**Leonorcita**
Juan + cito =	**Juancito**

To denote affection the diminutive suffixes are also added to proper nouns:

Roberto	**Robertito**	Ana	**Anita**	Raúl	**Raulito**
Luis	**Luisito**	Raquel	**Raquelita**	Inés	**Inesita**

EJERCICIOS

A. Make the following diminutive:

1. abuelo	4. pequeña	7. chica	10. manos
2. Rosa	5. ángel	8. Juan	11. papel
3. Javier	6. poco	9. niñas	12. pobre

---

[1]Some words change the final consonant before adding the diminutive suffix for orthographic reasons to maintain the sound.

B. Express these ideas with the diminutive:

1. ¡Mi querido hijo!
2. Mi querida Leonor.
3. ¡Mi pequeña Carmen!
4. El pequeño Raúl

5. Los libros pequeños
6. El niño chico
7. Un lápiz pequeño
8. ¡Mi querido abuelo!

¡A VER CUÁNTO APRENDIÓ!

A. Give appropriate responses:

1. ¿Vas de compras mañana?
2. ¿Prefiere Ud. usar las escaleras o la escalera mecánica?
3. ¿Qué talla usa Ud.?
4. ¿Le gustan más las zanahorias o las papas?
5. ¿Le queda bien la ropa de color amarillo?
6. ¿Se usa la minifalda ahora (¿la "maxi"? ¿la "midi"?)?

7. ¿Se habla español en Puerto Rico?
8. ¿Dónde compró esa falda (blusa, camisa)?
9. ¿Se probó las sandalias rojas?
10. ¿Cuál es la tienda que más le gusta?
11. ¿Les gustan a Uds. los zapatos del profesor (de la profesora)?
12. ¿Para qué fuiste a la zapatería?
13. ¿Qué es más caro, el pescado o el pollo?
14. ¿Qué número calza Ud.?
15. ¿Le aprietan los zapatos?
16. Voy a hacer una ensalada de lechuga y tomate. ¿Le pongo cebolla?
17. Cuando Ud. compra zapatos ¿se los lleva puestos?
18. ¿Habrá llegado Ud. a casa para las cinco y media?
19. El español no es fácil. De haberlo sabido, ¿habrían tomado Uds. esta clase?
20. ¿Hacen juego su camisa (blusa) y sus pantalones?

B. ¡Repase el vocabulario!

Choose the word or phrase that best completes each sentence and read aloud:

1. Voy al mercado para comprar (tienda, papel higiénico, piropos).
2. Puede probarse (la lengua, la falda, el cuello) en el probador.
3. Mi bolsa (hace juego, se pone a dieta, va de compras) con mis zapatos.
4. Yo calzo el número siete y estos zapatos son número diez. (Me aprietan mucho, Me quedan grandes, Me quedan bien).
5. Necesito un par de (medias, montañas, maleteros).
6. Pagué solamente treinta dólares por el vestido. Hoy hubo una gran (especialización, liquidación, sorpresa) en Sears.
7. Esta blusa es muy cara. La habría devuelto, pero el modelo (me gusta mucho, no me gusta, no me queda bien).
8. Me he puesto a dieta. Debo comer (mucha lechuga, mucho pan y mantequilla, mucha azúcar).
9. Hace frío. Póngase (la chaqueta, el perfume, el esmalte de uñas).
10. ¿Quiere llevar las sandalias puestas o se las (desinfecto, envuelvo, dejo acá arriba).
11. ¿Qué medida (vuela, usa, funciona)?
12. Tengo que ir (de compras, a la estación de policía, a la gasolinera); necesito carne, pescado y leche.
13. Para el desayuno sirven (zanahorias y lechuga, jamón y huevos, baterías y bujías).
14. El traje tiene que hacer juego con (la corbata, la ropa interior, la barba).
15. Voy a ponerle una inyección. Quítese los (calcetines, pantalones, rizadores).
16. Ella quiere ir de compras a las diez y media de la noche. Para entonces ya se habrán (abierto, cerrado, ido) las tiendas.

17. Ayer hubo una gran liquidación en la tienda de al lado. De haberlo sabido, habría comprado (una chapa, una falda rosada, una patilla).

18. No compré los pantalones porque me quedaban (lentos, serenos, grandes).

19. Puse el dinero en (la billetera, la máquina de afeitar, el secador).

20. Ese (pan, modelo, filtro) está de moda ahora.

C. Complete the following dialogues:

1. *En la tienda:*

DEPENDIENTE	_____
CLIENTE	—Necesito un vestido.
DEPENDIENTE	_____
CLIENTE	—Uso talla cuarenta y cuatro.
DEPENDIENTE	_____
CLIENTE	—Me gustan el marrón y el gris.
DEPENDIENTE	_____
CLIENTE	—Sí, me gusta mucho ese modelo. ¿Dónde puedo probármelo?
DEPENDIENTE	_____

2. *En la zapatería:*

DEPENDIENTE	—¿Qué desea, señora?
CLIENTE	—Deseo un par de zapatos para mi hijo.
DEPENDIENTE	_____
CLIENTE	—Calza el cinco y medio.
DEPENDIENTE	_____
CLIENTE	—Negros.
DEPENDIENTE	_____
NIÑO	—No, me aprietan mucho.
DEPENDIENTE	_____
CLIENTE	—¡El seis y medio! ¡Caramba!

D. Situaciones

What would you say in the following situations?:

1. You are shopping. Tell the clerk you need a pair of gloves, a white shirt, and a blue tie. You saw a suit in the window and you liked it. Ask the clerk how much it costs.

2. You are a clerk. Ask your customer if she wants the pink blouse. Ask her what size she wears, and tell her the fitting room is on the left.

3. You are at the market. Tell the clerk you need onions, grapes, pears, potatoes, and a dozen eggs.

4. Make up a list of things you need from the grocery store: tomatoes, sugar, oranges, apples, toilet paper, and vegetables.
5. A friend tells you that Penney's had a sale yesterday. Tell her that, had you known, you would have gone shopping with her because you wanted to buy a wallet.

PROVERBIOS ESPAÑOLES   "Lo barato cuesta caro."   (*You get what you pay for.*)
"Aunque la mona se vista de seda, mona se queda."   (*A dressed-up monkey is still a monkey.*)

Self-Test

LESSONS 11-15

Take this test. When you finish, compare your answers with the answer key provided for this section in Appendix C. Then use a red pen to correct any mistakes you might have made. Ready? Go!

A. *Preterit and Imperfect*

Give the Spanish equivalent of the words in parentheses:

1. Mi hermano (*had*) ____ un accidente ayer. Yo (*called*) ____ una ambulancia.
2. La semana pasada nosotros (*went*) ____ al consultorio del doctor Mena.
3. (*It was*) ____ las nueve de la noche cuando la enfermera me (*took*) ____ a la sala de rayos equis para tomarme una radiografía.
4. El médico me (*asked*) ____ si yo (*was*) ____ embarazada.
5. Cuando ella (*was*) ____ chica, siempre (*had*) ____ mareos y dolores de cabeza.
6. La doctora Nieto (*said*) ____ que el niño (*needed*) ____ una inyección de penicilina.
7. Anoche (*there was*) ____ un accidente en la autopista.
8. Ayer nosotros (*were*) ____ muy contentos porque (*there were*) ____ mucha gente en nuestro restaurante.
9. Pedro y yo (*were going*) ____ a la sala de emergencia cuando (*we saw*) ____ a Marcela.
10. La cabeza me (*hurt*) ____ mucho. I (*took*) ____ dos aspirinas y (*went to bed*) ____.

B. *Changes in Meaning with the Imperfect and Preterit*

Give the Spanish equivalent:

1. I refused to talk about my sickness.
2. We didn't know you had heart trouble, sir.
3. She found out I was sick.

4. He wasn't able to give me a tetanus shot.
5. He didn't want (refused) to come.
6. I met your brother last night.
7. I didn't want to take the medicine, but the doctor told me that I had to take it.
8. Last night I had to go to the hospital.
9. She couldn't sleep. She was sick.
10. Paco, did you know Miss Rivera?

C. *Hace Meaning "ago"*

Write questions or statements using the elements provided, and the expression **hace . . . que.** Follow the model:

MODELO: ¿ / cuánto tiempo / el doctor / recetarle / esa medicina / ?
                 ¿Cuánto tiempo hace que el doctor le recetó esa medicina?

1. dos días / atropellarlo / un coche
2. tres meses / ellos / operarme / de apendicitis
3. una semana / morir / mi perro
4. ¿ / cuánto tiempo / Ud. / ver / a esa persona / ?
5. ¿ / cuánto tiempo / ellos / hacerle / los análisis / ?

D. *The Verb oír*

Give the Spanish equivalent:

1. Did you hear me, Paco? I cut my knee.
2. I heard him, but they didn't hear him.
3. I don't hear anything. Do you hear anything, sir?
4. Did you hear me, Miss Soto? What happened last night?
5. We don't hear anything.

E. *The Infinitive as the Object of the Verbs oír, ver, and escuchar*

Write sentences using the elements given and adding the necessary connectors. Follow the model:

MODELO: Yo / no verla / llegar / anoche
                 Yo no la vi llegar anoche.

1. nosotros / siempre / escucharla / tocar / el piano
2. ellos / no vernos / entrar / ayer
3. ¿ / tú / escucharme / enseñar / la clase / esta mañana / ?
4. ella / no oírme / hablar / ayer

F. *Just Words . . .*

Choose the word or phrase in parentheses that best completes the meaning of
each of the following sentences:

1. Ella es alérgica a la (sección, penicilina, clase). Además, es diabética.
2. Oímos con (los oídos, los dientes, el pecho).
3. Hablamos con (la espalda, los dedos, la lengua).
4. Comemos con (los ojos, la boca, las orejas).
5. Caminamos con (las manos, el cuello, los pies).
6. Me desinfectaron (el dolor, la herida, la receta).
7. Me (rompí, atropellé, sufrí) el brazo.
8. Me sangraba mucho (la pierna, el pelo, el mareo).
9. Le vendé (el tobillo, el análisis, el corazón).
10. Era una calle de dos (narices, caras, vías).
11. ¿Cuándo fue la última vez que le (cortaron, quebraron, pusieron) una
    inyección contra el tétano?
12. ¿Por qué tomaste aspirinas? ¿Tenías (dolor de cabeza, apendicitis,
    tétano)?
13. ¿Tienes Alka Seltzer? Es para (el pecho, el estómago, los dedos de los
    pies).
14. Me van a hacer un análisis para ver (si me duele algo, si me sangra la
    nariz, si soy diabético).
15. Va a tener un niño. Está (cansada, enferma, embarazada).

LESSON 12

A. *Weather Expressions*

Complete the following sentences appropriately:

1. Necesito un paraguas. Está ____.
2. ¿No te vas a poner el abrigo? ¡Brrr! ¡____ ____ ____!
3. ¡No necesito abrigo! ¡Hace ____!
4. En Alaska ____ mucho en el invierno.
5. Necesitas la sombrilla para ir a la playa. Hoy ____ ____ ____.
6. No quiero vivir en Oregón porque allí llueve mucho, y no me gusta la
   ____.

B. *Command Forms* (**Ud.** *and* **Uds.**)

Give the Spanish equivalent of the words in parentheses:

1. Primero (*bring*) ____ la sopa y la carne, señorita. (*Don't bring*) ____ el
   postre.

2. (*Go*) ____ al restaurante "Miramar" para celebrar su aniversario de bo-das. Les va a gustar mucho.
3. (*Write down*) ____ el pedido, mozo.
4. (*Be*) ____ aquí mañana a las siete, señores.
5. (*Serve*) ____ el pavo relleno, camarera. Está muy sabroso.
6. (*Talk*) ____ con el mozo, señoritas.
7. (*Take*) ____ esta botella de vino tinto a aquella mesa, camarero.
8. (*Close*) ____ la puerta, señoritas. Hace mucho frío.
9. (*Don't give*) ____ su dirección, señoras.
10. (*Don't order*) ____ los sándwiches de huevo, señorita Vera. (*Order*) ____ papas fritas o tortilla española.
11. (*Don't be*) ____ impaciente, señora.
12. (*Leave*) ____ el flan con crema y el helado en la mesa, señorita.

C. *Position of Object Pronouns with Direct Commands*

Give the Spanish equivalent of the words in parentheses:

1. Necesito la torta de chocolate. (*Bring it to me*), señorita.
2. El señor quiere la cuenta. (*Give it to him*), mozo.
3. (*Go to bed*), niños. Son las diez.
4. La señora pidió leche fría. (*Take it to her*), señorita.
5. Les gusta el arroz con pollo. (*Prepare it*) Uds., señoras.
6. El lechón asado está muy rico. (*Recommend it to them*), señoritas.
7. Este plato es el más caro, pero (*don't tell it to him*), señora.
8. Yo no quiero los camarones. (*Don't bring them*), mozo.

D. *Uses of **por** and **para***

Complete the following sentences, using **por** or **para,** as needed:

1. El biftec y la langosta son ____ Eva.
2. Ellos van a viajar ____ avión.
3. No pudimos venir ____ la lluvia.
4. Necesitamos el pollo frito y la torta helada ____ mañana a las doce.
5. Caminábamos ____ la calle San Martín cuando vimos a Elena.
6. Voy a traer el mantel ____ poner la mesa.
7. Mañana salimos ____ Nuevo México.
8. ¿Cuánto me das ____ las cucharas, los cuchillos y los tenedores de plata?
9. Nosotros fuimos ____ el doctor cuando vimos que ella estaba muy enferma.
10. La mesa es ____ la cocina.
11. El niño sabe mucho ____ su edad.
12. Mario estudia ____ médico.

E. *Just Words . . .*

Match the questions in column **A** with the appropriate responses in column **B**:

A	B
1. ¿Qué quieres de postre?	a. No, prefiero cordero.
2. ¿Vas a ir a su casa?	b. Sí, con champaña.
3. ¿Quieres albóndigas?	c. No, agua mineral.
4. ¿Cuánto vas a dejar de propina?	d. Los frijoles son muy buenos . . .
	e. Es una sorpresa . . .
5. ¿Qué vas a pedir?	f. No, prefiero jugo de frutas.
6. ¿Cuándo se casan?	g. No, no me gusta el pescado.
7. ¿Por qué no va a la fiesta?	h. No sé. ¿Quieres ver el menú?
8. ¿Qué me recomiendas?	i. No, voy a llamarla por teléfono.
9. ¿Quieres salmón?	j. No, la pimienta.
10. ¿Qué sirven en este restaurante?	k. Sí, traigan las copas.
11. ¿Vas a beber cerveza?	l. Sí, ¿dónde están las tazas, los platitos y las cucharitas?
12. ¿Quieres chocolate caliente?	m. Cinco dólares.
13. ¿Vamos a celebrar nuestro aniversario?	n. Pescados y mariscos.
14. ¿Van al teatro?	o. En junio.
15. ¿Qué me vas a regalar?	p. Sí, porque voy a poner la mesa.
16. ¿Vamos a tomar vermut?	q. Sus padres no se lo permiten.
17. ¿Cuál es la especialidad de la casa?	r. No, al cine.
18. ¿Quieres la sal?	s. Arroz con leche o gelatina.
19. ¿No vas a servir el té?	t. Puré de papas.
20. ¿Necesitas los platos y las servilletas?	

LESSON 13

A. *Past Participle*

Give the Spanish equivalent of the following past participles:

1. written
2. opened
3. seen
4. done
5. broken

6. gone
7. spoken
8. eaten
9. drunk
10. received

B. *Present Perfect Tense*

Complete the sentences with the present perfect tense of the verbs in the list, as needed:

atender	morir	ver	hacer	volver	tener
romper	poner	usar	escribir	decir	recortar

1. Ellos me _____ que Gustavo es calvo.
2. ¿Dónde _____ (tú) la máquina de afeitar?
3. ¿Qué _____ los niños con la revista?
4. ¿Quién _____ el espejo?
5. Yo le _____ cinco cartas.
6. _____ cincuenta personas en el accidente.
7. El peluquero no _____ todavía.
8. Mi esposo nunca _____ barba ni bigote.
9. ¿_____ (tú) mi champú nuevo? Se llama "Irresistible"
10. Tengo mucha caspa, pero nunca _____ ese champú.
11. ¿Te _____ el barbero las patillas?
12. ¿No la _____ (ellos) todavía, señora?

C. *Past Perfect Tense*

Give the Spanish equivalent:

1. We had opened all the doors.
2. The hairdresser hadn't plucked my eyebrows.
3. Had you told her you wanted a haircut, shampoo, and set, dear?
4. You had bought the combs and the curlers, madam.
5. I had gone to the barbershop that morning.
6. They hadn't made an appointment.

D. *Past Participles Used as Adjectives*

Give the Spanish equivalent of the words in parentheses:

1. Los espejos están _____ (broken).
2. ¿Están _____ (open) las puertas?

3. El hombre estaba _____ (*dead*).
4. La herida está _____ (*bandaged*).
5. Este vino está _____ (*made*) aquí.

E. *Some Uses of the Definite Article*

Write sentences using the elements given and adding the necessary connectors. Use all verbs in the present tense. Follow the model:

MODELO: yo / ponerse / vestido
          Yo me pongo el vestido.

1. ¿ / tú / quitarse / zapatos / ?
2. el barbero / recortarme / bigote
3. la peluquera / teñirme / pelo
4. Uds. / no lavarse / cara
5. nosotros / preferir / té
6. madres / preocuparse / por / sus hijos
7. libertad / ser / lo más importante

F. *Spanish Equivalents of "that," "which," "who," and "whom"*

Combine the following pairs of sentences, using **que, quien,** or **quienes,** as needed. Follow the model:

MODELO: Ayer hablé con el señor.
          El señor quería tomar mi clase.
          Ayer hablé con el señor que quería tomar mi clase.

1. Ésta es la señorita.
   La señorita le va a hacer la manicura.
2. Éstos son los vestidos.
   Los vestidos están de moda.
3. Ayer vi a la mujer.
   Roberto se había casado con la mujer.
4. Ésta es la señora.
   Yo le mostré el secador a la señora.
5. Éstos son los señores.
   Nosotros hablamos con los señores ayer.

G. *Just Words . . .*

Complete the following sentences, using words and expressions learned in *Lección 13:*

1. Compré esmalte de _____.
2. Yo prefiero el aspecto natural. No uso mucho _____.
3. Necesito cortar este papel. ¿Dónde están las _____?

4. Córteme un poco acá arriba y a los ____.
5. Voy a la peluquería para cortarme el ____.
6. Puedes comprar la medicina en la farmacia de al ____.
7. No hace mucho tiempo que fuimos a París. Estuvimos allí ____ ____.
8. Voy a teñirme el pelo porque ya se me ven las ____.
9. Ella va a hacerse la permanente en un buen salón ____ _____.
10. ¿Le ____ a Ud.? En seguida la atiendo.
11. La señora Vargas no está aquí en este momento. ¿Puede Ud. ____ unos minutos?
12. No me gusta el pelo largo. Prefiero el _____ _____.
13. No tengo rizos. Tengo el pelo ____.
14. No puedo ir a la peluquería. Estoy trabajando. Estoy muy ____.
15. Te he dicho varias veces que debes cortarte el pelo porque está ____ largo.
16. Necesita un champú ____ para la caspa.

LESSON 14

A. *The Future Tense*

Give the Spanish equivalent of the words in parentheses:

1. El mecánico (*will tell you*) ____ que su coche está descompuesto, señora.
2. ¿Quién (*will bring*) ____ el carburador y la batería?
3. Yo (*will put*) ____ las maletas en el maletero.
4. Nosotros (*will have to buy*) ____ un limpiaparabrisas nuevo.
5. ¿Tú (*will speak to him*) ____ esta noche?
6. ¡Cómo no! Yo (*will do*) ____ todo lo posible por los niños.
7. Ellos (*will drive*) ____ hasta la gasolinera para comprar gasolina.
8. El mecánico (*will check*) ____ el motor.
9. Papá (*will take*) ____ el coche al taller.
10. (*I will see you*) ____ luego, querido.

B. *Future of Probability*

Rewrite the following sentences using the future of probability. Follow the model:

MODELO: ¿Quién *crees tú que es* esa chica?
           ¿Quién será esa chica?

1. Mi coche hace mucho ruido. *Debe ser* porque el silenciador no funciona.
2. ¿Cuántos años *crees tú que tiene* Gustavo?
3. ¿Dónde *crees tú que hay* una estación de servicio?
4. Ese coche *debe costar* unos diez mil dólares.
5. San Diego *debe estar* a unas cincuenta millas de Los Ángeles.

C. *The Conditional*

Give the Spanish equivalent of the words in parentheses:

1. Él dijo que ellos (*would change*) _____ el aceite.
2. ¡Yo sabía que el tanque (*would be*) _____ vacío!
3. Yo te dije que el parabrisas (*would get dirty*) _____ con la lluvia.
4. (*We would have to fix*) _____ el guardafangos, porque está abollado.
5. Yo les dije que Uds. (*would need*) _____ un filtro nuevo.
6. Yo (*would raise*) _____ el capó para mirar el motor.
7. Nosotros le (*would add*) _____ agua al carburador.
8. ¿Qué le (*would tell*) _____ tú?

D. *Use of the Conditional to Express Probability in the Past*

Rewrite the following sentences, using the conditional to express probability in the past. Follow the model:

MODELO: ¿Quién *crees tú que era* esa mujer?
          ¿Quién sería esa mujer?

1. *Me pregunto qué hora era* cuando llegaron los muchachos.
2. *¿Crees tú que era* el arranque?
3. ¿Cuántos años *crees tú que tenía* el dependiente?
4. *Me pregunto* quién *instaló* la bomba de agua.
5. ¿Quién *crees tú que vino* con Lola?

E. *Uses of **el cual, el que, lo cual, lo que,** and **cuyo***

Complete the following sentences, using the appropriate expressions:

1. El mecánico de mi tía, _____ siempre arregla el coche, está de vacaciones.
2. ¿Recuerdas _____ te conté ayer?
3. La señora Mora, _____ hijas son ricas, vive muy pobremente.
4. Marta y María, sin _____ no podemos empezar a trabajar, no han llegado.
5. Ella es _____ va a venderme los pasajes.
6. Dicen que él es muy inteligente, _____ no es verdad (*true*).

F. *Just Words . . .*

Choose the word or phrase in parentheses that best completes each of the following sentences:

1. Tendré que cambiar (la chapa, la cubierta, el filtro) del aceite y las bujías.
2. Los frenos de mi coche no (funcionan, manejan, arreglan).
3. El auto tiene una goma (pinchada, cansada, embarazada).
4. ¡Caramba! Gasté (casi, cuyo, luego) todo mi dinero en arreglar el coche.

5. Yo creo que veinte mil dólares es (todo lo posible, demasiado, caramba).
6. No ponga el pie en (el capó, la luz, el acelerador).
7. Cuando manejas, debes poner las dos manos en (el volante, el maletero, el parabrisas).
8. La (goma, bomba de agua, chapa) de mi carro es ANA 325.

LESSON 15

A. *Future Perfect Tense*

Give the Spanish equivalent of the words in parentheses:

1. Para mañana, (*I will have finished*) ＿＿ la falda y la blusa.
2. Para entonces, Julio y yo ya (*will have written*) ＿＿ todas las cartas.
3. Para las diez, don Ernesto ya (*will have closed*) ＿＿ la tienda.
4. ¿(*Will you have finished*) ＿＿ la tarea para las dos de la tarde, Paco?
5. Para entonces, ellos ya (*will have wrapped*) ＿＿ todos los paquetes.

B. *Conditional Perfect*

Give the Spanish equivalent of the words in parentheses:

1. De haberlo sabido, yo no (*would have bought you*) ＿＿ esa bolsa y esos zapatos, querida.
2. Nosotros no (*would have said*) ＿＿ eso.
3. Ella (*would have given you*) ＿＿ una camisa y una corbata por Navidad, pero no tenía dinero.
4. Ellos no (*would have gone*) ＿＿ a la liquidación.
5. ¿Tú (*would have brought*) ＿＿ esas medias?

C. *Reciprocal Reflexives*

Write sentences using the elements given. Follow the model:

MODELO: Hace / un año / nosotros / no hablarse
          Hace un año que nosotros no nos hablamos.

1. hace / tres meses / ellos / escribirse
2. hace / mucho tiempo / Uds. / conocerse
3. hace / un mes / ellas / ayudarse
4. hace / quince años / Julio y Marisa / no hablarse
5. hace / mucho tiempo / tú y yo / quererse

D. *Se as an Indefinite Object*

Write questions, using the elements given and adding the necessary connectors. Follow the model:

MODELO: a qué hora / abrir / las tiendas
   ¿A qué hora se abren las tiendas?

1. qué idioma / hablar / Chile
2. a qué hora / cerrar / biblioteca
3. qué modelo / usar / este año
4. dónde / vender / billeteras / para hombre
5. por dónde / subir / segundo piso

E. *Diminutive Suffixes*

Give the Spanish equivalent:

1. I bought a little jacket for the little boy.
2. Did you see little John's (little) gloves?
3. My little son! I love you!
4. My dear Anna! How are you?
5. I have a little bit of coffee.

F. *Just Words . . .*

Match the questions in column **A** with the appropriate responses in column **B.**

A	B
1. ¿Está muy gorda?	a. Lechuga, cebolla, papas y tomates.
2. ¿Le envuelvo las sandalias?	b. No, solamente como verdura.
3. ¿Cuántos huevos quieres?	c. En una liquidación.
4. ¿Qué frutas usas para la ensalada?	d. No, la escalera mecánica.
5. ¿Qué compraste en la zapatería?	e. Treinta y seis.
6. ¿Qué necesitas para la ensalada?	f. Ropa para señoras.
7. ¿No quieres azúcar?	g. Ocho B.
8. ¿Vas a usar el elevador?	h. No, quiero llevarlas puestas.
9. ¡Qué barato! ¿Dónde lo compraste?	i. No, me aprietan un poco.
10. ¿Qué quieres comer?	j. Zanahorias.
11. ¿Dónde me pruebo la blusa?	k. Un par de sandalias rojas.
	l. No hace juego con mis zapatos.
	m. No, soy diabético.
	n. No, se puso a dieta.

12. ¿Qué se vende allí?
13. ¿Qué talla usa Ud.?
14. ¿No quieres carne?
15. ¿Qué le gusta comer a Bugs Bunny?
16. ¿Qué número calza Ud.?
17. ¿Le quedan bien los zapatos?
18. ¿No te gusta la falda?
19. ¿Por qué no usas la cartera blanca?
20. ¿Qué vas a hacer hoy?

o. Pan y mantequilla.
p. Naranjas, peras, uvas, manzanas y melón.
q. En el probador.
r. Dos docenas.
s. Voy a ir de compras con Anita.
t. No, voy a devolverla.

Lección

16

En el banco

En una sucursal del Banco de América en Miami se oyen estas conversaciones:

Abriendo una cuenta de ahorros:

EMPLEADA —¿En qué puedo servirle, señor?

CLIENTE —Quiero abrir una cuenta de ahorros. ¿Qué interés pagan?

EMPLEADA —Pagamos el doce por ciento en certificados de depósito a plazo fijo.

CLIENTE —¿Qué es eso?

EMPLEADA —Es un tipo de cuenta en la cual se debe depositar un mínimo de cinco mil dólares por un período de seis meses por lo menos.

CLIENTE —Bien. Mi esposa quiere que abramos una cuenta conjunta. ¿Se necesita la firma de ella?

EMPLEADA —Sí. Llene, feche y firme esta tarjeta y dígale a su esposa que la firme también.

CLIENTE —¿Podemos sacar el dinero en cualquier momento?

EMPLEADA —Sí, pero yo les sugiero que lo dejen por seis meses para no perder el interés. Aquí tiene su libreta de ahorros.

Cobrando un cheque:

CLIENTE —Quiero cobrar este cheque. Déme cien dólares en efectivo. Voy a depositar el resto en mi cuenta corriente.

EMPLEADO —Necesito que me dé el número de su cuenta o un modelo de depósito.

CLIENTE —Lo siento, pero no traje el talonario de cheques y no sé cuál es el número de mi cuenta.

EMPLEADO —No importa. Yo lo busco.

CLIENTE —Necesito cheques de viajero. ¿Son gratis?

EMPLEADO —Sí, si Ud. tiene un saldo de más de dos mil dólares en su cuenta.

CLIENTE —Muy bien. Déme diez cheques de veinte dólares. ¡Ah! Quiero sacar unos papeles de mi caja de seguridad.

EMPLEADO —Para eso tiene que ir a la ventanilla número siete . . . No, perdón . . . no es la[1] siete sino la seis.

---

[1]The word **ventanilla** is understood, therefore omitted.

AT THE BANK

At a branch of the Bank of America in Miami these conversations are heard:

Opening a savings account:

E.   What can I do for you, sir?

C.   I want to open a savings account. What interest do you pay?

E.   We pay twelve per cent on time-limit certificates.

C.   What's that?

E.   It's a type of account in which you must deposit a minimum of five thousand dollars for a period of at least six months.

C.   Good. My wife wants us to open a joint account. Is her signature necessary (needed)?

E.   Yes. Fill out, date, and sign this card, and tell your wife to sign it too.

C.   Can we withdraw our money at any time?

E.   Yes, but I suggest you leave it (in) for six months in order not to lose the interest. Here's your passbook.

Cashing a check:

C.   I want to cash this check. Give me one hundred dollars in cash. I'm going to deposit the rest in my checking account.

E.   I need you to give me your account number or a deposit slip.

C.   I'm sorry, but I didn't bring the checkbook, and I don't know what my account number is.

E.   It doesn't matter. I'll look it up.

C.   I need traveler's checks. Are they free?

E.   Yes, if you have a balance of more than two thousand dollars in your account.

C.   Very well. Give me ten twenty-dollar checks. Oh! I want to get some papers out of my safe-deposit box.

E.   For that, you have to go to window number seven . . . No, excuse me . . . it's not (window number) seven, but six.

Applying for a loan:

C.   I want to apply for a loan to buy a car.

L.O.   What are your assets, miss? Do you have any debts?

Solicitando un préstamo:

CLIENTA   —Quiero solicitar un préstamo para comprar un coche.

EMPLEADO   —¿Cuál es su propiedad personal, señorita? ¿Tiene alguna deuda?

CLIENTA   —Tengo una casa que vale cincuenta mil dólares, y no debo nada excepto la hipoteca de la casa.

EMPLEADO   —Entonces no va a tener ningún problema. El banco cobra un interés del diez y ocho por ciento anual.

CLIENTA   —Muy bien. ¿Tengo que llenar una solicitud?

EMPLEADO   —Sí, debe llenar estas planillas.

CLIENTA   —¡Ah! Déme una planilla para solicitar una tarjeta de crédito.

EMPLEADO   —Están en aquella mesa, señorita.

Vocabulario

COGNADOS

el **banco**	bank *Bench*	**nacional**	national
excepto	except	el **período**	period
el **interés**	interest	el **resto**	rest
el **mínimo**	minimum *maximo*	el **tipo**	type *clase*

NOMBRES

la **caja de seguridad**   safe-deposit box

el (la) **cliente(a)**   customer, client

la **cuenta**   account, bill

la **cuenta conjunta**   joint account

la **cuenta corriente**   checking account

la **cuenta de ahorros**   savings account

la **deuda**   debt

la **firma**   signature

la **hipoteca**   mortgage

la **libreta de ahorros**   passbook

el **modelo de depósito**   deposit slip

el **papel**   paper

el **préstamo**   loan

la **propiedad personal**, los **bienes** assets

el **saldo**   balance

la **solicitud**   application

la **sucursal**   branch

el **talonario de cheques**   checkbook

la **tarjeta de crédito**   credit card

VERBOS

cobrar   to cash, to collect, to charge

buscar   to look up

deber   to owe

depositar   to deposit

fechar   to date (a check, a letter, etc.)

sugerir (e>ie)   to suggest

valer (*1st person:* **valgo**)   to be worth

ADJETIVOS

anual   yearly

gratis   free (of charge)

I have a house that is worth fifty thousand dollars and I don't owe anything, except the mortgage on the house.

Then you're not going to have any problems. The bank charges a yearly interest of eighteen percent.

Very well. Do I have to fill out an application?

Yes, you must fill out these forms.

Oh! Give me a form to apply for a credit card.

They are on that table, miss.

ALGUNAS EXPRESIONES

✗ **certificado de depósito a plazo fijo**   time-limit certificate

✗ **en cualquier momento**   at any time

en efectivo   in cash

hacer efectivo / cash a check

✗ **¿En qué puedo servirle?**   What can I do for you?

no importa   it doesn't matter

por ciento   percent

por lo menos   at least

VOCABULARIO ADICIONAL

ahorrar   to save
Quiero **ahorrar** diez dólares por semana.

a plazos   in installments
Compré un piano **a plazos.**

al contado   cash
No voy a comprarlo a plazos. Voy a comprarlo **al contado.**

el billete   bill *currency*
Tengo dos **billetes** de cien dólares.

el contrato   contract
Ayer firmamos el **contrato.**

mensual   monthly
Pago treinta dólares **mensuales.**

el pago   payment
¿Tienes dinero para hacer los **pagos?**

pedir prestado   to borrow
Voy al banco para **pedir prestados** cinco mil dólares.

el recibo   receipt
Él me pagó y yo le di un **recibo.**

el seguro   insurance
No tengo **seguro** para mi auto.

✗ **sin límite de tiempo**   without time limit
¿Va a depositar el dinero a plazo fijo o **sin límite de tiempo?**

Estructuras gramaticales

► **1.** The subjunctive   (*El subjuntivo*)

A. Use of the subjunctive:

The subjunctive is a mood used when the speaker has doubts or is uncertain about an action or assertion. It is used when a contrary-to-fact statement or supposition is made. The subjunctive mood expresses the subjectivity or mental uncertainty of the speaker in contrast with the objectivity of the indicative mood.

Although the subjunctive is used more frequently in Spanish than it is in English, you will find that it is used in English more frequently than you realize, and that it follows some of the same rules as in Spanish.

As in Spanish, the subjunctive appears:

1. With expressions of wish, hope, or emotion:

   *I wish I **were** in your place.*

2. With expressions of doubt or unreality:

   *It is doubtful that she **may** do that.*

3. In contrary-to-fact statements:

   *If he **were** rich, he would travel.*

4. With verbs of requesting and ordering: *cause effect*

   *The colonel commanded that the soldier **be** put to death.*
   *I suggest that he **come** tomorrow.*

The expression that requires the use of the subjunctive is normally in the main clause (*I suggest*). The subjunctive itself then appears in the subordinate clause (*that he come tomorrow*).

There are three main concepts that call for the use of the subjunctive:

1. Command: indirect or implied
2. Emotion: pity, joy, fear, surprise, hope, desire, etc.
3. Unreality: indefiniteness, doubt or uncertainty, and nonexistence

B. Formation of the present subjunctive

To form the present subjunctive, add the following endings to the stem of the first person singular of the present indicative, after dropping the **o**:

-ar Verbs	-er Verbs	-ir Verbs
habl **-e**	com **-a**	viv **-a**
habl **-es**	com **-as**	viv **-as**
habl **-e**	com **-a**	viv **-a**
habl **-emos**	com **-amos**	viv **-amos**
habl **-éis**	com **-áis**	viv **-áis**
habl **-en**	com **-an**	viv **-an**

❀ Note that the endings for the **-er** and **-ir** verbs are the same.

The following table shows how to form the first person singular of the present subjunctive. The stem is the same for all persons:

Verb	First Person Singular Present Indicative	Subjunctive Stem	First Person Singular Present Subjunctive
tratar	trato	trat-	trate
aprender	aprendo	aprend-	aprenda
escribir	escribo	escrib-	escriba
decir	digo	dig-	diga
hacer	hago	hag-	haga
traer	traigo	traig-	traiga
cobrar	cobro	cobr-	cobre
venir	vengo	veng-	venga

EJERCICIO

Give the present subjunctive of the following verbs:

1. **yo:**   desear, recibir, traer, decir, tratar, comer, ver, hacer
2. **tú:**   escribir, operar, venir, aprender, acabar, oír, abrir
3. **él:**   preparar, traer, decidir, anotar, atropellar
4. **nosotros:**   cenar, depositar, celebrar, leer, cortar, poner
5. **ellos:**   salir, dejar, deber, cocinar, hacer, vender, sangrar, vendar

C.   Subjunctive forms of stem-changing verbs

1. **-ar** and **-er** verbs maintain the basic pattern of the present indicative:

recomendar to recommend		**recordar** to remember	
recomiende	recomendemos	recuerde	recordemos
recomiendes	recomendéis	recuerdes	recordéis
recomiende	recomienden	recuerde	recuerden

entender to understand		**devolver** to return	
entienda	entendamos	devuelva	devolvamos
entiendas	entendáis	devuelvas	devolváis
entienda	entiendan	devuelva	devuelvan

2. **-ir** stem-changing verbs change the unstressed **e** to **i** and the unstressed **o** to **u** in the first and second persons plural:

mentir to lie		**dormir** to sleep	
mienta	mintamos	duerma	durmamos
mientas	mintáis	duermas	durmáis
mienta	mientan	duerma	duerman

D. Verbs that are irregular in the subjunctive

dar	estar	haber	saber	ser	ir
dé	esté	haya	sepa	sea	vaya
des	estés	hayas	sepas	seas	vayas
dé	esté	haya	sepa	sea	vaya
demos	estemos	hayamos	sepamos	seamos	vayamos
deis	estéis	hayáis	sepáis	seáis	vayáis
den	estén	hayan	sepan	sean	vayan

EJERCICIO

Give the present subjunctive of the following verbs:

1. **yo:** dormir, mentir, recomendar, dar, haber, pensar, ir
2. **tú:** volver, estar, ser, preferir, recordar, morir, ver, pedir
3. **él:** cerrar, saber, perder, probar, dar, servir, seguir
4. **nosotros:** sentir, ir, dar, dormir, perder, cerrar, saber, ser
5. **ellos:** estar, ser, recordar, saber, haber, encontrar, mentir

▶ **2.** The subjunctive in indirect or implied commands
   (*El subjuntivo en mandatos indirectos o implícitos*)

A. All indirect commands use the subjunctive mood. These indirect commands are expressed after verbs of volition. In these types of sentences, *there must be* a change of subject in order to maintain the indirect command:

Yo quiero que **tú** abras una cuenta.   (**yo** quiero—**tú** abres una cuenta)

If there is no change of subject, the *infinitive* is used:

Yo quiero **abrir** una cuenta.   (**yo** quiero—**yo** abro una cuenta)

Notice the sentence structure for the use of the subjunctive in Spanish:

Yo quiero	que	Ud. estudie.
I want		*you to study*
main clause		subordinate clause

EXAMPLES:

Yo les sugiero que Uds. lo **dejen** por seis meses.   *I suggest that you leave it (in) for six months.*

Necesito que Ud. me **dé** el número de su cuenta.   *I need you to give me your account number.*

Dígale a su esposa que (ella) la **firme.**   *Tell your wife to sign it.*

EJERCICIOS

A. Complete the following sentences, using the verbs in parentheses in the subjunctive or in the infinitive, as needed:

1. Nosotros deseamos que él nos (dar) _____ los cheques de viajero.
2. Yo te sugiero que (pedir) _____ un préstamo.
3. Él dice que quiere (depositar) _____ el dinero.
4. Ellos necesitan (cobrar) _____ esos cheques.
5. El profesor quiere que nosotros (saber) _____ los verbos irregulares.
6. Las chicas quieren que (haber) _____ una fiesta hoy.
7. Queremos (estar) _____ en la sucursal del banco a las dos.
8. No quiero que el saldo (ser) _____ de menos de mil dólares.
9. Nos sugiere que (abrir) _____ una cuenta de ahorros.
10. Necesitamos (sacar) _____ unos papeles de la caja de seguridad.
11. Dígale que (llenar) _____ el modelo de depósito.
12. Quiere que tú (ir) _____ al Banco Nacional.

B. Pattern Drill

MODELO 1:   Tu mamá va a ir, ¿verdad?   (yo)
            No, ella quiere que vaya yo.

1. Tu mamá va a escribir, ¿verdad?   (nosotros)
2. Tu mamá va a ahorrar, ¿verdad?   (papá)
3. Tu mamá va a volver, ¿verdad?   (ellos)
4. Tu mamá va a trabajar, ¿verdad?   (Ud.)
5. Tu mamá va a venir, ¿verdad?   (yo)
6. Tu mamá va a viajar, ¿verdad?   (tú)

MODELO 2:   Yo no quiero cobrarlo.
            ¡Pues le recomiendo que lo cobre!

1. Yo no quiero fecharla.   4. Yo no quiero aprenderlas.
2. Yo no quiero hacerlos.   5. Yo no quiero servirla.
3. Yo no quiero beberlo.   6. Yo no quiero cubrirlo.

C. Answer the following questions in complete sentences:

1. ¿Qué quieren Uds. que yo haga con la lechuga y los tomates?
2. ¿Desean Uds. pagar el coche al contado o a plazos?
3. ¿Te piden tus padres que sigas estudiando?
4. ¿Qué quieres que te traiga de México? ¿Una chaqueta o un pantalón?
5. ¿Qué quieren Uds. que sirva para la cena? ¿Camarones o langosta?

6. Voy a viajar a México. ¿Me sugieres que lleve dinero o cheques de viajero?
7. ¿Qué tipo de cuenta me recomiendan Uds. que abra?
8. ¿Prefieren Uds. que yo traiga uvas, peras o manzanas?
9. ¿Quieres solicitar una tarjeta de crédito? ¿Cuál?
10. ¿Prefieres que te dé dos billetes de cinco o uno de diez?

D. Write in Spanish:

1. Do you want me to cash the check?
2. I want him to pay the mortgage.
3. They don't want to pay their debts.
4. I suggest you sign the new contract.
5. They prefer that we borrow money.
6. I don't want to buy these shoes. They don't match my bag.

B. Sometimes the main clause expressing the command is omitted in Spanish, but the expression of the speaker's will is easily understood:

(Quiero) Que nos traiga agua.   *Let him bring us water.*
(Deseo) Que llenen el tanque.   *Let them fill the tank.*
(Prefiero) Que lo haga Jorge.   *Let George do it.*
(Necesito) Que Mario compre los cangrejos.   *Let Mario buy the crabs.*

EJERCICIOS

A. Pattern Drill

MODELO: —¿Quién va a salir? ¿Tú?   (Carlos)
                    —*¡Yo no! ¡Que salga Carlos!*

1. ¿Quién va a ir? ¿Tú?   (ellos)
2. ¿Quién va a enseñar? ¿Tú?   (Ana)
3. ¿Quién va a venir? ¿Tú?   (Luis)
4. ¿Quién va a manejar? ¿Tú?   (Rosa)
5. ¿Quién va a cocinar? ¿Tú?   (los chicos)
6. ¿Quién va a trabajar? ¿Tú?   (el profesor)
7. ¿Quién va a viajar? ¿Tú?   (los empleados)
8. ¿Quién va a escribir? ¿Tú?   (la Dra. Soto)

B. Write in Spanish:

1. Let Mary buy the tie.   4. Let the girl comb her hair.
2. Let John listen to them.   5. Let your son pay the insurance.
3. Let Robert drink.

▶ 3. **Qué** and **cuál** for "what"
(*Qué y cuál como equivalentes de "what"*)

A. When it is used as the subject of the verb and it asks for a definition, opinion, or explanation, *what* is translated as **qué**:

¿**Qué** es una cuenta conjunta?   *What is a joint account?*
¿**Qué** piensa de ese cliente?   *What do you think about that customer?*
¿**Qué** haces aquí?   *What are you doing here?*

B. When it is used as the subject of a verb and it asks for a choice, *what* is translated as **cuál. Cuál** carries the idea of selection from among several or many (objects, ideas, etc.) that are available:

¿**Cuál** es su dirección?   *What is your address?*
¿**Cuál** es el número de su cuenta?   *What is your account number?*
¿**Cuáles** son sus bienes?   *What are your assets?*

EJERCICIO

Use **qué** or **cuál** to complete the following:

1. ¿_____ es su número de teléfono?
2. ¿_____ es su propiedad personal?
3. ¿_____ es un certificado de depósito a plazo fijo?
4. ¿_____ es su dirección?
5. ¿_____ cree Ud.?
6. ¿_____ es la sicología?
7. ¿_____ es el apellido de su cuñado?
8. ¿_____ piensa Ud. de ese camarero?
9. ¿_____ es el fútbol?
10. ¿_____ es el número de su cuenta?

▶ 4. Uses of **sino** and **pero**
(*Usos de sino y pero*)

A. **Sino** meaning *but* in the sense of "on the contrary" can only be used after negative statements:

No es la ventanilla número siete **sino** la seis.
No quiero una cuenta conjunta **sino** una cuenta a mi nombre solamente.

When clauses containing different verbs are contrasted, **sino que** is used:

No trabajo **sino que** estudio.

B.   **Pero** is used for *but* in all other cases:

Lo siento, **pero** no traje el talonario de cheques.
El cliente no fechó la solicitud, **pero** la firmó.

EJERCICIOS

A. Use **sino, sino que** or **pero,** as needed:

1. No pagan un interés del diez por ciento _____ del ocho por ciento.
2. No voy a comprarlo al contado _____ a plazos.
3. No tenemos seguro para el Ford, _____ lo tenemos para el Pontiac.
4. Ellos cocinan _____ no sirven la comida.
5. Los pagos no son mensuales _____ anuales.
6. Los cheques no son gratis, _____ cuestan diez centavos.
7. Pagué en efectivo, _____ no me dieron el recibo.
8. No le voy a preguntar cuál es su propiedad personal, _____ le voy a preguntar dónde trabaja.
9. No voy a depositarlo sin límite de tiempo _____ a plazo fijo.
10. Me debe dinero, _____ yo sé que no me va a pagar.

B. Write in Spanish:

1. I'm not going to open a checking account, but a savings account.
2. I didn't bring my passbook, but I know my account number.
3. They have a house, but it's worth only forty thousand dollars.
4. I didn't say I didn't like it, but that it was too expensive.
5. The time limit certificate is not for a year, but six months.

¡A VER CUÁNTO APRENDIÓ!

A. Give appropriate responses:

1. ¿Tiene una cuenta de ahorros? ¿En qué banco?
2. ¿Vas a abrir una cuenta corriente? ¿Con cuánto dinero?
3. Si compro tu coche, ¿quieres que te pague con un cheque?
4. ¿Quieren Uds. el dinero en billetes grandes o pequeños?
5. ¿Va Ud. a depositar el dinero a plazo fijo o sin límite de tiempo?
6. ¿Trajo Ud. su talonario de cheques?
7. ¿Tiene Ud. sus papeles importantes en una caja de seguridad?
8. ¿Tú siempre pides dinero prestado?
9. ¿Cuál es su propiedad personal?
10. ¿Tiene Ud. muchas deudas?
11. ¿Cuánto vale su coche?
12. Tengo mil dólares. Debo ochocientos. ¿Qué me sugiere Ud. que haga con el resto?
13. Necesitamos sal y pimienta. ¿Quieres ir al mercado o quieres que vaya yo?
14. ¿Sabe Ud. cuál es el número de su cuenta?
15. Yo cobro un interés anual del veinte por ciento. ¿Me sugiere Ud. que cobre más?
16. ¿Quieren Uds. que yo les dé un examen mañana?

B. I (we) have the following problems. Suggest solutions, always starting with: *Le(s) sugiero que . . .*

1. Tengo mucha caspa.
2. Tenemos hambre.
3. Tengo mucho calor.
4. Tenemos un examen muy difícil mañana.
5. Necesito comprar verduras y mantequilla.
6. Me duele la cabeza.
7. Nuestro automóvil está descompuesto.
8. Estamos muy enfermos.
9. Tengo muchas canas y ya se me ven las raíces.
10. Necesitamos dinero para comprar un coche.
11. Me duelen la espalda y el pecho.
12. Tengo mucha sed.
13. Está lloviznando.
14. Mi coche está muy viejo.
15. Hubo un accidente en la calle.
16. Quiero ir a México, pero no me gusta viajar en avión.
17. No podemos ir a la gasolinera mañana.
18. Queremos comer hamburguesas y papas fritas.

19. Tengo mucha prisa. El banco cierra en cinco minutos.
20. No puedo comprar el coche al contado.

C. ¡Repase el vocabulario!

Match the questions in column **A** with the appropriate responses in column **B**:

A	**B**
1. ¿Dónde tiene los papeles importantes?	a. El diez por ciento anual.
2. ¿Trajo su libreta de banco?	b. Sí, pero pierde el interés.
3. ¿Por cuánto tiempo debo dejar el dinero?	c. No, con tarjeta de crédito.
4. ¿Qué interés pagan?	d. Sí, excepto Ana María.
5. ¿Cuánto dinero necesitas?	e. Una casa y dos coches.
6. ¿Van a venir todos?	f. Un mínimo de mil dólares.
7. ¿En qué puedo servirle?	g. No, no necesitamos la firma de él.
8. ¿Puedo sacar mi dinero en cualquier momento?	h. Por un período de seis meses.
9. ¿Sabe el cliente el número de la cuenta?	i. Quinientos dólares mensuales.
10. ¿Cuánto debo depositar?	j. Quiero abrir una cuenta corriente.
11. ¿Cuáles son sus bienes?	k. No, pero sé el número de la cuenta.
12. ¿Cuánto paga por la hipoteca?	l. Nada. Es gratis.
13. ¿Cuánto cobran?	m. Por lo menos cinco mil dólares.
14. ¿Mi esposo debe firmar el contrato?	n. No, pero no importa. Voy a buscarlo.
15. ¿Va a pagar en efectivo?	o. En la caja de seguridad.

D. Complete the following dialogue:

En el banco: La señora Díaz abre una cuenta corriente:

EMPLEADO _____

SRA. DÍAZ —Deseo abrir una cuenta corriente.

EMPLEADO _____

SRA. DÍAZ —No, no deseo una cuenta conjunta. Sólo a mi nombre.

EMPLEADO _____

SRA. DÍAZ —Voy a depositar tres mil dólares.

EMPLEADO _____

SRA. DÍAZ —¿Puedo llenar la tarjeta aquí?

EMPLEADO _____

SRA. DÍAZ —¿Debo pagar por cada cheque?

EMPLEADO _____

BILLETES DE BANCO EXTRANJEROS

Cambios que el Banco de España aplica a las operaciones que realice por su propia cuenta durante la semana del 16 al 22 de febrero de 1981, salvo aviso en contrario.

DIVISAS	Comprador — Pesetas	Vendedor — Pesetas
1 dolar USA:		
Billete grande	85,05	88,24
Billete pequeño	84,20	88,24
1 dólar canadiense.......	70,59	73,59
1 franco francés	16,81	17,44
1 libra esterlina..............	195,92	203,27
1 libra irlandesa............	144,54	149,96
1 franco suizo................	42,48	44,07
100 francos belgas...........	239,31	248,28
1 marco alemán	38,76	40,21
100 liras italianas	7,86	8,64
1 florín holandés	35,76	37,11
1 corona sueca	18,26	19,04
1 corona danesa	12,60	13,13
1 corona noruega.........	15,46	16,12
1 marco finlandés..........	20,66	21,53
100 chelines austriacos	546,57	569,80
100 esc. portugueses.......	143,26	149,35
100 yens japoneses..........	41,36	42,64
1 dirham	14,47	15,07
100 francos CFA..............	33,39	34,42
1 cruceiro	1,18	1,21
1 bolívar	19,19	19,79
1 peso mexicano...........	3,44	3,55
1 rial árabe saudí	24,58	25,34
1 dinar kuwaití..............	303,51	312,90

SRA. DÍAZ —Muy bien. ¿Qué interés pagan Uds. en las cuentas de ahorro?

EMPLEADO _____

SRA. DÍAZ —¿Qué tiempo debo dejar el dinero en ese tipo de cuenta?

EMPLEADO _____

SRA. DÍAZ —¿Qué pasa si saco antes el dinero?

EMPLEADO _____

SRA. DÍAZ —Está bien. Lo pensaré. Ahora necesito trescientos dólares en cheques de viajero. ¿Cuánto cuestan?

EMPLEADO _____

SRA. DÍAZ —Muchas gracias. ¡Ah! quiero sacar mi pasaporte de la caja de seguridad.

EMPLEADO _____

SRA. DÍAZ —¿A la ventanilla número cinco?

EMPLEADO _____

E. Situaciones

What would you say in the following situations?:

1. You are at the bank. Ask the employee how much interest the bank pays on a time-limit certificate. Ask also whether you can take your money out at any time.
2. You are a bank employee. Tell a customer that you suggest he open a joint account with his wife. Give him his passbook.
3. You are at the bank. Tell the employee that you don't want to open a savings account but a checking account. Ask her to give you a checkbook and some deposit slips.
4. You are a bank employee. Tell your customer that the National Bank has branches in several cities. Tell him also that if he wants to apply for a loan, he has to go to window number five.
5. Ask someone what her address is and then what her phone number is.
6. You work at a bank. Ask a customer what type of account he's going to open. Tell him that traveler's checks are free if his balance is a thousand dollars or more.

PROVERBIOS ESPAÑOLES   "Contigo pan y cebolla."   (*With you [I don't mind if I eat just] bread and onions.*)
"El dinero no hace la felicidad."   (*Money doesn't buy happiness.*)

Ejercicio de lectura

La señorita Alvarado va al banco para abrir una cuenta de ahorros. El empleado le sugiere que abra una cuenta en la cual se deposita un mínimo de cinco mil dólares por un período de seis meses por lo menos. El problema es que la señorita Alvarado tiene solamente cuatrocientos dólares. Además, quiere sacar su dinero en cualquier momento.

Decide abrir una cuenta sin límite de tiempo, y deposita trescientos dólares. El resto lo necesita para ir de compras, pues quiere comprar un vestido y un par de zapatos. El empleado le dice que llene, feche y firme una tarjeta, y después le da su libreta de banco.

Ahora la señorita Alvarado tiene una cuenta de ahorros y cien dólares en efectivo. ¿Qué necesita para ser completamente feliz? ¡Una tarjeta de crédito!

¡A ver cuánto recuerda!

Answer the following questions in complete sentences:

1. ¿Para qué va al banco la señorita Alvarado?
2. ¿Qué le sugiere el empleado?
3. ¿Cuál es el problema?

4. ¿Qué tipo de cuenta decide abrir la señorita Alvarado?
5. ¿Cuánto deposita?
6. ¿Qué va a hacer con el resto?
7. ¿Qué le dice el empleado que haga?
8. ¿Qué le da?
9. ¿Cuánto tiene la señorita Alvarado en efectivo?
10. ¿Qué necesita la señorita Alvarado para ser completamente feliz?

BOSQUEJO CULTURAL

España

España y Portugal forman la Península Ibérica. Al norte, España está separada de Francia por los Pirineos y de Inglaterra por el Mar Cantábrico. Al este de la Península Ibérica está el Mar Mediterráneo, y al oeste el Océano Atlántico. Al sur, el Estrecho de Gibraltar la separa del continente africano. Las islas° Baleares en el Mar Mediterráneo y las islas Canarias en el Atlántico, forman también parte del territorio español. — islands

Aunque España es un país relativamente pequeño tiene una gran variedad de climas, relieves geográficos y diferentes actitudes culturales entre° sus cincuenta provincias. Sin embargo, tiene unidad política, social y religiosa. — among

La vegetación de la península refleja el clima y las diferencias geográficas del país. El norte es siempre húmedo y por lo tanto° estas regiones son muy verdes. En el centro el clima varía mucho. En el invierno hace mucho frío y en el verano el calor es terrible. Sin embargo, en las costas del mediterráneo y en las islas, el clima no varía tanto. — so

El centro de España es árido y bastante difícil de cultivar, mientras que en las costas mediterráneas abundan las huertas,° donde cultivan el limonero° y el naranjo.° — orchards / lemon tree / orange tree

Comercialmente España está dividida en dos partes: el norte es básicamente industrial, y el sur es agrícola.° La mayoría de los minerales están en el norte. Los más importantes son hierro,° cobre° y carbón.° Al sur hay minas de plomo° y plata. — agricultural / iron / copper / coal / lead

El centro y la costa del Mediterráneo son principalmente agrícolas. Los productos más importantes son las uvas,° las naranjas, los limones y el arroz. En el sur hay grandes plantaciones de olivos° y los productos lácteos° son la riqueza principal del norte. Otra de las grandes industrias del país es la pesca,° que es abundante en todas las costas españolas. — grapes / olive trees / dairy products / fishing

Las diferencias regionales existen también entre los habitantes de España. Entre la gente del norte, por ejemplo, abundan los tipos altos, rubios y de ojos azules o verdes. En el sur, debido a° la influencia árabe, la mayoría de la gente es morena de ojos negros o castaños. — due to

En el español se unen el idealismo de Don Quijote y el materialismo de Sancho Panza.

No es posible hablar de los españoles «en general» porque los habitantes de cada región tienen características propias.° El catalán, por ejemplo, es más bien serio, trabajador° y práctico. En contraste, el andaluz es alegre° y despreocupado.° El gallego es más bien° triste y esta característica de su personalidad se refleja en su música y en su literatura.

own
hardworking / cheerful
happy-go-lucky / rather

En Madrid encontramos habitantes de todas partes de España, y por eso la capital española presenta características de las diferentes regiones.

Vemos también esta diversidad en los idiomas que hablan en España. Aunque el castellano es el idioma oficial, no es el único. Hablan además el catalán, el vascuense,° el gallego y varios dialectos.

Basque

A pesar de° los contrastes y diferencias que existen entre los españoles, tienen dos elementos comunes: su tendencia a actuar guiados° por la emoción y el sentimiento° y su extraordinario individualismo.

In spite of
guided
feeling

El español quiere ser diferente, no sólo de las otras naciones, sino de los propios habitantes de la península. Para cada español lo mejor de España está en su propia región, pues otra característica de los españoles es su gran orgullo.°

pride

El español es un individuo de contrastes en el que continuamente se unen el idealismo de Don Quijote y el materialismo de Sancho Panza, los inmortales personajes° de Cervantes. Pero el idealismo triunfa siempre y los españoles llegan a los mayores sacrificios y realizan° los actos más extraordinarios guiados por él.

characters
accomplish

¡A ver cuánto recuerda!

Answer the following questions:

1. ¿Qué hay al norte, sur, este y oeste de España?
2. ¿Qué islas forman también parte del territorio español?
3. ¿Cómo son las regiones del norte? ¿Por qué?
4. ¿Cómo es el clima en el centro de España?
5. ¿Cómo está dividida España comercialmente?
6. ¿Qué minerales hay en España?
7. ¿Cuáles son los productos agrícolas más importantes de España?
8. ¿Son morenos todos los españoles?
9. ¿Cómo son los catalanes?
10. ¿Cómo son los andaluces?
11. ¿Qué características tienen los gallegos?
12. ¿Qué lenguas hablan en España?
13. ¿Qué elementos comunes tienen los españoles?
14. ¿Qué otra característica tienen los españoles?
15. ¿Quiénes son Don Quijote y Sancho Panza?

Pastor cuidando sus
ovejas, Alejos, España.

Pescadores de camarones en sus botes,
Barcelona, España.

Comprando y vendiendo en la bolsa
de valores, Barcelona, España.

La Alhambra: El Patio del Cuarto Dorado, Granada, España.

Una bella vista del Mar Mediterráneo, Málaga, España.

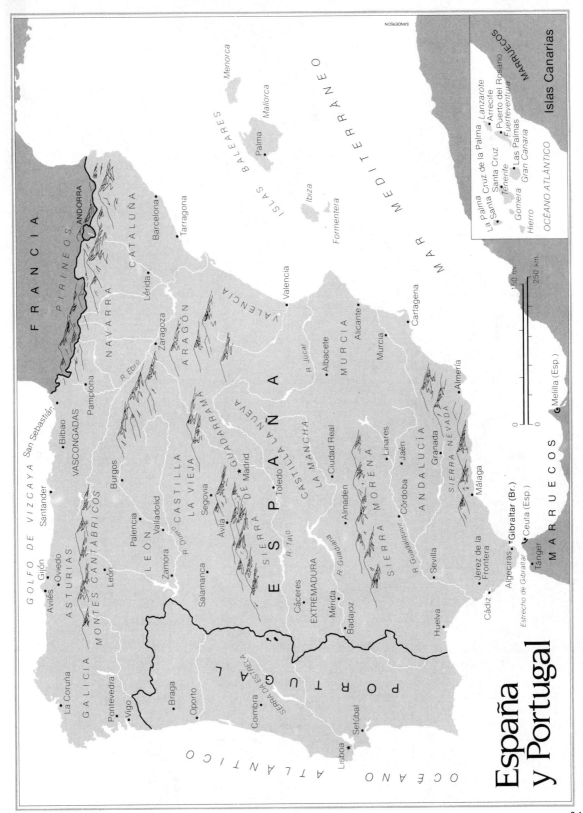

España y Portugal

SANDERSON

Islas Canarias

La Palma
Santa Cruz de la Palma
Lanzarote
Arrecife
Puerto del Rosario
Santa Cruz
Fuerteventura
Tenerife
Las Palmas
Gomera
Gran Canaria
Hierro

MARRUECOS

OCÉANO ATLÁNTICO

FRANCIA

PIRINEOS

ANDORRA

GOLFO DE VIZCAYA

San Sebastián
Bilbao
VASCONGADAS
Pamplona
NAVARRA

CATALUÑA
Lérida
Barcelona
Tarragona

ISLAS BALEARES
Menorca
Mallorca
Palma
Ibiza
Formentera

MAR MEDITERRÁNEO

Gijón
Avilés
Oviedo
ASTURIAS
Santander
MONTES CANTÁBRICOS
Burgos

ARAGÓN
Zaragoza

R. Ebro

VALENCIA
Valencia

La Coruña
GALICIA
Pontevedra
Vigo

Braga
Oporto

SIERRA DA ESTRELA

Coimbra

P O R T U G A L

LEÓN
León
Palencia
Valladolid
Zamora
CASTILLA LA VIEJA
Salamanca
Segovia
Ávila

SIERRA DE GUADARRAMA

R. Duero

E S P A Ñ A

★ Madrid

MANCHA NUEVA
Toledo
CASTILLA LA MANCHA
Ciudad Real

R. Júcar

Albacete
MURCIA
Murcia
Alicante

Cartagena

Almería

SIERRA NEVADA
Granada
Málaga

R. Tajo

Cáceres
EXTREMADURA
Mérida
Badajoz

R. Guadiana

Almadén
SIERRA MORENA
Linares
Jaén
Córdoba
ANDALUCÍA

R. Guadalquivir

Sevilla
Huelva
Jerez de la Frontera
Cádiz

Algeciras
Estrecho de Gibraltar
Gibraltar (Br.)
Ceuta (Esp.)
Tánger

M A R R U E C O S

Melilla (Esp.)

OCÉANO ATLÁNTICO

Lisboa ★
Setúbal

0   150 mi
0   250 km

313

Lección 17

Alicia y Rosa han decidido viajar por el sur de España. Ahora están en el despacho de boletos de la estación de trenes.

EMPLEADO —¿En qué puedo servirles?

ALICIA —¿Cuándo hay trenes para Sevilla?

EMPLEADO —Hay dos trenes diarios: uno por la mañana y otro por la noche. El tren de la noche es el expreso.[1]

ALICIA —(*A Rosa*) Saquemos[2] pasajes para el expreso.

ROSA —Bueno, pero entonces es mejor que reservemos literas.

ALICIA —(*Al empleado*) ¿Tiene coche cama el tren?

EMPLEADO —Sí señorita. Tiene coche cama y coche comedor.

ROSA —Queremos dos literas, una alta y una baja.

EMPLEADO —Temo que no haya literas bajas.

ALICIA —Bueno, Rosa, reservemos literas altas. Es mejor que dormir en el asiento.

EMPLEADO —¿Quieren pasajes de ida o de ida y vuelta? El pasaje de ida y vuelta tiene una tarifa especial. Damos el veinte por ciento de descuento.

ROSA —¿Por cuánto tiempo es válido el boleto de ida y vuelta?

EMPLEADO —Por seis meses, señorita.

ROSA —Bueno, déme dos pasajes de ida y vuelta para el sábado. ¿Puede darme un itinerario?

EMPLEADO —Sí, un momentito. Aquí tiene los boletos y el vuelto.

ALICIA —¡Ah! No tenemos que trasbordar, ¿verdad?

EMPLEADO —No, señorita.

El día del viaje, Alicia y Rosa llegan a la estación y van al andén número cuatro, de donde sale el tren. Es posible que tengan que esperar un rato, porque el tren generalmente tiene una hora de atraso. Después de un largo viaje llegan a Sevilla y deciden alquilar un coche.

ROSA —(*Al empleado de la agencia*) Queremos alquilar un coche.

EMPLEADO —¿Quiere un coche grande o un modelo compacto?

ALICIA —Compacto de dos puertas. ¿Cobran Uds. por kilómetro?

EMPLEADO —Depende. Si lo alquila por día, sí; si lo alquila por semana, no.

---

[1]In some Spanish-speaking countries, **rápido** is used for **expreso**.   [2]Note the orthographic change: **saquemos** = first-person plural (command) form of **sacar**. See *Lección 9*, p. 154.

TRAVELING BY TRAIN

Alice and Rose have decided to travel through the south of Spain. Now they are at the ticket office of the train station.

C.   May I help you?

A.   When are there trains to Seville?

C.   There are two daily trains: one in the morning and one in the evening. The evening train is the express.

A.   (*To Rose*) Let's buy tickets for the express train.

R.   O.K., but then it's better that we reserve berths.

A.   (*To the clerk*) Does the train have a sleeper?

C.   Yes, miss. It has a sleeper and a dining car.

R.   We want two berths, an upper (berth) and a lower (berth).

C.   I'm afraid we don't have lower berths (anymore).

A.   Well, Rose, let's reserve upper berths. It's better than sleeping in the seat.

C.   Do you want one-way or round-trip tickets? The round-trip ticket has a special rate. We give a twenty percent discount.

R.   For how long is the round-trip ticket valid?

C.   For six months, miss.

R.   O.K., give me two round-trip tickets for Saturday. Can you give me a timetable?

C.   Yes, one moment. Here are the tickets and the change.

A.   Oh! We don't have to transfer, do we?

C.   No, miss.

On the day of the trip, Alice and Rose arrive at the station, and they go to platform number four, from which the train leaves. It is possible that they will have to wait for awhile, because the train is generally one hour behind schedule. After a long trip, they arrive in Seville and decide to rent a car.

R.   (*To the agency clerk*) We want to rent a car.

C.   Do you want a big car or a compact model?

A.   A two-door compact. Do you charge per kilometer?

C.   It depends. If you rent it by the day, we do; if you rent it by the week, we don't.

ROSA   —Queremos un coche de cambios mecánicos.

EMPLEADO   —En este momento solamente tenemos automáticos, señorita.

ROSA   —Siento que no tengan coches mecánicos. Gastan menos gasolina.

ALICIA   —(*Al empleado*) Queremos sacar seguro. Es mejor estar asegurado.

EMPLEADO   —Muy bien. Llene esta planilla.

ROSA   —Señor, nosotras somos ciudadanas chilenas. ¿Necesitamos permiso especial para manejar en España?

EMPLEADO   —No, señorita. Su licencia[1] para conducir es suficiente.

ALICIA   —Bueno, me alegro de que no necesitemos nada más.

ROSA   —Vamos a comer algo ahora.

ALICIA   —¿Quieres volver a comer? Hace dos horas que desayunamos en el tren.

ROSA   —Bueno, no comamos ahora, pero espero que sirvan almuerzo en el hotel.

Vocabulario

COGNADOS

automático(a) automatic	**kilómetro** kilometer
compacto(a) compact	**Sevilla** Seville
chileno(a) Chilean	**válido(a)** valid

NOMBRES

el **andén**   platform

el **asiento**   seat

el **atraso**   delay

  de atraso   behind (schedule)

el **boleto**, el **pasaje**   ticket

el (la) **ciudadano(a)**   citizen

el **coche**, el **vagón**   car, coach

el **coche cama**   sleeping car, sleeper (Pullman)

el **coche comedor**   dining car

el **descuento**   discount

el **despacho de boletos**   ticket office

el **itinerario**, el **horario**   schedule, timetable

la **litera**   berth

la **litera alta**   upper berth

la **litera baja**   lower berth

el **permiso**   permit

el **rápido**, el **expreso**   express (train)

el **sur**   south, the South

la **tarifa**   rate

el **vuelto**, el **cambio**   change

VERBOS

alegrarse (de)   to be glad (to)

depender (de)   to depend (on)

esperar   to hope

---

[1]In some Spanish-speaking countries **permiso** is used for **licencia**.

We want a car with standard shift.
At the moment we have only
automatics, miss.
I'm sorry you don't have cars with
standard shift. They use less gasoline.
(*To the clerk*) We want to take out
insurance. It is better to be insured.
Very well. Fill out this form.
Sir, we are Chilean citizens. Do we
need a special permit to drive in
Spain?
No, miss. Your driver's license is
enough.
Good, I'm glad we don't need
anything else.
Let's go eat something now.
You want to eat again? We had
breakfast on the train two hours ago.
O.K., let's not eat now, but I hope
they serve lunch at the hotel.

gastar   to use, to spend
reservar   to reserve
sentir (e>ie)   to be sorry, to regret
temer   to fear, to be afraid
trasbordar   to transfer

ADJETIVOS

asegurado(a)   insured
diario(a)   daily
suficiente   enough, sufficient

ALGUNAS EXPRESIONES

de cambios mecánicos   standard shift
de dos puertas   two-door
la licencia para conducir   driver's license
¿Por cuánto tiempo vale . . . ?   For how long is . . . good (valid)
sacar pasaje   to buy (get) the ticket

VOCABULARIO ADICIONAL

a tiempo   on time
El tren no va a llegar **a tiempo.** Tiene dos horas de atraso.

bajarse   to get off
Si quieres **bajarte** del tren, tenemos veinte minutos.

el este   east, the East
Boston está al **este** de los Estados Unidos.

la frontera   border
¿Cuándo llegamos a **la frontera** de México?

hacer cola   to stand in line
Tenemos que **hacer cola** para sacar los pasajes.

hacer escala   to stop over
Voy a Buenos Aires, pero quiero **hacer escala** en Lima.

el norte   north, the North
Montana está al **norte** de los Estados Unidos.

el oeste   west, the West
Prefiero las ciudades del **oeste.**

la sala de equipajes   baggage room
Sus maletas están en **la sala de equipajes,** señora.

subirse   to get on
Ellos **se subieron** en Las Vegas, no en Los Ángeles.

Estructuras gramaticales

► **1.** The subjunctive after verbs of emotion
(*El subjuntivo después de verbos que expresan emoción*)

A. In Spanish the subjunctive is always used in the subordinate clause when the verb in the main clause expresses any kind of emotion, such as fear, joy, pity, hope, pleasure, surprise, anger, regret, sorrow, like and dislike, and so forth.

Some of the verbs that call for the subjunctive are **temer, alegrarse** (**de**), **sentir,** and **esperar.** Note that the subject of the subordinate clause must be different from that of the main clause:

Temo que **no haya** literas bajas.   *I'm afraid there aren't (any) lower berths.*
Me alegro de que **no necesitemos** nada más.   *I'm glad we don't need anything else.*

Siento que **no tengan** coches de cambios mecánicos. *I'm sorry they don't have standard shift (cars).*

Espero que **sirvan** comida en el tren. *I hope they serve food on the train.*

No me gusta que tú **salgas** con él. *I don't like you to go out with him.*

B. If there is no change of subject, the infinitive is used instead of the subjunctive:

Me alegro de no necesitar nada más.) *I'm glad I don't need*
(**Yo** me alegro—**yo** no necesito.)) *anything else.*

Siento no tener coches de cambios mecánicos.) *I'm sorry I don't have*
(**Yo** siento—**yo** no tengo.)) *standard shift (cars).*

EJERCICIOS

A. Item Substitution

1. Temo que el tren no llegue a tiempo.
2. Siento _____.
3. _____ los chicos _____.
4. Espero _____.
5. _____ traigan el vuelto.
6. _____ ella _____.
7. _____ pueda venir.
8. Me alegro de _____.
9. _____ esté en Sevilla.
10. _____ Uds. _____.

B. Pattern Drill

MODELO 1: ¿A qué hora van a llegar los chicos?
No sé, pero espero que lleguen temprano.

1. ¿A qué hora van a volver los chicos?
2. ¿A qué hora van a acostarse los chicos?
3. ¿A qué hora van a dormir los chicos?
4. ¿A qué hora van a levantarse los chicos?
5. ¿A qué hora van a almorzar los chicos?

MODELO 2: ¿Sabes que Horacio no viene hoy?
¡Pues me alegro de que no venga!

1. ¿Sabes que los chicos no vuelven?
2. ¿Sabes que María no se casa?
3. ¿Sabes que Pedro está enfermo?
4. ¿Sabes que Alberto se va?
5. ¿Sabes que las hermanas de José no están aquí?

C. Supply the correct forms of the verbs in parentheses. Use the subjunctive or the infinitive, as needed:

   1. Siento que mis padres no (vivir) _____ en el este.
   2. Me alegro de (tener) _____ los boletos.
   3. Tememos que tú no (conseguir) _____ un descuento.
   4. Espero que mañana no (lloviznar) _____.
   5. Siento que él no (ser) _____ ciudadano chileno.
   6. Siento no (poder) _____ ir al despacho de boletos.
   7. Temen no (tener) _____ dinero para sacar el seguro.
   8. Me alegro de no (tener) _____ que trasbordar.
   9. Se alegran de que yo no (tener) _____ que hacer cola.
  10. Sentimos mucho que el coche (gastar) _____ tanta gasolina.
  11. Espero que ella (traer) _____ el itinerario.
  12. Me gusta (tener) _____ una litera alta.
  13. No le gusta que nosotros (bajarse) _____ del tren.
  14. Siento que Uds. (tener) _____ que hacer cola.
  15. Esperamos poder (alquilar) _____ un coche automático.

▶ **2.** First person plural command
    (*El imperativo de la primera persona del plural*)

  A. The first person plural of an affirmative command (*let us* + *verb*) may be expressed in two different ways:

    1. By using the first person plural of the present subjunctive:

Saquemos pasajes para el rápido.	*Let's buy tickets for the express train.*

    2. By using the expression **vamos a** + *infinitive:*

Vamos a sacar pasajes para el rápido.	*Let's buy tickets for the express train.*

  B. The verb **ir** does not use the subjunctive for the first person plural affirmative command:

Vamos a la playa.	*Let's go to the beach.*

  For the negative command, the subjunctive is used:

No vayamos a la playa.	*Let's not go to the beach.*

ATENCIÓN: In all direct affirmative commands the object pronouns are attached to the verb and a written accent is then placed on the stressed syllable:

    Apaguémosla. *Let's turn it off.*
    Comprémosla. *Let's buy it.*
    Escribámoslo. *Let's write it.*

If the pronouns **nos** or **se** are attached to the verb, the final -s of the verb is dropped before adding the pronoun:

> Sentémo**nos** aquí. *Let's sit here.*
> Vistámo**nos** ahora. *Let's get dressed now.*
> Démo**selo** a los niños. *Let's give it to the children.*
> Permitámo**selo**. *Let's allow (it to) him.*

In direct negative commands, the object pronouns are placed in front of the verb:

> No **lo** compremos. *Let's not buy it.*

EJERCICIOS

A. Pattern Drill

MODELO 1: ¿Nos sentamos?
           Sí, sentémonos.

1. ¿Nos bañamos?   4. ¿Nos acostamos?
2. ¿Nos vestimos?   5. ¿Nos peinamos?
3. ¿Nos levantamos?

MODELO 2: ¿Le damos el asiento?
           Sí, vamos a dárselo.
           No, no se lo demos.

1. ¿Le llevamos el permiso?
2. ¿Le reservamos los boletos?   4. ¿Le traemos las servilletas?
3. ¿Le compramos el helado?   5. ¿Le mandamos el traje de baño?

B. Change the following sentences according to the model:

MODELO: Vamos a jugar.
          Juguemos.

1. Vamos a cerrar.   6. Vamos a pedírsela.
2. Vamos a comer.   7. Vamos a hacerlo.
3. Vamos a trabajar.   8. Vamos a dárselo.
4. Vamos a decirlo.   9. Vamos a abrirlas.
5. Vamos a vestirnos.   10. Vamos a teñírselo.

C. Write in Spanish:

1. Let's eat.   6. Let's read it.
2. Lets go out.   7. Let's talk.
3. Let's study.   8. Let's walk.
4. Let's work.   9. Let's buy it for him.
5. Let's go to bed.   10. Let's get up.

D. Make all commands in exercise C negative.

▶ 3. Expressions that take the subjunctive
       (*Expresiones que llevan el subjuntivo*)

A. The subjunctive follows certain impersonal expressions that convey
    emotion, uncertainty, unreality, or an indirect or implied command.
    This occurs only when the verb of the subordinate clause has a subject
    expressed.

    The most common expressions are:

    es difícil   *it is unlikely*   conviene   *it is advisable*
    es probable   *it is probable*   es importante   *it is important*
    es mejor, más vale   *it is better*   ¡ojalá!   *if only . . . (I hope)*
    es necesario   *it is necessary*   es increíble   *it is incredible*
    es (una) lástima   *it is a pity*   puede ser   *it may be*
    es preferible   *it is preferable*   es (im)posible   *it is (im)possible*

    EXAMPLES:

    Es difícil que ellos **puedan** comprar nada más.   *It's unlikely that they
        can buy anything else.*
    Es probable que **saquemos** pasaje para el lunes.   *It's probable that
        we'll buy tickets for Monday.*
    Es mejor que te **tiñas** las canas.   *It's better that you dye your grey
        hairs.*

Es necesario que el coche **esté** asegurado.   *It is necessary that the car be insured.*

Es una lástima que **sea** un coche de dos puertas.   *It's a pity that it's a two-door car.*

Ojalá que no **llueva** mañana.   *I hope it doesn't rain tomorrow.*

B. Impersonal expressions that convey certainty are followed by the indicative:

Es seguro que ella **está** aquí.   *It is certain that she is here.*

Es verdad que **llegaron** hasta la frontera.   *It is true that they reached the border.*

C. When the sentence is completely impersonal (that is, when no subject is expressed), such expressions are followed by the infinitive:

Es mejor no **depender** de eso.   *It's better not to depend on that.*

Es necesario **comer** frutas.   *It is necessary to eat fruit.*

Es importante **saber** español.   *It is important to know Spanish.*

EJERCICIOS

A. Indicate the correct choice:

1. Es lástima (que ella sea tan hermosa, que el niño esté enfermo, que él sea feliz).
2. Es necesario (que matemos a los profesores, que estemos enfermos, que estudiemos para el examen).
3. Es imposible (que un perro hable, que un niño juegue, que una ventana esté abierta).
4. Es difícil (que ganemos un millón de dólares, que un niño tenga orejas, que las maletas estén en la sala de equipajes).
5. Conviene (que discutamos siempre, que tomemos vitaminas, que gastemos mucho dinero).
6. Es mejor (que no nos preocupemos demasiado, que se mueran todos, que haya muchos problemas).
7. Es increíble (que mi coche gaste tanta gasolina, que un hombre viejo tenga canas, que haga frío en el invierno).
8. Es probable (que Ud. use champú para lavarse el pelo, que Ud. esté casado(a) con un marciano (*Martian*), que un perro prepare la comida).
9. Es importante (que te bañes todos los días, que comas una vez al año, que duermas diez minutos diarios).

B. Write in Spanish:

1. It is preferable to live in the West.
2. I hope we can get a compact car!

3. It may be that we need a special permit.
4. It is better to have a lower berth.
5. It is true that they will give us a special rate.

► **4.** Use of **volver a**   (*Uso de volver a*)

Volver a is used in Spanish when the subject repeats an action that it has already performed. It translates the adverb *again*. The formula is:

volver + a + *infinitive*

¿Quieres **volver a comer?**   *Do you want to eat again?*
Pedro **volvió a hablar** con el barbero.   *Peter spoke to the barber again.*
Mañana **volverán a limpiar** el coche comedor.   *Tomorrow they will clean the dining car again.*

EJERCICIOS

A. Change the following sentences using **volver a.** Follow the model:

MODELO: Ella habla otra vez.
           Ella vuelve a hablar.

1. Ellos anotaron las millas otra vez.
2. Tú no viajarás en tren otra vez.
3. Él se ha quebrado el brazo otra vez.
4. Nosotros no habríamos tomado vermut otra vez.
5. Yo le regalaría un suéter otra vez.
6. Espero que sirvan flan otra vez.

B. Answer the following questions:

1. ¿Piensa Ud. volver a peinarse hoy?
2. ¿Cuándo volverán Uds. a tener un examen?
3. ¿Cuándo volverá Ud. a comer?
4. ¿Piensa volver a tomar una clase de español?
5. ¿Vas a volver a estudiar en esta universidad?

¡A VER CUÁNTO APRENDIÓ!

A. Give the appropriate responses:

1. ¿Vive Ud. en el norte, el sur, el este o el oeste de los Estados Unidos?
2. ¿Es Ud. ciudadano de los Estados Unidos?
3. ¿Está asegurado su coche?
4. ¿A cuántas millas de la universidad vive Ud.?

5. ¿Son diarias las clases de español?
6. Con el problema de la gasolina, ¿es mejor tener un coche automático o un coche de cambio?
7. ¿Tiene Ud. un coche grande o un modelo compacto?
8. La cuenta es por setenta y cinco dólares y yo le doy al mozo un billete de cien dólares. ¿Cuánto me da de vuelto?
9. ¿Tienen los pasajes de ida y vuelta tarifas especiales?
10. Si se viaja de Nueva York a Boston, ¿es necesario viajar en coche cama?
11. Si alquilo un coche por semana, ¿me cobran el millaje?
12. ¿Temes no tener suficiente dinero para pagar tus cuentas este mes?
13. Generalmente, ¿por cuánto tiempo es válido un pasaje de ida y vuelta?
14. ¿Es necesario que Uds. tengan exámenes diarios?
15. ¿Espera el profesor (la profesora) que Uds. sepan los usos del subjuntivo?
16. ¿Vas a volver a estudiar esta lección?
17. ¿Es probable que los pasajes para Puerto Rico sean gratis?
18. El tren en que voy a viajar no lleva coche comedor. ¿Qué me sugiere Ud. que haga?

B. Complete the following sentences, using the subjunctive, the indicative, or the infinitive form of the verb in parentheses:

1. No va a ser posible (tomar) _____ cursos de inglés.
2. Espero que tú (tener) _____ turno para la peluquería.
3. No será necesario que ella (poner) _____ la mesa ahora.
4. Es verdad que ese coche (ser) _____ mío.
5. Es importante que tú (saber) _____ el lugar de tu nacimiento.
6. Siento que mis padres no (ser) _____ ricos.
7. Es seguro que ellos (poder) _____ pasar una semana aquí.
8. Es verdad que Uds. (tener) _____ caspa.
9. Ojalá que ellos (celebrar) _____ su aniversario aquí.
10. Es increíble que ese muchacho (ser) _____ drogadicto.
11. Es verdad que ella (necesitar) _____ otro impermeable.
12. Temo que la inflación no (terminar) _____ pronto.
13. Nos alegramos de que ella no (tener) _____ la culpa.
14. Es lástima que (haber) _____ tanto desempleo.
15. Es preferible (ir) _____ a eso de las cinco.

C. Complete the following sentences in a meaningful way:

1. Me alegro de _____.
2. Es lástima que el profesor _____.
3. Sentimos mucho que tu suegra _____.
4. Es imposible que podamos _____.
5. Temen _____.
6. Es importante que _____.

7. Ojalá que mañana _____.
8. Nos alegramos mucho de que Ud. _____.
9. Es preferible que ella _____.
10. Teme que la enfermera _____.
11. Es necesario _____.
12. Es probable que el peluquero _____.

D. ¡Repase el vocabulario!

Choose the correct response for each of the following questions or statements:

1. –Perdón, ¿tienen Uds. tarifas especiales?
   –Sí, (si las pide prestadas; a veces ganamos más interés; le damos el 20% de descuento; acabamos de aumentar el nivel de vida).

2. –Necesito sacar un pasaje. ¿Dónde está el despacho de boletos?
   –Está en (el décimo piso al lado del cine; la autopista; el desierto; la sala de clase).

3. –Si lo alquila por semana no tiene que pagar millas.
   –Pero yo (lo necesito solamente por dos días; no necesito un limpiaparabrisas; no quiero la especialidad de la casa; no traigo exceso de equipaje).

4. –Vamos a comprar los boletos.
   –Espero que (no estén sentados en el andén; no tengan esa enfermedad; puedan hacerme la manicura y la permanente; no tengamos que hacer cola).

5. –¿En qué puedo servirle?
   –Señor, (aquí servimos langosta y lechón; quiero llevarlo puesto; quiero alquilar un coche automático, de dos puertas; aquí sirven platos muy sabrosos).

6. –¿Qué hay de nuevo?
   –Pues . . . (mañana me voy para el sur de España; tengo un certificado de depósito a plazo fijo; creo que sí; en esa época lo pasábamos divinamente).

7. –¿Te gustan las ciudades del oeste?
   –No, (porque siempre tienen nieve; prefiero vivir en Boston o en Nueva York; es preferible quedarse quieto; porque no tienen zapaterías).

8. –Yo no quiero dormir en el asiento del tren.
   –Pues entonces (vamos a la liquidación; montemos a caballo; compremos cañas de pescar; reservemos literas).

9. –Tengo mucho dolor de cabeza.
   –Tendrás que volver a (pasar la frontera; tomar aspirinas; comprar el jamón; lavar los platos).

10. –El tren no va a llegar a tiempo.
    –Ojalá que no (esté en la cárcel; tenga mucho atraso; venga en octubre; traiga el modelo de depósito).

11. –Ella no necesita ningún permiso especial para trabajar en California.

–Sí, es verdad que (es su aniversario de bodas; en California hay muchos lugares de interés; ella es ciudadana norteamericana; tiene mucha propiedad personal).

12. –Este tren no llega hasta mañana.

–Siento que (no tengas tarjetas de crédito; no podamos cazar; no podamos ir en el rápido; la noche esté tan oscura).

13. –¿Pagaste la cuenta?

–Sí, pero no me dieron (el aumento; la pena capital; los rizos ni la barba; el vuelto).

14. –Si no viajamos hoy podemos viajar mañana.

–Es difícil que (haga viento mañana; haya trenes diarios para Lima; el acelerador haga ruido; sea una calle de dos vías).

15. –¿Cuánto tendremos que pagar por el coche?

–Depende (de la economía; de su profesión; de las millas; de su talla).

16. –¿Conviene tomar el expreso?

–Sí, porque (es riquísimo; podemos levantar el capó; tiene una cuenta de ahorros; es mucho más rápido).

17. –¿Lleva el tren coche cama?

–Sí y también (probadores; sombrillas muy elegantes; coche comedor; libretas de ahorro).

18. –¿Tengo que trasbordar?

–Sí, (si calza el número diez; en la próxima estación; si le aprietan los zapatos; si es sin límite de tiempo).

19. –¿Quiere un coche de cambios mecánicos?

–No, uno (automático; lleno; vacío; sin volante).

20. –¿Por qué no manejas mi coche?

–No puedo. No tengo (blusa negra; platitos; una cuenta conjunta; licencia para conducir).

E. Situaciones

What would you say in the following situations?:

1. You are at a train station in Madrid. Ask the clerk when there are trains for Barcelona. Also ask him if the train has a sleeper and a dining car. Tell him you want a lower berth.

2. You are buying tickets to travel by train. Ask the clerk if they give a special rate or a discount when you buy a round-trip ticket. Also ask her for how long the ticket is valid, and if you have to transfer. Finally, ask her to give you a timetable.

3. You are traveling with a friend. Tell him/her that you will probably have to wait because the train is two hours behind schedule. Suggest that you both go have something to eat.

4. You are at the car rental agency. Tell the clerk you want to rent a car.

Tell him you want a four-door compact model. Also tell him that you hope they have automatics, because you don't like standard shifts.

5. You are a clerk at a car rental agency. Tell a customer that it is better to be insured, so you hope she'll take out insurance. Also tell her that, if she rents the car by the week, you don't charge mileage.

6. You and a friend are traveling through Mexico in a rented car. Tell him/ her you're glad he/she likes to drive, because you don't have your driver's license with you.

F. Composición

Write a composition describing a memorable trip you took. Include the following:

1. means of transportation
2. place(s) you visited
3. things and people you saw
4. places of interest
5. where you stayed
6. things that happened
7. duration of trip
8. whether or not you're planning on taking the same trip again

Lección 18

Buscando casa

La señora Cortés visita una agencia de bienes raíces y le dice al agente lo que ella y su familia desean. Después de un rato, el agente siente que la señora haya venido a verlo.

SRA. CORTÉS —Necesitamos una casa grande y cómoda, que esté en un barrio elegante y que no sea muy cara.

AGENTE —Bueno, dígame cuántas habitaciones necesita.

SRA. CORTÉS —Somos siete, de modo que necesitamos una casa que tenga por lo menos cuatro dormitorios.

AGENTE —Y que quede cerca de una escuela, ¿verdad?

SRA. CORTÉS —Sí, por supuesto. ¡Ah! Preferimos una casa que tenga una cocina grande, comedor, sala, tres baños, un salón de estar, garaje, aire acondicionado . . .

AGENTE —Muy bien, hay una muy bonita en la Quinta Avenida que cuesta dos millones de[1] pesos.

SRA. CORTÉS —Le repito que necesitamos una casa que no sea tan cara.

AGENTE —Bueno, dudo que la encuentre.

SRA. CORTÉS —¡Ah! Los niños quieren una casa que tenga piscina, y un patio con césped y árboles frutales.

AGENTE —¡Señora! ¡No hay ninguna casa que tenga todo eso y que sea barata!

Esa noche, en casa de los Cortés:

SR. CORTÉS —El tipo de casa que queremos cuesta demasiado, y no creo que podamos conseguir tanto dinero.

SRA. CORTÉS —Es una lástima que no hayamos comprado la casa de la calle Tercera. ¡Era perfecta!

SR. CORTÉS —Sí, y con la inflación seguramente valdrá muchísimo más ahora.

SRA. CORTÉS —En la oficina necesitan a alguien que haga traducciones. Voy a solicitar el puesto.

SR. CORTÉS —¿Vas a trabajar tiempo completo en vez de medio día?

SRA. CORTÉS —Sí, y en ese empleo voy a ganar mucho más.

SR. CORTÉS —Los chicos y yo vamos a tener que ayudarte mucho más con los trabajos de la casa.

SRA. CORTÉS —Estoy segura de que la casa tiene lavaplatos . . . Y Elenita y Roberto están aprendiendo a cocinar.

---

[1]When a noun follows **millón** (**millones**), the preposition **de** is used before the noun.

LOOKING FOR A HOUSE

Mrs. Cortés visits a real estate agency and tells the agent what she and her family want. After a while, the agent is sorry that the lady has come to see him.

MRS. C.   We need a big and comfortable house, which is (located) in an exclusive (elegant) neighborhood and which is not very expensive.

A.   Well, tell me how many rooms you need.

MRS. C.   There are seven of us, so we need a house that has at least four bedrooms.

A.   And (one) that is located near a school, right?

MRS. C.   Yes, of course. Oh! We prefer a house that has a big kitchen, dining room, living room, three bathrooms, family room, garage, air conditioning . . .

A.   Very well. There is a very beautiful one on Fifth Avenue that costs two million pesos.

MRS. C.   I repeat, we need a house that is not very expensive.

A.   Well, I doubt that you'll find it.

MRS. C.   Oh! The children want a house that has a swimming pool, and a backyard with a lawn and fruit trees.

A.   Madam! There isn't any house that has all that, and is cheap!

That night, at the home of the Corteses:

MR. C.   The type of house that we want costs too much, and I don't think we can get so much money.

MRS. C.   It's a pity we didn't buy (haven't bought) the house on Third Street. It was perfect!

MR. C.   Yes, and with inflation it will surely be worth much more now.

MRS. C.   At the office they need somebody who does translations. I'm going to apply for the job.

MR. C.   You're going to work full time instead of part time?

MRS. C.   Yes, and in that job I'm going to earn much more.

MR. C.   The children and I are going to have to help you much more with the housework.

MRS. C.   I'm sure the house has a dishwasher . . . And Ellen and

SR. CORTÉS   —Oye, vamos a necesitar un refrigerador nuevo y algunos muebles cuando nos mudemos.

SRA. CORTÉS   —Sí, y en cuanto reciba mi primer sueldo, voy a comprar una cama y un colchón, sábanas, toallas, cortinas, un sofá . . .

SR. CORTÉS   —(*Sonriendo*) ¡Espera! ¡No hagas tantos planes! ¡Primero debes conseguir el empleo!

SRA. CORTÉS   —Tienes razón. Mañana, tan pronto como llegue la supervisora, voy a hablar con ella.

SR. CORTÉS   —Sí, date prisa antes de que le den el puesto a otra.

Vocabulario

COGNADOS

el **aire acondicionado**   air conditioner, air conditioning

elegante   elegant

el **garaje**   garage

el **millón de**   million

el **plan**   plan

el **refrigerador**   refrigerator

el **sofá**   sofa

el (la) **supervisor(a)**   supervisor

NOMBRES

la **agencia de bienes raíces**   real estate agency

los **árboles frutales**   fruit trees

el **barrio**   neighborhood

la **cama**   bed

el **césped**, el **zacate** (*Mex.*)   lawn

el **colchón**   mattress

el **comedor**   dining room

la **cortina**   curtain

el **dormitorio**, la **alcoba**, la **recámara** (*Mex.*)   bedroom

el **lavaplatos**   dishwasher

los **muebles**   furniture

el **patio**   backyard

la **piscina**, la **alberca** (*Mex.*)   swimming pool

el **puesto**   job, position

la **sábana**   sheet

la **sala**   living room

el **salón de estar**   family room, den

la **traducción**   translation

VERBOS

dudar   to doubt

mudarse   to move (from one house or place to another)

ADJETIVOS

cómodo(a)   comfortable

ALGUNAS EXPRESIONES

cerca (de)   near

darse prisa   to hurry

de modo que   so

en cuanto, tan pronto como   as soon as

en vez de   instead of

medio día   half a day, part time

somos + (*número*)   there are (number) of us

tiempo completo   full time

Robert are learning how to cook.

. c.   Listen, we're going to need a
       new refrigerator and some
       furniture when we move.

s. c.   Yes, and as soon as I receive my
       first paycheck (salary), I'm going
       to buy a bed and a mattress,
       sheets, towels, a sofa . . .

. c.   (*Smiling*) Wait! Don't make so
       many plans! First you must get
       the job!

s. c.   You're right. Tomorrow, as soon
       as the supervisor arrives, I'm
       going to speak with her.

. c.   Yes, hurry up before they give
       the job to somebody else.

VOCABULARIO ADICIONAL

la **almohada**   pillow
¿Estás cómoda? ¿Necesitas otra
   almohada?

la **cómoda**   chest of drawers
Necesito una **cómoda** más grande.

el **cuadro**   picture
¿Compraste los **cuadros** para la sala?

la **estufa, la cocina**   stove
En esta cocina no hay **estufa.**

la **frazada**   blanket
Tengo calor. No necesito **frazadas.**

el **fregadero**   sink
Ponga los platos en el **fregadero.**

la **funda**   pillowcase
Esta almohada no tiene **funda.**

la **lámpara**   lamp
Compré dos **lámparas** para el dormitorio.

la **pared**   wall
¿De qué color son las **paredes?**

el **sillón,** la **butaca**   armchair
Pongan el **sillón** en el salón de estar.

la **ventana**   window
Tengo frío. Cierre la **ventana.**

Estructuras gramaticales

▶ **1.** The Subjunctive to express doubt, unreality, indefiniteness, and nonexistence (*Uso del subjuntivo para expresar duda, irrealidad, lo indefinido y lo no existente*)

A. In Spanish, the subjunctive mood is always used in the subordinate clause when the main clause expresses doubt, uncertainty, denial, negation, disbelief, indefiniteness, or nonexistence:

1. When the verb of the main clause expresses uncertainty or doubt, the verb in the subordinate clause is in the subjunctive:

   Dudo que la **encuentre.**   *I doubt that you will find it.*
   No están seguros de que ella **sea** alérgica.   *They are not sure that she is allergic.*
   Dudo que yo **pueda** moverlo.[1]   *I doubt that I can move it.*

ATENCIÓN: When no doubt is expressed and the speaker is certain of the reality, the indicative is used:

   No dudo que la **va** a encontrar.   *I don't doubt that you are going to find it.*
   Están seguros de que ella **es** alérgica.   *They are sure that she is allergic.*

---

[1]Even when the subject doesn't change, the subjunctive *always* follows the verb **dudar.**

2. The verb **creer** (*to believe, to think*) is followed by the subjunctive when used in negative sentences, and by the indicative when used in affirmative sentences:

No creo que ellos **estén** en la escuela.   *I don't think they are at school.*

No creo que **haya** árboles frutales allí.   *I don't believe there are fruit trees there.*

No creo que **podamos** conseguir el dinero.   *I don't think we can get the money.*

BUT:

Creo que ellos **están** en la escuela.   *I think they are at school.*

Creo que **hay** árboles frutales allí.   *I believe there are fruit trees there.*

Creo que **podemos** conseguir el dinero.   *I think we can get the money.*

3. In interrogative sentences the indicative is used when the speaker is merely asking a question and is not expressing an opinion. But if the speaker does wish to express an opinion, the subjunctive is used:

¿Cree Ud. que **va** a nevar?   *Do you think it is going to snow?* (no opinion)

¿Crees que ese colchón **sea** cómodo?   *Do you think that mattress is comfortable?* (*I certainly don't think it is!*)

4. When the main clause denies what is said in the subordinate clause, the subjunctive is used:

Niego que él **sea** el ladrón.   *I deny that he is the thief.*

No es verdad que él **tenga** ese puesto.   *It's not true that he has that job.*

No es cierto que ella **quiera** una piscina.   *It's not true that she wants a swimming pool.*

ATENCIÓN: When the main clause does not deny what is said in the subordinate clause, the indicative is used:

No niego que él **es** ladrón.   *I don't deny that he is the thief.*

Es verdad que él **tiene** ese puesto.   *It's true that he has that job.*

Es cierto que ella **quiere** una piscina.   *It's true that she wants a swimming pool.*

EJERCICIOS

A. Change the following sentences to the affirmative, according to the model:

MODELO: No dudo que es elegante.
Dudo que sea elegante.

1. No dudo que se van a mudar.
2. No dudo que necesita sábanas.
3. No dudo que tiene turno para hoy.
4. No dudo que puedo trabajar medio día.
5. No dudo que los muebles son baratos.

B. Change the following sentences to the negative, according to the model:

MODELO: Es verdad que la casa tiene un salón de estar.
           No es verdad que la casa tenga un salón de estar.

1. Es cierto que trabajan tiempo completo.
2. Es verdad que yo trabajo en esa compañía.
3. Es seguro que se mudan mañana.
4. Es cierto que necesitamos una cama más cómoda.
5. Es cierto que tiene apendicitis.

C. Begin the following sentences with the words in parentheses and make the necessary changes:

1. El agente me vende la casa. (Dudo, Creo, No creo, Es seguro, No dudo)
2. La casa está en un barrio elegante. (No dudo, No creo, Es evidente, No es verdad, Niego, ¿Cree?)
3. Ellos siempre bromean. (Es cierto, No es verdad, No dudo, Creo, Niego)

D. Complete the following sentences with the appropriate forms of the verbs in parentheses:

1. Dudan que ella (querer) _____ comprar ese cuadro.
2. Es verdad que tu casa (tener) _____ garaje.
3. No es cierto que él (estar) _____ en la sala de emergencia.
4. ¿Niegas que ellos (vender) _____ los muebles?
5. No dudo que mis padres (comprar) _____ las toallas y el jabón.
6. Estoy seguro de que tú no (poder) _____ cortar el césped hoy.
7. Es cierto que la delincuencia juvenil (estar) _____ aumentando.
8. No es verdad que nosotros (tener) _____ frazadas.
9. Dudo que para entonces él (estar) _____ ocupado todavía.
10. Es verdad que el arranque no (funcionar) _____.

E. Write in Spanish:

1. She doesn't think I need a new stove.
2. Do you think we can get the lamp? (I don't.)
3. I deny that he has two million dollars.
4. I doubt that they will buy that green house.
5. They are sure the house has a swimming pool.
6. I'm sure you want a shampoo, haircut, and set, dear.

B. The subjunctive is always used when the subordinate clause refers to someone or something that is indefinite, unspecified, or nonexistent:

> Necesitamos una casa que **esté** en un barrio elegante. *We need a house that is (located) in an elegant neighborhood.*
>
> En la oficina necesitan a alguien que **haga** traducciones. *At the office they need someone who does translations.*
>
> Busco un empleado que **hable** inglés. *I'm looking for a clerk who speaks English.*
>
> ¡No hay ninguna casa que **tenga** todo eso y **sea** barata! *There is no house that has all that and is inexpensive!*

ATENCIÓN: If the subordinate clause refers to existent, definite, or specific persons or things, the indicative is used instead of the subjunctive:

> Vivimos en una casa que **está** en un barrio elegante. *We live in a house that is (located) in an elegant neighborhood.*
>
> En la oficina tienen a alguien que **hace** traducciones. *At the office they have someone who does translations.*
>
> Busco al empleado que **habla** inglés. *I'm looking for the clerk who speaks English.*
>
> Hay una casa que **tiene** todo eso y es barata. *There is a house that has all that and is inexpensive.*

EJERCICIOS

A. Pattern Drill

MODELO 1:   ¿Qué necesita?   (casa–ser cómoda)
            Necesito una casa que sea cómoda.

1. ¿Qué desea?   (casa–tener garaje)
2. ¿Qué busca?   (secretaria–hablar italiano)
3. ¿Qué quiere?   (empleado–ser trabajador)
4. ¿Qué espera conseguir?   (puesto–pagar bien)
5. ¿Qué necesita?   (alguien–poder arreglar el aire acondicionado)

MODELO 2:   ¿No hay nadie que sepa hablar inglés?   (chica)
Sí, *hay una chica que sabe hablarlo.*

1. ¿No hay nadie que pueda lavar las cortinas?   (muchas personas)
2. ¿No hay nadie que necesite toallas?   (un señor)
3. ¿No hay nadie que quiera el refrigerador?   (señora)
4. ¿No hay nadie que sea de Colombia?   (estudiante)
5. ¿No hay nadie que conozca esa agencia de bienes raíces?   (cliente)

B. Complete the following sentences, using the subjunctive or the indicative of the verbs in parentheses, as needed:

1. Necesito un sofá que (ser) _____ nuevo.
2. Tengo una mesa que (ser) _____ color café.
3. Busco una casa que (ser) _____ grande.
4. Tengo una casa que (ser) _____ grande.
5. ¿Hay un restaurante donde (servir) _____ camarones?
6. Hay un restaurante muy bueno donde (servir) _____ camarones.
7. ¿Conoce Ud. a alguien que (vender) _____ butacas?
8. Conozco a un señor que (vender) _____ butacas.
9. Quiero comprar algún vestido que (estar) _____ de moda.
10. Tengo un vestido que (estar) _____ de moda.

C. Write in Spanish:

1. I don't want to buy a house that doesn't have a backyard.
2. I don't know anybody who is handsome, intelligent, and rich.
3. She knows a supervisor who needs a receptionist.
4. There is a job that pays a better salary.
5. We need a secretary who can do translations.
6. Is there anyone who can wrap this gift?

▶ **2.** The use of the subjunctive or indicative after conjunctions of time   (*El uso del subjuntivo o del indicativo después de conjunciones de tiempo*)

A. If the action in the subordinate clause has not yet been completed, the subjunctive is used after certain conjunctions of time: **así que, tan pronto como, en cuanto** (all meaning *as soon as*); **hasta que** (*until*); **cuando** (*when*):

Lo llamaré **así que llegue.**   *I will call him as soon as he arrives.*
Tan pronto como llegue la supervisora, voy a hablar con ella.   *As soon as the supervisor arrives I'm going to speak with her.*
Esperaré **hasta que Uds. vengan.**   *I will wait until you come.*

[handwritten note in margin: look in subordinate clause / if it has not happened use subj / if it has happened use indic.]

En cuanto reciba mi primer sueldo, voy a comprar una cama.   *As soon as I receive my first paycheck (salary), I'm going to buy a bed.*
Vamos a necesitar un refrigerador nuevo **cuando nos mudemos.**
We're going to need a new refrigerator when we move.

But if there is no indication of a future action, the indicative is used after the conjunction of time:

Lo llamé **así que llegó.**   *I called him as soon as he arrived.*
Tan pronto como llegó la supervisora, hablé con ella.   *As soon as the supervisor arrived, I spoke with her.*
Siempre espero **hasta que** Uds. **vienen.**   *I always wait until you come.*
En cuanto recibí mi primer sueldo, compré una cama.   *As soon as I received my first paycheck (salary), I bought a bed.*
Siempre compramos un refrigerador nuevo **cuando nos mudamos.**
We always buy a new refrigerator when we move.

EJERCICIOS

A. Complete the following sentences, using the subjunctive or the indicative of the verbs in parentheses, as needed:

   1. Me escribió así que (alquilar) ＿＿ la tienda.
   2. Me va a escribir así que (alquilar) ＿＿ la tienda.
   3. Voy a comprar el refrigerador tan pronto como (tener) ＿＿ dinero.
   4. Compré la casa tan pronto como (tener) ＿＿ dinero.
   5. Vendrá en cuanto le (agregar) ＿＿ agua al motor del coche.
   6. Vino en cuanto le (agregar) ＿＿ agua al motor del coche.
   7. Siempre espera hasta que ellos (venir) ＿＿.
   8. Esperará hasta que ellos (venir) ＿＿.
   9. Saldrá cuando nosotros le (dar) ＿＿ dinero.
   10. Sale cuando nosotros le (dar) ＿＿ dinero.

B. Write in Spanish:

   1. I will buy the dishwasher when I save the money.
   2. They brought the armchair when they came.
   3. He is going to sell the dresser as soon as he can.
   4. I always order soup when I go to a restaurant.
   5. I'm going to cut the lawn as soon as I finish my lunch.
   6. She will have to go on a diet when she comes back.

B.   There are some conjunctions that by their very meaning imply uncertainty or condition and are, therefore, *always* followed by the subjunctive. Some of them are **con tal que** (*provided that*), **sin que** (*without*), en caso de que (*in case*), a menos que (*unless*), para que (*in order that*), antes de que (*before*):

Siempre sale **sin que** la **vean**.　*She always leaves without their seeing her.*

En caso de que él lo **necesite**, se lo daré.　*In case he needs it, I'll give it to him.*

Date prisa **antes de que** le **den** el puesto a otro.　*Hurry up before they give the job to somebody else.*

EJERCICIOS

A.　Pattern Drill

MODELO 1:　¿Me vas a llevar al cine?　(no llover)
　　　　　　Sí, te voy a llevar con tal que no llueva.

1. ¿Me vas a comprar una cómoda?　(tener dinero)
2. ¿Vas a limpiar las escaleras?　(tener tiempo)
3. ¿Vas a lavar las cortinas?　(tú–ayudar)
4. ¿Vas a ir al consultorio?　(tú–ir conmigo)
5. ¿Vas a salir conmigo?　(tú–llegar temprano)

MODELO 2:   ¿Van a terminar Uds. el trabajo?   (ayudar)
No podemos terminarlo sin que Uds. nos ayuden.

1. ¿Van a comprar Uds. las sillas?   (dar un préstamo)
2. ¿Van a ir Uds. a la playa?   (prestar el coche)
3. ¿Van a preparar Uds. la comida?   (traer la carne)
4. ¿Van a solicitar Uds. el puesto?   (hablar con el supervisor)
5. ¿No van a hacer Uds. la tarea?   (devolver los libros)

MODELO 3:   ¿Piensas ir al lago?   (llover)
Voy a ir a menos que llueva.

1. ¿Piensas nadar mañana?   (hacer frío)
2. ¿Piensas venir mañana?   (tener que trabajar)
3. ¿Piensas montar a caballo mañana?   (venir Luis)
4. ¿Piensas asistir a clase?   (estar enfermo)
5. ¿Piensas vender la casa?   (conseguir un puesto)

B. Write in Spanish:

1. She's going to take you to the X-ray room in order that they may take an X-ray of your knee.
2. I won't go to the beach unless it's sunny.
3. You don't have to stand in line unless you have something to declare.
4. He always cleans the yard without my asking him.
5. We have to buy pillows and pillowcases before the people arrive.
6. I can't do anything about the situation unless I get the money.

C. The conjunction **aunque** (*although*) takes the subjunctive if the speaker wants to express uncertainty. If not, **aunque** takes the indicative:

even if

Aunque la **busque,** no la encontrará.   *Even if he looks for her, he won't find her.*

although & though

Aunque la **buscó,** no la encontró.   *Although he looked for her, he didn't find her.*

EJERCICIOS

A. Complete the following sentences, using the indicative or the subjunctive of the verbs in parentheses, as needed:

1. Aunque (cortarse) _____ el dedo, no le dolió mucho.
2. Aunque (estudiar) _____ mucho, no va a sacar una "A".
3. Aunque (tener) _____ dinero, nunca paga sus cuentas.
4. Aunque tú (hacer) _____ planes para el viaje, él no irá contigo.
5. Aunque le (gustar) _____ ese tipo de silla, no la compró.

B. Write in Spanish:

1. Although it was hot last night, she used a blanket.
2. Even if he has money, I don't want to marry him. (I don't know whether he does or not.)
3. Even if he is not here tomorrow, we can bring the armchairs.
4. I didn't buy the chest of drawers although I had the money.
5. He will fix the kitchen sink even though he's very tired.
6. Even if we leave the money in for a period of six months, they won't pay us more interest.

▶ 3. The present perfect subjunctive
(*El presente perfecto del subjuntivo*)

The present perfect subjunctive is formed with the present subjunctive of the auxiliary verb **haber,** plus the past participle of the main verb:

PRESENT PERFECT SUBJUNCTIVE		
Present Subjunctive of haber	+	*Past Participle of the Main Verb*
yo	haya	cambiado
tú	hayas	temido
él	haya	sufrido
nosotros	hayamos	hecho
vosotros	hayáis	puesto
ellos	hayan	visto

The present perfect subjunctive is used in sentences in which the main clause calls for the use of the subjunctive in the subordinate clause. It is used in the same way the present perfect is used in English.

EXAMPLES:

Yo **dudo** que él **haya llegado.**   *I doubt that he has arrived.*
Yo **siento** que él no **haya estado** contento.   *I'm sorry he hasn't been happy.*
Él **siente** que ella **haya venido.**   *He's sorry she has come.*
Es una lástima que no **hayamos comprado** la casa.   *It's a pity we didn't buy (haven't bought) the house.*

A. Item Substitution

1. Siento que *Ud.* no haya traído la torta. (Uds., tú, nosotros, él, ellas)
2. Me alegro de que *ella* se haya dado prisa. (tú, el profesor, nosotros, mis padres)

3. Espero que *tú* hayas limpiado las lámparas. (yo, nosotros, ella, Juan y Diego)
4. Es lástima que *ellos* no hayan traído las sillas. (tú y yo, el agente, yo, ellas, tú)
5. Ojalá que *mi padre* haya comprado el sofá. (Ud., tú, Elsa y María, nosotros)

B. Write in Spanish:

1. It is possible that they have been there during the spring.
2. It's a pity that you haven't ordered the stuffed turkey.
3. I'm glad they have arrested the thief.
4. I hope you (*pl.*) have bought the pictures and the chest of drawers.
5. It's possible that David has already brought the cups and the forks.

▶ **4.** The familiar commands (**tú** and **vosotros**)
(*Las formas imperativas de tú y de vosotros*)

The familiar affirmative commands (corresponding to the **tú** and **vosotros** forms) are the only commands that do not use the subjunctive.

A. The affirmative command form for **tú** has exactly the same form as the third person singular of the present indicative:

Verb	Present Indicative	Familiar Command (tú)
hablar	él habla	**habla** (tú)
comer	él come	**come** (tú)
abrir	él abre	**abre** (tú)
cerrar	él cierra	**cierra** (tú)
volver	él vuelve	**vuelve** (tú)

EXAMPLES:

¡Espera!   *Wait!*
Habla español.   *Speak Spanish.*
¡Come el biftec!   *Eat the steak!*
Abre el refrigerador.   *Open the refrigerator.*
Cierra la puerta.   *Close the door.*
Vuelve a la alberca.   *Go back to the swimming pool.*

Spanish has eight irregular command forms of **tú:**

decir	**di**	(*say, tell*)	salir:	**sal**	(*go out*)
hacer:	**haz**	(*do, make*)	ser:	**sé**	(*be*)
ir:	**ve**	(*go*)	tener:	**ten**	(*have*)
poner:	**pon**	(*put*)	venir:	**ven**	(*come*)

EXAMPLES: **Di** la verdad. *Tell the truth.*
Haz tu trabajo. *Do your work.*
Ve con tus primos. *Go with your cousins.*
Ponlo[1] en la mesa. *Put it on the table.*
¡**Sal** de mi dormitorio! *Get out of my bedroom!*
Sé bueno. *Be good.*
Ten paciencia. *Have patience.*
Ven conmigo. *Come with me.*

B. The affirmative command form for **vosotros** is formed by changing the final **r** of the infinitive to **d:**

Infinitive	Familiar Command (vosotros)
hablar	hablad
comer	comed
escribir	escribid
ir	id
salir	salid

When the affirmative command of **vosotros** is used with the reflexive pronoun **os**, the final **d** is dropped:

bañar	bañad	**bañaos**
poner	poned	**poneos**
vestir	vestid	**vestíos**[2]

Bañaos antes de cenar. *Bathe before dinner.*
Poneos los zapatos. *Put your shoes on.*
Vestíos aquí. *Get dressed here.*

There is only one verb that doesn't drop the final **d** when the pronoun **os** is added:

irse (*to go away*): ¡**idos**! (*go away!*)

C. The negative commands of **tú** and **vosotros** use the corresponding forms of the present subjunctive:

hablar:	no **hables** tú	no **habléis** vosotros
vender:	no **vendas** tú	no **vendáis** vosotros
decir:	no **digas** tú	no **digáis** vosotros
salir:	no **salgas** tú	no **salgáis** vosotros

---

[1]The position of object pronouns with familiar commands follows the same rules as those for the formal commands. See page 213.   [2]Note that the -ir verbs have a written accent over the **i** when the reflexive pronoun **os** is added.

EJERCICIOS

A. Pattern Drill

MODELO 1:   ¿No vas a ir al banco?
             No, ve tú.

1. ¿No vas a salir?   4. ¿No vas a ponértelo?
2. ¿No vas a venir?   5. ¿No vas a decirlo?
3. ¿No vas a dárselo?

MODELO 2:   ¿Abro la puerta?
             No, no la abras tú.

1. ¿Traigo el menú?   4. ¿Arreglo el fregadero?
2. ¿Limpio la trucha?   5. ¿Compro la penicilina?
3. ¿Le doy las drogas?

B. Change the following commands, using the verbs in parentheses:

1. Ven en seguida.   (salir)
2. Sube al dormitorio.   (ir)
3. Sirve el puré de papas.   (hacer)
4. Barre el patio.   (limpiar)
5. Compra la butaca.   (vender)
6. Lee la lección.   (escribir)
7. Ve al comedor.   (regresar)
8. Regresa temprano.   (volver)
9. Pide las fundas.   (traer)
10. Paga la cuenta.   (pedir)
11. Abre la ventana.   (cerrar)
12. Trae una docena de huevos.   (comprar)

C. Change to the negative form:

1. Múdate a otro barrio.   6. Vende los cuadros.
2. Di la verdad.   7. ¡Córtame el bigote!
3. Ven a la sala.   8. Compra la tienda de campaña.
4. Haz el pollo frito.   9. Véndeselas a José.
5. Cuenta las fundas.   10. Escríbemela en francés.

D. Change to the affirmative form:

1. No busques las sábanas.   6. No me des el contrato.
2. No salgas tarde.   7. No le vendes el tobillo.
3. No digas que es feo.   8. No te lo pongas.
4. No lo hagas.   9. No las compres.
5. No seas mentiroso.   10. No vengas mañana.

E. Write in Spanish, using the **tú** form:

1. Clean the walls.
2. Give me the chairs.
3. Don't bring the furniture.
4. Don't tell her he's bald.
5. Put your shoes in your bedroom.
6. Don't go toward the east. Go toward the west.

¡A VER CUÁNTO APRENDIÓ!

A. Give the appropriate responses:

1. ¿Fue Ud. a la agencia de bienes raíces para comprar una casa?
2. ¿Quieres una casa que tenga salón de estar?
3. Describa el tipo de casa que Ud. quiere.
4. ¿Qué muebles hay en el comedor de su casa? ¿En la sala? ¿En los dormitorios?
5. ¿Cree Ud. que el coche necesitará aceite?
6. ¿Qué va a hacer Ud. en cuanto llegue a su casa?
7. ¿Conoce Ud. a alguien que hable francés?
8. ¿Hay muchas casas que cuesten más de un millón de dólares?
9. ¿Hay por aquí un restaurante donde sirvan comida chilena?
10. ¿Cuántos son en su familia?
11. ¿Puede Ud. conseguir un puesto donde le paguen 80.000 dólares al año?
12. ¿Conoce Ud. a alguien que haga traducciones?
13. ¿Qué va a hacer Ud. en caso de que haya un examen mañana?
14. ¿Piensa Ud. comprar cortinas y muebles nuevos para su casa?
15. ¿Siente Ud. que el profesor (la profesora) haya venido hoy?

B. Dígale a su compañero(a) . . . (*Use the* **tú** *form*):

1. Que se vaya.
2. Que se mude.
3. Que salga.
4. Que cierre la puerta.
5. Que tenga una fiesta.
6. Que haga cordero asado.
7. Que sea bueno(a).
8. Que le haga la manicura.
9. Que haga la tarea.
10. Que venga en seguida.
11. Que ponga la mesa.
12. Que abra la ventanilla.

13. Que se suba a la silla.
14. Que le traiga los recibos.
15. Que vaya al Banco Nacional.

C. Complete the following sentences, using the indicative or the subjunctive of the verbs in parentheses, as needed. Read aloud:

1. Dudo que ellos (querer) _____ ese puesto.
2. Busco una casa que (quedar) _____ cerca de la escuela.
3. Es verdad que ella (saber) _____ francés.
4. Me llamará así que (llegar) _____ la ambulancia.
5. Saldremos cuando Marta (llamar) _____.
6. Lo compraremos con tal que ella nos (dar) _____ el dinero.
7. Niegan que él (ser) _____ el ladrón.
8. Estoy segura de que la casa (costar) _____ mucho dinero.
9. No creo que ese chico (poder) _____ terminar el trimestre.
10. Lo triste es que ella trabaja para que él (gastar) _____ el dinero.
11. Tengo una casa que (tener) _____ cinco dormitorios.
12. Aunque (nevar) _____ ayer, no fuimos a la montaña.
13. No niego que el uso de las drogas (estar) _____ aumentando.
14. Creo que ella (ser) _____ muy alegre.
15. No dudo que tú (pagar) _____ los impuestos.
16. No hay nadie que (tener) _____ tantos árboles frutales.

D. ¡Repase el vocabulario!

Choose the word or phrase that best completes each sentence, and read aloud:

1. Es una lástima que no hayamos comprado los (cuadros, dientes, préstamos). Tenían un buen precio.
2. Trae las (literas, sillas, piscinas) y ponlas en el comedor.
3. No trabaja tiempo completo. Trabaja (medio día, con mucha gente, en el despacho de boletos).
4. No van a llegar a tiempo aunque (paguen la hipoteca, tengan asientos, se den prisa).
5. Busco una casa que tenga cuatro (recámaras, boletos, firmas).
6. Espero que hayas traído las fundas para las (botellas, tarifas, almohadas).
7. Necesitamos mucho dinero, de modo que voy a buscar un (permiso, puesto, papel) donde paguen mejor sueldo.
8. Tengo frío. Tráeme una (frazada, nariz, frontera).
9. Conozco a una señorita que sabe inglés y francés. Ella puede hacer las (sucursales, barberías, traducciones).
10. No tengo lavaplatos. Lava los platos en (el fregadero, el arma, el itinerario).

11. Dudo que duermas bien en esta cama. El (descuento, colchón, asesinato) no es cómodo.

12. Me duele mucho el estómago. Tan pronto como llegue a casa, voy a llamar (al médico, al mecánico, al cliente).

13. Quiero una casa que tenga un patio con (coche comedor, árboles frutales, talonario de cheques).

14. No podemos hacer las camas sin que Uds. nos traigan (las sábanas, las estufas, las paredes).

15. Pon la ropa interior en (el cuadro, la lámpara, la cómoda).

16. Ahora somos seis, de modo que necesitamos mudarnos a una (piscina, casa, caja de seguridad) que sea más grande.

17. Compré cortinas nuevas para (la ventana, los muebles, el sillón).

18. No necesitamos nada más para la sala, excepto (un césped, una cama, una lámpara).

19. Hace poco compramos un refrigerador. Los pagos son de treinta dólares (diarios, anuales, mensuales).

20. En la agencia de bienes raíces me dijeron que la casa no tenía (barrio, aire acondicionado, ventanas).

E. Situaciones

What would you say in the following situations?:

1. You are talking to a real estate agent. Tell him/her you want a house (that is) located in a very exclusive (elegant) neighborhood. Say that there are nine in your family, so you need at least five bedrooms. Finally, say you want a house that has air conditioning and a three-car garage.

2. You are staying at a hotel in Asunción. Tell the maid you need sheets and two towels. Tell her to bring them as soon as she can.

3. You are a real estate agent. Tell a customer there is a house on Ninth Avenue that has a swimming pool and a backyard with (a) lawn and fruit trees. Tell him/her also that it is near a very good school.

4. Ask your friend if he/she has any plans for Saturday night. Tell him/her there is a very good restaurant where they serve Italian food, and you hope he/she can have dinner there with you.

5. You are having a dinner party. Tell your guests that you're very glad they have been able to come. Tell them also that you'll be with them as soon as you talk with the maid about (the) dinner.

6. You are applying for a job. Tell the person you're talking to that you want to work full time, not part time.

7. You are giving a friend a few instructions before you leave the house. Tell him/her to: (a) answer the phone (b) close all the doors (c) go to the market and buy (some) red wine. Tell him/her *not* to: (a) leave before you return (b) tell anybody where you are (c) talk with anybody.

F. Composición

Write a composition describing the house of your dreams (*sueños*). Include the following:

1. location
2. kind of neighborhood
3. what rooms you want
4. number of bedrooms and bathrooms
5. backyard
6. color scheme
7. price range
8. furniture you would have in each room
9. conveniences
10. what you will have to do to be able to afford such a house

Ejercicio de lectura

La familia Gómez acaba de comprar una casa enorme en el sur de California. Es una casa grande y cómoda. Como ellos son cinco, necesitan solamente cuatro dormitorios, pero se alegran de que la casa tenga seis dormitorios, porque tienen muchos amigos que vienen a visitarlos y a quedarse con ellos. La casa tiene un comedor y una cocina muy grandes, tres baños y un garaje para tres coches. En el patio hay hermosos árboles frutales y una piscina.

Ellos piensan mudarse a la nueva casa en junio, a menos que los niños no hayan terminado las clases todavía. Los Gómez piensan vender uno de los coches y comprar otro. Los hijos quieren un coche que no gaste mucha gasolina, pero que sea muy grande y cómodo. La señora Gómez dice que no hay ningún coche grande que gaste poca gasolina. El señor Gómez dice que va a comprar un Ford Fiesta en cuanto lleguen a California.

¡A ver cuánto recuerda!

Answer the following questions in complete sentences:

1. ¿Está en San Francisco la casa que los Gómez acaban de comprar? ¿Cómo lo sabe?
2. Si ellos necesitan solamente cuatro dormitorios, ¿por qué se alegran de que la casa tenga seis?
3. ¿Cree Ud. que los Gómez tienen que comer en la cocina?
4. A mí me gusta nadar. ¿Podría hacerlo en casa de los Gómez?
5. Si yo quiero visitar a los Gómez en su nueva casa en el mes de abril, ¿podré hacerlo? ¿Por qué?

6. ¿Es verdad que los Gómez tienen solamente un coche?
7. ¿Qué clase de coche quieren los hijos de los Gómez?
8. ¿Qué dice la señora Gómez sobre los coches grandes?
9. ¿Va a comprar el señor Gómez un coche nacional?
10. ¿Cuándo va a comprar un Ford Fiesta el señor Gómez?

BOSQUEJO CULTURAL

6

Celebraciones

Muchas de las fiestas y celebraciones de España e Hispanoamérica están relacionadas con la religión católica. Las principales celebraciones religiosas son la Nochebuena,° la Navidad, el Día de Reyes,° la Semana Santa,° la Pascua Florida,° y las fiestas del patrón del pueblo o del país.°

    La Nochebuena se celebra el 24 de diciembre. Después de la cena, que casi siempre es entre las diez y las once, la gente va a la iglesia° para asistir a la Misa del Gallo,° que se celebra a medianoche. En casi todas las casas hay un nacimiento° en el que con pequeñas figuras se representa el nacimiento° de Jesús.

    En la época de la Navidad, existe la costumbre de darles dinero a las personas que han servido a la familia durante todo el año (el cartero,° los criados, el lechero,° el basurero,° etc.).

    La noche del 31 de diciembre se celebran fiestas en las casas y en los clubes para esperar el año nuevo. Hay varias tradiciones interesantes relacionadas con esta fecha.° En Cuba, por ejemplo, comen doce uvas a las doce de la noche, pidiendo algo especial para cada mes del año.

    El Día de Reyes se celebra el 6 de enero. Según° la tradición, los tres Reyes Magos°—Melchor, Gaspar y Baltasar—dejan juguetes,° dulces y otros regalos en los zapatos que los niños dejan junto a la ventana la noche del cinco de enero. Los Reyes Magos son, pues, los equivalentes de *Santa Claus.*

    La Semana Santa se conmemora en todos los países de habla hispana. El jueves y el viernes santo se celebran procesiones, en las que se sacan a la calle las imágenes de Jesucristo y de la Virgen María. Detrás° de las imágenes, caminan algunas personas cubiertas con capuchas.°

    La Semana Santa se celebra con gran esplendor en Sevilla, donde hay procesiones de día y de noche. Durante el paso de la procesión se escuchan las «saetas», que cantan los gitanos.° Una saeta popular dice así:

> ¿Quién me presta una escalera°
> para subir al madero,°
> para quitarle los clavos°
> a Jesús el Nazareno?

Muchachas cubanas cantan y tocan la guitarra
durante un festival cubano en Miami, Florida.

Glosses (right margin):

Christmas Eve / day that commemorates the arrival of the three kings at Bethlehem / Holy Week / Easter / patron saint of the town or the country

church
midnight mass
nativity scene / birth

mailman
milkman / garbageman

date

According to
the Three Wise Men / toys

Behind
hoods

gypsies

ladder
large piece of timber (cross)
nails

349

En cada pueblo de España y en pueblos y países de Hispanoamérica hay un santo que es el patrón del lugar. El día del santo hay grandes fiestas que en España casi siempre comienzan con una romería.° Toda la gente del pueblo se va al campo para comer, beber y bailar.   pilgrimage

Antes de la cuaresma° se celebran los carnavales.° Los más famosos son los del Brasil, pero también los celebran casi todos los países de habla hispana. Durante estas fiestas la gente asiste a bailes de disfraces° que hay en los clubes y en las calles. En muchas ciudades hay desfiles de carrozas° y grupos de bailarines que van por las calles cantando y bailando.

Lent / Mardi Gras

costume dances
parades of floats

El 7 de julio se celebra la famosa fiesta de San Fermín en la ciudad de Pamplona, España. La celebración dura una semana y a ella asisten personas de todas partes del mundo. El día de San Fermín sueltan a los toros° por las calles de la ciudad, y los hombres corren delante de ellos° llevándolos hacia la plaza de toros, para la corrida.°

they turn the bulls loose
run in front of them
bullfight

Además de la corrida, hay bailes en todas las calles de la ciudad. También hay diferentes grupos llamados «peñas», que van por las calles bailando y cantando. Una de las canciones favoritas empieza así:

> Uno de enero, dos de febrero,
> tres de marzo, cuatro de abril,
> cinco de mayo, seis de junio,
> siete de julio, San Fermín . . .

Además de las fiestas religiosas, se celebran las fiestas patrias° con desfiles militares y escolares.° Estas fiestas conmemoran el día de la independencia del país, el nacimiento de un patriota o la fecha de alguna batalla° famosa.

holidays that commemorate independence days /
military and school parades /
battle

¡A ver cuánto recuerda!

Answer the following questions:

1. ¿Cuáles son las principales celebraciones religiosas en España e Hispanoamérica?
2. ¿Qué costumbre existe en la época de Navidad?
3. ¿Qué hace la gente para celebrar la Nochebuena?
4. ¿Puede Ud. nombrar una tradición interesante relacionada con el 31 de diciembre?
5. Según la tradición, ¿qué hacen los tres Reyes Magos la noche del cinco de enero?
6. ¿Puede Ud. describir la celebración de la Semana Santa en Sevilla?
7. ¿Cómo celebran en España el día del patrón del pueblo?
8. ¿Cómo se celebran los carnavales?
9. ¿Cuáles son los carnavales más famosos?
10. ¿Qué se celebra en España el 7 de julio?
11. ¿Qué hacen ese día?
12. Además de las fiestas religiosas, ¿qué otras fiestas se celebran? ¿Cómo?

Izquierda: Uno de los numerosos festivales mexicanos en que toman parte los charros.

Abajo, izquierda: Muchachas con trajes típicos pasean por las calles de Sevilla durante la Feria de Abril.

Abajo, derecha: Celebración del Día de los Muertos en Mixquie, México.

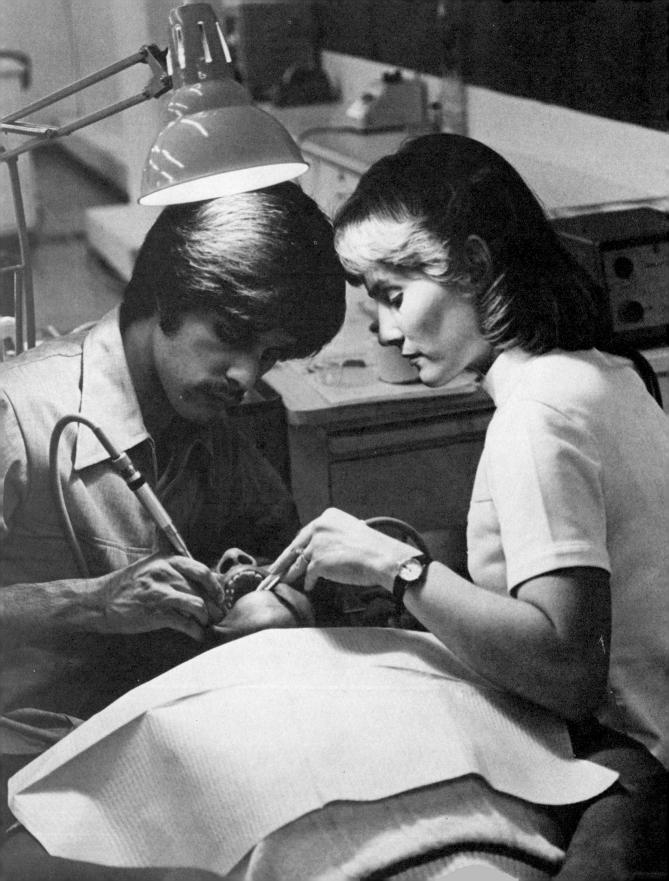

Lección

19

Eva y Sergio van al centro médico

Eva va al consultorio del dentista, pues hace dos días que le duele una muela, y tiene la cara inflamada.

DENTISTA —Abra la boca, por favor. Hum . . . Tiene la encía infectada. Siento que no hubiera venido antes, porque habríamos podido salvar esta muela.

EVA —Es que temía que Ud. me dijera que tenía que extraerla.

DENTISTA —Además tiene tres caries. Voy a empastarlas la semana próxima.

EVA —También necesito una limpieza, ¿no? Y yo siempre me cepillo los dientes tres veces al día.

DENTISTA —Sería mejor que usara también hilo dental para limpiarse entre los dientes.

EVA —¿Va a sacarme la muela hoy? ¿Me va a doler?

DENTISTA —No. Voy a darle anestesia.

DENTISTA —(*Después de sacarle la muela*) Enjuáguese la boca y escupa allí. Si le duele mucho, tome dos aspirinas y póngase una bolsa de hielo.

EVA —¿Tengo que volver la semana próxima?

DENTISTA —Sí, pero ahora va a venir mi ayudante y le va a enseñar cómo debe cepillarse los dientes para limpiarlos bien.

Sergio va a ver al oculista, pues no ve muy bien, y tiene dolores de cabeza.

OCULISTA —¡Ajá! Bueno, voy a examinarle los ojos. Lea la segunda línea, empezando por la línea de abajo.

SERGIO —No veo las letras muy bien. Están borrosas.

OCULISTA —Bueno, Ud. necesita anteojos. Siéntese aquí. Le voy a poner unas gotas en los ojos.

SERGIO —No veo muy bien . . . Y me molesta la luz.

OCULISTA —Eso no dura mucho. Pero sería mejor que llamara un taxi o que su esposa viniera por Ud. No conviene que maneje ahora.

SERGIO —Bueno. ¡Ah, doctor! Me gustaría usar lentes de contacto.

OCULISTA —Es muy difícil acostumbrarse a ellos. Sería mejor que usara anteojos.

SERGIO —Bueno, si no hay más remedio . . . ¿Puedo usar su teléfono?

OCULISTA —Sí, cómo no. Hay uno en la sala de espera.

EVE AND SERGIO GO TO THE MEDICAL CENTER

Eve goes to the dentist's office, because she has had a toothache for two days, and her face is swollen.

D. Open your mouth, please, Hum . . . Your gum is infected. I'm sorry you didn't come sooner, because we would have been able to save this tooth.

E. The fact is, I was afraid you'd tell me you had to pull it out.

D. Besides, you have three cavities. I'm going to fill them next week.

E. I also need a cleaning, don't I? And I always brush my teeth three times a day.

D. It would be better if you also used dental floss to clean between your teeth.

E. Are you going to pull out my tooth today? Is it going to hurt?

D. No, I'm going to give you anesthesia.

D. (After extracting the tooth) Rinse out your mouth and spit over there. If it hurts a great deal, take two aspirins and use an ice pack.

E. Do I have to come back next week?

D. Yes, but right now my assistant is going to come to teach you how you must brush your teeth to clean them well.

Sergio goes to see the oculist, for he cannot see very well, and he has headaches.

O. Aha! Well, I'm going to examine your eyes. Read the second line, starting with the bottom line.

S. I don't see the letters very well. They are blurry.

O. Well, you need glasses. Sit over here. I'm going to put some drops in your eyes.

S. I can't see very well . . . and the light bothers me.

O. That won't last very long. But it would be better if you called a taxi or if your wife came to pick you up. It is not a good idea for you to drive now.

S. O.K. Oh, doctor! I would like to wear contact lenses.

O. It's very difficult to get used to them. It would be better for you to wear glasses.

S. Well, if there's no other choice . . . May I use your phone?

O. Yes, of course. There's one in the waiting room.

Vocabulario

COGNADOS

la **anestesia**	anesthesia	la **línea**	line
el (la) **dentista**	dentist	el (la) **oculista**	oculist
infectado(a)	infected		

NOMBRES

los **anteojos, espejuelos, lentes; las gafas**   glasses
el (la) **ayudante**   assistant
la **bolsa de hielo**   ice pack
la **carie**   cavity
el **centro médico**   medical center
la **encía**   gum
la **gota**   drop
el **hilo dental**   dental floss
los **lentes de contacto**   contact lenses
la **limpieza**   cleaning
la **muela**   tooth, molar
la **sala de espera**   waiting room

VERBOS

acostumbrarse (a)   to get used (to)
cepillar(se)   to brush
durar   to last
empastar   to fill (a cavity)
enjuagar(se)   to rinse, to rinse out

escupir   to spit
examinar   to examine
extraer (*conj. like* **traer**), **sacar**   to extract, to pull out
molestar   to bother
salvar   to save

ADJETIVOS

borroso(a)   blurred
inflamado(a)   swollen

OTRAS PALABRAS

entre   between, among

ALGUNAS EXPRESIONES

la línea de abajo   the bottom line
no conviene   it is not a good idea
tiene la cara inflamada   her face is swollen
tiene la encía infectada   her gum is infected
veces al día   times a day

VOCABULARIO ADICIONAL

la **aguja**   needle
Necesito una **aguja**.

la **bolsa de agua caliente**   hot water
  bottle
Póngase una **bolsa de agua caliente**.

el **cepillo de dientes**   toothbrush
Necesito un **cepillo de dientes** nuevo.

la **dentadura**   set of teeth
Tiene buena **dentadura**.

dientes postizos   dentures
Ponga los **dientes postizos** en un vaso con
  agua.

el **hilo**   thread, floss
Tengo una aguja pero no tengo **hilo**.

mal aliento   bad breath
Tienes **mal aliento**.

la **pasta dentífrica**   toothpaste
Ponga la **pasta dentífrica** en el cepillo.

**Estructuras
gramaticales**

▶ **1.   The imperfect subjunctive**   (*El imperfecto de subjuntivo*)

Spanish has two forms for the imperfect subjunctive: the **-ra** form and the **-se**
form. Both forms may be used interchangeably in almost every case, but the
-ra ending is more commonly used.

To form the imperfect subjunctive of all verbs—regular and irregular—
the **ron** ending of the third person plural preterit is dropped and the following endings are added to the stem:

IMPERFECT SUBJUNCTIVE ENDINGS			
-ra *form*		**-se** *form*	
-ra	-´ramos	-se	-´semos
-ras	-rais	-ses	-seis
-ra	-ran	-se	-sen

Verb	*Third Person Plural Preterit*	*Stem*	*First Person Singular Imperfect Subjunctive*	
			(**-ra** form)	(**-se** form)
hablar	hablaron	habla-	hablara	hablase
aprender	aprendieron	aprendie-	aprendiera	aprendiese
vivir	vivieron	vivie-	viviera	viviese
dejar	dejaron	deja-	dejara	dejase
ir	fueron	fue-	fuera	fuese
saber	supieron	supie-	supiera	supiese
decir	dijeron	dije-	dijera	dijese
poner	pusieron	pusie-	pusiera	pusiese
pedir	pidieron	pidie-	pidiera	pidiese
estar	estuvieron	estuvie-	estuviera	estuviese

EJERCICIO

Supply the imperfect subjunctive of the following verbs:

1. **yo:**   extraer, salir, salvar, temer, molestar, poder, traducir, manejar
2. **tú:**   dormir, decir, volver, examinar, andar, abrir, pedir, ir, dar
3. **él:**   cepillar, venir, doler, querer, esperar, vivir, examinar, estar, hacer
4. **nosotros:**   empastar, durar, escupir, poner, servir, conducir, volver, haber
5. **Uds.:**   sacar, tener, enjuagar, saber, morir, conseguir, cerrar, sentir

▶ **2.** Uses of the imperfect subjunctive
   (*Usos del imperfecto de subjuntivo*)

   1. The imperfect subjunctive is always used in a subordinate clause when the verb of the main clause is in the past:

      Esperaban que tú te **acostumbraras** a eso.   *They hoped you would get used to that.*

      Queríamos que Uds. lo **dijeran.**   *We wanted you to say it.*

      Sentían que nosotros **estuviéramos**[1] enfermos.   *They were sorry that we were sick.*

      Fue una lástima que tú no **pudieras** manejar.   *It was a pity that you weren't able to drive.*

   2. When the verb of the main clause is in the present, but the subordinate clause refers to the past, the imperfect subjunctive is used:

      Me alegro de que **cortaras** el césped ayer.   *I'm glad you cut the lawn yesterday.*

      Siento que **estuvieras** enferma la semana pasada.   *I'm sorry you were sick last week.*

      Es lástima que ellos no **vinieran** al centro médico anoche.   *It's a pity that they didn't come to the medical center last night.*

EJERCICIOS

A. Pattern Drill

   MODELO 1:   ¿Explicaron los chicos la lección?
                 Sí, porque yo les pedí que la explicaran.

   1. ¿Visitaron los chicos a María?
   2. ¿Compraron los chicos la pasta dentífrica?
   3. ¿Vendieron los chicos la butaca?
   4. ¿Salvaron los chicos al perrito?
   5. ¿Trajeron los chicos el hilo dental?

   MODELO 2:   ¿Ya salió Elena?   *No sé, pero yo le dije que no saliera.*

   1. ¿Ya volvió Elena?   2. ¿Ya comió Elena?

---

[1]Note the accent in the first person plural form.

3. ¿Ya regresó Elena?
4. ¿Ya leyó Elena?
5. ¿Ya vino Elena?

MODELO 3:   Ayer no vine porque estuve enferma.
            ¿Si? ¡Siento mucho que estuvieras enferma!

1. Ayer no vine porque tuve que trabajar.
2. Ayer no vine porque mi coche no funcionaba.
3. Ayer no vine porque me rompí el tobillo.
4. Ayer no vine porque me dolió la muela.
5. Ayer no vine porque tenía la cara inflamada.

B. Change the following sentences to the past using the imperfect or preterit for the verb in the main clause, as needed:

MODELO: Yo *quiero* que el dentista lo *empaste.*
          Yo quería que el dentista lo empastara.

1. Me *dice* que *abra* la boca.
2. Le *pide* que *traiga* los muebles.
3. *Espero* que *pueda* acostumbrarse.
4. *Es* mejor que *vayan* al cine.
5. *Siento* que le *duelan* las muelas.
6. Nos *manda* que nos *enjuaguemos* la boca.
7. Les *dice* que se *pongan* una bolsa de agua caliente.
8. *Es* mejor que se *cepillen* los dientes.
9. *Prefiero* que *saque* pasaje para mañana.
10. *Quiero* que *trabajen* tiempo completo.

C. Read the following sentences, substituting the verbs in parentheses for the italicized verbs:

MODELO: Quería que *leyeras* el libro.   (traer)
          Quería que trajeras el libro.

1. Esperaba que *trajeran* el sillón.   (vender)
2. Dudaba que *vinieran* ellos.   (ser)
3. Necesitaba que lo *hicieran.*   (decir)
4. Negaban que lo *quisiera.*   (saber)
5. Me dijo que *esperara.*   (volver)
6. Sintió que se *cayeran.*   (morir)
7. Me alegro de que *dejaras* los espejuelos.   (pedir)
8. No creía que *consiguieras* lentes de contacto.   (tener)
9. Deseábamos que *comprara* el coche.   (conducir)
10. Me pidió que *limpiara* el dormitorio.   (cerrar)

D. Write in Spanish:

1. She told us to buy toothpaste.
2. They were sorry that you had so many cavities.
3. He didn't want us to rent a compact car.
4. I'm sorry you weren't comfortable in that bed.
5. I don't think they bought the curtains and the mattress yesterday.
6. I didn't want her to hear the news.

▶ 3. The pluperfect subjunctive
(*El pluscuamperfecto de subjuntivo*)

The pluperfect subjunctive is formed with the imperfect subjunctive of the auxiliary verb **haber** plus the past participle of the main verb. It is used in the same way as the past perfect is used in English, but in sentences in which the main clause calls for the subjunctive:

THE PLUPERFECT SUBJUNCTIVE		
Imperfect Subjunctive of haber	+	*Past Participle of the Main Verb*
yo	hubiera	hablado
tú	hubieras	comido
él	hubiera	vivido
nosotros	hubiéramos	visto
vosotros	hubierais	hecho
ellos	hubieran	vuelto

EXAMPLES:

Yo **dudaba** que ellos **hubieran llegado.** *I doubted that they had arrived.*

Yo **esperaba** que tú **hubieras pagado** tus deudas. *I was hoping that you had paid your debts.*

Ella **temía** que Ud. **hubiera cerrado** su cuenta corriente. *She was afraid that you had closed her checking account.*

Ricardo **se alegró** de que sus amigos **hubieran llegado.** *Richard was glad that his friends had arrived.*

EJERCICIOS

A. Item Substitution

Dudaba que yo lo hubiera hecho.
Dudaba que tú _____.
Dudaba que _____ depositado.
Dudaba que ellos _____.
Dudaba que _____ dicho.
Dudaba que nosotros _____.
Dudaba que _____ extraído.
Dudaba que Ester _____.
Dudaba que _____ instalado.
Dudaba que los estudiantes _____.

B. Change the following sentences according to the model:

MODELO: Él se alegra de que ellos hayan hecho la traducción.
           Él se alegró _____.
           Él se alegró de que ellos hubieran hecho la traducción.

1. Nosotros sentimos que hayas estado solo en ese país.
    Nosotros sentíamos _____.
2. Yo espero que Uds. hayan hecho una limpieza.
    Yo esperaba _____.
3. Es una lástima que Jorge haya muerto.
    Fue una lástima _____.
4. Es una tontería que hayas comprado esas gafas.
    Fue una tontería _____.
5. Es una lástima que no hayas estado en la sala de equipajes.
    Fue una lástima _____.
6. Me alegro de que hayamos conseguido las gotas.
    Me alegré _____.
7. Es increíble que ellos hayan tenido que trasbordar.
    Era increíble _____.

8. Siente que yo no haya podido salvarla.
   Sintió _____.
9. Temo que ellos hayan escupido aquí.
   Temía _____.
10. No es verdad que el oculista te haya puesto esas gotas.
    No era verdad _____.

C. Write in Spanish:

1. We were hoping that they had done everything possible.
2. I was sorry you had moved.
3. They were glad that he had brought the ice pack.
4. It was a pity that they hadn't gotten a lower berth.
5. We were glad that you had brought your driver's license.
6. I was sorry that we had made that promise.

▶ **4.** Sequence of tenses with the subjunctive
   (*La secuencia de los tiempos con el subjuntivo*)

The tense of the verb used in the subordinate clause depends on the tense of
the verb used in the main clause:

A. *Main Clause* *Indicative*	*Subordinate Clause* *Subjunctive*
1. Present 2. Future 3. Present Perfect 4. Command	Present Subjunctive Present Perfect Subjunctive

If the verb of the main clause is in the present, future, or present perfect, or
is a command form, the verb of the subordinate clause is in the present subjunctive or present perfect subjunctive:

Yo le **digo** que **venga.**   *I tell her to come.*
Yo le **diré** que **venga.**   *I will tell her to come.*
Yo le **he dicho** que **venga.**   *I have told her to come.*
Dile que **venga.**   *Tell her to come.*
Me **alegro** de que **haya venido.**   *I'm glad she has come.*

B. *Main Clause* *Indicative*	*Subordinate Clause* *Subjunctive*
1. Preterit 2. Imperfect 3. Conditional	Imperfect Subjunctive Pluperfect Subjunctive

If the verb of the main clause is in the preterit, imperfect, or conditional, the verb of the subordinate clause is in the imperfect subjunctive or the pluperfect subjunctive:

> Le **dije** que **viniera.**   *I told her to come.*
> Le **decía** que **viniera.**   *I was telling her to come.*
> Le **diría** que **viniera.**   *I would tell her to come.*
> Me **alegré** de que Rosa **hubiera venido.**   *I was glad that Rose had come.*

C. *Main Clause* Indicative	*Subordinate Clause* *Subjunctive*
Present	Imperfect Subjunctive

If the verb of the main clause is in the present indicative, the verb of the subordinate clause should be in the imperfect subjunctive if the action of the subordinate clause refers to something that happened in the past:

> **Me alegro** de que **vinieran** anoche.   *I'm glad that they came last night.*
> **Es lástima** que tú no **arreglaras** el fregadero ayer.   *It's a pity that you didn't fix the sink yesterday.*

EJERCICIOS

A. Complete the following sentences with the correct tense of the verbs in parentheses:

1. Yo te he dicho que (traer) ____ a tu ayudante.
2. Yo les pido que (ir) ____ al centro médico.
3. Diles que lo (hacer) ____ en seguida.
4. Le pediremos que (reservar) ____ una litera en el coche cama.
5. El supervisor te dijo que (venir) ____ temprano.
6. El dentista quería que Uds. (enjuagarse) ____ la boca.
7. Me gustaría que ellos (trabajar) ____ en la estación de servicio.
8. Siento que las líneas (estar) ____ borrosas.
9. Siento que la sala de espera (haber estado) ____ cerrada.
10. Temíamos que ellos no (haber comprado) ____ la lámpara.

B. Pattern Drill

MODELO 1:   ¿Qué me sugieres que haga con la casa?   (alquilar)
            Te sugiero que la alquiles.

1. ¿Qué me sugieres que haga con mi esposo?   (dejar)
2. ¿Qué me sugieres que haga con los muebles?   (vender)
3. ¿Qué me sugieres que haga con los lentes de contacto?   (cambiar)
4. ¿Qué me sugieres que haga con mis hijos?   (mandar a la escuela)
5. ¿Qué me sugieres que haga con los árboles frutales?   (cortar)

MODELO 2:   ¿Sabes a qué hora regresa Amelia?
            Es posible que ya haya regresado.

1. ¿Sabes a qué hora vuelven los chicos?
2. ¿Sabes a qué hora sale el avión?
3. ¿Sabes a qué hora llega el tren?
4. ¿Sabes a qué hora termina la clase?
5. ¿Sabes a qué hora empieza la fiesta?

MODELO 3:   ¿No has traído la bolsa de hielo?
            ¡Tú no me dijiste que la trajera!

1. ¿No te has lavado las manos?
2. ¿No te has puesto las sandalias?
3. ¿No has traído el cepillo de dientes?
4. ¿No has comprado las agujas y el hilo?
5. ¿No has limpiado las ventanas de la sala?

C. Write in Spanish:

1. I'm glad you don't need a cleaning.
2. The oculist told me to read the third line.
3. She has told me not to use anesthesia.
4. I'm glad you have come to see me.
5. I'm sorry he has bad breath.
6. I didn't think you had to be a citizen (in order) to work there.

¡A VER CUÁNTO APRENDIÓ!

A. Give appropriate responses:

1. ¿Cuándo fue la última vez que Ud. estuvo en el consultorio del dentista?
2. ¿Qué hace Ud. cuando le duele una muela?
3. ¿Tiene Ud. la encía infectada?
4. ¿Habrías ido al dentista si hubieras tenido una carie?
5. ¿Usa Ud. hilo dental para limpiarse la dentadura?
6. ¿Cuántas veces al día se cepilla Ud. los dientes?
7. ¿Conoce Ud. a alguien que tenga dientes postizos?
8. ¿Necesita Ud. usar anteojos?
9. ¿Le molesta la luz? ¿Quiere que la apague?
10. ¿Temían Uds. que el profesor no hubiera venido?
11. ¿Conviene que una persona borracha maneje?
12. ¿Qué pasta dentífrica prefiere Ud.?
13. ¿Preferiría Ud. usar anteojos o lentes de contacto? ¿Por qué?
14. ¿Prefiere Ud. anestesia local o general?
15. ¿Preferirían Uds. que esta clase durara menos tiempo?

B. Complete the following sentences in an original fashion:

1. No queríamos que ellos _____.
2. Dudaban que nosotros _____.
3. Esperaba que tú _____.
4. Negaban que él _____.
5. No sabíamos que Jorge y Elena _____.
6. Deseábamos que los muchachos _____.
7. Fue una lástima que Paco y yo _____.
8. Siento que tú _____.
9. No creían que el profesor _____.
10. Me alegro de que Uds. _____.

C. ¡Repase el vocabulario!

Choose the word or phrase in parentheses that best completes the meaning of each sentence, and read aloud:

1. Tiene la (almohada, encía, cómoda) infectada.
2. Me duele una muela. Voy a ir (al dentista, a la agencia de bienes raíces, al andén).
3. Debe cepillarse los dientes, y además usar (aire acondicionado, hilo dental, una estufa).
4. Para que no me doliera, le pedí que me diera (una frazada, un refrigerador, anestesia).
5. Me dijo que me enjuagara (la boca, el comedor, el hogar).
6. No veo bien la segunda línea. Está un poco (automática, estrellada, borrosa).
7. Uso hilo dental para limpiarme entre (los dientes, los oídos, los dedos).
8. Tiene mal aliento, de modo que el dentista le dijo que usara una buena (funda, toalla, pasta dentífrica).
9. El dentista tiene su consultorio en (una piscina, un patio, un barrio muy elegante).
10. Le pedí al dentista que me empastara dos (sábanas, cuadros, caries).
11. El oculista me dijo que esperara en (el zacate, el lavaplatos, la sala de espera).
12. Después de extraerme la muela, el dentista me dijo que (me diera prisa, me enjuagara la boca y escupiera, comprara zanahorias).
13. Le van a poner unas gotas en (los ojos, el sofá, el salón de estar).
14. Tiene (la sala, la bolsa de agua caliente, la cara) inflamada.
15. Le voy a decir a mi ayudante que se baje (de la aguja, del coche, de la cucharita).
16. La dentista le dijo a Rosa que tenía mal aliento porque (no se cepillaba los dientes, gastaba mucha gasolina, no estaba asegurada).

17. Tengo la encía infectada. Conviene que (haga escala, vaya al dentista, alquile un coche de cambio mecánico).
18. Cuando le saquen todos los dientes, va a tener que usar (calcetines, un coche de dos puertas, dientes postizos).
19. El dentista me dijo que usara hilo dental y un buen (cepillo de dientes, expreso, guardafangos).
20. El oculista me ha dicho que me ponga (los guantes, las gotas, el cielo) tres veces al día.
21. Como tenía la cara inflamada, el dentista me dijo que me pusiera (un cangrejo, un piropo, una bolsa de hielo).
22. No veo muy bien pero, en vez de usar anteojos, prefiero usar (curvas, lentes de contacto, dentadura postiza).
23. Le pedí al dentista que (me hiciera una limpieza, me cortara un poco a los costados, matara a su ayudante).
24. A veces es difícil acostumbrarse a los lentes de contacto porque (escupen, examinan, molestan) mucho.
25. ¿Te duele mucho la muela? En ese caso debes ir (al norte, a la agencia de bienes raíces, al centro médico).

D. Complete the following dialogues:

1. *En el consultorio del dentista:*

DENTISTA   —Temo que haya que extraer esta muela.
MARISA   _____
DENTISTA   —No, no le va a doler. Voy a darle anestesia local.
MARISA   _____
DENTISTA   —Sí, está infectada. Es una lástima que Ud. no haya venido antes.
MARISA   _____
DENTISTA   —Sí, también necesita una limpieza.
MARISA   _____
DENTISTA   —No, hoy no. Tendrá que volver la semana próxima.
MARISA   _____
DENTISTA   —Sí, pero además de cepillarse los dientes debe usar hilo dental.

2. *En el consultorio del oculista:*

ENRIQUE   —Yo creo que necesito anteojos porque no veo muy bien y me duele a menudo la cabeza.
OCULISTA   _____
ENRIQUE   —J . . . F . . . H . . . No . . . , están muy borrosas . . .
OCULISTA   _____
ENRIQUE   —No, tampoco las veo muy claramente.
OCULISTA   _____

ENRIQUE	—¡Ay! Después de las gotas ya no veo nada.
OCULISTA	_____
ENRIQUE	—Eso no es problema; mi esposa puede venir a buscarme.
OCULISTA	_____
ENRIQUE	—Yo preferiría usar lentes de contacto. ¿Es muy difícil acostumbrarse a ellos?
OCULISTA	_____

E. Situaciones

What would you say in the following situations?:

1. You are at the dentist's office. Ask her if she can fill the cavity, because you don't want her to pull out your tooth.
2. You are a dentist. Tell your patient that you're not going to be able to save his tooth, and that his gums are infected and swollen. Add that you're sorry he didn't come before.
3. You are at the oculist's office. Tell him that you have headaches and you can't (don't) see very well. Tell him you think you need glasses.
4. You are an oculist. Tell your patient to read the third line, starting at the top. She blinks. Ask her if the light is bothering her. Ask if she wants to wear glasses or whether she prefers to wear contact lenses.
5. You are a dentist. Tell your patient to do the following:
   a. Make an appointment for next week because he needs a cleaning.
   b. Brush his teeth three times a day.
   c. Use dental floss to clean between his teeth.

PROVERBIOS ESPAÑOLES   "Al que no habla Dios no lo oye."   (*Speak up or no one will listen to you.*)
"El que mucho habla mucho yerra."   (*He who talks a lot makes many mistakes.*)

Lección 20

AVISOS CLASIFICADOS

Se necesita secretaria bilingüe que haya trabajado con máquinas de oficina y que tenga experiencia como traductora e intérprete. Llamar al teléfono 330–7146.

Se necesita taquígrafo-mecanógrafo para compañía de importación y exportación. Debe escribir a máquina por lo menos sesenta palabras por minuto. Llamar a la señora Díaz al 332–4520.

BANCO INTERNACIONAL (Fundado en 1952)
Se necesita contador público, que tenga experiencia en trabajos administrativos. El sueldo depende de la experiencia. Escribir al señor Gustavo Roca y enviar cartas de recomendación. Avenida de Mayo 514.

El jefe de personal del Banco Internacional entrevista a la señorita Liliana Gómez Blanco, que ha solicitado el puesto de contador.

JEFE	—Mucho gusto, señorita Gómez.
SRTA. GÓMEZ	—El gusto es mío, señor Roca.
JEFE	—Señorita Gómez, debo decirle que Ud. fue muy bien recomendada por su antiguo jefe. Según él, Ud. es una persona muy eficiente.
SRTA. GÓMEZ	—Gracias. Es que me gusta mi trabajo.
JEFE	—¿Habla Ud. inglés, señorita Gómez?
SRTA. GÓMEZ	—Sí. Yo trabajaba para una compañía norteamericana y todas las transacciones eran hechas en inglés.
JEFE	—Me alegro. Si Ud. no hablara inglés no podríamos emplearla pues algunas veces nuestros contadores deben viajar a los Estados Unidos.
SRTA. GÓMEZ	—No sólo hablo inglés. También hablo francés.
JEFE	—¡Muy bien! ¿Ha tenido Ud. mucha experiencia en trabajos administrativos?
SRTA. GÓMEZ	—Sí, en mi otro empleo estaba encargada de la sección de pagos, de modo que he tenido mucha experiencia en ese campo.
JEFE	—Si le diéramos el puesto, ¿cuándo podría empezar a trabajar?
SRTA. GÓMEZ	—Si pudiera empezar en junio estaría muy bien . . .
JEFE	—Está bien. Yo creo que Ud. es la persona que necesitamos. Si el sueldo le conviene, el puesto es suyo.

THE JOB IS YOURS!

CLASSIFIED ADS

The personnel director of the International Bank interviews Miss Lilian Gómez Blanco, who has applied for the position of accountant.

P.D.   A pleasure, Miss Gómez.

MISS G.   The pleasure is mine, Mr. Roca.

P.D.   Miss Gómez, I must tell you that you were very well recommended by your former boss. According to him, you are a very efficient person.

MISS G.   Thank you. The fact is, I like my work.

P.D.   Do you speak English, Miss Gómez?

MISS G.   Yes. I used to work for an American company, and all the transactions were done in English.

P.D.   I'm glad. If you didn't speak English we couldn't hire you, because sometimes our accountants must travel to the United States.

MISS G.   I don't speak only English. I also speak French.

P.D.   Very good! Have you had much experience in administrative work?

MISS G.   Yes, in my other job I was in charge of the payroll department, so I have had a great deal of experience in that field.

Carta de recomendación recibida por el señor Roca:

Sr. Gustavo Roca   12 de mayo de 1980
Jefe de Personal
Banco Internacional
Avenida de Mayo #514
Buenos Aires, Argentina

Muy señor mío:

Tengo el gusto de enviarle la información solicitada por Ud. en su carta del doce del corriente.

La señorita Liliana Gómez Blanco fue empleada por nuestra compañía en el año 1975, y desde esa fecha hasta el 31 de marzo de 1980, trabajó como encargada de la sección de pagos. Su trabajo ha sido siempre excelente.

La señorita Gómez Blanco es una persona muy eficiente y tiene un gran sentido de responsabilidad.

Es, pues, con mucho gusto, que recomendamos a la señorita Gómez Blanco para el puesto vacante en su compañía.

Atentamente,

Aníbal Lovera Rojas

Aníbal Lovera Rojas

Liliana le escribe a su amiga Elvira, que vive en Córdoba:

20 de mayo de 1980

Querida Elvira,

Te escribo para darte buenas noticias: hoy fui empleada por el Banco Internacional como contadora. Estoy muy contenta, pues el sueldo es muy bueno y tendré oportunidades de viajar.

Me mudé a un apartamento muy cómodo en la Avenida de Mayo. Cuando vengan a Buenos Aires pasen unos días conmigo.

Escríbeme pronto. Espero poder verlos en la boda de Graciela. Un abrazo muy grande para todos de

Liliana

Liliana

P.D. If we were to give you the job,
      when could you start working?
S G. If I could start in June, it would
      be very good . . .
P.D. All right. I think you are the
      person we need. If the salary is
      acceptable, the job is yours.

Vocabulario

COGNADOS

administrativo(a) administrative
el apartamento apartment
bilingüe bilingual
clasificado(a) classified
eficiente efficient
excelente excellent
la experiencia experience
la exportación export
la importación import

el (la) intérprete interpreter
el minuto minute
la oportunidad opportunity
la recomendación recommendation
la responsabilidad responsibility
el (la) secretario(a) secretary
la transacción transaction
vacante vacant

PRESTIGIOSA INSTITUCION

BUSCA

PERSONA

con experiencia en gestiones o relaciones
públicas. Nivel universitario o cultura equivalente

Estabilidad. Buenos ingresos

Presentarse en: **Potosí, 7, 7.º-B. Madrid**
(de 10 a 14 y de 17 a 20 horas)

NOMBRES

el abrazo hug
la avenida avenue
el aviso, el anuncio ad,
    advertisement
el campo field
el contador público Certified
    Public Accountant
la fecha date
el francés French
el jefe, la jefa boss, director
la máquina machine
el (la) mecanógrafo(a) typist
la palabra word
el personal personnel
el sentido sense
el (la) taquígrafo(a) stenographer
el (la) traductor(a) translator

VERBOS

convenir (conj. like venir) to suit,
    to be acceptable

emplear to hire, to employ
entrevistar to interview
fundar to found
solicitar to request

ADJETIVOS

antiguo(a) former, previous
corriente current

OTRAS PALABRAS

atentamente politely
pronto soon
según according to

ALGUNAS EXPRESIONES

algunas veces sometimes
escribir a máquina to type
estar encargado(a) to be in charge
sección de pagos payroll
    department

VOCABULARIO ADICIONAL

LETTER WRITING

A. Address

    1. *To a Person:*

       Sr. Ernesto Montoya
       Avenida 19 de Mayo 756
       La Habana, Cuba

    2. *A Business Letter to a Company:*

       Sres. Juárez Menéndez y Cía.,[1] S.A.[2]
       Apdo. Postal[3] 148
       Santiago, Chile

B. Date Line

    Caracas, 5 de febrero de 1978

C. Salutations

    1. *Business Letters:*

       Muy señor(a) mío(a): (from one person to another)
       Muy señores(as) míos(as): (from one person to more than one person)
       Distinguido(a) señor (señora, señorita)

    2. *Familiar:*

       a. Querido Luis: (to a close friend or relative)
       b. Estimado Raúl: (informal)
       c. Queridísimo(a): (*Dearest*)

D. Conclusions

    1. *Social and Business Letters:*

       Sinceramente: (*Sincerely*)
       Atentamente: (lit.: *"Politely"*)

    2. *To Family and Friends:*

       Abrazos de,
       Con todo cariño, (*Love*)
       Besos, (*Kisses*)
       Afectuosamente, (*Affectionately*)
       Cariñosos saludos de, (*Affectionate greetings from*)

---

[1]**Cía.** = **Compañía** [2]**S.A.** = **Sociedad Anónima** (equivalent to the English *Inc.* or *Incorporated*)
[3]**Apartado postal:** *Post Office Box*

Estructuras gramaticales

▶ **1.** Summary of the uses of the subjunctive
(*Resumen de los usos del subjuntivo*)

A. Subjunctive versus infinitive

1. The subjunctive is used in an indirect command after verbs and expressions of volition when there is a change of subject:

> **Quiero** que **Roberto traiga** los avisos clasificados.   *I want Robert to bring the classified ads.*
> ¿**Tú quieres** que yo la **entreviste?**   *Do you want me to interview her?*
> **Es necesario** que **nosotros solicitemos** información.   *It is necessary that we request information.*

The infinitive is used after verbs or expressions of volition if there is no change of subject:

> **Roberto quiere traer** los avisos clasificados.   *Robert wants to bring the classified ads.*
> ¿**Tú quieres entrevistarla?**   *Do you want to interview her?*
> **Es necesario solicitar** información.   *It is necessary to request information.*

2. The subjunctive is used after verbs and expressions of emotion when there is a change of subject:

> **Espero** que **podamos** verlos.   *I hope we can see you.*

The infinitive is used after verbs and expressions of emotion if there is no change of subject:

> **Espero poder** verlos.   *I hope to be able to see you.*

B. Subjunctive versus indicative

1. The subjunctive is always used when the subordinate clause refers to someone or something that is indefinite, unspecified, or nonexistent:

> **Necesito una** secretaria que **sea** bilingüe.   *I need a secretary who is bilingual.*
> **No hay nadie** que **sepa** escribir en francés.   *There is no one who knows how to write in French.*

The indicative is used when the noun or pronoun refers to a specific person or thing:

> **Tengo** una secretaria que **es** bilingüe.   *I have a secretary who is bilingual.*
> **Hay** una traductora que **sabe** escribir en francés.   *There is a translator who knows how to write in French.*

2. The subjunctive is used if the action is pending in time:

   Cuando vengan a Buenos Aires, **pasen** unos días conmigo.   *When you come to Buenos Aires, spend a few days with me.*

   Voy a cenar en cuanto él **llegue**.   *I'm going to dine as soon as he arrives.*

The indicative is used if the action has been completed, is presently occurring, or usually occurs:

   Cuando **vinieron** a Buenos Aires, **pasaron** unos días conmigo.   *When you came to Buenos Aires, you spent a few days with me.*

   Siempre ceno en cuanto él **llega**.   *I always dine as soon as he arrives.*

3. The subjunctive is used after verbs and expressions of doubt or uncertainty:

   Dudo que esa mecanógrafa **sea** eficiente.   *I doubt that that typist is efficient.*

   No estamos seguros de que el intérprete **tenga** experiencia.   *We're not sure that the interpreter has (any) experience.*

   Es probable que el jefe nos **invite**.   *It is probable that the boss will invite us.*

The indicative is used when expressing certainty:

   No dudo que esa mecanógrafa **es** eficiente.   *I don't doubt that that typist is efficient.*

   Estamos seguros de que el intérprete **tiene** experiencia.   *We're sure that the interpreter has experience.*

   Es seguro que el jefe nos **invitará**.   *It is certain that the boss will invite us.*

4. The subjunctive is used when the main clause denies what the subordinate clause expresses:

   No es verdad que el puesto **esté** vacante.   *It's not true that the job is vacant.*

   Niego que yo le **haya dado** un abrazo.   *I deny having given him a hug.*

The indicative is used when the main clause *does not* deny what the subordinate clause expresses:

   Es verdad que el puesto **está** vacante.   *It is true that the job is vacant.*

   No niego que yo le **he dado** un abrazo.   *I don't deny having given him a hug.*

5. The subjunctive is used after the conjunction **aunque** when it implies uncertainty:

> Aunque **tenga** la oportunidad, no iré. *Even if I have the opportunity, I won't go. (I don't know whether I will have it or not.)*
> Mañana iremos a la playa aunque **llueva.** *Tomorrow we'll go to the beach even if it rains.*

The indicative is used after **aunque** when no uncertainty is expressed:

> Aunque **tengo** la oportunidad, no iré. *Even though I have the opportunity, I will not go. (I know I have it.)*
> **Ayer** fuimos a la playa aunque **llovió.** *Yesterday we went to the beach even though it rained.*

EJERCICIO

Read the following sentences, choosing the correct verb forms:

1. Antonio quiere que yo le (enseñar, enseñe) a usar las máquinas de oficina.
2. ¿Quieres (ver, vea) las cartas de recomendación?
3. El contador no quería que nosotros (empleáramos, emplear) a esa taquígrafa.
4. Siento que tú no (pudiste, pudieras) ir al oculista ayer.
5. Yo esperaba que tú (supieras, sabías) los planes.
6. Nos alegramos mucho de que Ud. lo (ha, haya) escrito a máquina.
7. No hay nadie que (puede, pueda) acostumbrarse fácilmente a los lentes de contacto.
8. Mi antiguo jefe conoce a un dentista que (sea, es) excelente.
9. Tengo la cara inflamada. Cuando (llego, llegue) a casa me pondré una bolsa de hielo.
10. El jefe de personal los esperó en su apartamento hasta que (vinieron, vinieran).
11. Dudo que el sueldo le (conviene, convenga).
12. No hay duda de que ella (use, usa) dientes postizos.
13. No es cierto que él (trabaja, trabaje) en una compañía de importación y exportación.
14. Es verdad que mi ayudante (use, usa) anteojos.
15. Dijo que me pusiera una bolsa de agua caliente tan pronto como (llegaba, llegara) a casa.
16. No sé si tiene experiencia en ese campo, pero aunque no la (tenga, tiene), vamos a emplearla.
17. Pedro vino a verme anoche aunque (llovía, lloviera) mucho.
18. La jefa quería que la (esperamos, esperáramos) en la avenida Bolívar.
19. Espero que Uds. (hacer, hagan) todas las transacciones en inglés.
20. Buscábamos un empleado que (tenía, tuviera) un gran sentido de responsabilidad.

▶ **2.** If-clauses   (*Cláusulas que comienzan con* **si**)

1. In Spanish, as in English, the imperfect subjunctive is used in *if*-clauses when a contrary-to-fact statement is made:

> **Si** Ud. no **hablara** inglés, no podríamos emplearla.   *If you didn't speak English, we couldn't hire you.*
>
> **Si** yo **fuera** Ud., no lo molestaría.   *If I were you, I wouldn't bother him.*
>
> **Si** yo no **pudiera** ver bien, usaría gafas.   *If I weren't able to see well, I would wear glasses.*

Note that the imperfect subjunctive is used in the *if*-clause and the conditional is used in the main clause. When a sentence has a compound tense, the pluperfect subjunctive is used in the *if*-clause and the conditional perfect is used in the main clause:

> **Si** yo **hubiera sabido** que tenía caries, **habría ido** antes.   *If I had known I had cavities, I would have gone sooner.*

2. The imperfect subjunctive is also used in *if*-clauses that express an unlikely fact, or simply the Spanish equivalent of the English "if . . . were to . . .":

> **Si** alguna vez **encontrara** al hombre perfecto, me **casaría.**   *If I were to find the perfect man, I would get married.*

3. The imperfect subjunctive is also used after the expression **como si** (*as if*):

> Eva gasta dinero como si **fuera** millonaria.   *Eve spends money as if she were a millionaire.*

4. In no other situation is the imperfect subjunctive used after *if*, not even when *if* means "whether":

> **Si** **tengo** tiempo, iré a verte.   *If I have time, I'll go see you.*
> (No sé si lo tengo o no.)

⚜ Note that the present subjunctive is *never* used in an *if*-clause.

EJERCICIOS   A. Pattern Drill

MODELO 1:   ¿Es Ud. el presidente?
            Si yo fuera el presidente no estaría aquí.

1. ¿Tiene Ud. mil dólares?   4. ¿Está Ud. enfermo?
2. ¿Puede Ud. viajar?   5. ¿Es Ud. casado?
3. ¿Trabaja Ud.?

MODELO 2:   ¿Por qué no vienes a verme?   (tener tiempo)
             Vendría a verte si tuviera tiempo.

1. ¿Por qué no pones un anuncio en el periódico?   (tener dinero)
2. ¿Por qué no me das una carta de recomendación?   (poder)
3. ¿Por qué no le das un abrazo?   (conocer bien)
4. ¿Por qué no te quedas con nosotros?   (haber lugar)
5. ¿Por qué no solicitas el puesto vacante?   (ser bilingüe)

MODELO 3:   ¿Van a venir Uds. mañana?   (tener tiempo)
             Bueno . . . si tenemos tiempo, vamos a venir.

1. ¿Van a emplear Uds. un contador público?   (tener dinero)
2. ¿Van a volver Uds. pronto?   (terminar el trabajo)
3. ¿Van a esperar Uds. unos minutos?   (poder)
4. ¿Van a alquilar Uds. un apartamento?   (encontrar uno barato)
5. ¿Van a leer Uds. los avisos clasificados?   (traernos el periódico)

B. Complete the following sentences, using the imperfect subjunctive, the pluperfect subjunctive, or the indicative of the verbs in parentheses, as needed:

1. Si yo (ser) _____ tú, le daría un beso.
2. Si Uds. (necesitar) _____ un secretario eficiente, yo puedo recomendarles uno.
3. Si Robert Redford (querer) _____ salir conmigo, aceptaría con mucho gusto.
4. Si yo te (pedir) _____ un favor, ¿me lo harías?
5. Si nosotros (tener) _____ dinero, te compraríamos las gotas para los ojos.
6. Habla como si lo (saber) _____ todo.
7. Si Raúl (tener) _____ experiencia, habría conseguido el trabajo.
8. Si ella (tener) _____ la cara inflamada, póngale una bolsa de hielo.
9. No sé si Mario (ser) _____ especialista en ese campo.
10. ¿Saben Uds. si Carlos (estar) _____ afuera?
11. Si ellos (estudiar) _____ más, sacarían mejores notas.
12. Me habla como si yo (ser) _____ de su misma edad.
13. Si mamá (estar) _____ enferma, yo me habría quedado en casa a cuidarla.
14. Si tú (saber) _____ francés, podrías trabajar como intérprete.
15. Si él me (decir) _____ eso, yo le diría que no tiene sentido de responsabilidad.
16. Si ellos (conseguir) _____ el dinero, habrían comprado máquinas de oficina.
17. Si ésa (ser) _____ una compañía de importación y exportación, van a necesitar empleados bilingües.
18. Si Ud. (hablar) _____ dos idiomas, tendrá una excelente oportunidad de conseguir el puesto.

C. Write in Spanish:

1. If he has had experience in administrative work, hire him.
2. If the transactions were done in English, we would understand.
3. If you had read the news, you would have known what happened.
4. She spends money as if she had a million dollars.
5. If I could find a house on that avenue, I would rent it.
6. If you had given me fifty dollars, I would have given you the change.

▶ **3.** The passive voice   *(La voz pasiva)*

In the *active voice,* the subject is the *doer* of the action. In the true *passive voice,* the subject of the sentence does not perform the action of the verb, but receives it. In Spanish the passive voice is formed in the same way as in English:

ACTIVE VOICE: **Una familia francesa fundó** esta compañía.
                    (subject)   (verb)
                 A French family founded this company.
                    (subject)   (verb)

PASSIVE VOICE: **Esta compañía fue fundada** por una familia francesa.
                    (subject)   (verb)
                 This company was founded by a French family.
                    (subject)   (verb)

The true passive voice uses only the verb **ser,** which can be used in any tense.

The past participle always agrees with the subject in gender and number:

América fue descubierta por Colón.   *America was discovered by Columbus.*

Estas novelas fueron escritas por Cervantes.   *These novels were written by Cervantes.*

The true passive voice must always be used when the doer of the action is expressed or strongly implied:

Don Quijote fue escrito por Cervantes en 1605.   *(doer expressed)*
Don Quijote fue escrito en 1605.   *(doer strongly implied)*

EJERCICIOS

A. Item Substitution

1. *Yo* fui muy bien recibido por el presidente. (nosotros, tú, el secretario, ellos)
2. *Ella* ha sido empleada por esta compañía. (ellos, yo, tú, nosotros)
3. *Ellos* no serán entrevistados. (ella, tú, nosotros, yo, María)

B. Pattern Drill

MODELO 1:   ¿Es verdad que una familia francesa fundó esa compañía?
            Sí, *la compañía fue fundada por una familia francesa.*

1. ¿Es verdad que Shakespeare escribió esos libros?
2. ¿Es verdad que el doctor Fuentes empleó a esa enfermera?
3. ¿Es verdad que el jefe entrevistó al contador?
4. ¿Es verdad que Colón descubrió América?
5. ¿Es verdad que el presidente firmó la carta?

MODELO 2:   ¿Revisan las secretarias los documentos?
            ¡Por supuesto! Todos los documentos son revisados por las secretarias.

1. ¿Recomendó el señor García a los empleados?
2. ¿Empleó el jefe de personal a ese traductor?
3. ¿Entrevistó el presidente a los nuevos intérpretes?
4. ¿Atiende el jefe de la sección de pagos a esos clientes?
5. ¿Entregó el jefe de la sección de pagos ese cheque?

MODELO 3:   ¿Ya han llamado a los empleados?
            No, los empleados serán llamados mañana.

1. ¿Ya han enviado las cartas?
2. ¿Ya han firmado los documentos?
3. ¿Ya han mandado las cartas de recomendación?
4. ¿Ya han confirmado el horario?
5. ¿Ya han entrevistado a los traductores?

C. Change the following sentences from the active voice to the passive voice:[1]

1. El director enviará las cartas de recomendación esta noche.
2. Escribieron la novela el año pasado.
3. Los empleados ya han hecho las transacciones.
4. No hay duda de que traerán a los niños el próximo viernes.
5. Fundaron la biblioteca hace quince años.
6. Es necesario que el presidente firme las cartas.
7. El secretario escribe todas las cartas a máquina.
8. El jefe de personal entrevistaba a todos los empleados.

D. Write in Spanish:

1. *Othello* was written by Shakespeare.
2. That city was founded in 1867.

---

[1]Note that the tense of the verb **ser** will be the same as the tense of the verb used in the active voice.

3. The secretary was interviewed by the personnel director.
4. The telegrams will be sent soon.
5. The apartment was rented yesterday.
6. The balance was sent by mail.

▶ **4.** Substitutes for the passive   (*Substitutos para la voz pasiva*)

When the agent of the action is not expressed or strongly implied, Spanish can substitute these alternatives for the true passive voice:

1. As in informal English, the impersonal "they" may be used:

> **Dicen** que esa secretaria es muy eficiente.   ***They say** that secretary is very efficient.*

2. A reflexive construction:

a. When the subject of the sentence is not a person, Spanish uses a normal reflexive construction, with the verb in the third person singular or plural:

> **Se habla** español.   *Spanish **is spoken**.*
> **Se abrieron** las puertas.   *The doors **were opened**.*

b. As the equivalent of the English impersonal "one," Spanish uses an impersonal reflexive construction. This construction is always used in the third person singular:

> ¿Cómo **se hace** eso?   *How is that done?*
> (*How does one do that?*)

EJERCICIOS

A. Item Substitution

El apartamento se alquiló ayer.
_____ la semana pasada.
Esa oficina _____.
Esas casas _____.
_____ se vendieron _____.
La casa nueva _____.
_____ hace un mes.
_____ se compró _____.
Esos edificios _____.

B. Read the following sentences, changing the impersonal "they" to the impersonal reflexive construction:

MODELO: *Dicen* que el jefe está muy contento.
          Se dice que el jefe está muy contento.

1. ¿Hablan francés en la Argentina?
2. Trabajan sólo por la noche en ese restaurante.
3. Abren la sección de pagos a las ocho de la mañana.
4. Cierran a las nueve de la noche.
5. No hablan inglés en Cuba.
6. Llegan a las siete en punto.
7. Piensan que él está encargado de esa sección.
8. ¿A qué hora abren la tienda?
9. Dicen que deben dejarlo por un mínimo de seis meses.
10. Aquí venden ropa de señoras.

C. Answer the following questions in complete sentences:

1. ¿Cómo se dice *current* en español?
2. ¿Qué idioma se habla en el Brasil? (¿En París? ¿En Australia?)
3. ¿Qué dicen del presidente de los Estados Unidos?
4. ¿Ya se han cerrado todas las tiendas?
5. ¿Ya se han abierto las puertas de la universidad?
6. ¿A qué hora se abren los bancos?
7. ¿Cómo se sale de este edificio?
8. ¿Qué es un flan? ¿Se come o se bebe eso?
9. ¿Se venden zapatos en el mercado?
10. ¿Dónde se compran estampillas?

D. Write in Spanish:

1. That is not done, so don't do it again!
2. One doesn't eat a cigarette.
3. Has the apartment been rented, or is it vacant?
4. Had the telegrams already been sent?
5. What languages do they speak at the university?
6. Is English spoken in Ecuador?

¡A VER CUÁNTO APRENDIÓ!

A. Give appropriate answers:

1. ¿Qué es más importante: ser eficiente o tener sentido de responsabilidad?
2. ¿Se usan más los anteojos o los lentes de contacto?
3. ¿Se necesita anestesia para extraer una muela?
4. Si Ud. hablara varios idiomas, ¿le gustaría trabajar como intérprete?
5. ¿Hay un puesto vacante en la compañía donde Ud. trabaja?
6. ¿Ha sido Ud. recomendado(a) para algún puesto administrativo?
7. ¿Escribe Ud. a máquina?

8. ¿Si Ud. le escribe una carta a un amigo, la termina escribiendo "atentamente" o "con todo cariño"?

9. ¿Recuerdas a tus antiguos profesores?

10. ¿Podría Ud. trabajar de intérprete si sólo hablara un idioma o necesitaría varios?

11. ¿En qué año fue fundada la ciudad donde Ud. vive?

12. ¿Está Ud. encargado(a) de la clase de español?

13. ¿Ha tenido Ud. alguna experiencia en trabajos administrativos?

14. Necesito un (una) secretario(a). El sueldo es mil quinientos dólares al mes. ¿Le conviene?

15. ¿Qué fecha es hoy?

16. ¿Qué colores se usan más en el verano?

17. ¿Qué va a hacer Ud. cuando llegue a su casa?

18. Si el presidente de los Estados Unidos quisiera ir a una fiesta con Ud., ¿aceptaría?

19. ¿En qué año fue descubierta (*discovered*) América?

20. Si Ud. tuviera cien mil dólares en este momento, ¿dónde estaría?

B. Complete the following sentences, using the true passive voice or the reflexive construction of the verbs in parentheses:

1. La ciudad (fundar) _____ por los españoles.

2. En Chile (hablar) _____ español.

3. Las tiendas (cerrar) _____ a las nueve.

4. Esa novela (escribir) _____ por Cervantes en el año 1605.

5. ¿Cómo (decir) _____ "atentamente" en inglés?

6. Los contratos (firmar) _____ por todos los empleados mañana.

7. (Decir) _____ que muchos hombres murieron en este lugar.

8. (Enviar) _____ las máquinas de escribir la semana pasada.

9. ¡Eso no (hacer) _____!

10. (Vender) _____ coches usados.

C. ¡Repase el vocabulario!

Choose the word or phrase in parentheses that best completes the meaning of each sentence:

1. La información ha sido (salvada, solicitada, empastada) por el jefe de personal.

2. Lo emplearíamos si (se cepillara los dientes, se enjuagara la boca, tuviera experiencia) en ese campo.

3. Esa compañía fue fundada en (Santo Domingo, la sala de espera, el centro médico) en 1976.

4. Si no tiene (mal aliento, la cara inflamada, sentido de responsabilidad), no nos conviene emplearlo.

5. ¡Tengo muy buenas noticias! (Me dieron el puesto de taquígrafa, Tengo la encía infectada, La segunda línea está borrosa).

6. En los avisos clasificados, se solicitan personas que (escupan mucho, usen hilo dental, hablen francés).

7. Cuando hables con él, dile que tiene una excelente (dentadura, pasta dentífrica, oportunidad) de conseguir el puesto.

8. Dicen que (el puesto, el abrazo, la limpieza) está vacante.

9. Algunas veces los empleados son (entrevistados, examinados, fundados) por el presidente de la compañía.

10. La nueva secretaria es muy eficiente y (lee, dura, escribe) muy bien a máquina.

11. Dudo que puedas conseguir el puesto en esa compañía de importación y exportación si no (hablas francés, vives en ese apartamento, sabes las noticias).

12. Esa compañía fue fundada (con, entre, para) los años 1930 y 1935.

13. La información solicitada por Uds. en su carta del quince del (antiguo, contento, corriente) ya ha sido enviada.

14. Es muy fácil acostumbrarse a (usar, pensar, entrevistar) las máquinas de oficina.

15. ¡Me alegro muchísimo de verte! ¡Dame (una avenida, un apartamento, un abrazo)!

16. Según el contador de la compañía, podemos pagar mil dólares ahora, y el (cambio, resto, aviso) el mes próximo.

D. Complete the following dialogues:

1. *En la oficina de personal:*

JEFE DE PERSONAL —¿Ha tenido Ud. alguna experiencia en trabajos administrativos?

SR. RODRÍGUEZ _____

JEFE DE PERSONAL —¿Tres semanas? Bueno . . . eso no es suficiente . . .

SR. RODRÍGUEZ _____

JEFE DE PERSONAL —¡Pero no necesitamos una persona que hable varios idiomas!

SR. RODRÍGUEZ _____

JEFE DE PERSONAL —¿Sesenta palabras por minuto? Pero es que tampoco necesitamos un mecanógrafo.

SR. RODRÍGUEZ _____

JEFE DE PERSONAL —¿También es taquígrafo? Dígame, ¿no le gustaría trabajar de secretario? Hay un puesto vacante.

SR. RODRÍGUEZ _____

JEFE DE PERSONAL —Quince mil pesos al mes. ¿Le conviene?

SR. RODRÍGUEZ _____

JEFE DE PERSONAL —Puede comenzar mañana, si quiere . . .

2. *En la librería:*

CLIENTE	_____
EMPLEADO	—Se abre a las nueve.
CLIENTE	_____
EMPLEADO	—No, aquí no se venden revistas. Solamente vendemos libros.
CLIENTE	_____
EMPLEADO	—Puede ser que la tengan en la biblioteca.
CLIENTE	_____
EMPLEADO	—Queda en la calle Montevideo.
CLIENTE	_____
EMPLEADO	—No, no creo que esté cerrada.
CLIENTE	_____
EMPLEADO	—A las nueve de la noche, generalmente.

E. Situaciones

What would you say in the following situations?:

1. You are a personnel director. Call the paper and dictate an ad for a bilingual secretary, and say that someone who has experience working with office machines is needed. Include your phone number.
2. You are talking to a man who did not get hired by your company. Tell him that, if he had had experience in administrative work, you would have hired him.
3. You are talking to a prospective employer. Tell her that if she were to give you the job, you could start to work very soon.
4. You have looked at an apartment, and you are talking to the landlord. Tell him it is a little expensive, but it suits you because it is located downtown.
5. You have just been hired. Call your friend and tell her you have very good news. Tell her you got the job, and you will have many opportunities to travel.

F. Composición

Now that you know how to write letters in Spanish, do the following:

1. Write a letter to a friend who has moved away, giving him/her the latest news about you and your family. You might include the following:

   a. news about school and work
   b. any project you are involved in
   c. plans for your vacation
   d. parties you have attended and traveling you have done
   e. news about your family

   f. any health problem you might have had

   g. any specific question(s) you might want to ask your friend about what's happening in his/her life

2. Write a letter to the personnel director of a company or an institution, applying for a vacancy in your field. Give all pertinent information about yourself. You might include the following:

   a. education
   b. work experience
   c. foreign language(s) you speak
   d. whether you are applying for a part-time or a full-time job
   e. salary
   f. any other information you think might help you to obtain the job

---

IMPORTANTE EMPRESA DE SERVICIOS UBICADA EN MADRID

PRECISA

CONTABLE

Se requiere:
- Sólida formación contable: balances, contabilidad general, cuentas de explotación y de resultados.
- Experiencia profesional.
- Preferible conocimientos de sistemas mecanizados.

Se ofrece:
- Retribución a convenir.
- Trabajo en oficina muy céntrica.
- Absoluta discreción a colocados.

Interesados escriban indicando necesariamente pretensiones económicas, enviando datos personales, amplio historial académico y profesional, y teléfono de contacto a

Consultora Europea de Servicios, S. A.
Apdo. 36.201 de Madrid
(M-1.430.996)

Ejercicio de lectura

Carta escrita por Elvira a su amiga Liliana:

28 de mayo de 1981

Queridísima Liliana:

Ayer recibí tu carta en la que me dices que conseguiste el puesto de contadora en el Banco Internacional. ¡Me alegro muchísimo!

Nosotros también tenemos muy buenas noticias: Manuel fue entrevistado por el jefe de personal de una compañía de importación y exportación y decidieron emplearlo. El sueldo le conviene mucho más y es una oportunidad excelente. Es una compañía muy grande, que fue fundada en el año 1910. Como Manuel es bilingüe, va a estar encargado de todas las transacciones en francés, y a veces va a trabajar como traductor e intérprete. La compañía solicitó información sobre él, y el antiguo jefe de Manuel le dio una buena recomendación.

Rosita consiguió un puesto de taquígrafa-mecanógrafa. Como sabes, ella escribe muy bien a máquina y ha tenido mucha experiencia trabajando con máquinas de oficina. Bueno, fue fantástico. Ella leyó los avisos clasificados en el periódico ayer, fue a la oficina y le dieron el puesto. Según ella, pronto va a alquilar un apartamento y va a vivir con otra chica. ¡Veremos! Ella tiene sentido de responsabilidad y es muy buena. Algunas veces pienso que la experiencia le haría bien y otras . . . quiero que se quede a vivir aquí hasta que se case . . .

María continúa tomando clases de computadoras. Yo no creo que eso sea muy interesante, pero no niego que es un buen campo.

Yo sigo enseñando y es muy posible que escriba un libro de texto.° ¡Tú sabes qué eficiente soy yo!

textbook

Pensamos viajar a Buenos Aires, pero todavía no sé la fecha. Te enviaré un telegrama en cuanto esté segura. Y ahora que tienes un apartamento en la Avenida de Mayo, podemos quedarnos allí unos meses, ¿no . . . ? (No te preocupes, estoy bromeando.)

Bueno, sólo tengo unos minutos antes de que lleguen Manuel y los chicos. Felicitaciones por el nuevo puesto. Cariñosos saludos de todos nosotros.

Besos,

Elvira

¡A ver cuánto recuerda!

Answer the following questions in complete sentences:

1. ¿Esperó mucho tiempo Elvira antes de escribirle a su amiga?
2. ¿Está contenta Elvira de que le hayan dado el puesto de contadora?
3. ¿Cuáles son las buenas noticias que tiene Elvira sobre Manuel?

4. ¿Cuándo fue fundada la compañía?
5. ¿De qué va a estar encargado Manuel?
6. ¿Es verdad que el antiguo jefe de Manuel ha dicho en su carta que Manuel no es eficiente?
7. ¿Qué consiguió Rosita?
8. ¿Tuvo que esperar mucho tiempo para que le dieran el puesto?
9. ¿Cuáles son los planes de Rosita?
10. Algunas veces Elvira piensa que la experiencia de tener un apartamento le haría bien a Rosita. ¿Está segura ella de que eso es lo mejor para su hija?
11. ¿Cree Ud. que a Elvira le gustaría tomar clases de computadoras? ¿Por qué?
12. ¿Cuál es la profesión de Elvira?
13. ¿Sabe Elvira la fecha de su viaje a Buenos Aires?
14. ¿Qué va a hacer Elvira cuando esté segura de la fecha del viaje?
15. ¿Qué dice Elvira que pueden hacer ella y su familia ahora que Liliana tiene un apartamento en la Avenida de Mayo?
16. ¿Es verdad que Elvira tiene muchísimo tiempo antes de que lleguen Manuel y los chicos?

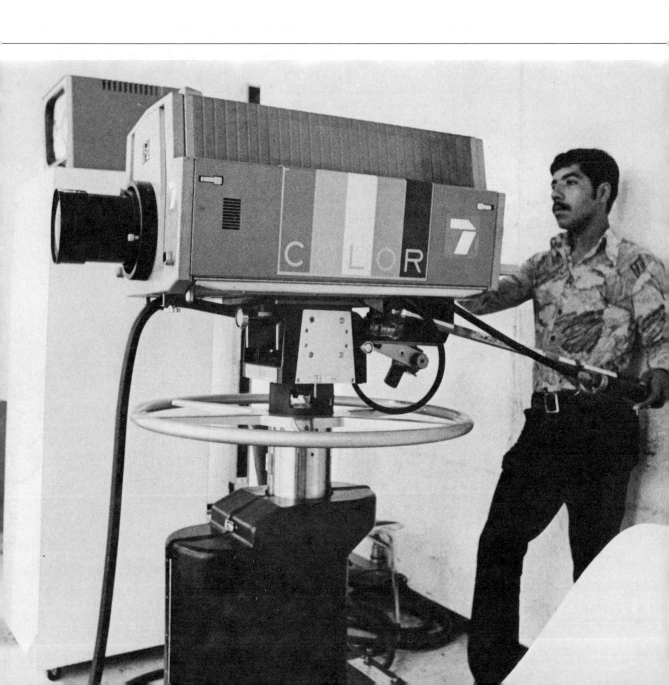

BOSQUEJO CULTURAL

7

Minorías latinoamericanas en los Estados Unidos

Los chicanos

Los chicanos son una minoría numerosa. Aproximadamente siete millones viven en los Estados Unidos, principalmente en los estados de Texas, Nuevo México, Arizona, California y Colorado. Algunos de ellos descienden de personas que vivían en esas regiones cuando todavía pertenecían° a México y a España. Otros —la mayoría—salieron de México mucho después.

    Los grados de aculturación entre los chicanos son muy diversos. Algunos de ellos están muy americanizados, ya no hablan° el castellano, y culturalmente son muy similares a la mayoría de la población de tradición inglesa. Otros conservan su lengua y sus costumbres. Podemos decir sin embargo que la religión católica, el idioma español y la unidad familiar son elementos básicos de la cultura méxico-americana.

    Como sucede° también con algunos otros grupos étnicos minoritarios, los chicanos tienen que enfrentarse° con problemas especiales dentro de la sociedad de los Estados Unidos. Su posición económica es generalmente baja° y el promedio° de años que pasan en la escuela es menor que el del resto del país. Estimulados por estos problemas y por otros, muchos chicanos se unieron a los movimientos de protesta que comenzaron durante la década de los sesenta, creando así el Movimiento Chicano. Los miembros de este movimiento quieren conseguir más poder° político y económico, y volver a las fuentes° de la cultura indohispana.

    En los últimos años el movimiento chicano ha logrado° una serie de mejoras.° Actualmente, gracias a los esfuerzos de los chicanos, la educación bilingüe está adquiriendo gran importancia. En California, por ejemplo, se requiere que haya un maestro o un auxiliar bilingüe en cada clase que tenga diez o más estudiantes que no hablen inglés. Esto, unido al auge° alcanzado por

belonged

no longer speak

happens
face
low
average

power / sources

has obtained
improvements

importance

Técnico de televisión en la ciudad de San Juan, Puerto Rico.

387

Judith Valle-Davis, jefa del
Departamento de Humanidades en
San Bernardino Valley College,
California.

Tomás Rivera, Vice-Rector de la
Universidad de California en
Riverside.

los estudios chicanos en las universidades, y a los esfuerzos de numerosos miembros de la comunidad chicana que ocupan importantes puestos en el gobierno, ha hecho que se reconozcan los derechos° de esta minoría.　　　　　　rights

　　　Todavía es muy temprano para juzgar° los resultados del Movimiento　judge
Chicano. Aunque no ha podido solucionar° todos los problemas económicos y　solve
sociales del grupo, ha ayudado a crear un sentido de orgullo en la comunidad
chicana.

Los puertorriqueños

La emigración puertorriqueña a los Estados Unidos comienza en los primeros
años de 1900. Vienen familias enteras° y a veces pueblos completos son trasla-　whole families
dados° especialmente para trabajar en los campos de azúcar de Hawai. También　transferred
los primeros pioneros llegan a Nueva York, ciudad que va a convertirse en la
meca del puertorriqueño en los años sucesivos.° Después de la segunda guerra　following years
mundial,° en 1939, comienza un gran éxodo de la isla; y entre los años 40 y 50,　World War II
miles de puertorriqueños llegan a los Estados Unidos.

　　　Al llegar el puertorriqueño a Nueva York, se encuentra con dos grandes problemas: el idioma y la frialdad° de la gran ciudad, en contraste con el clima　coldness
tropical de su isla. Vienen a establecerse en la parte baja del este de Nueva York,

entre la Quinta y la Octava avenida, y las calles 110 y 116. Aquí van a establecer su pequeño paraíso. Decoran sus pisos con colores brillantes que les recuerdan la isla, como el verde, el azul y el amarillo; e inundan sus casas de plantas tropicales de plástico. Aquí van a mantener su idioma, su religión, sus comidas y sus costumbres. No es raro encontrar en las noches de verano a jóvenes puertorriqueños jugando al dominó enfrente de sus clubes sociales o cafés. La primera sensación que experimentan al llegar es la de un gran aislamiento. En las escuelas, el problema de la educación es grave, ya que la mayoría de los profesores no conocen el idioma español, y por lo tanto° no pueden comunicar sus ideas a los jóvenes latinos.

      Hoy en día la situación está cambiando radicalmente. Los puertorriqueños han fundado sus propias revistas de información cultural y política; han establecido sus propios restaurantes y lugares de diversión;° con el control de los barrios por los jefes designados por la comunidad, han comenzado a luchar° contra el racismo y el analfabetismo, y se ha comenzado en la escuela pública un programa bilingüe. Hasta hace poco el norteamericano veía al puertorriqueño, sólo como obrero° para la industria textil y la hotelera, o para trabajar en el puerto.

(marginal glosses:) so · amusement · fight · worker

Estudiantes de la Universidad de Puerto Rico durante una exposición de arte nativo, San Juan, Puerto Rico.

Hoy en día ha surgido una nueva descendencia de los emigrantes: «The Rican», el cual se considera el recipiente de dos culturas y dos naciones. Esta nueva generación no se concentra en Nueva York, y se encuentra esparcida en todos los estados de Norteamérica. Entre ellos podemos encontrar prominentes abogados, médicos, profesores, comerciantes y políticos.

Los cubanos

A pocas millas de la Florida está la isla de Cuba, «La Perla° de las Antillas». Los exilados cubanos que viven en Miami se sienten allí cerca de su tierra de sol y de palmeras,° y han creado en esa ciudad «La pequeña Habana», un trozo de patria° transplantado a los Estados Unidos. `pearl` `palm trees` `homeland`

Los cubanos han ejercido una enorme influencia en la ciudad de Miami, no solamente desde el punto de vista cultural sino también desde el punto de vista económico. Existen miles de establecimientos comerciales que pertenecen a los cubanos, que contribuyen con unos novecientos millones de dólares a los ingresos° de la comunidad. Existen también varias estaciones de radio, y canales° de televisión cuyos programas son enteramente en español, así como numerosos periódicos y revistas que se publican° especialmente para la colonia cubana. `revenues / channels` `are published`

En la pequeña Habana, que ocupa la mayor parte de la calle ocho del «Southwest», casi todas las tiendas, cafés, restaurantes, y mercados tienen nombres en español. Es éste el idioma que se oye hablar por las calles, pues el español no es una lengua extranjera en esa zona. En muchas tiendas hay letreros° que dicen: «Aquí se habla inglés.» `signs`

Los cubanos le han dado a Miami un sabor° latino. Muchos teatros, cines y clubes ofrecen espectáculos en español. La comida cubana es muy popular en todas partes ya que existe un gran número de restaurantes que la sirven al público. `flavor`

El gran éxodo de los cubanos comenzó en el año 1959, cuando Fidel Castro tomó el poder° y continúa hasta el día de hoy. Aproximadamente un millón de cubanos vive en los Estados Unidos, de los cuales la mayoría vive en la ciudad de Miami; el resto se ha establecido en otros estados, principalmente en Nueva Jersey y California. La mayoría de los cubanos que están en los Estados Unidos llegó a este país sin un centavo, pues el gobierno de Castro no permite sacar dinero de Cuba. Muchos no sabían inglés, y aún médicos, abogados y profesores se vieron obligados a trabajar en diversos oficios hasta que lograron, después de muchos esfuerzos, alcanzar una posición similar a la que tenían en Cuba. La mayoría de los cubanos goza hoy de un alto nivel de vida y en muchos casos han creado fuentes de trabajo no solamente para otros cubanos sino también para muchos norteamericanos. `overtook the government`

Los cubanos, como otras minorías, luchan por no perder su cultura y su identidad y así han mantenido en el exilio el mismo sistema de vida que tenían en Cuba. Existen numerosas escuelas privadas, clínicas, funerarias° y sociedades que `funeral parlors`

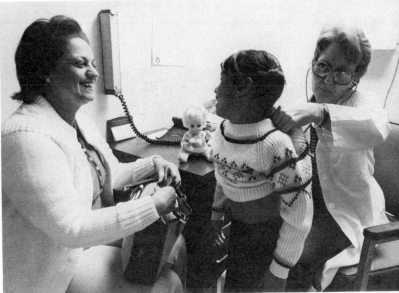

Muchos refugiados cubanos con títulos universitarios en Miami han tenido que volver a la escuela para aprender inglés.

Médica cubana examinando a una pequeña inmigrante en una clínica de la ciudad de Miami, Florida.

funcionan al estilo cubano. También han mantenido casi todas sus tradiciones y costumbres. Pero la necesidad de abrirse paso° en esta sociedad competitiva les ha hecho integrarse con ella y participar en su vida pública, social y económica.   to succeed

El último grupo de exiliados cubanos llegó en 1980. La mayoría de ellos son personas jóvenes que crecieron bajo el sistema comunista, pues el 60% de ellos tenía unos cinco años cuando Fidel Castro tomó el poder. Si a esto añadimos las condiciones en que fueron enviados a este país y la crisis económica que encontraron a su llegada° podremos comprender mejor los problemas que se han   arrival presentado con algunos de ellos.

¡A ver cuánto recuerda!

Answer the following questions:

1. ¿Cuántos chicanos viven en los Estados Unidos? ¿En qué estados?
2. Hable Ud. sobre los grados de aculturación de los chicanos.
3. ¿Cuáles son los problemas que enfrentan los chicanos?
4. ¿Qué quieren conseguir los miembros del movimiento chicano?

Trabajadores migratorios, probablemente de origen mexicano, cultivando flores en Lompec, California.

5. ¿Qué mejoras han conseguido los chicanos?
6. ¿Cuándo comienza la emigración puertorriqueña a los Estados Unidos?
7. ¿Qué pasó después de la segunda guerra mundial?
8. ¿Cuáles son los problemas que encuentra el puertorriqueño al llegar a Nueva York?
9. ¿Qué mejoras han logrado los puertorriqueños?
10. Hable Ud. de la nueva generación puertorriqueña.
11. Hable Ud. de la influencia ejercida por los cubanos, desde el punto de vista económico.
12. ¿Qué características tiene la pequeña Habana?
13. ¿Cuándo y por qué comenzó el éxodo de los cubanos?
14. ¿En qué forma tratan los cubanos de mantener su cultura y su identidad?
15. ¿Cuándo llegó el último grupo de exiliados cubanos?
16. ¿Por qué ha tenido problemas en los Estados Unidos este grupo de cubanos?

Self-Test

LESSONS 16-20

LESSON 16

Take this test. When you finish, compare your answers with the answer key provided for this section in Appendix C. Then use a red pen to correct any mistakes you might have made. Ready? Go!

A. *The Subjunctive in Indirect or Implied Commands*

Give the Spanish equivalent of the words in parentheses:

1. Yo te sugiero que (*you go*) ____ al banco mañana.
2. Mis padres quieren (*open*) ____ una cuenta conjunta.
3. Elena quiere (*to cash*) ____ un cheque.
4. El empleado nos sugiere que (*we buy it*) ____ a plazos.
5. Dígales a sus clientes que (*to date*) ____ y (*to sign*) ____ la solicitud.
6. Ella quiere que (*I pay her*) ____ al contado.
7. Deseo (*to pay him*) ____ con un billete de cien dólares.
8. Yo les recomiendo a Uds. que (*you deposit*) ____ el dinero en el banco.
9. Nosotros necesitamos (*to save*) ____ más.
10. Yo no puedo darle los modelos de depósito. (*Let John give them to him.*) ____.
11. Yo le sugiero que (*you bring*) ____ su talonario de cheques.
12. Mi esposo quiere que yo (*be able*) ____ sacar mi dinero del banco en cualquier momento.
13. Mi mamá no quiere (*to have*) ____ seguro para su automóvil.
14. Ella me sugiere que (*I apply for*) ____ un préstamo.
15. Ella quiere (*to charge them*) ____ por lo menos cincuenta dólares mensuales.
16. Ellos quieren que tú (*leave*) ____ el resto de tu dinero en el banco.
17. ¿Qué tipo de cuenta quieren (*to open*) ____ Uds.?
18. Mis padres quieren que yo le (*tell*) ____ que eso no importa.
19. Yo les sugiero que (*you save*) ____ un mínimo del diez por ciento de su sueldo.
20. Mi hermano quiere que su hijo (*live*) ____ con nosotros por un período de seis meses.

B. **Qué** and **cuál** for "what"

Supply the questions that elicited the following answers, starting with **qué** or **cuál,** as needed:

1. Mi número de teléfono es 862–4031.
2. Un recibo es un documento de pago.
3. El apellido de mi madre es Lovera.
4. El número de mi cuenta es 93457–A.
5. Nosotros pensamos que el empleado es muy bueno.
6. Su dirección es calle Universidad número mil doscientos cuatro.
7. La matrícula es el dinero que pagamos para tomar clases en una escuela o una universidad.
8. Nuestros bienes son: una casa y dos coches.

C. *Uses of* **sino** *and* **pero**

Combine the following pairs of sentences into one, using **pero, sino** or **sino que,** as needed. Follow the model:

MODELO: Ella es morena.
           Ella no es rubia.
           Ella no es rubia sino morena.

1. No voy a comprarlo a plazos.
   Voy a comprarlo al contado.
2. No quiere que le pague con un cheque.
   Quiere que le pague en efectivo.
3. El coche vale solamente setecientos dólares.
   Nosotros no podemos comprarlo.
4. Carlos no dijo que tenía el dinero.
   Carlos dijo que podía pedirlo prestado.
5. Ella no quiere que firmemos el contrato.
   Ella quiere que lo leamos.

D. *Just Words . . .*

Choose the word or phrase in parentheses that best completes each of the following sentences:

1. Voy a poner los documentos en (el puré de papas, la caja de seguridad, el secador).
2. Si quiero pagar con cheques debo tener (una cuenta de ahorros, una cuenta corriente, muchas deudas).
3. Necesito que pongan la fecha y (el papel, la firma, la cerveza) en la solicitud.

4. Todavía debemos mucho dinero por la casa. La (hipoteca, libreta de ahorros, manzana) es cincuenta mil dólares.

5. Tenía mil dólares en mi cuenta corriente. Escribí un cheque por doscientos cincuenta dólares. El (billete, tipo, saldo) es de setecientos cincuenta dólares.

6. El Banco de América tiene muchísimas (uvas, bujías, sucursales).

7. No tengo dinero. ¿Aceptan Uds. (pagos, papel, tarjetas de crédito)?

8. No es (anual, gratis, mensual). Cobran veinte dólares por persona.

9. Si es un certificado de depósito a plazo fijo, no puedo (sacar el dinero en cualquier momento, depositar más dinero, hablar con los empleados).

10. Buenos días, señora. Soy uno de los empleados del Banco Nacional. (¿En qué puedo servirle?, ¿Qué talla usa Ud.?, ¿Qué número calza Ud.?)

11. Pagan un (talonario, billete, interés) del ocho por ciento anual.

12. Pueden venir todos (por lo menos, excepto, no importa) los empleados del banco.

LESSON 17

A. *The Subjunctive after Verbs of Emotion*

Give the Spanish equivalent:

1. I hope that our suitcases are in the baggage room.
2. I'm sorry you have to stand in line, ladies.
3. I'm afraid you can't stop over in Caracas, Mr. Olmedo.
4. I hope we don't have to transfer.
5. She doesn't like me to drive a standard-shift car.
6. I hope they have enough money to get the tickets today.

B. *First Person Plural Command*

Change the following sentences according to the model:

MODELO: Yo creo que sería una buena idea estudiar con Roberto.
            Estudiemos con Roberto.

1. Yo creo que sería una buena idea reservar una mesa para dos.
2. Yo creo que sería una buena idea alquilar un coche de dos puertas.
3. Yo creo que sería una buena idea no decirle que no tenemos licencia para conducir.
4. Yo creo que sería una buena idea preguntarle a María por cuánto tiempo es válido el pasaje.
5. Yo creo que sería una buena idea vestirnos ahora para llegar a tiempo.
6. Yo creo que sería una buena idea decirles que el carro no estaba asegurado.

C. *Expressions that Take the Subjunctive*

Choose an expression from the following list for each of the sentences below. Use the verbs in parentheses in the subjunctive, the indicative, or the infinitive, as needed:

es una lástima	es increíble	es seguro
es difícil	conviene	es imposible
es mejor	puede ser	es necesario
ojalá		

1. ____ (aprender) ____ a hablar bien el español en una semana.
2. ¡____ que el profesor me (dar) ____ una "A" en esta clase!
3. ____ que un niño de cinco años (hablar) ____ tres idiomas.
4. ____ (estudiar) ____ un poco todos los días que (tratar) ____ de estudiarlo todo la noche antes del examen.
5. ____ que ellos (preferir) ____ las ciudades del oeste, porque siempre han vivido en Arizona, Nevada o California.
6. ____ que Uds. (poder) ____ bajarse del tren si solamente tienen dos minutos.
7. ____ que el tren no (llevar) ____ coche cama, porque no me gusta dormir en el asiento.
8. ____ (comprar) ____ un boleto de ida y vuelta, porque es más barato.
9. ____ que ellos nos (hacer) ____ un descuento.
10. ____ que Uds. (conseguir) ____ un permiso especial para viajar en Sevilla.

D. *Use of volver a*

Give the Spanish equivalent. Be sure to use the expression **volver a** in your sentences:

1. I told him again that I needed a lower berth.
2. I'm going to ask for a timetable again.
3. They will get on the train again.
4. She lost her driver's license again.
5. We bought a compact car again.
6. Again we talked to the man who was at the ticket office.

E. *Just Words . . .*

Match the questions in column **A** with the appropriate responses in column **B**.

A	B
M 1. ¿Es automático?	a. Sí, si lo alquila por semana.
F 2. ¿Son Uds. norteamericanos?	b. No, en abril tienen una tarifa especial.
A 3. ¿Es sin millaje?	

_1_ 4. ¿De dónde sale el tren?
_K_ 5. ¿Llega a tiempo?
_O_ 6. ¿Cenamos en el tren?
_c_ 7. ¿Quieres dormir aquí?
_N_ 8. ¿Qué tren vas a tomar?
_E_ 9. ¿Viven en el norte?
_B_10. ¿Es muy caro el pasaje?
_L_ 11. ¿No te dio el vuelto?
_d_ 12. ¿Cuándo tenemos exámenes?
_G_ 13. ¿Prefieres un coche mecánico?
_H_ 14. ¿Hay trenes diarios?
_P_ 15. ¿Dónde está El Paso?
_J_ 16. ¿Va a vivir en Nueva York?

c. No, prefiero la litera alta.
d. Depende del profesor.
e. No, en el sur.
f. No, somos ciudadanos chilenos.
g. Sí, porque gasta menos gasolina.
h. No, sólo dos veces por semana.
i. Del andén número cinco.
j. No, no le gusta el este.
k. No, tiene tres horas de retraso.
l. Sí, dos dólares.
m. No, de cambio.
n. El rápido.
o. No, no tiene coche comedor.
p. En la frontera con México.

LESSON 18

A. *The Subjunctive to Express Doubt, Unreality, Indefiniteness, and Nonexistence*

Give the Spanish equivalent:

1. I think he needs a sheet, but I doubt that he needs a blanket.
2. I'm sure he wants to buy those pictures for the living room.
3. I don't think you can open that window, dear.
4. I don't think that mattress is comfortable. Do you think it's comfortable, dear?
5. It isn't true that his house is located near here.
6. It's true that there are six of us.
7. Is there anybody here who can do translations?
8. We have a house that has five bedrooms.
9. I don't know anybody who is rich.
10. Do you want a house that has a swimming pool?

B. *The Use of the Subjunctive or Indicative after Conjuctions of Time*

Give the Spanish equivalent of the verbs in parentheses:

1. Tan pronto como Marta (*arrives*) ＿＿ a casa, le voy a mostrar la cómoda nueva.
2. Voy a esperarlos hasta que (*they return*) ＿＿.
3. Cuando ellos (*go*) ＿＿ a trabajar, siempre dejan las ventanas abiertas.
4. Se lo dije así que (*he arrived*) ＿＿.
5. Démonos prisa antes de que (*they sell*) ＿＿ la lámpara que te gusta.
6. Ella va a ir a la fiesta con tal que tú (*go*) ＿＿ con ella.
7. No puedo sacar el sillón de la casa sin que ellos me (*see*) ＿＿.

8. En caso de que ella (*needs*) _____ otra almohada, aquí está la mía.
9. No puedo comprar las fundas a menos que tú me (*give*) _____ el dinero.
10. Voy a hacer todo lo posible para que él (*gets*) _____ el puesto.
11. Aunque (*I like*) _____ el rojo, no creo que sea un buen color para una pared.
12. Vamos a ir a la playa el sábado aunque (*it rains*) _____.

C. *The Present Perfect Subjunctive*

Combine the following pairs of sentences, using the verbs in the main clauses in the present indicative and the verbs in the subordinate clauses in the present perfect subjunctive. Follow the model:

MODELO: Yo (alegrarme).
Tú (venir).
Yo me alegro de que tú hayas venido.

1. Nosotros (sentir) mucho.
Uds. no (ir) a la agencia de bienes raíces.
2. Yo (dudar).
Ella (cortar) el césped.
3. (Ser) una lástima.
El refrigerador no (ser) nuevo.
4. Ellos (alegrarse).
Nosotros (comprar) los muebles para el salón de estar.
5. Yo (sentir) mucho.
La supervisora (morir).
6. (Ser) difícil.
Pedro (vender) el sofá.

D. The Familiar Command (*the tú form*)

Give the Spanish equivalent of the words in parentheses:

1. (*Tell me*) _____ la verdad, Paco. ¿Pusiste los platos en el fregadero?
2. (*Do*) _____ la tarea y luego (*clean*) _____ la estufa, María.
3. (*Get out*) _____ de mi recámara, Carlos.
4. (*Go*) _____ con ella y (*buy*) _____ las cortinas para el comedor, Pepe.
5. ¿Los libros? (*Put them*) _____ en la mesa, querida.
6. (*Come*) _____ conmigo. ¡(*Hurry up!*) _____!
7. (*Be*) _____ buena y (*bring me*) _____ las sábanas, Anita.
8. (*Have*) _____ paciencia. (*Wait for him*) _____ unos minutos más.
9. (*Don't buy*) _____ la casa si no tiene aire acondicionado, Luis.
10. ¿El flan? (*Don't serve it*) _____ todavía, Petrona.
11. (*Don't go away*) _____, querido.
12. (*Get up*) _____ a las seis y (*work*) _____ hasta las once.

E. *Just Words . . .*

Match the questions in column **A** with the appropriate responses in column **B:**

A

1. ¿Tienes frío?
2. ¿Por qué es tan cara la casa?
3. ¿Por qué necesitas un garaje tan grande?
4. ¿Cuánto va a costar el edificio?
5. ¿Cuáles son tus planes para el verano?
6. ¿Qué hay en el patio?
7. ¿Dormiste bien?
8. ¿Tienes lavaplatos?
9. ¿Cuándo se mudan?
10. ¿Es muy tarde?
11. ¿Por qué compraste este sofá en vez del otro?
12. ¿Vas a trabajar medio día?
13. ¿Qué muebles necesitas?
14. ¿Dónde pongo el sofá?
15. ¿Tienen almohadas?

B

a. Pienso viajar a México.
b. No, tengo fregadero.
c. Sí, la cama era muy cómoda.
d. Porque era más cómodo.
e. La semana próxima.
f. Está en un barrio muy elegante.
g. Una cómoda y una butaca.
h. No, tiempo completo.
i. Árboles frutales.
j. Sí, pero no tenemos fundas.
k. ¡Tengo tres coches!
l. Ponlo en la sala.
m. Sí, cierra la ventana, por favor.
n. Sí, de modo que debemos darnos prisa.
o. Cinco millones de dólares.

LESSON 19

A. *Uses of the Imperfect Subjunctive*

Give the Spanish equivalent of the words in parentheses:

1. Yo quería que tú (*bring me*) _____ hilo y aguja.
2. Yo sentí mucho que el dentista (*wasn't able to*) _____ salvar esa muela.
3. Fue una lástima que (*you bought*) _____ la pasta dentífrica en esa farmacia, señora.
4. El dentista me dijo que yo (*brush my teeth*) _____ tres veces al día.
5. Es una lástima que (*her face was swollen*) _____ ese día.
6. Nuestros padres querían que (*we go*) _____ al oculista.
7. Tu tío me pidió que yo (*tell you*) _____ que él tenía la encía infectada.
8. El dentista me dijo que (*to use*) _____ hilo dental para limpiarme entre los dientes.
9. Es una lástima que ellos (*didn't come*) _____ al centro médico la semana pasada.
10. Yo me alegré mucho de que Uds. (*knew him*) _____.

B. *The Pluperfect Subjunctive*

Give the Spanish equivalent of the words in parentheses:

1. Yo dudaba que María (*had brought*) _____ las gotas para los ojos.
2. Ellos temían que nosotros (*had left*) _____.
3. Él se alegró mucho de que Uds. (*had examined*) _____ a su hijo.
4. Él esperaba que yo (*had told you*) _____ que Ud. tenía dos caries.
5. Yo sentí muchísimo que tú (*hadn't come*) _____ a la fiesta.

C. *Sequence of Tenses with the Subjunctive*

Complete the following sentences, using the correct tense of the verbs in parentheses:

1. El dentista quiere que Ud. (hablar) _____ con su ayudante.
2. Yo sé que el oculista me dirá que (usar) _____ anteojos.
3. ¿Le has dicho que (ponerse) _____ una bolsa de hielo?
4. Dile que (venir) _____ en seguida.
5. Mis padres me dijeron que no los (molestar) _____ para nada.
6. Ellos querían que el cuaderno (durar) _____ más tiempo.
7. Me gustaría que Uds. (comprarme) _____ una bolsa de agua caliente.
8. Me alegro mucho de que el dentista (haber podido) _____ empastarle la muela.
9. El oculista me dijo que (leer) _____ la segunda línea, pero estaba borrosa.
10. Yo le sugerí que (usar) _____ lentes de contacto.
11. Él sintió mucho que Uds. no lo (haber encontrado) _____.
12. Ella temía que los chicos ya (haberse ido) _____.

D. *Just Words . . .*

Complete the following sentences, using words and phrases from the vocabulary in *Lección 19:*

1. Antes de extraerme la muela, el dentista me dio _____ para que no me doliera.
2. No se cepilla los dientes y no usa hilo dental. Necesita una buena _____.
3. La enfermera nos ha dicho que esperemos en la _____.
4. Quise usar lentes de contacto pero no pude _____ a ellos.
5. El dentista me dijo que me _____ la boca y escupiera.
6. Use hilo dental para limpiarse _____ los dientes.
7. Para cepillarse los dientes, use una buena pasta dentífrica y un buen _____.
8. Le sacaron todos los dientes, y ahora tiene que usar _____.
9. Necesita cepillarse los dientes después de las comidas y usar algo para enjuagarse la boca. Tiene _____.
10. Tiene muy buena dentadura. No tiene ninguna _____.

LESSON 20

A. *Summary of the Uses of the Subjunctive*

Give the Spanish equivalent of the words in parentheses:

1. El jefe de personal quiere que (*I interview*) ＿＿ a veinte personas.
2. El señor Peña sugiere que (*you give her*) ＿＿ una buena recomendación, señora Mena.
3. ¿(*Do you want to read*) ＿＿ los avisos clasificados, querido?
4. Espero que (*she has*) ＿＿ experiencia en ese campo.
5. Me alegro mucho de (*see you*) ＿＿, señorita Alvarado.
6. Necesitamos una secretaria que (*is*) ＿＿ eficiente y (*speaks*) ＿＿ por lo menos dos idiomas.
7. Aquí no hay nadie que (*knows*) ＿＿ nada de química.
8. Tenemos dos secretarias que (*are*) ＿＿ bilingües.
9. Hay muchas personas que (*prefer*) ＿＿ vivir en un apartamento.
10. Voy a esperar hasta que Ud. (*are able to*) ＿＿ empezar a trabajar.
11. Cuando (*arrive*) ＿＿ mis padres, les daré la buena noticia.
12. Siempre la esperamos hasta que ella (*arrives*) ＿＿.
13. La semana pasada, cuando ellos (*came*) ＿＿ a Buenos Aires, hablé con ellos por unos minutos.
14. Anoche no cenamos hasta que todos (*were*) ＿＿ allí.
15. Dudo que él (*wants*) ＿＿ un puesto administrativo.
16. Es probable que él (*gets*) ＿＿ un puesto en una compañía de importación y exportación.
17. Estoy segura de que él (*will want to see*) ＿＿ a sus antiguos jefes.
18. No es verdad que ellos (*don't have*) ＿＿ sentido de responsabilidad.
19. No niego que nosotros (*are in charge*) ＿＿ de la sección de pagos.
20. Aunque (*it rains*) ＿＿ mañana, iremos a tu casa.

B. *If-Clauses*

Give the Spanish equivalent of the words in parentheses:

1. Si ellos (*did*) ＿＿ todas las transacciones en inglés, él lo entendería todo.
2. Si tú (*had typed*) ＿＿ todas esas cartas, habríamos podido ir al cine.
3. Si yo (*were to find*) ＿＿ un buen traductor, lo emplearía en seguida.
4. Si tengo tiempo, (*I'll apply for*) ＿＿ el puesto vacante.
5. Gasta dinero (*as if she were*) ＿＿ rica.
6. Si Uds. (*need*) ＿＿ un intérprete, puedo recomendarles uno muy bueno.
7. ¿Qué le dirías tú a la mecanógrafa si ella (*didn't come*) ＿＿ a trabajar?
8. Salimos mañana si Alejandro (*gets*) ＿＿ los pasajes.

C. *The Passive Voice*

Change the following sentences from the active voice to the passive voice:

1. Los españoles fundaron esa ciudad en 1530.

2. El jefe de la sección de pagos firmará todos los cheques.
3. El jefe de personal ha entrevistado a tres contadores públicos.
4. Para esa fecha, nuestra compañía habrá vendido todas las máquinas de oficina.
5. Hacían las transacciones en francés.

D. *Substitutes for the Passive*

Change the following sentences from the true passive voice, first using the impersonal "they" and then using the impersonal reflexive construction. Follow the model:

MODELO: Las cartas *fueron enviadas.*
            Enviaron las cartas.
            Las cartas se enviaron.

1. El anuncio *fue escrito.*
2. La noticia *fue leída.*
3. Las cartas *serán firmadas.*
4. La compañía *fue fundada* en 1936.
5. Las puertas *fueron abiertas* a las dos.

E. *Just Words . . .*

Complete the following sentences, using words and phrases from the vocabulary in *Lección 20:*

1. Yo te sugiero que solicites ese puesto. Pagan muy bien y tendrás muchas _____ de viajar a España.
2. Es más que "muy buena". Es _____.
3. Cuando la vea, le voy a dar un _____ y un beso.
4. No es una calle. Es una _____.
5. El taquígrafo no aceptó el otro puesto porque el sueldo no le _____.
6. Recibí su carta del tres del _____.
7. No sé si llegarán esta noche o mañana, pero sé que será muy _____ porque no quieren quedarse allá mucho tiempo.
8. _____ mi antiguo jefe, ella es una persona muy eficiente.
9. Casi siempre comemos en casa, pero _____ comemos en un restaurante mexicano muy bueno.
10. Ella _____ de la sección de pagos. Es la supervisora.
11. No creo que él pueda hacer ese tipo de trabajo, porque no ha tenido ninguna _____ en ese campo.
12. Espero recibir carta suya en seguida.

                         _____,

                          _____
                          Mario Aranda

Appendixes

APPENDIX A

Spanish Sounds ▶ **1.** The vowels

There are five distinct vowels in Spanish: **a, e, i, o, u.** Each vowel has only one basic sound, which is produced with considerable muscular tension. The pronunciation of each vowel is constant, clear, and brief.

The sound is never prolonged; in fact, the length of the sound is practically the same whether it is produced in a stressed or unstressed syllable.[1]

To produce the English stressed vowels that most closely resemble Spanish, the speaker changes the position of the tongue, lips, and lower jaw during the production of the sound, so that the vowel actually starts as one sound and then *glides* into another. In Spanish, however, the tongue, lips, and jaw keep a constant position during the production of the sound:

> ***English:*** banana ***Spanish:*** banana

The stress falls on the same vowel and syllable in both Spanish and English, but the stressed English *a* is longer than the Spanish stressed **a:**

> ***English:*** banana ***Spanish:*** banana

Note also that the stressed English *a* has a sound different from the other *a*'s in the word, while the Spanish **a** sound remains constant and is similar to the other **a** sounds in the Spanish word.

a in Spanish has a sound somewhat similar to the English *a* in the word *father:*

alta casa palma Ana cama Panamá alma apagar

e is pronounced like the English *e* in the word *met:*

mes entre este deje ese encender teme prender

i has a sound similar to the English *ee* in the word *see:*

fin ir sí sin dividir Trini difícil

o is similar to the English *o* in the word *no*, but without the glide:

toco como poco roto corto corro solo loco

---

[1]In a stressed syllable the prominence of the vowel is indicated by its loudness.

403

u   is pronounced like the English *oo* sound in the word *shoot,* or the *ue* sound in the word *Sue:*

su   Lulú   Úrsula   cultura   un   luna   sucursal   Uruguay

DIPHTHONGS AND TRIPHTHONGS

When unstressed **i** or **u** falls next to another vowel in a syllable, it unites with that vowel to form what is called a *diphthong.* Both vowels are pronounced as one syllable. Their sounds do not change; they are only pronounced more rapidly and with a glide. For example:

traiga   Lidia   treinta   siete   oigo   adiós
Aurora   agua   bueno   antiguo   ciudad   Luis

A *triphthong* is the union of three vowels, a stressed vowel between unstressed **i** or **u,** in the same syllable. For example: Paraguay, estudiáis.

NOTE: Stressed **i** and **u** do not form diphthongs with other vowels, except in the combinations **iu** and **ui.** For example: **rí-o, sa-bí-ais.**

In syllabication, diphthongs and triphthongs are considered as a single vowel; their components cannot be separated.

▶ **2.   The consonants**

Consonant sounds are produced by regulating the flow of air through the mouth with the aid of two speech organs. As the diagrams illustrate, different speech organs can be used to control the air flow. The point of articulation will differ accordingly.

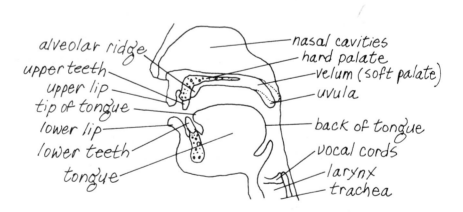

In Spanish the air flow can be controlled in different ways. One such way is called a *stop,* because in the articulation of the sound the air is stopped at some point while passing through the oral cavity.

When we bring the speech organs close together, but without closing the air flow completely,

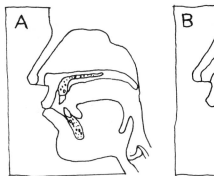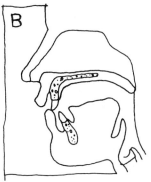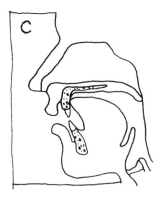

we produce a friction sound called a *fricative,* such as the *ff* and the *th* in the English words *offer* and *other.*

p   Spanish **p** is produced by bringing the lips together as a stream of air passes through the oral cavity (see diagram A). It is pronounced in a manner similar to the English *p* sound, but without the puff of air that follows after the English sound is produced:

> pesca   pude   puedo   parte   papá
> postre   piña   puente   Paco

k   The Spanish **k** sound, represented by the letters **k, c** before **a, o, u,** or *a consonant,* and **qu,** is produced by touching the velum with the back of the tongue, as in diagram B. The sound is somewhat similar to the English *k* sound, but without the puff of air:

> casa   comer   cuna   clima   acción   que
> quinto   queso   aunque   kiosko   kilómetro

t   Spanish **t** is produced by touching the back of the upper front teeth with the tip of the tongue, as in diagram C. It has no puff of air as in the English *t:*

> todo   antes   corto   Guatemala   diente
> resto   tonto   roto   tanque

d   The Spanish consonant **d** has two different sounds depending on its position. At the beginning of an utterance and after **n** or **l,** the tip of the tongue presses the back of the upper front teeth to produce what is called a *voiced dental stop* (see diagram C):

> día   doma   dice   dolor   dar
> anda   Aldo   caldo   el deseo   un domicilio

In all other positions the sound of **d** is similar to the *th* sound in the English word *they,* but softer. This sound is called a *voiced dental fricative* (see diagram C). It is produced by placing the tip of the tongue behind the front teeth:

> medida   todo   nada   nadie   medio
> puedo   moda   queda   nudo

g   The Spanish consonant **g** also represents two sounds. At the beginning of an utterance or after **n** it is a *voiced velar stop* (see diagram B), identical to the English g sound in the word *guy:*

goma   glotón   gallo   gloria
gorrión garra   guerra   angustia

In all other positions, except before **e** or **i**, it is a *voiced velar fricative* (see diagram B), similar to the English g sound in the word *sugar.* It is produced by moving the back of the tongue close to the velum, as in diagram F:

lago   alga   traga   amigo
algo   Dagoberto   el gorrión la goma

j   The sound of Spanish **j** (or **g** before **e** and **i**) is called a *voiceless velar fricative.* It is produced by positioning the back of the tongue close to the velum (see diagram F). (In some Latin American countries the sound is similar to a strongly exaggerated English *h* sound.):

gemir   juez   jarro   gitano   agente
juego   giro   bajo   gente

b, v   There is no difference in sound between Spanish **b** and **v**. Both letters are pronounced alike. At the beginning of an utterance or after **m** or **n**, **b** and **v** have a sound called a *voiced bilabial stop* (see diagram A), which is identical to the English b sound in the word *boy:*

vivir   beber   vamos   barco   enviar
hambre   batea   bueno   vestido

When pronounced between vowels, the Spanish **b** and **v** sound is a *voiced bilabial fricative* (see diagram A). This sound is produced by bringing the lips together but not closing them, so that some air may pass through:

sábado   autobús   yo voy   su barco

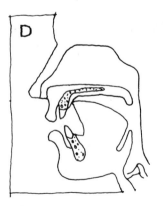
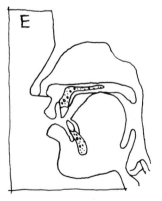
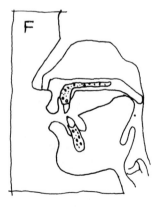

y, ll   In most countries, Spanish **ll** and **y** have a sound called a *voiced palatal fricative* (see diagram E) similar to the English *y* sound in the word *yes:*

el llavero   un yelmo   el yeso   su yunta   llama   yema
oye   trayecto   trayectoria   mayo   milla   bella

NOTE: Spanish **y** when it stands alone or is at the end of a word is pronounced like the vowel **i:**

rey   hoy   y   doy   buey   muy   voy   estoy   soy

r, rr   Spanish **r** is produced by tapping the alveolar ridge with the tongue only once and very briefly (see diagram D). The sound is similar to the English *dd* sound in the word *ladder:*

crema   aroma   cara   arena   aro
harina   toro   oro   eres   portero

Spanish **r** in an initial position and after **n, l,** or **s,** and also **rr** in the middle of a word are pronounced with a very strong trill. This trill is produced by bringing the tip of the tongue near the alveolar ridge and letting it vibrate freely while the air passes through the mouth:

rama   carro   Israel   cierra   roto
perro   alrededor   rizo   corre   Enrique

s   Spanish **s** is represented in most of the Spanish world by the letters **s, z,** and **c** before **e** or **i.** The sound is very similar to the English sibilant *s* in the word *sink:*

sale   sitio   presidente   signo
salsa   seda   suma   vaso
sobrino   ciudad   cima   canción
zapato   zarza   cerveza   centro

When it is in the final position, Spanish **s** is less sibilant than in other positions. In many regions of the Spanish world there is a tendency to aspirate word-final **s** and even to drop it altogether:

eres   somos   estas   mesas   libros
vamos   sillas   cosas   rezas mucho

h   The letter **h** is silent in Spanish, unless it is combined with the **c** to form **ch:**

hoy   hora   hidra   hemos
humor   huevo   horror   hortelano

ch   Spanish **ch** is pronounced like the English *ch* in the word *chief:*

hecho   chico   coche   Chile
mucho   muchacho   salchicha

f   Spanish **f** is identical in sound to the English *f:*

difícil   feo   fuego   forma
fácil   fecha   foto   fueron

l Spanish **l** is pronounced like the English *l* in the word *lean.* It is produced by touching the alveolar ridge with the tip of the tongue, as for the English *l.* The rest of the tongue should be kept fairly low in the mouth:

dolor   lata   ángel   lago   sueldo
los   pelo   lana   general   fácil

m Spanish **m** is pronounced like the English *m* in the word *mother:*

mano   moda   mucho   muy
mismo   tampoco multa   cómoda

n In most cases, Spanish **n** has a sound similar to the English *n* (see diagram D):

nada   nunca   ninguno   norte
entra   tiene   sienta

The sound of Spanish **n** is often affected by the sounds that occur around it. When it appears before **b, v,** or **p,** it is pronounced like an **m:**

tan bueno   toman vino   sin poder
un pobre   comen peras   siguen bebiendo

Before **k, g,** and **j,** Spanish **n** has a voiced velar nasal sound similar to the English *ng* in the word *sing:*

un kilómetro   incompleto   conjunto   mango
tengo   enjuto   un comedor

ñ Spanish **ñ** is a voiced palatal sound (see diagram E) similar to the English *ny* sound in the word *canyon:*

señor   otoño   ñoño   uña
leña   dueño   niños   años

x Spanish **x** has two pronunciations depending on its position. Between vowels the sound is similar to an English *gs:*

examen   exacto   boxeo   éxito
oxidar   oxígeno   existencia

When it occurs before a consonant, Spanish **x** sounds like *s:*

expresión   explicar   extraer   excusa
expreso   exquisito   extremo

NOTE: When the **x** appears in the word **México** or in other words of Mexican origin associated with historical or legendary figures, or name places, it is pronounced like the letter **j.**

Rhythm   Rhythm is the melodic variation of sound intensity that we usually associate with music. Spanish and English each regulate these variations in speech differently, because they have different patterns of syllable length. In Spanish the length of the stressed and unstressed syllables remains almost the same, while in English stressed syllables are considerably longer than unstressed ones:

student	estudiante
composition	composición
police	policía

Since the length of the Spanish syllables remains constant, the greater the number of syllables in a given word or phrase, the longer the phrase will be.

Pronounce the following words trying to keep stressed and unstressed syllables the same length, and enunciating each syllable clearly. (Remember that stressed and unstressed vowels are pronounced alike.)

Úr-su-la	el-ci-ne	ba-jan-to-dos
la-su-cur-sal	los-za-pa-tos	ki-ló-me-tro
Pa-ra-guay	bue-no	
la-cul-tu-ra	di-fí-cil	

Linking   In spoken Spanish the different words in a phrase or a sentence are not pronounced as isolated elements but combined together. This is called *linking*:

Pe-pe-co-me-pan	Pepe come pan
To-más-to-ma-le-che	Tomás toma leche
Luis-tie-ne-la-lla-ve	Luis tiene la llave
la-ma-no-de-Ro-ber-to	La mano de Roberto

1. The final consonant of a word is pronounced together with the initial vowel of the following word:

Car-lo-san-da	Carlos anda
u-nán-gel	un ángel
e-lo-to-ño	el otoño
u-no-ses-tu-dio-sin-te-re-san-tes	unos estudios interesantes

2. A diphthong is formed between the final vowel of a word and the initial vowel of the following word. A triphthong is formed when there is a combination of three vowels (see rules for the formation of diphthongs and triphthongs on page 404):

suher-ma-na	su hermana
tues-co-pe-ta	tu escopeta
Ro-ber-toy-Luis	Roberto y Luis
ne-go-cioim-por-tan-te	negocio importante
llu-viay-nie-ve	lluvia y nieve
ar-duaem-pre-sa	ardua empresa

3. When the final vowel of a word and the initial vowel of the following word are identical, they are pronounced slightly longer than one vowel:

A-n*a*l-can-za   Ana alcanza   tie-n*e*-so   tiene eso
l*o*l-vi-do   lo olvido   Ad*a*-tien-de   Ada atiende

The same rule applies when two identical vowels appear within a word:

cr*e*s   crees
T*e*-rán   Teherán
c*o*r-di-na-ción   coordinación

4. When the final consonant of a word and the initial consonant of the following word are the same, they are pronounced like one consonant with slightly longer than normal duration:

e-*la*-do   el lado   tie-ne-*sed*   tienes sed
Car-lo-*sal*-ta   Carlos salta

Intonation

Intonation is the rise and fall of pitch in the delivery of a phrase or a sentence. In most languages intonation is one of the most important devices to express differences of meaning between otherwise identical phrases or sentences. In general, Spanish pitch tends to change less than English, giving the impression that the language is less emphatic.

As a rule, the intonation for normal statements in Spanish starts in a low tone, raises to a higher one on the first stressed syllable, maintains that tone until the last stressed syllable, and then goes back to the initial low tone, with still another drop at the very end:

Tu amigo viene mañana.   José come pan.

Ada está en casa.   Carlos toma café.

The alphabet

Letter	Name	Letter	Name	Letter	Name	Letter	Name
a	a	g	ge	m	eme	rr	erre
b	be	h	hache	n	ene	s	ese
c	ce	i	i	ñ	eñe	t	te
ch	che	j	jota	o	o	u	u
d	de	k	ka	p	pe	v	ve
e	e	l	ele	q	cu	w	doble ve
f	efe	ll	elle	r	ere	x	equis
						y	y griega
						z	zeta

Syllable formation in Spanish

General rules for dividing words into syllables:

A. Vowels

1. A vowel or a vowel combination can constitute a syllable:

    a-lum-no   a-bue-la   Eu-ro-pa

2. Diphthongs and triphthongs are considered single vowels and cannot be divided:

    bai-le   puen-te   Dia-na   es-tu-diáis   an-ti-guo

3. Two strong vowels do not form a diphthong and are separated into two syllables:

    em-ple-ar   vol-te-ar   lo-a

4. A written accent on a weak vowel (**i** or **u**) breaks the diphthong, thus the vowels are separated into two syllables:

    trí-o   dú-o   Ma-rí-a

B. Consonants

1. A single consonant forms a syllable with the vowel that follows it:

    po-der   ma-no   mi-nu-to

    NOTE: **ch, ll,** and **rr** are considered single consonants: **a-ma-ri-llo, co-che, pe-rro.**

2. Consonant clusters composed of **b, c, d, f, g, p,** or **t** with **l** or **r** are considered single consonants and cannot be separated:

    in-tré-pi-do   ha-blar   cla-vo   gri-tan   Glo-ria

3. When two consonants appear between two vowels, they are separated into two syllables:

    al-fa-be-to   cam-pe-ón   me-ter-se   mo-les-tia

    EXCEPTION: When a consonant cluster composed of **b, c, d, f, g, p,** or **t** with **l** or **r** appears between two vowels, the cluster joins the following vowel: **so-bre, o-tros, ca-ble, te-lé-gra-fo.**

4. When three consonants appear between two vowels, only the last one goes with the following vowel:

    ins-pec-tor   trans-por-te   trans-for-mar

    EXCEPTION: When there is a cluster of three consonants in the combinations described in rule 2, the first consonant joins the preceding vowel and the cluster joins the following vowel: **es-cri-bir, ex-tran-je-ro, im-plo-rar, es-tre-cho.**

Accentuation

In Spanish all words are stressed according to specific rules. Words that do not follow the rules must have a written accent to indicate the change of stress. The basic rules for accentuation are as follows:

1. Words ending in a vowel, **n,** or **s** are stressed on the next to the last syllable:

    hi-jo   **ca**-lle   **me**-sa   fa-**mo**-sos
    flo-**re**-cen   **pla**-ya   **ve**-ces

2. Words ending in a consonant, except **n** or **s,** are stressed on the last syllable:

    ma-**yor**   a-**mor**   tro-pi-**cal**   na-**riz**   re-**loj**   co-rre-**dor**

3. All words that do not follow these rules, and also those that are stressed on the second from the last syllable, must have the written accent:

ca-**fé**	sa-**lió**	rin-**cón**	fran-**cés**	sa-**lón**	ma-**má**
án-gel	**lá**-piz	**dé**-bil	a-**zú**-car	**Víc**-tor	
sim-**pá**-ti-co	**lí**-qui-do	**mú**-si-ca	e-**xá**-me-nes	de-**mó**-cra-ta	

4. Pronouns and adverbs of interrogation and exclamation have a written accent to distinguish them from the relatives:

    ¿Qué comes?   *What are you eating?*
    La pera que no comió.   *The pear that he did not eat.*

    ¿Quién está ahí?   *Who is there?*
    El hombre a quien vi.   *The man whom I saw.*

    ¿Dónde está?   *Where is he?*
    El lugar donde él trabaja.   *The place where he works.*

5. Words that have the same spelling but different meanings take a written accent to differentiate one from the other:

el	*the*	él	*he, him*	te	*you*	té	*tea*
mi	*my*	mí	*me*	si	*if*	sí	*yes*
tu	*your*	tú	*you*	mas	*but*	más	*more*

6. The demonstrative adjectives have a written accent when they are used as pronouns:

éste	ésta	éstos	éstas	ése	ésa
ésos	ésas	aquél	aquélla	aquéllos	aquéllas

    Prefiero **aquél.**   *I prefer that one.*

Cognates   Cognates are words that are the same or similar in two languages. It is extremely valuable to be able to recognize them when learning a foreign language. Following are some principles of cognate recognition in Spanish:

1. Some words are exact cognates; only the pronunciation is different:

general	terrible	musical	central	humor	banana
idea	mineral	horrible	cultural	natural	terror

2. Some cognates are almost the same, except for a written accent mark, a final vowel, or a single consonant in the Spanish word:

región	comercial	arte	México	posible	potente
persona	península	oficial	importante	conversión	imposible

3. Most nouns ending in -*tion* in English end in **-ción** in Spanish:

    conversación   solución   operación   cooperación

4. English words ending in -*ce* and -*ty* end in **-cia, -cio,** and **-dad** in Spanish:

> importancia   competencia   precipicio
> universidad   frivolidad   popularidad

5. The English ending -*ous* is often equivalent to the Spanish ending **-oso:**

> famoso   amoroso   numeroso   malicioso

6. The English consonant *s* is often equivalent to the Spanish **es:**

> escuela   estado   estudio   especial

7. There are many other easily recognizable cognates for which no rule can be given:

> millón   deliberadamente   estudiar   millonario   mayoría   ordenar
> ingeniero   norte   enemigo   artículo   monte   centro

In this text, cognate words that appear in the reading exercises and the cultural readings are not translated.

APPENDIX B: Verbs

Regular Verbs   ▶ Model **-ar, -er, -ir** verbs

INFINITIVE

amar (*to love*)   **comer** (*to eat*)   **vivir** (*to live*)

PRESENT PARTICIPLE

amando (*loving*)   **comiendo** (*eating*)   **viviendo** (*living*)

PAST PARTICIPLE

amado (*loved*)   **comido** (*eaten*)   **vivido** (*lived*)

SIMPLE TENSES

Indicative Mood

PRESENT

(*I love*)		(*I eat*)		(*I live*)	
amo	amamos	como	comemos	vivo	vivimos
amas	amáis	comes	coméis	vives	vivís
ama	aman	come	comen	vive	viven

IMPERFECT

(*I used to love*)		(*I used to eat*)		(*I used to live*)	
amaba	amábamos	comía	comíamos	vivía	vivíamos
amabas	amabais	comías	comíais	vivías	vivíais
amaba	amaban	comía	comían	vivía	vivían

PRETERIT

(*I loved*)		(*I ate*)		(*I lived*)	
amé	amamos	comí	comimos	viví	vivimos
amaste	amasteis	comiste	comisteis	viviste	vivisteis
amó	amaron	comió	comieron	vivió	vivieron

FUTURE

(*I will love*)		(*I will eat*)		(*I will live*)	
amaré	amaremos	comeré	comeremos	viviré	viviremos
amarás	amaréis	comerás	comeréis	vivirás	viviréis
amará	amarán	comerá	comerán	vivirá	vivirán

CONDITIONAL

(*I would love*)

amaría	amaríamos
amarías	amaríais
amaría	amarían

(*I would eat*)

comería	comeríamos
comerías	comeríais
comería	comerían

(*I would live*)

viviría	viviríamos
vivirías	viviríais
viviría	vivirían

Subjunctive Mood

PRESENT

(*[that] I [may] love*)

ame	amemos
ames	améis
ame	amen

(*[that] I [may] eat*)

coma	comamos
comas	comáis
coma	coman

(*[that] I [may] live*)

viva	vivamos
vivas	viváis
viva	vivan

IMPERFECT

(two forms: **ara, ase**)

(*[that] I [might] love*)

amara (-ase)
amaras (-ases)
amara (-ase)

amáramos (-ásemos)
amarais (-aseis)
amaran (-asen)

(*[that] I [might] eat*)

comiera (-iese)
comieras (-ieses)
comiera (-iese)

comiéramos (-iésemos)
comierais (-ieseis)
comieran (-iesen)

(*[that] I [might] live*)

viviera (-iese)
vivieras (-ieses)
viviera (-iese)

viviéramos (-iésemos)
vivierais (-ieseis)
vivieran (-iesen)

IMPERATIVE MOOD

(*love*)

ama (tú)
ame (Ud.)

amemos (nosotros)
amad (vosotros)
amen (Uds.)

(*eat*)

come (tú)
coma (Ud.)

comamos (nosotros)
comed (vosotros)
coman (Uds.)

(*live*)

vive (tú)
viva (Ud.)

vivamos (nosotros)
vivid (vosotros)
vivan (Uds.)

COMPOUND TENSES

PERFECT INFINITIVE

haber amado

haber comido

haber vivido

PERFECT PARTICIPLE

habiendo amado

habiendo comido

habiendo vivido

Indicative Mood

PRESENT PERFECT

(I have loved)

he amado	hemos amado
has amado	habéis amado
ha amado	han amado

(I have eaten)

he comido	hemos comido
has comido	habéis comido
ha comido	han comido

(I have lived)

he vivido	hemos vivido
has vivido	habéis vivido
ha vivido	han vivido

PLUPERFECT

(I had loved)

había amado
habías amado
había amado

habíamos amado
habíais amado
habían amado

(I had eaten)

había comido
habías comido
había comido

habíamos comido
habíais comido
habían comido

(I had lived)

había vivido
habías vivido
había vivido

habíamos vivido
habíais vivido
habían vivido

FUTURE PERFECT

(I will have loved)

habré amado
habrás amado
habrá amado

habremos amado
habréis amado
habrán amado

(I will have eaten)

habré comido
habrás comido
habrá comido

habremos comido
habréis comido
habrán comido

(I will have lived)

habré vivido
habrás vivido
habrá vivido

habremos vivido
habréis vivido
habrán vivido

CONDITIONAL PERFECT

(I would have loved)

habría amado
habrías amado
habría amado

habríamos amado
habríais amado
habrían amado

(I would have eaten)

habría comido
habrías comido
habría comido

habríamos comido
habríais comido
habrían comido

(I would have lived)

habría vivido
habrías vivido
habría vivido

habríamos vivido
habríais vivido
habrían vivido

Subjunctive Mood

PRESENT PERFECT

([that] I [may] have loved)

haya amado
hayas amado
haya amado

hayamos amado
hayáis amado
hayan amado

([that] I [may] have eaten)

haya comido
hayas comido
haya comido

hayamos comido
hayáis comido
hayan comido

([that] I [may] have lived)

haya vivido
hayas vivido
haya vivido

hayamos vivido
hayáis vivido
hayan vivido

PLUPERFECT

(two forms: **-ra, -se**)

([*that*] *I* [*might*] *have loved*)	([*that*] *I* [*might*] *have eaten*)	([*that*] *I* [*might*] *have lived*)
hubiera (-iese) amado	hubiera (-iese) comido	hubiera (-iese) vivido
hubieras (-ieses) amado	hubieras (-ieses) comido	hubieras (-ieses) vivido
hubiera (-iese) amado	hubiera (-iese) comido	hubiera (-iese) vivido
hubiéramos (-iésemos) amado	hubiéramos (-iésemos) comido	hubiéramos (-iésemos) vivido
hubierais (-ieseis) amado	hubierais (-ieseis) comido	hubierais (-ieseis) vivido
hubieran (-iesen) amado	hubieran (-iesen) comido	hubieran (-iesen) vivido

Stem-changing verbs ▶ The **-ar** and **-er** stem-changing verbs

Stem-changing verbs are those that have a spelling change in the root of the verb. Verbs that end in **-ar** and **-er** change the stressed vowel **e** to **ie**, and the stressed **o** to **ue**. These changes occur in all persons, except the first and second persons plural, of the present indicative, present subjunctive, and imperative.

INFINITIVE	PRESENT INDICATIVE	IMPERATIVE	PRESENT SUBJUNCTIVE
perder	pierdo	——————	pierda
(*to lose*)	pierdes	pierde	pierdas
	pierde	pierda	pierda
	perdemos	perdamos	perdamos
	perdéis	perded	perdáis
	pierden	pierdan	pierdan
cerrar	cierro	——————	cierre
(*to close*)	cierras	cierra	cierres
	cierra	cierre	cierre
	cerramos	cerremos	cerremos
	cerráis	cerrad	cerréis
	cierran	cierren	cierren
contar	cuento	——————	cuente
(*to count,*	cuentas	cuenta	cuentes
to tell)	cuenta	cuente	cuente
	contamos	contemos	contemos
	contáis	contad	contéis
	cuentan	cuenten	cuenten
volver	vuelvo	——————	vuelva
(*to return*)	vuelves	vuelve	vuelvas
	vuelve	vuelva	vuelva
	volvemos	volvamos	volvamos
	volvéis	volved	volváis
	vuelven	vuelvan	vuelvan

Verbs that follow the same pattern are:

acordarse *to remember*	despertar(se) *to wake up*	nevar *to snow*
acostar(se) *to go to bed*	discernir *to discern*	pensar *to think, to plan*
almorzar *to have lunch*	empezar *to begin*	probar *to prove, to taste*
atravesar *to go through*	encender *to light, to turn on*	recordar *to remember*
cocer *to cook*	encontrar *to find*	rogar *to beg*
colgar *to hang*	entender *to understand*	sentar(se) *to sit down*
comenzar *to begin*	llover *to rain*	soler *to be in the habit of*
confesar *to confess*	mover *to move*	soñar *to dream*
costar *to cost*	mostrar *to show*	tender *to stretch, to unfold*
demostrar *to demonstrate,*	negar *to deny*	torcer *to twist*
to show		

▶ The -ir stem-changing verbs

There are two types of stem-changing verbs that end in **-ir**: one type changes stressed **e** to **ie** in some tenses and to **i** in others, and stressed **o** to **ue** or **u**; the second type changes stressed **e** to **i** only in all the irregular tenses.

Type I   -ir: e > ie / o > ue or u

These changes occur as follows:

Present Indicative: all persons except the first and second plural change **e** to **ie** and **o** to **ue**. *Preterit:* third person, singular and plural, changes **e** to **i** and **o** to **u**. *Present Subjunctive:* all persons change **e** to **ie** and **o** to **ue**, except the first and second persons plural, which change **e** to **i** and **o** to **u**. *Imperfect Subjunctive:* all persons change **e** to **i** and **o** to **u**. *Imperative:* all persons except the second person plural change **e** to **ie** and **o** to **ue**; first person plural changes **e** to **i** and **o** to **u**. *Present Participle:* changes **e** to **i** and **o** to **u**.

INFINITIVE	Indicative		Imperative	Subjunctive	
sentir					
(to feel)	PRESENT	PRETERIT		PRESENT	IMPERFECT
	siento	sentí	_____	sienta	sintiera (-iese)
PRESENT	sientes	sentiste	siente	sientas	sintieras
PARTICIPLE	siente	sintió	sienta	sienta	sintiera
sintiendo	sentimos	sentimos	sintamos	sintamos	sintiéramos
	sentís	sentisteis	sentid	sintáis	sintierais
	sienten	sintieron	sientan	sientan	sintieran
dormir	duermo	dormí	_____	duerma	durmiera (-iese)
(to sleep)	duermes	dormiste	duerme	duermas	durmieras
	duerme	durmió	duerma	duerma	durmiera
durmiendo					
	dormimos	dormimos	durmamos	durmamos	durmiéramos
	dormís	dormisteis	dormid	durmáis	durmierais
	duermen	durmieron	duerman	duerman	durmieran

Other verbs that follow the same pattern are:

advertir *to warn*
arrepentirse *to repent*
consentir *to consent, to pamper*
convertir(se) *to turn into*

divertir(se) *to amuse oneself*
herir *to wound, to hurt*
mentir *to lie*
morir *to die*

preferir *to prefer*
referir *to refer*
sugerir *to suggest*

Type II   -ir: e > i

The verbs in this second category are irregular in the same tenses as those of the first type. The only difference is that they only have one change: **e > i** in all irregular persons.

INFINITIVE	Indicative		Imperative	Subjunctive	
pedir (*to ask for, request*)	PRESENT	PRETERIT		PRESENT	IMPERFECT
	pido	pedí	_____	pida	pidiera (-iese)
PRESENT	pides	pediste	pide	pidas	pidieras
PARTICIPLE	pide	pidió	pida	pida	pidiera
pidiendo	pedimos	pedimos	pidamos	pidamos	pidiéramos
	pedís	pedisteis	pedid	pidáis	pidierais
	piden	pidieron	pidan	pidan	pidieran

Verbs that follow this pattern are:

concebir *to conceive*
competir *to compete*
despedir(se) *to say goodbye*
elegir *to choose*

impedir *to prevent*
perseguir *to pursue*
reír(se) *to laugh*
repetir *to repeat*

reñir *to fight*
seguir *to follow*
servir *to serve*
vestir(se) *to dress*

Orthographic-changing verbs

Some verbs undergo a change in the spelling of the stem in some tenses, in order to keep the sound of the final consonant. The most common ones are those with the consonants **g** and **c**. Remember that **g** and **c** in front of **e** or **i** have a soft sound, and in front of **a, o,** or **u** have a hard sound. In order to keep the soft sound in front of **a, o,** or **u**, **g** and **c** change to **j** and **z**, respectively. And in order to keep the hard sound of **g** or **c** in front of **e** and **i**, **u** is added to the **g** (**gu**) and the **c** changes to **qu**. The most important verbs of this type that are regular in all the tenses but change in spelling are the following:

1. Verbs ending in **-gar** change **g** to **gu** before **e** in the first person of the preterit and in all persons of the present subjunctive.

   pagar to pay
   Preterit: pagué, pagaste, pagó, etc.
   Pres. Subj.:   pague, pagues, pague, paguemos, paguéis, paguen

   Verbs that follow the same pattern: **colgar, llegar, navegar, negar, regar, rogar, jugar.**

2. Verbs ending in **-ger** or **-gir** change **g** to **j** before **o** and **a** in the first person of the present indicative and in all the persons of the present subjunctive.

proteger   to protect
Pres. Ind.:   protejo, proteges, protege, etc.
Pres. Subj.:   proteja, protejas, proteja, protejamos, protejáis, protejan

Verbs that follow the same pattern: **coger, dirigir, escoger, exigir, recoger, corregir.**

3. Verbs ending in **-guar** change **gu** to **gü** before **e** in the first persons of the preterit and in all persons of the present subjunctive.

averiguar   to find out
Preterit: averigüé, averiguaste, averiguó, etc.
Pres. Subj.:   averigüe, averigües, averigüe, averigüemos, averigüéis, averigüen

The verb **apaciguar** follows the same pattern.

4. Verbs ending in **-guir** change **gu** to **g** before **o** and **a** in the first person of the present indicative and in all persons of the present subjunctive.

conseguir   to get
Pres. Ind.:   consigo, consigues, consigue, etc.
Pres. Subj.:   consiga, consigas, consiga, consigamos, consigáis, consigan

Verbs that follow the same pattern: **distinguir, perseguir, proseguir, seguir.**

5. Verbs ending in **-car** change **c** to **qu** before **e** in the first person of the preterit and in all persons of the present subjunctive.

tocar   to touch, to play (*a musical instrument*)
Preterit: toqué, tocaste, tocó, etc.
Pres. Subj.:   toque, toques, toque, toquemos, toquéis, toquen

Verbs that follow the same pattern: **atacar, buscar, comunicar, explicar, indicar, sacar, pescar.**

6. Verbs ending in **-cer** or **-cir** preceded by a consonant change **c** to **z** before **o** and **a** in the first person of the present indicative and in all persons of the present subjunctive.

torcer   to twist
Pres. Ind.:   tuerzo, tuerces, tuerce, etc.
Pres. Subj.:   tuerza, tuerzas, tuerza, torzamos, torzáis, tuerzan

Verbs that follow the same pattern: **convencer, esparcir, vencer.**

7. Verbs ending in **-cer** or **-cir** preceded by a vowel change **c** to **zc** before **o** and **a** in the first person of the present indicative and in all persons of the present subjunctive.

conocer   to know, to be acquainted with
Pres. Ind.:   conozco, conoces, conoce, etc.
Pres. Subj.:   conozca, conozcas, conozca, conozcamos, conozcáis, conozcan

Verbs that follow the same pattern: **agradecer, aparecer, carecer, establecer, entristecer** (*to sadden*), **lucir, nacer, obedecer, ofrecer, padecer, parecer, pertenecer, relucir, reconocer.**

8. Verbs ending in **-zar** change **z** to **c** before **e** in the first person of the preterit and in all persons of the present subjunctive.

rezar   to pray
Preterit: recé, rezaste, rezó, etc.
Pres. Subj.:   rece, reces, rece, recemos, recéis, recen

Verbs that follow the same pattern: **alcanzar, almorzar, comenzar, cruzar, empezar, forzar, gozar, abrazar.**

9. Verbs ending in **-eer** change the unstressed **i** to **y** between vowels in the third person singular and plural of the preterit, in all persons of the imperfect subjunctive, and in the present participle.

creer   to believe
Preterit: creí, creíste, creyó, creímos, creísteis, creyeron
Imp. Subj.:   creyera(ese), creyeras, creyera, creyéramos, creyerais, creyeran
Pres. Subj.:   creyendo
Past Part.:   creído

Verbs that follow the same pattern: **leer, poseer.**

10. Verbs ending in **-uir** change the unstressed **i** to **y** between vowels (except **-quir**, which has the silent **u**) in the following tenses and persons:

huir   to escape, to flee
Pres. Part.:   huyendo
Pres. Ind.:   huyo, huyes, huye, huimos, huís, huyen
Preterit: huí, huiste, huyó, huimos, huisteis, huyeron
Imperative: huye, huya, huyamos, huid, huyan
Pres. Subj.:   huya, huyas, huya, huyamos, huyáis, huyan
Imp. Subj.:   huyera(ese), huyeras, huyera, huyéramos, huyerais, huyeran

Verbs that follow the same pattern: **atribuir, concluir, constituir, construir, contribuir, destituir, destruir, disminuir, distribuir, excluir, incluir, influir, instruir, restituir, sustituir.**

11. Verbs ending in **-eír** lose one **e** in the third person singular and plural of the preterit, in all persons of the imperfect subjunctive, and in the present participle.

reír   to laugh
Preterit: reí, reíste, rio, reímos, reísteis, rieron
Imp. Subj.:   riera(ese), rieras, riera, riéramos, rierais, rieran
Pres. Part.:   riendo

Verbs that follow the same pattern: **sonreír, freír.**

12. Verbs ending in **-iar** add a written accent to the **i**, except in the first and second persons plural of the present indicative and subjunctive.

fiar(se)   to trust
Pres. Ind.:   fío (me), fías (te), fía (se), fiamos (nos), fiais (os), fían (se)
Pres. Subj.:   fíe (me), fíes (te), fíe (se), fiemos (nos), fiéis (os), fíen (se)

Verbs that follow the same pattern: **enviar, ampliar, criar, desviar, enfriar, guiar, telegrafiar, vaciar, variar.**

13. Verbs ending in **-uar** (except **-guar**) add a written accent to the **u,** except in the first and second persons plural of the present indicative and subjunctive.

actuar   to act
Pres. Ind.:   actúo, actúas, actúa, actuamos, actuáis, actúan
Pres. Subj.:   actúe, actúes, actúe, actuemos, actuéis, actúen

Verbs that follow the same pattern: **continuar, acentuar, efectuar, exceptuar, graduar, habituar, insinuar, situar.**

14. Verbs ending in **-ñir** lose the **i** of the diphthongs **ie** and **ió** in the third person singular and plural of the preterit and all persons of the imperfect subjunctive. They also change the **e** of the stem to **i** in the same persons.

teñir   to dye
Preterit: teñí, teñiste, tiñó, teñimos, teñisteis, tiñeron
Imp. Subj.:   tiñera(ese), tiñeras, tiñera, tiñéramos, tiñerais, tiñeran

Verbs that follow the same pattern: **ceñir, constreñir, desteñir, estreñir, reñir.**

Some common irregular verbs

Only those tenses with irregular forms will be shown.

acertar   to guess right
Pres. Ind.:   acierto, aciertas, acierta, acertamos, acertáis, aciertan
Pres. Subj.: acierte, aciertes, acierte, acertemos, acertéis, acierten
Imperative: acierta, acierte, acertemos, acertad, acierten

adquirir   to acquire
Pres. Ind.:   adquiero, adquieres, adquiere, adquirimos, adquirís, adquieren
Pres. Subj.: adquiera, adquieras, adquiera, adquiramos, adquiráis, adquieran
Imperative: adquiere, adquiera, adquiramos, adquirid, adquieran

andar   to walk
Preterit: anduve, anduviste, anduvo, anduvimos, anduvisteis, anduvieron
Imp. Subj.:   anduviera (anduviese), anduvieras, anduviera, anduviéramos, anduvierais, anduvieran

avergonzarse   to be ashamed, to be embarrassed
Pres. Ind.:   me avergüenzo, te avergüenzas, se avergüenza, nos avergonzamos, os avergonzáis, se avergüenzan
Pres. Subj.: me avergüence, te avergüences, se avergüence, nos avergoncemos, os avergoncéis, se avergüencen
Imperative: avergüénzate, avergüéncese, avergoncémonos, avergonzaos, avergüéncense

caber   to fit, to have enough room
Pres. Ind.:   quepo, cabes, cabe, cabemos, cabéis, caben
Preterit: cupe, cupiste, cupo, cupimos, cupisteis, cupieron
Future: cabré, cabrás, cabrá, cabremos, cabréis, cabrán
Conditional: cabría, cabrías, cabría, cabríamos, cabríais, cabrían
Imperative: cabe, quepa, quepamos, cabed, quepan

Pres. Subj.:	quepa, quepas, quepa, quepamos, quepáis, quepan
Imp. Subj.:	cupiera (cupiese), cupieras, cupiera, cupiéramos, cupierais, cupieran

caer   to fall

Pres. Ind.:	caigo, caes, cae, caemos, caéis, caen
Preterit:	caí, caíste, cayó, caímos, caísteis, cayeron
Imperative:	cae, caiga, caigamos, caed, caigan
Pres. Subj.:	caiga, caigas, caiga, caigamos, caigáis, caigan
Imp. Subj.:	cayera (cayese), cayeras, cayera, cayéramos, cayerais, cayeran
Past Part.:	caído

cegar   to blind

Pres. Ind.:	ciego, ciegas, ciega, cegamos, cegáis, ciegan
Imperative:	ciega, ciegue, ceguemos, cegad, cieguen
Pres. Subj.:	ciegue, ciegues, ciegue, ceguemos, ceguéis, cieguen

conducir   to guide, to drive

Pres. Ind.:	conduzco, conduces, conduce, conducimos, conducís, conducen
Preterit:	conduje, condujiste, condujo, condujimos, condujisteis, condujeron
Imperative:	conduce, conduzca, conduzcamos, conducid, conduzcan
Pres. Subj.:	conduzca, conduzcas, conduzca, conduzcamos, conduzcáis, conduzcan
Imp. Subj.:	condujera (condujese), condujeras, condujera, condujéramos, condujerais, condujeran
	(All verbs ending in **-ducir** follow this pattern)

convenir   to agree (See **venir**)

dar   to give

Pres. Ind.:	doy, das, da, damos, dais, dan
Preterit:	di, diste, dio, dimos, disteis, dieron
Imperative:	da, dé, demos, dad, den
Pres. Subj.:	dé, des, dé, demos, deis, den
Imp. Subj.:	diera (diese), dieras, diera, diéramos, dierais, dieran

decir   to say, to tell

Pres. Ind.:	digo, dices, dice, decimos, decís, dicen
Preterit:	dije, dijiste, dijo, dijimos, dijisteis, dijeron
Future:	diré, dirás, dirá, diremos, diréis, dirán
Conditional:	diría, dirías, diría, diríamos, diríais, dirían
Imperative:	di, diga, digamos, decid, digan
Pres. Subj.:	diga, digas, diga, digamos, digáis, digan
Imp. Subj.:	dijera (dijese), dijeras, dijera, dijéramos, dijerais, dijeran
Pres. Part.:	diciendo
Past Part.:	dicho

detener   to stop, to hold, to arrest (See **tener**)

elegir   to choose

Pres. Ind.:	elijo, eliges, elige, elegimos, elegís, eligen
Preterit:	elegí, elegiste, eligió, elegimos, elegisteis, eligieron
Imperative:	elige, elija, elijamos, elegid, elijan
Pres. Subj.:	elija, elijas, elija, elijamos, elijáis, elijan
Imp. Subj.:	eligiera (eligiese), eligieras, eligiera, eligiéramos, eligierais, eligieran

entender   to understand
Pres. Ind.:   entiendo, entiendes, entiende, entendemos, entendéis, entienden
Imperative: entiende, entienda, entendamos, entended, entiendan
Pres. Subj.:   entienda, entiendas, entienda, entendamos, entendáis, entiendan

entretener   to entertain, to amuse (See **tener**)

extender   to extend, to stretch out (See **tender**)

errar   to err, to miss
Pres. Ind.   yerro, yerras, yerra, erramos, erráis, yerran
Imperative: yerra, yerre, erremos, errad, yerren
Pres. Subj.:   yerre, yerres, yerre, erremos, erréis, yerren

estar   to be
Pres. Ind.:   estoy, estás, está, estamos, estáis, están
Preterit: estuve, estuviste, estuvo, estuvimos, estuvisteis, estuvieron
Imperative: está, esté, estemos, estad, estén
Pres. Subj.:   esté, estés, esté, estemos, estéis, estén
Imp. Subj.:   estuviera (estuviese), estuvieras, estuviera, estuviéramos, estuvierais, estuvieran

haber   to have
Pres. Ind.:   he, has, ha, hemos, habéis, han
Preterit: hube, hubiste, hubo, hubimos, hubisteis, hubieron
Future: habré, habrás, habrá, habremos, habréis, habrán
Conditional: habría, habrías, habría, habríamos, habríais, habrían
Pres. Subj.:   haya, hayas, haya, hayamos, hayáis, hayan
Imp. Subj.:   hubiera (hubiese), hubieras, hubiera, hubiéramos, hubierais, hubieran

hacer   to do, to make
Pres. Ind.:   hago, haces, hace, hacemos, hacéis, hacen
Preterit: hice, hiciste, hizo, hicimos, hicisteis, hicieron
Future: haré, harás, hará, haremos, haréis, harán
Conditional: haría, harías, haría, haríamos, haríais, harían
Imperative: haz, haga, hagamos, haced, hagan
Pres. Subj.:   haga, hagas, haga, hagamos, hagáis, hagan
Imp. Subj.:   hiciera (hiciese), hicieras, hiciera, hiciéramos, hicierais, hicieran
Past Part.:   hecho

imponer   to impose, to deposit (See **poner**)

ir   to go
Pres. Ind.:   voy, vas, va, vamos, vais, van
Imp. Ind.:   iba, ibas, iba, íbamos, ibais, iban
Preterit: fui, fuiste, fue, fuimos, fuisteis, fueron
Imperative: ve, vaya, vayamos, id, vayan
Pres. Subj.:   vaya, vayas, vaya, vayamos, vayáis, vayan
Imp. Subj.:   fuera (fuese), fueras, fuera, fuéramos, fuerais, fueran

jugar   to play
Pres. Ind.:   juego, juegas, juega, jugamos, jugáis, juegan

Imperative: juega, juegue, juguemos, jugad, jueguen
Pres. Subj.:   juegue, juegues, juegue, juguemos, juguéis, jueguen

obtener   to obtain (See **tener**)

oír   to hear
Pres. Ind.:   oigo, oyes, oye, oímos, oís, oyen
Preterit: oí, oíste, oyó, oímos, oísteis, oyeron
Imperative: oye, oiga, oigamos, oid, oigan
Pres. Subj.:   oiga, oigas, oiga, oigamos, oigáis, oigan
Imp. Subj.:   oyera (oyese), oyeras, oyera, oyéramos, oyerais, oyeran
Pres. Part.:   oyendo
Past Part.:   oído

oler   to smell
Pres. Ind.:   huelo, hueles, huele, olemos, oléis, huelen
Imperative: huele, huela, olamos, oled, huelan
Pres. Subj.:   huela, huelas, huela, olamos, oláis, huelan

poder   to be able
Pres. Ind.:   puedo, puedes, puede, podemos, podéis, pueden
Preterit: pude, pudiste, pudo, pudimos, pudisteis, pudieron
Future: podré, podrás, podrá, podremos, podréis, podrán
Conditional: podría, podrías, podría, podríamos, podríais, podrían
Imperative: puede, pueda, podamos, poded, puedan
Pres. Subj.:   pueda, puedas, pueda, podamos, podáis, puedan
Imp. Subj.:   pudiera (pudiese), pudieras, pudiera, pudiéramos, pudierais, pudieran
Pres. Part.:   pudiendo

poner   to place, to put
Pres. Ind.:   pongo, pones, pone, ponemos, ponéis, ponen
Preterit: puse, pusiste, puso, pusimos, pusisteis, pusieron
Future: pondré, pondrás, pondrá, pondremos, pondréis, pondrán
Conditional: pondría, pondrías, pondría, pondríamos, pondríais, pondrían
Imperative: pon, ponga, pongamos, poned, pongan
Pres. Subj.:   ponga, pongas, ponga, pongamos, pongáis, pongan
Imp. Subj.:   pusiera (pusiese), pusieras, pusiera, pusiéramos, pusierais, pusieran
Past Part.:   puesto

querer   to want, to wish, to like, to love
Pres. Ind.:   quiero, quieres, quiere, queremos, queréis, quieren
Preterit: quise, quisiste, quiso, quisimos, quisisteis, quisieron
Future: querré, querrás, querrá, querremos, querréis, querrán
Conditional: querría, querrías, querría, querríamos, querríais, querrían
Imperative: quiere, quiera, queramos, quered, quieran
Pres. Subj.:   quiera, quieras, quiera, queramos, queráis, quieran
Imp. Subj.:   quisiera (quisiese), quisieras, quisiera, quisiéramos, quisierais, quisieran

resolver   to decide on
Pres. Ind.:   resuelvo, resuelves, resuelve, resolvemos, resolvéis, resuelven
Imperative: resuelve, resuelva, resolvamos, resolved, resuelvan
Pres. Subj.:   resuelva, resuelvas, resuelva, resolvamos, resolváis, resuelvan
Past Part.:   resuelto

saber   to know
Pres. Ind.:	sé, sabes, sabe, sabemos, sabéis, saben
Preterit:	supe, supiste, supo, supimos, supisteis, supieron
Future:	sabré, sabrás, sabrá, sabremos, sabréis, sabrán
Conditional:	sabría, sabrías, sabría, sabríamos, sabríais, sabrían
Imperative:	sabe, sepa, sepamos, sabed, sepan
Pres. Subj.:	sepa, sepas, sepa, sepamos, sepáis, sepan
Imp. Subj.:	supiera (supiese), supieras, supiera, supiéramos, supierais, supieran

salir   to leave, to go out
Pres. Ind.:	salgo, sales, sale, salimos, salís, salen
Future:	saldré, saldrás, saldrá, saldremos, saldréis, saldrán
Conditional:	saldría, saldrías, saldría, saldríamos, saldríais, saldrían
Imperative:	sal, salga, salgamos, salid, salgan
Pres. Subj.:	salga, salgas, salga, salgamos, salgáis, salgan

ser   to be
Pres. Ind.:	soy, eres, es, somos, sois, son
Imp. Ind.:	era, eras, era, éramos, erais, eran
Preterit:	fui, fuiste, fue, fuimos, fuisteis, fueron
Imperative:	sé, sea, seamos, sed, sean
Pres. Subj.:	sea, seas, sea, seamos, seáis, sean
Imp. Subj.:	fuera (fuese), fueras, fuera, fuéramos, fuerais, fueran

suponer   to assume (See **poner**)

tener   to have
Pres. Ind.:	tengo, tienes, tiene, tenemos, tenéis, tienen
Preterit:	tuve, tuviste, tuvo, tuvimos, tuvisteis, tuvieron
Future:	tendré, tendrás, tendrá, tendremos, tendréis, tendrán
Conditional:	tendría, tendrías, tendría, tendríamos, tendríais, tendrían
Imperative:	ten, tenga, tengamos, tened, tengan
Pres. Subj.:	tenga, tengas, tenga, tengamos, tengáis, tengan
Imp. Subj.:	tuviera (tuviese), tuvieras, tuviera, tuviéramos, tuvierais, tuvieran

tender   to spread out, to hang out
Pres. Ind.:	tiendo, tiendes, tiende, tendemos, tendéis, tienden
Imperative:	tiende, tienda, tendamos, tended, tiendan
Pres. Subj.:	tienda, tiendas, tienda, tendamos, tendáis, tiendan

traducir   to translate
Pres. Ind.:	traduzco, traduces, traduce, traducimos, traducís, traducen
Preterit:	traduje, tradujiste, tradujo, tradujimos, tradujisteis, tradujeron
Imperative:	traduce, traduzca, traduzcamos, traducid, traduzcan
Pres. Subj.:	traduzca, traduzcas, traduzca, traduzcamos, traduzcáis, traduzcan
Imp. Subj.:	tradujera (tradujese), tradujeras, tradujera, tradujéramos, tradujerais, tradujeran

traer   to bring
Pres. Ind.:	traigo, traes, trae, traemos, traéis, traen
Preterit:	traje, trajiste, trajo, trajimos, trajisteis, trajeron
Imperative:	trae, traiga, traigamos, traed, traigan

Pres. Subj.:	traiga, traigas, traiga, traigamos, traigáis, traigan
Imp. Subj.:	trajera (trajese), trajeras, trajera, trajéramos, trajerais, trajeran
Pres. Part.:	trayendo
Past Part.:	traído

valer   to be worth

Pres. Ind.:	valgo, vales, vale, valemos, valéis, valen
Future:	valdré, valdrás, valdrá, valdremos, valdréis, valdrán
Conditional:	valdría, valdrías, valdría, valdríamos, valdríais, valdrían
Imperative:	vale, valga, valgamos, valed, valgan
Pres. Subj.:	valga, valgas, valga, valgamos, valgáis, valgan

venir   to come

Pres. Ind.:	vengo, vienes, viene, venimos, venís, vienen
Preterit:	vine, viniste, vino, vinimos, vinisteis, vinieron
Future:	vendré, vendrás, vendrá, vendremos, vendréis, vendrán
Conditional:	vendría, vendrías, vendría, vendríamos, vendríais, vendrían
Imperative:	ven, venga, vengamos, venid, vengan
Pres. Subj.:	venga, vengas, venga, vengamos, vengáis, vengan
Imp. Subj.:	viniera (viniese), vinieras, viniera, viniéramos, vinierais, vinieran
Pres. Part.:	viniendo

ver   to see

Pres. Ind.:	veo, ves, ve vemos, veis, ven
Imp. Ind.:	veía, veías, veía, veíamos, veíais, veían
Preterit:	vi, viste, vio, vimos, visteis, vieron
Imperative:	ve, vea, veamos, ved, vean
Pres. Subj.:	vea, veas, vea, veamos, veáis, vean
Imp. Subj.:	viera (viese), vieras, viera, viéramos, vierais, vieran
Past Part.:	visto

APPENDIX C: Answer Key to Self-Tests

LESSON 1

A. 1. Nosotras hablamos inglés y español.   2. Uds. trabajan en el hospital.   3. Ellas llaman más tarde.   4. Ellos estudian inglés.   5. Nosotros necesitamos dinero.   6. Nosotros deseamos hablar con Eva.

B. 1. la   2. las   3. el   4. los   5. la   6. el   7. las   8. el   9. el   10. las   11. la   12. los

C. 1. los señores y las señoritas   2. las doctoras y los profesores   3. las conversaciones   4. los lápices   5. los días   6. las paredes   7. las ciudades   8. los ejercicios

D. 1. ¿Habla usted español? No, (yo) no hablo español.   2. ¿Necesita él la lección 1? No, (él) no necesita la lección 1.   3. ¿Llaman ellos más tarde? No, (ellos) no llaman más tarde.   4. ¿Trabajan ustedes en la universidad? No, (nosotros) no trabajamos en la universidad.   5. ¿Estudia Carmen inglés? No, Carmen no estudia inglés.

E. 1. k   2. d   3. o   4. a   5. i   6. c   7. n   8. b   9. l   10. g   11. m   12. f   13. h   14. e   15. j

LESSON 2

A. catorce, diez, treinta, veinte y dos (veintidós), diez y seis (dieciséis), ocho, once, quince, veinte y siete (veintisiete), doce, cinco, trece

B. 1. ¿Cuál es el número de teléfono de Nora?   2. Nosotros contestamos las preguntas de la recepcionista.   3. ¿Cuál es la dirección de la hija de Ernesto?

C. 1. Yo soy mexicano(a), pero los niños son de California.   2. La enfermera es viuda. ¿Es usted casado, señor Soto?   3. ¿(Tú) eres norteamericano(a)? Nosotros somos de los Estados Unidos también.   4. El señor Vera es ingeniero.   5. Roberto y yo somos solteros.

D. 1. La niña es inteligente.   2. La doctora es española.   3. Las señoras son inglesas.   4. La profesora es mexicana.   5. Las hijas de ella no son felices.

E. 1. Sí, (Ana) es su esposa.   2. Sí, nuestro hijo es divorciado.   3. Sí, sus hijos beben refrescos.   4. Sí, nuestras hijas solicitan el trabajo.   5. Sí, tus hijas deben llenar otra planilla.

F. 1. como, Como   2. vive   3. aprenden   4. beben   5. crees   6. abre   7. escribimos   8. recibe   9. decido   10. debe   11. leen   2. venden

G. 1. tienen   2. viene   3. tenemos   4. viene   5. tengo   6. venimos   7. vengo   8. tenemos

H.   1. ¿Tiene (Ud.) prisa, señorita Peña?   2. (Yo) no tengo hambre, pero tengo mucha sed.   3. ¿Tienes calor? (¿Tiene Ud. calor?) ¡Yo tengo frío!   4. Los niños tienen sueño.   5. (Nosotros) no tenemos miedo.   6. Tienes (tiene) razón. María tiene treinta años.

I.   1. Nombre y apellido   2. Dirección (Domicilio)   3. Edad   4. Lugar de nacimiento   5. Estado civil
6. Profesión

LESSON 3

A.   1. setenta y cinco   2. ochenta y cinco   3. cuarenta y dos   4. sesenta y dos   5. sesenta

B.   1. un baile   2. unas chicas   3. unos amigos   4. una fiesta   5. unos muchachos

C.   1. Yo llevo a mis hermanos a la fiesta.   2. Nosotros llevamos el café a la cafetería.   3. Mamá llama a mi abuela.
4. Nosotros tenemos cuatro hijos.

D.   1. (Nosotros) venimos del hospital.   2. Voy al baile de fin de año.   3. (Mi tío) llama al cuñado de mi prima.
4. (Ellos) necesitan a las enfermeras.   5. Vengo de la universidad.   6. (Nosotros) llevamos a los nietos de doña
Lola.   7. (El padre de Roberto) viene del mercado.   8. (La tía de mi novio) es de la ciudad.

E.   1. voy   2. damos   3. está   4. están   5. va   6. dan   7. estoy   8. estás   9. van   10. doy

F.   1. Su nieta es alta y delgada.   2. ¿Dónde están tu papá y tu hermano?   3. Mi nuera es de El Salvador.   4. ¿Es
Ud. enfermera?   5. El mercado de mi suegro está en Los Ángeles.   6. ¿Cómo está su madre, señorita Vera?

G.   1. quiere   2. entendemos   3. pierde   4. cierras   5. empiezan   6. comenzamos   7. pienso
8. preferimos

H.   1. Alfredo es el estudiante más inteligente de la clase.   2. La lección doce es menos interesante que la lección
siete.   3. Mi novia es más bonita que tu novia.   4. Roberto es el más guapo de la familia.   5. Rosa es una
muchacha inteligentísima.   6. El profesor tiene menos de veinte estudiantes.

I.   1. castaños   2. bajo   3. rubio   4. guapo   5. la fiesta   6. una fiesta   7. aunque   8. blanco
9. ¿bailamos?   10. delgado

LESSON 4

A.   1. mil cuatrocientos noventa y dos   2. mil setecientos setenta y seis   3. mil ochocientos sesenta y
cinco   4. mil novecientos ochenta y uno   5. dos mil quinientos treinta y dos   6. cinco mil ciento veinte y tres
(veintitrés)   7. siete mil doscientos setenta y cuatro   8. trescientos veinte y dos (veintidós) mil doscientos
sesenta y nueve

B.   1. El desayuno es a las siete y media de la mañana.   2. Son las cinco y veinte y cinco (veinticinco).   3. El avión
sale a la una y diez de la tarde.   4. El almuerzo es al mediodía.   5. (Nosotros) estudiamos por la
mañana.   6. Es la una y veinte y cinco (veinticinco).   7. La cena es a las ocho menos cuarto de la noche.
8. La clase empieza a las seis y cuarto de la mañana.   9. Son las once menos veinte y cinco (veinticinco).
10. Mis clases son por la noche.

C. 1. Los empleados van a tomar el avión por la mañana. 2. Yo voy a viajar a México. 3. ¿Tú vas a visitar a tu suegra? 4. Nosotros no vamos a dejar las maletas en el aeropuerto. 5. ¿Cuándo va a llegar Ud. a la capital?

D. 1. cuesta 2. podemos 3. recuerda 4. cuento 5. almorzamos

E. 1. ¿Hay sólo una puerta? 2. Hay dos vuelos los sábados. 3. No hay agentes en la agencia de viajes.

F. 1. No, es el tercero. 2. No, es el quinto. 3. No, es la novena. 4. No, es el octavo. 5. No, es el séptimo.

G. 1. para 2. Buen viaje 3. clase turista 4. ida 5. retraso 6. documentos 7. equipaje 8. salida 9. mano 10. mediodía 11. turistas 12. barco

LESSON 5

A. 1. En el restaurante "México" sirven la cena a las nueve. 2. Ella pide un cuarto (una habitación) con vista a la calle. 3. (Nosotros) seguimos al botones al cuarto (a la habitación). 4. ¿Consiguen Uds. reservaciones en diciembre? 5. Digo que él debe firmar el registro en seguida.

B. 1. comprarlo 2. te llamo 3. la sirven 4. declararlos 6. me lleva 6. las necesito 7. los aceptan 8. llevarlo 9. las tengo 10. llamarla

C. 1. Ellos van a querer algo. 2. Hay alguien en el baño. 3. Tengo algunos objetos de oro y plata. 4. Ellos siempre pasan por la aduana. 5. Yo también ceno a las nueve. 6. Siempre tiene las listas de los hoteles. 7. Puedes ir o a la derecha o a la izquierda. 8. Ellos siempre quieren algo también.

D. 1. estos cigarrillos y ésos 2. esa llave y ésta 3. estas oficinas y aquéllas 4. este taxi y aquél 5. esta pensión y aquélla

E. 1. No, son baratas. 2. En la oficina de turismo. 3. La tarjeta de turista y la visa. 4. Veinte soles por dólar. 5. Esta cámara fotográfica. 6. No tenemos ningún cuarto libre, señorita. 7. En la aduana. 8. ¿Quiere una habitación interior? 9. Una habitación sencilla con baño privado. 10. No, voy a cancelar las reservaciones. 11. Sí, pero no tenemos toallas. 12. No, nosotros tenemos reservaciones.

LESSON 6

A. 1. está abriendo 2. está diciendo 3. estás leyendo 4. están doblando, están hablando 5. estoy tratando 6. estamos comprando 7. están comiendo 8. está Ud. bebiendo

B. 1. Ella es la mamá de María. 2. La oficina de telégrafos está arriba. 3. El edificio es muy antiguo. 4. Roberto es de España, pero ahora está en (los) Estados Unidos. 5. Nosotros estamos un poco cansados. 6. Las maletas no son de cuero. 7. Hoy es martes; mañana es miércoles. 8. Marta está caminando hacia la estación del metro. 9. La fiesta es en casa de Julia. 10. El señor está parado en la esquina.

C. 1. conduzco 2. sé 3. quepo 4. salgo 5. traduzco 6. veo 7. hago 8. pongo 9. conozco 10. traigo

D. 1. (Yo) voy a preguntar dónde vive. 2. Yo sé que Ud. debe (tú debes) caminar cinco cuadras. 3. Yo no conozco a su suegra, señora Peña. 4. Él siempre pide dinero. 5. Yo no sé hablar español.

E.   1. (Yo) les aseguro que la carta está certificada, señoras.   2. ¿Nos estás hablando, Juan? (¿Estás hablándonos, Juan?)   3. (Ellos) me dicen que la chica es extranjera.   4. (Ellos) le van a dar las estampillas ahí mismo, señor.   5. (Yo) no te voy a dar la llave de mi cuarto (habitación), Carlos.   6. (Yo) siempre les traigo tarjetas postales.

F.   1. l   2. g   3. o   4. i   5. c   6. a   7. k   8. e   9. b   10. m   11. d   12. h   13. f   14. j   15. n

LESSON 7

A.   1. No le gustan   2. No me gustan   3. nos gusta   4. Te gusta   5. Les gusta, no les gusta   6. Le gusta, le gusta más

B.   1. las mías   2. la suya   3. el nuestro   4. el tuyo   5. las nuestras   6. La de él

C.   1. más grande   2. mejor   3. mejor, peor   4. mayor, menor   5. más, menos   6. más pequeño

D.   1. (Yo) puedo prestarle (le puedo prestar) el horario, señor Vera, pero Ud. debe dárselo (se lo debe dar) al profesor.   2. (Yo) necesito tu libro de contabilidad. ¿Puedes prestármelo (me lo puedes prestar), David?   3. ¿Las tarjetas? Ella nos las trae.   4. Cuando (yo) quiero el periódico, mi papá siempre me lo compra.   5. Si (tú) necesitas el programa de clases de Lola, (yo) puedo traértelo (te lo puedo traer), Beto.

E.   1. Ayer Luisa y yo practicamos la lección de piano.   2. El trimestre pasado yo tomé clases muy difíciles.   3. Ayer, como siempre, la cajera entregó las tarjetas.   4. ¿No terminaron Uds. la lección anoche?   5. Ellos ya abrieron la carpeta.   6. Al mediodía nosotros comimos juntos en la cafetería.   7. ¿Tú bebiste un refresco antes de ir a la clase esta mañana?   8. Yo ya decidí volver a Buenos Aires.   9. ¿Estás seguro de que ellos ya vieron la lista de requisitos generales?   10. Nuestra compañía vendió mil computadoras el mes pasado.

F.   1. juego, juega   2. juegas   3. juega   4. juegan   5. jugamos, juegan

G.   1. especialización   2. educación física   3. consejero   4. cubano   5. literatura   6. cursos   7. tiempo   8. próximo   9. que   10. remedio   11. suerte   12. matrícula   13. que sí   14. bien   15. posible   16. fácil

LESSON 8

A.   1. (Nosotros) fuimos a la cocina y comimos hamburguesas.   2. Él no fue mi profesor el semestre pasado.   3. ¿Le diste el regalo, querido(a)?   4. Alguien rompió el vaso. ¿Fue Ud., señorita Torres?   5. (Nosotros) no le dimos la tarea a la profesora.   6. (Yo) fui a la peluquería sola.   7. (Yo) no le di una paliza.   8. ¿Fuiste al hospital anoche?   9. Carlos e Isabel fueron a la universidad la semana pasada.   10. ¿Fueron ellos mis estudiantes el trimestre pasado?   11. Yo te di la alfombra.   12. (Ellos) nos dieron una buena idea.

B.   1. Nosotros nos vestimos muy bien.   2. Ellos se afeitan todos los días.   3. Mis vecinos se acuestan a las once.   4. ¿Ud. no se preocupa por sus hijos?   5. Yo me pongo el vestido.   6. Juan se sienta aquí.   7. Tú no te quejaste de eso.   8. Yo no me quejé.   9. Yo no me acordé de eso.   10. Uds. se fueron.

C.   1. Hace dos días que yo no duermo.   2. Hace un mes que tú no me llamas.   3. Hace cuatro horas que la criada está planchando.   4. Hace una semana que él no se lava la cabeza.   5. Hace media hora que ellos están discutiendo.   6. Hace tres días que el perro no come.

D. 1. tuvieron   2. estuvieron   3. anduvo   4. pude   5. pusiste   6. hubo   7. hice   8. vino   9. dijo
10. trajo

E. 1. Él llegó tarde y yo tuve que esperarlo.   2. Los niños ensuciaron la alfombra y ahora yo tengo que limpiarla.
3. (Ellos) tienen que continuar barriendo la cocina.   4. ¿Él va a tener que irse? ¡Imposible!   5. (Nosotros)
tenemos que trabajar todo el día otra vez.   6. Pues él no tiene que venir a casa todavía.

F. 1. l   2. g   3. o   4. a   5. c   6. j   7. b   8. n   9. e   10. d   11. h   12. f   13. k   14. i
15. m   16. r   17. p   18. q

LESSON 9

A. 1. saqué   2. llegué   3. toqué   4. busqué   5. pesqué   6. negué   7. pagué   8. jugué   9. rogué
10. apagué   11. comencé (empecé)   12. gocé   13. recé   14. leyeron   15. creyó

B. 1. durmió   2. siguieron   3. servimos   4. mintió   5. consiguió   6. pidieron   7. murió   8. repitió

C. 1. Nuestros amigos acamparon en estas montañas muchas veces.   2. Ella es una mujer muy hermosa.   3. Fue
una noche perfecta. Serena y estrellada.   4. Los estudiantes mexicanos pasaron el fin-de semana en Los Ángeles.
5. Yo recuerdo sus hermosos ojos.

D. 1. un gran hombre   2. La pobre   3. muchacha (mujer) pobre   4. único libro   5. nueva recepcionista
6. vestido nuevo   7. hombre (muy) grande   8. mujer única

E. 1. especialmente   2. raramente   3. lenta y claramente   4. solamente   5. frecuentemente
6. desgraciadamente

F. 1. (Yo) acabo de ver un paisaje magnífico.   2. (Nosotros) acabamos de comprar una cabaña en el desierto.
3. ¿Acaban de llegar?   4. Pedro dice que María acaba de hablarle. Lo pasó divinamente en Quito.   5. No debes
comer ese sándwich, querido(a); ¡acabas de almorzar!

G. 1. l   2. h   3. o   4. a   5. j   6. b   7. d   8. n   9. m   10. c   11. e   12. f   13. i   14. g
15. k

LESSON 10

A. 1. hablaban   2. creíamos, había   3. tenía   4. pedían   5. necesitábamos   6. aumentaban   7. ganaban
8. pagabas   9. vivían   10. salíamos

B. 1. era   2. íbamos   3. veían   4. iba   5. éramos   6. eras   7. eran   8. veía   9. veías, era
10. iban

C. 1. (Ellos) estaban hablando sobre la pobreza y los problemas de la inflación.   2. Ella estaba leyendo un artículo
sobre el robo.   3. ¿Qué estabas haciendo, querido(a)? ¿Estabas ayudando a tu mamá?   4. (Nosotros) estábamos
gastando mucho dinero.   5. (Yo) estaba pensando.

D. 1. Pedro lo compró para ti.   2. María vino conmigo.   3. El borracho caminó hacia nosotros.   4. El ladrón se
lo dijo a él.   5. Ellos cenaron contigo.   6. El muchacho los trajo para mí.

E. 1. Hacía dos horas que nosotros esperábamos en la cafetería.   2. Hacía una semana que ellos no arrestaban a nadie.   3. Hacía quince minutos que el profesor hablaba de la huelga.   4. Hacía una hora que Uds. comentaban el artículo sobre la economía.   5. Hacía cinco meses que yo no lo veía.

F. 1. pobreza   2. sueldo   3. mismo   4. drogas   5. posibilidad   6. de acuerdo   7. cárcel   8. prostitución   9. mató   10. en día

LESSON 11

A. 1. tuvo, llamé   2. fuimos   3. eran, llevó   4. preguntó, estaba   5. era, tenía   6. dijo, necesitaba   7. hubo   8. estuvimos, hubo   9. íbamos, vimos   10. dolía, tomé, me acosté

B. 1. (Yo) no quise hablar de mi enfermedad.   2. (Nosotros) no sabíamos que Ud. sufría del corazón, señor.   3. Ella supo que yo estaba enfermo(a).   4. (Él) no pudo darme una inyección contra el tétano.   5. (Él) no quiso venir.   6. (Yo) conocí a su hermano anoche.   7. Yo no quería tomar la medicina, pero el doctor me dijo que tenía que tomarla.   8. Anoche (yo) tuve que ir al hospital.   9. Ella no podía dormir. Estaba enferma.   10. Paco, ¿(tú) conocías a la señorita Rivera?

C. 1. Hace dos días que lo atropelló un coche.   2. Hace tres meses que (ellos) me operaron de apendicitis. 3. Hace una semana que murió mi perro.   4. ¿Cuánto tiempo hace que Ud. vio a esa persona?   5. ¿Cuánto tiempo hace que (ellos) le hicieron los análisis?

D. 1. ¿Me oíste, Paco? Me corté la rodilla.   2. Yo lo oí pero ellos no lo oyeron.   3. Yo no oigo nada. ¿Ud. oye algo, señor?   4. ¿Me oyó, señorita Soto? ¿Qué pasó anoche?   5. Nosotros no oímos nada.

E. 1. Nosotros siempre la escuchamos tocar el piano.   2. Ellos no nos vieron entrar ayer.   3. ¿Tú me escuchaste enseñar la clase esta mañana?   4. Ella no me oyó hablar ayer.

F. 1. penicilina   2. los oídos   3. la lengua   4. la boca   5. los pies   6. la herida   7. rompí   8. la pierna   9. el tobillo   10. vías   11. pusieron   12. dolor de cabeza   13. el estómago   14. si soy diabético   15. embarazada

LESSON 12

A. 1. lloviendo   2. hace mucho frío   3. calor   4. nieva   5. hace mucho sol   6. lluvia

B. 1. traiga, no traiga   2. vayan   3. anote   4. estén   5. sirva   6. hablen   7. lleve   8. cierren   9. no den   10. no pida, pida   11. no sea   12. deje

C. 1. tráigamela   2. désela   3. acuéstense   4. llévesela   5. prepárenlo   6. recomiéndenselo   7. no se lo diga   8. no los traiga

D. 1. para   2. por   3. por   4. para   5. por   6. para   7. para   8. por   9. por   10. para   11. para   12. para

E. 1. s   2. i   3. a   4. m   5. t   6. o   7. q   8. d   9. g   10. n   11. c   12. f   13. b   14. r   15. e   16. k   17. h   18. j   19. l   20. p

LESSON 13

A. 1. escrito   2. abierto   3. visto   4. hecho   5. roto   6. ido   7. hablado   8. comido   9. bebido
10. recibido

B. 1. han dicho   2. has puesto   3. han hecho   4. ha roto   5. he escrito   6. han muerto   7. ha vuelto
8. ha tenido   9. has visto   10. he usado   11. ha recortado   12. han atendido

C. 1. (Nosotros) habíamos abierto todas las puertas.   2. El peluquero (La peluquera) no me había depilado las
cejas.   3. ¿(Tú) le habías dicho que querías corte, lavado y peinado, querida?   4. Ud. había comprado los peines
y los rizadores, señora.   5. Yo había ido a la barbería esa mañana.   6. (Ellos) no habían pedido hora.

D. 1. rotos   2. abiertas   3. muerto   4. vendada   5. hecho

E. 1. ¿Tú te quitas los zapatos?   2. El barbero me recorta el bigote.   3. La peluquera me tiñe el pelo.   4. Uds.
no se lavan la cara.   5. Nosotros preferimos (el) té.   6. Las madres se preocupan por sus hijos.   7. La libertad
es lo más importante.

F. 1. Ésta es la señorita que le va a hacer la manicura.   2. Éstos son los vestidos que están de moda.   3. Ayer
vi a la mujer con quien Roberto se había casado.   4. Ésta es la señora a quien le mostré el secador.   5. Éstos
son los señores con quienes hablamos ayer.

G. 1. uñas   2. maquillaje   3. tijeras   4. costados   5. pelo   6. lado   7. hace poco   8. raíces   9. de
belleza   10. toca   11. esperar   12. pelo corto   13. lacio   14. ocupada   15. demasiado   16. especial

LESSON 14

A. 1. le dirá   2. traerá   3. pondré   4. tendremos que comprar   5. le hablarás   6. haré   7. manejarán
(conducirán)   8. revisará   9. llevará   10. Te veré

B. 1. Mi coche hace mucho ruido. Será porque el silenciador no funciona.   2. ¿Cuántos años tendrá Gustavo?
3. ¿Dónde habrá una estación de servicio?   4. Ese coche costará unos diez mil dólares.   5. San Diego estará a
unas cincuenta millas de Los Ángeles.

C. 1. cambiarían   2. estaría   3. se ensuciaría   4. (Nosotros) tendríamos que arreglar   5. necesitarían
6. levantaría   7. agregaríamos   8. dirías

D. 1. ¿Qué hora sería cuando llegaron los muchachos?   2. ¿Sería el arranque?   3. ¿Cuántos años tendría el
dependiente?   4. ¿Quién instalaría la bomba de agua?   5. ¿Quién vendría con Lola?

E. 1. el cual   2. lo que   3. cuyas   4. las cuales   5. la que   6. lo cual

F. 1. el filtro   2. funcionan   3. pinchada   4. casi   5. demasiado   6. el acelerador   7. el volante
8. chapa

LESSON 15

A. 1. (yo) habré terminado   2. habremos escrito   3. habrá cerrado   4. habrás terminado   5. habrán envuelto

B. 1. te habría comprado   2. habríamos dicho   3. te habría regalado   4. habrían ido   5. habrías traído

C. 1. Hace tres meses que ellos se escriben. 2. Hace mucho tiempo que Uds. se conocen. 3. Hace un mes que ellas se ayudan. 4. Hace quince años que Julio y Marisa no se hablan. 5. Hace mucho tiempo que tú y yo nos queremos.

D. 1. ¿Qué idioma se habla en Chile? 2. ¿A qué hora se cierra la biblioteca? 3. ¿Qué modelo se usa este año? 4. ¿Dónde se venden billeteras para hombre? 5. ¿Por dónde se sube al segundo piso?

E. 1. (Yo) compré una chaquetita para el niñito. 2. ¿Viste los guantecitos de Juancito? 3. ¡Mi hijito! ¡Te quiero! 4. ¡Anita! ¿Cómo estás? 5. (Yo) tengo un poquito de café.

F. 1. n 2. h 3. r 4. p 5. k 6. a 7. m 8. d 9. c 10. o 11. q 12. f 13. e 14. b 15. j 16. g 17. i 18. t 19. l 20. s

LESSON 16

A. 1. vayas 2. abrir 3. cobrar 4. lo compremos 5. fechen, firmen 6. le pague 7. pagarle 8. depositen 9. ahorrar 10. Que se los dé Juan. 11. traiga 12. pueda 13. tener 14. solicite 15. cobrarles 16. dejes 17. abrir 18. diga 19. ahorren 20. viva

B. 1. ¿Cuál es su número de teléfono? 2. ¿Qué es un recibo? 3. ¿Cuál es el apellido de su madre? 4. ¿Cuál es el número de su cuenta? 5. ¿Qué piensan Uds. (del empleado)? 6. ¿Cuál es su dirección? 7. ¿Qué es la matrícula? 8. ¿Cuáles son sus bienes?

C. 1. No voy a comprarlo a plazos sino al contado. 2. No quiere que le pague con un cheque sino en efectivo. 3. El coche vale solamente setecientos dólares, pero no podemos comprarlo. 4. Carlos no dijo que tenía el dinero, sino que podía pedirlo prestado. 5. Ella no quiere que firmemos el contrato, sino que lo leamos.

D. 1. la caja de seguridad 2. una cuenta corriente 3. la firma 4. hipoteca 5. saldo 6. sucursales 7. tarjetas de crédito 8. gratis 9. sacar el dinero en cualquier momento 10. ¿En qué puedo servirle? 11. interés 12. excepto

LESSON 17

A. 1. Espero que nuestras maletas estén en la sala de equipajes. 2. Siento que tengan que hacer cola, señoras. 3. Temo que Ud. no pueda hacer escala en Caracas, señor Olmedo. 4. Espero que no tengamos que trasbordar. 5. A ella no le gusta que yo maneje un coche de cambio mecánico. 6. Espero que tengan suficiente dinero para sacar los pasajes hoy.

B. 1. Reservemos una mesa para dos. 2. Alquilemos un coche de dos puertas. 3. No le digamos que no tenemos licencia para conducir. 4. Preguntémoslo a María por cuánto tiempo es válido el pasaje. 5. Vistámonos ahora para llegar a tiempo. 6. Digámosles que el coche no estaba asegurado.

C. 1. Es imposible aprender 2. Ojalá, dé 3. Es increíble, hable 4. Es mejor estudiar, tratar 5. Es seguro, prefieren 6. Es difícil, puedan 7. Es una lástima, lleve 8. Conviene comprar 9. Puede ser, hagan 10. Es necesario, consigan

D. 1. Volví a decirle que necesitaba una litera baja. 2. Voy a volver a pedir un itinerario. 3. Ellos volverán a subirse al tren. 4. Ella volvió a perder su licencia para conducir. 5. Volvimos a comprar un coche compacto. 6. Volvimos a hablarle al hombre que estaba en el despacho de boletos.

E. 1. m   2. f   3. a   4. i   5. k   6. o   7. c   8. n   9. e   10. b   11. l   12. d   13. g
    14. h   15. p   16.j

LESSON 18

A. 1. Yo creo que necesita una sábana, pero dudo que necesite una frazada.   2. Estoy seguro(a) de que él quiere
    comprar esos cuadros para la sala.   3. Yo no creo que puedas abrir esa ventana, querido(a).   4. Yo no creo que
    ese colchón sea cómodo. . . ¿Tú crees que sea cómodo, querido(a)?   5. No es cierto (verdad) que su casa quede
    cerca de aquí.   6. Es cierto (verdad) que somos seis.   7. ¿Hay alguien aquí que pueda hacer traducciones?
    8. Tenemos una casa que tiene cinco dormitorios.   9. Yo no conozco a nadie que sea rico(a).   10. ¿Quiere(s)
    una casa que tenga piscina?

B. 1. llegue   2. vuelvan   3. van   4. llegó   5. vendan   6. vayas   7. vean   8. necesite   9. des
    10. consiga   11. me gusta   12. llueva

C. 1. Nosotros sentimos mucho que Uds. no hayan ido a la agencia de bienes raíces.   2. Yo dudo que ella haya
    cortado el césped.   3. Es una lástima que el refrigerador no haya sido nuevo.   4. Ellos se alegran de que
    nosotros hayamos comprado los muebles para el salón de estar.   5. Yo siento mucho que la supervisora haya
    muerto.   6. Es difícil que Pedro haya vendido el sofá.

D. 1. dime   2. haz, limpia   3. sal   4. ve, compra   5. ponlos   6. ven, date prisa   7. sé, tráeme   8. ten,
    espéralo   9. no compres   10. no lo sirvas   11. no te vayas   12. levántate, trabaja

E. 1. m   2. f   3. k   4. o   5. a   6. i   7. c   8. b   9. e   10. n   11. d   12. h   13. g   14. l
    15. j

LESSON 19

A. 1. me trajeras   2. no pudiera   3. Ud. comprara   4. me cepillara los dientes   5. tuviera la cara inflamada
    6. fuéramos   7. te dijera   8. usara   9. no vinieran   10. lo conocieran

B. 1. hubiera traído   2. nos hubiéramos ido   3. hubieran examinado   4. le hubiera dicho   5. no hubieras
    venido

C. 1. hable   2. use   3. se ponga   4. venga   5. molestara   6. durara   7. me compraran   8. haya
    podido   9. leyera   10. usara   11. hubieran encontrado   12. se hubieran ido

D. 1. anestesia   2. limpieza   3. sala de espera   4. acostumbrarme   5. enjuagara   6. entre   7. cepillo de
    dientes   8. dientes postizos   9. mal aliento   10. carie

LESSON 20

A. 1. yo entreviste   2. Ud. le dé   3. Quieres leer   4. ella tenga   5. verla   6. sea, hable   7. sepa
    8. son   9. prefieren   10. pueda   11. lleguen   12. llega   13. vinieron   14. estuvieron   15. quiera
    16. consiga   17. querrá   18. no tengan   19. estamos encargados(as)   20. llueva

B. 1. hicieran   2. hubieras escrito a máquina   3. encontrara   4. solicitaré   5. como si fuera   6. necesitan
    7. no viniera   8. consigue

C. 1. Esa ciudad fue fundada por los españoles en 1530.   2. Todos los cheques serán firmados por el jefe de la sección de pagos.   3. Tres contadores públicos han sido entrevistados por el jefe de personal.   4. Para esa fecha, todas las máquinas de oficina habrán sido vendidas por nuestra compañía.   5. Las transacciones eran hechas en francés.

D. 1. Escribieron el anuncio. Se escribió el anuncio.   2. Leyeron la noticia. Se leyó la noticia.   3. Firmarán las cartas. Se firmarán las cartas.   4. Fundaron la compañía en 1936. La compañía se fundó en 1936.   5. Abrieron las puertas a las dos. Las puertas se abrieron a las dos.

E. 1. oportunidades   2. excelente   3. abrazo   4. avenida   5. convenía   6. corriente   7. pronto
    8. según   9. a veces   10. está encargada   11. experiencia   12. Atentamente

Vocabulary

Spanish-English

A

a to
a cambio de in exchange for
a dónde where (to)
a eso (de) at about
a menudo often
a pesar de in spite of
a pie on foot
a plazos on installments
a propósito by the way
a tiempo on time
a veces sometimes
abajo down, below, under
abierto, -a (*p.p. of* abrir *and adj.*)
  open, opened
abogado, -a (*m.f.*) lawyer
abollado, -a dented
abollar to dent
abrazar to hug
abrazo (*m.*) hug, embrace
abrigo (*m.*) coat
abril April
abrir to open
abuela grandmother
abuelo grandfather
aburrido, -a bored, boring
aburrir(se) to bore, to be bored
acabar de to have just
acampar to camp
acariciar to caress
accidente (*m.*) accident
aceite (*m.*) oil
acelerador (*m.*) accelerator
aceptar to accept
acera (*f.*) sidewalk
acerca (de) about
aclarar to make clear
acordarse (de) (o>ue) to remember
acostar (se) (o>ue) to put to bed; to
  go to bed

acostumbrado, -a usual, used to
acostumbrarse (a) to get used (to)
actividad (*f.*) activity
actor actor
actriz actress
actualmente at the present time,
  nowadays
adelantado, -a advanced, ahead
además besides
adentro inside
adiós good-bye
admirar to admire
administrar to manage
administrativo, -a administrative
aduana (*f.*) customs
aeropuerto (*m.*) airport
afectuosamente affectionately
afeitar(se) to shave (oneself)
afuera outside
agencia de bienes raíces (*f.*) real
  estate agency
agencia de viajes (*f.*) travel agency
agente (*m.f.*) agent
agosto August
agradable pleasant
agregar to add
agrícola agricultural
agua (*f.*) water; — mineral mineral
  water
aguardiente (*m.*) brandy
aguja (*f.*) needle
ah oh
ahí mismo right there
ahogado, -a drowned
ahora now
ahora mismo right now
ahorrar to save
ahorros (*m.*) savings
aire acondicionado (*m.*) air
  conditioner; air conditioning

ajá aha
ajedrez (*m.*) chess
ají (*m.*) bell pepper
ajo (*m.*) garlic
ajustar to adjust
al contado cash
al contrario on the contrary
al lado de next (door) to
al poco rato a while later
al principio at first
al rato a while later
al teléfono on the phone
alberca (*f.*) (*Mex.*) swimming pool
albóndiga (*f.*) meatball
alcoba (*f.*) bedroom
alcohólico, -a alcoholic
alegrarse de to be glad
alegre cheerful, merry
alegría (*f.*) joy
alemán (*m.*) German (*language*)
alérgico, -a allergic
alfombra (*f.*) carpet, rug
algo something
alguien someone, somebody
alguna vez ever
alguno, -a any, some
alma (*f.*) soul
almíbar (*m.*) syrup
almohada (*f.*) pillow
almorzar (o>ue) to have lunch
almuerzo (*m.*) lunch
alquilar to rent
alquiler (*m.*) rent
alrededor (de) around
alto, -a tall, high
alumno, -a (*m.f.*) student
alzar to raise, to lift
allí there
amar to love
amarillo, -a yellow

439

ambulancia (f.) ambulance
amenazar to threaten
amigo, -a (m.f.) friend
amor (m.) love
amoroso, -a loving
analfabeto, -a illiterate
análisis (m.) test, analysis
anaranjado, -a orange
andar to walk; to run, to work (machines)
andén (m.) platform
anestesia (f.) anesthesia
ángel (m.) angel
anillo (m.) ring
aniversario (m.) anniversary
anoche last night
anotar to write down
anteojos (m.) glasses
antes (de) before; lo — posible as soon as possible
antiguo, -a former, old, previous
antipático, -a unpleasant
antropología (f.) anthropology
anual yearly
anunciar to announce
anuncio (m.) advertisement, ad
añadir to add
año (m.) year
apagar to put out (a fire); to turn off
aparecer to appear
apartado postal (m.) post office box
apartamento (m.) apartment
apasionado, -a passionate
apellido (m.) surname
apenas hardly
apendicitis (f.) appendicitis
aplastar to mash
apostar (o>ue) to bet
apreciar to appreciate
aprender to learn
apresurarse to hurry
apretar (e>ie) to tighten
aprobar (o>ue) to pass; to approve
aprovechar(se) (de) to take advantage (of)
apuesta (f.) bet
aquel(-los), aquella(-s) (adj.) that, those (distant)

aquél(-los), aquélla(s) (pron.) that (one), those (distant)
aquello (neuter pron.) that
aquí here
árbol (m.) tree
árboles frutales (m.) fruit trees
arena (f.) sand
arma (f.) weapon, arm
arpa (f.) harp
arquitecto (m.f.) architect
arrancar to start (a car)
arranque (m.) starter
arreglar to fix, to arrange
arrepentirse (e>ie) to repent
arrestar to arrest
arriba upstairs
arrodillarse to kneel down
arrojar to throw
arroz (m.) rice
arte (m.) art
artículo (m.) article
asado, -a (adj.) roast; (n.m.) barbecue
asalto (m.) assault; round (boxing)
ascensor (m.) elevator
asegurar to assure; to insure
asesinato (m.) murder
asesino, -a (m.f.) murderer
así so, like this (that)
asiento (m.) seat
asignatura (f.) subject
asistir to attend
aspiradora (f.) vacuum cleaner
aspirina (f.) aspirin
astilla (f.) splinter
astronomía (f.) astronomy
atropellar to run into
asunto (m.) deal, business affair
atender (e>ie) to wait on, to give service to
atentamente politely
atleta (m.f.) athlete
atrasado, -a behind (schedule); backward
atreverse (a) to dare
auge (m.) importance
aula (f.) classroom
aumentar to increase, to augment

aumento (m.) increase
aunque although
aurora (f.) dawn
automático, -a automatic
automóvil (m.) car
autopista (f.) freeway, highway
autopsia (f.) autopsy
avaro, -a stingy
ave (f.) bird
avenida (f.) avenue
averiguar to find out
avión (m.) plane
aviso (m.) advertisement, ad
avispa (f.) wasp
ay oh, ouch
ayer yesterday
ayudante (m.f.) assistant
ayudar to help, to assist
azúcar (m.) sugar
azul blue

B

bailar to dance
bailarín, -ina (m.f.) dancer
baile (m.) dance
baile de disfraces (m.) costume dance
bajar to descend, to go down
bajo, -a short, low
bajo under
balancear to balance
bancario, -a related to banking
banco (m.) bank
bañar(se) to bathe
baño (m.) bathroom
baño María (m.) double boiler
bar (m.) bar
baraja (f.) playing card; deck (of cards)
barato, -a cheap, inexpensive
barba (f.) beard
barbería (f.) barber shop
barbero, -a (m.f.) barber
barbilla (f.) chin
barco (m.) boat, ship
barco de vela (m.) sailboat
barrer to sweep

barriga (*f.*)   belly
barrio (*m.*)   neighborhood
barrita (*f.*)   (small) stick
barrita de canela   cinnamon stick
básquetbol (*m.*)   basketball
basta (**de**)   enough (*of*)
basurero (*m.*)   garbageman
batalla (*f.*)   battle
bate (*m.*)   bat
batería (*f.*)   battery
batir   to beat
bautismo (*m.*)   baptism
beber   to drink
bebida (*f.*)   drink, beverage
bello, -a   pretty, beautiful
bendito, -a   blessed
besar   to kiss
beso (*m.*)   kiss
betún (*m.*)   shoe polish
biblioteca (*f.*)   library
bibliotecario, -a (*m.f.*)   librarian
bien   well
biftec (*m.*)   steak
bigote (*m.*)   moustache
bilingüe   bilingual
billete (*m.*)   ticket; bill; fare
billetera (*f.*)   wallet
biología (*f.*)   biology
blanco, -a   white
blusa (*f.*)   blouse
bobo, -a   dumb, stupid
boca (*f.*)   mouth
bocadillo (*m.*) (*Sp.*)   sandwich
boda (*f.*)   wedding
boleto (*m.*)   ticket
bolsa (*f.*)   purse
bolsa de agua caliente (*f.*)   hot water
   bottle
bolsa de dormir (*f.*)   sleeping bag
bolsa de hielo (*f.*)   ice pack
bolso de mano (*m.*)   handbag
bomba de agua (*f.*)   water pump
bombero (*m.*)   firefighter
bondad (*f.*)   kindness
bonito, -a   pretty
borde (*m.*)   brink, edge, border
borracho, -a   drunk
borrador (*m.*)   eraser

borroso, -a   blurred
botánica (*f.*)   botany
botella (*f.*)   bottle
botones (*m.*)   bellboy
boxeador (*m.*)   boxer
brazo (*m.*)   arm
breve   brief
bromear   to kid, to joke
bruja (*f.*)   witch
buenas noches   good evening, good
   night
buenas tardes   good afternoon
bueno, -a   well; good
¡Bueno! (*excl.*)   Hello
buenos días   good morning
buen viaje   (have a) nice trip
bujía (*f.*)   spark plug
burlarse   to make fun
buscar   to look for, to search
butaca (*f.*)   armchair

C

caballero (*m.*)   knight, gentleman
caballo (*m.*)   horse
cabaña (*f.*)   cabin
cabello (*m.*)   hair
caber   to fit
cabeza (*f.*)   head
cabo (*m.f.*)   corporal
cacerola (*f.*)   saucepan
cada   each
cadáver (*m.*)   corpse
cadera (*f.*)   hip
cadete (*m.*)   cadet
caer(se)   to fall
café (*m.*)   coffee; cafe; (*adj.*) brown
café al aire libre (*m.*)   sidewalk cafe
cafetería (*f.*)   cafeteria
caimán (*m.*)   alligator
caja (*f.*)   box
caja de seguridad (*f.*)   safe deposit
   box
cajero, -a (*m.f.*)   cashier
cajuela (*f.*) (*Mex.*)   trunk
calabaza (*f.*)   pumpkin
calamar (*m.*)   squid
calcetín (*m.*)   sock
calculadora (*f.*)   calculator

calentar (e>ie)   to heat, to warm
caliente   hot
calle(*f.*)   street; — de dos vías
   two-way street
calor (*m.*)   heat, hot
calvo (*m.*)   bald
calzar   to take (*a certain*) size (*in
   shoes*)
cama (*f.*)   bed
cámara fotográfica (*f.*)   camera
camarero, -a   waiter
camarones (*m.*)   shrimp
cambiar   to change, to exchange; —
   de idea   to change one's mind
cambio (*m.*)   change, exchange; — de
   velocidades   gear shift
caminar   to walk
camino (*m.*)   road
camión (*m.*)   truck
camisa (*f.*)   shirt
campeón, -ona (*m.f.*)   champion
campesino, -a (*m.f.*)   farm worker
campo (*m.*)   field
cana (*f.*)   grey hair
canal (*m.*)   channel
cancelar   to cancel
canción (*f.*)   song
canela (*f.*)   cinnamon
cangrejo (*m.*)   crab
cansado, -a   tired
cansar(se)   to tire, to become tired,
   to get tired
cantante (*m.f.*)   singer
cantar   to sing
cantidad (*f.*)   quantity
caña de pescar (*f.*)   fishing pole
capacidad (*f.*)   capacity
capaz   capable
capital (*f.*)   capital
capitán, -ana (*m.f.*)   captain
capítulo (*m.*)   chapter
capó (*m.*)   hood (**of a car**)
capucha (*f.*)   hood
cara (*f.*)   face
caramba   Gee
caramelo (*m.*)   caramel
caray   Gee
carbón (*m.*)   coal

carburador (*m.*)   carburetor

cárcel (*f.*)   jail, prison

cardiólogo, -a (*m.f.*)   cardiologist

cardo (*m.*)   thistle

cargado, -a, (de)   loaded (with)

carie (*f.*)   cavity

cariño   darling, love

carnaval (*m.*)   Mardi Gras

carne (*f.*)   meat

carnicería (*f.*)   meat market

carnicero, -a (*m.f.*)   butcher

carpeta (*f.*)   folder

carpintero, -a (*m.f.*)   carpenter

caro, -a   expensive

carrera (*f.*)   race, career

carretera (*f.*)   highway

carro (*m.*)   car

carroza (*f.*)   float

carta (*f.*)   letter

cartera (*f.*)   purse

cartero (*m.*)   mailman

casa (*f.*)   house, home

casado, -a   married

casarse   to get married

casi   almost

caso (*m.*)   case

caspa (*f.*)   dandruff

castaño   brown (*when referring to hair or eyes*)

catorce   fourteen

causa (*f.*)   cause

cazar   to hunt

cebolla (*f.*)   onion

ceja (*f.*)   eyebrow

celebrar   to celebrate

celoso, -a   jealous

cena (*f.*)   dinner, supper

cenar   to have dinner

centavo (*m.*)   cent

centro (*m.*)   downtown; — médico   medical center

cepillar(se)   to brush

cepillo (*m.*)   brush; — de dientes   toothbrush

cerca (*f.*)   fence

cerca (*adv.*)   near

cero   zero

cerrar (e>ie)   to close, to shut

certidumbre (*f.*)   certainly

certificado, -a (*adj.*)   certified, registered

certificado (*n.m.*)   certificate; — de depósito a plazo fijo   time certificate

cerveza (*f.*)   beer

césped (*m.*)   lawn

cielo (*m.*)   heaven, sky

cien (ciento)   one (a) hundred

ciencia política (*f.*)   political science

ciervo (*m.*)   deer

cigarrillo (*m.*)   cigarette

cinco   five

cincuenta   fifty

cine (*m.*)   movie theater

cintura (*f.*)   waist

cirujano (*m.f.*)   surgeon

cita (*f.*)   date

ciudad (*f.*)   city

ciudadano, -a   citizen

claro, -a   clear, light

¡Claro que sí!   Of course!

clase (*f.*)   class

clasificado, -a   classified

clavel (*m.*)   carnation

clavo (*m.*)   nail

cliente, -a (*m.f.*)   client, customer

clima (*m.*)   climate

cobrar   to collect; to cash

cobre (*m.*)   copper

cocina (*f.*)   kitchen; stove

cocinar   to cook

cocinero, -a (*m.f.*)   cook

cóctel (*m.*)   cocktail

coche (*m.*) (*Sp.*)   car; coach; — cama   sleeper car (Pullman); — comedor   dining car

codo (*m.*)   elbow

colchón (*m.*)   mattress

color (*m.*)   color

comediante (*m.f.*)   comedian

comedor (*m.*)   dining room

comentar   to comment

comenzar (e>ie)   to begin

comer   to eat

comestibles (*m.*)   groceries

cómico, -a   funny

comida (*f.*)   meal, food

como   being that, as, like

¿Cómo? ¡Cómo!   How? What!

¡Cómo no!   surely, of course

como siempre   as usual

cómoda (*f.*)   chest of drawers

comodidad (*f.*)   comfort

cómoda, -a   comfortable

compacto, -a   compact

compañía (*f.*)   company

competencia (*f.*)   competition

complacer   to please

comportarse   to behave

comprar   to buy

comprobante (*m.*)   claim check

comprometerse   to become engaged

computadora (*f.*)   computer

con   with

concluir   to finish

conclusión (*f.*)   conclusion

concurrido, -a   full of people, crowded

conducir   to conduct; to act; (*Sp.*) to drive

confirmar   to confirm

confitería (*f.*)   tearoom, bakery

conmigo   with me

conocer   to know, to be acquainted with

conocimiento (*m.*)   knowledge

conseguir (e>i)   to get, to obtain

consejero, -a (*m.f.*)   adviser, counselor

consejo (*m.*)   advice

consistir en   to consist of

consultorio (*m.*)   doctor's office

contabilidad (*f.*)   accounting

contador, -a público, -a (*m.f.*)   Certified Public Accountant

contar (o>ue)   to tell, to count

contento, -a   happy, glad

contestar   to answer

contigo (*fam. sing.*)   with you

continuar   to continue

contra   against

contrato (*m.*)   contract

contribuir   to contribute

convenir to suit; to agree (*conj. like* **venir**)

conversación (*f.*) conversation

conversar to talk, to converse

convertirse (e>ie) to become, to turn (into)

copa (*f.*) goblet

coqueta (*adj.*) coquettish; (*n.*) flirt

coquetear to flirt

corazón (*m.*) sweetheart

corazón (*m.*) heart

corbata (*f.*) tie

cordero (*m.*) lamb

coronel, -a (*m.f.*) colonel

corredor (*m.*) hallway

correo (*m.*) mail

correr to run

corrida (*f.*) bullfight

corriente current

cortar(se) to cut (oneself)

corte (*m.*) haircut, cut

cortina (*f.*) curtain

corto, -a short

costado (*m.*) side

costar (o>ue) to cost; — **un ojo de la cara** to cost an arm and a leg

costumbre (*f.*) custom, habit

crecer to grow

creer to believe, to think

crema (*f.*) cream

criado, -a (*m.f.*) servant

criar to raise

crimen (m.) crime

cruz (*f.*) cross

cuaderno (*m.*) note book

cuadra (*f.*) block

cuadro (*m.*) picture

cuál (*pl.* cuáles) which, what

cualidad (*f.*) quality

cualquier, -a any, anybody

cuando when

cuánto, -a how much

cuánto tiempo how long

cuántos, -as how many

cuarenta forty

cuaresma (*f.*) Lent

cuarto (*m.*) room

cuarto quarter, one-fourth

cuatro four

cuatrocientos four hundred

cubano, -a Cuban

cubierta (*f.*) hood

cubierto, -a (*p.p. of* **cubrir** *and adj.*) cover, covered

cubrir to cover

cuchara (*f.*) spoon

cucharada (*f.*) spoonful

cucharadita (*f.*) teaspoonful

cucharita (*f.*) teaspoon

cuchillo (*m.*) knife

cuello (*m.*) neck

cuenta (*f.*) account, bill; — **corriente** checking account; — **conjunta** joint account; — **de ahorros** savings account

cuento (*m.*) short story

cuero (*m.*) leather

cuidar to take care (of)

culpa (*f.*) blame, fault; guilt

cultivar to grow

cumpleaños (*m.*) birthday

cuñada sister-in-law

cuñado brother-in-law

cura (*m.*) priest

curso (*m.*) course

curva (*f.*) curve

cuyo, -a whose

CH

champaña (*m.*) champagne

champú (*m.*) shampoo

chapa (*f.*) license plate

chaqueta (*f.*) jacket

cheque (*m.*) check; — **de viajero** traveler's check

chica girl

chico boy

chileno, -a Chilean

chocolate (*m.*) chocolate

D

dar to give; —**se cuenta de** to realize; —**se prisa** to hurry

de of, from, about, by, with

de cambio standard shift

de ida one way

de ida y vuelta round trip

de manera que so

de modo que so

de nada you're welcome

de quién(es) whose

de vacaciones on vacation

deber to owe, must, ought (to)

debido a due to

decidir to decide

décimo, -a tenth

decir (e>i) to say, to tell

declarar to declare

dedicar(se) to devote (oneself)

dedo (*m.*) finger; — **del pie** toe

defecto (*m.*) fault

defender (e>ie) to defend

dejar to leave; to allow

del (*contraction*) of the; from the

delante in front of

deletrear to spell

delgado, -a thin, slender

delincuencia juvenil (*f.*) juvenile delinquency

demás (*adj. and pron.*) (the) rest, other(s)

demasiado too, too much

demostrar (o>ue) to show

dentadura (*f.*) set of teeth

dentista (*m.f.*) dentist

dentro de within, in

depender (**de**) to depend (on)

dependiente, -a (*m.f.*) clerk

depilar to pluck

deporte (*m.*) sport

depositar to deposit

depresión económica (*f.*) depression

derecho, -a (*adj.*) right; **a la —** to (on, at) the right

derecho (*adv.*) straight ahead

derecho (*n.m.*) right, law

derretir (e>i) to melt

desagradable unpleasant

desarrollado, -a developed

desayuno (*m.*) breakfast

descompuesto, -a out of order

descubrir to discover

descuento (*m*) discount

desear to wish, to want

desempeñar(se)   to perform
desempleo (m.)   unemployment
desesperar   to despair
desfallecer   to faint
desfile (m.)   parade
desgraciado, -a   unfortunate
desierto (m.)   desert
desinfectar   to disinfect
desmayarse   to faint
despacho de boletos (m.)   ticket office
despertar(se) (e>ie)   to wake up
despreocupado, -a   happy-go-lucky
después (de)   after
desvestir(se) (e>i)   to undress, to get undressed
detrás   behind
deuda (f.)   debt
devolver (o>ue)   to return
día (m.)   day; al — siguiente   the next day
diario, -a   daily
diabetes (f.)   diabetes
diabético, -a   diabetic
diccionario (m.)   dictionary
diciembre   December
dicho, -a (p.p. of decir and adj.)   said, told
diente (m.)   tooth; (garlic) clove
dientes postizos (m.)   dentures
dieta (f.)   diet
diez   ten
diez y nueve   nineteen
diez y ocho   eighteen
diez y seis   sixteen
diez y siete   seventeen
diferencia   difference
difícil   difficult, unlikely
digo . . .   I mean . . .
dilatar   to dilate
dinero (m.)   money
Dios   God
dirección (f.)   address; direction
dirigirse (a)   to address
discutir   to argue, to discuss
disponer (conj. like poner) to dispose
disposición (f.)   disposition; service

distinto, -a   different
diversión   amusement
divertido, -a   amusing, funny
divertirse (e>ie)   to have a good time
dividir(se)   to divide
divino, -a   divine
divorciado, -a (m.f.)   divorced
doblar   to turn; to bend
doble   double
doce   twelve
docena (f.)   dozen
doctor, -a (m.f.)   Doctor
documento (m.)   document
dólar (m.)   dollar
doler (o>ue)   to ache, to hurt
dolor (m.)   pain; — de cabeza   headache
doloroso, -a   painful
domicilio (m.)   address
domingo (m.)   Sunday
don (m.)   title of respect used before a first name
donde   where; ¿dónde?   where?
doña (f.)   title of respect used before a first name
dorado, -a   golden brown
dormir(se) (o>ue)   to sleep, to fall asleep
dormitorio (m.)   bedroom
dos   two
doscientos   two hundred
droga (f.)   drug
drogadicto, -a (m.f.)   drug addict
duda (f.)   doubt
dudar (de)   to doubt
dudoso, -a   doubtful
dulce (m.)   sweet, candy
dulcería (f.)   candy shop
durante   during
durar   to last
duro, -a   hard, tough

E

e   and
economía (f.)   economics; — doméstica   home economics

económico, -a   financial, economic, economical
economista (m.f.)   economist
edad (f.)   age
edificio (m.)   building
educación física (f.)   physical education
eficiencia (f.)   efficiency
eficiente   efficient
ejército (m.)   army
el   the (m. sing.)
él   he
electricidad (f.)   electricity
electricista (m.)   electrician
eléctrico, -a   electric
elegante   elegant
elegir (e>i)   to elect, to choose
elevador (m.)   elevator
ella   she
ellas (f.)   they
ellos (m.)   they
embajada (f.)   embassy
embarazada   pregnant
emergencia (f.)   emergency
empastar   to fill a cavity
emperador (m.)   emperor
empezar (e>ie)   to begin, to start
empleado, -a (m.f.)   clerk
emplear   to hire, to employ
empleo (m.)   job
empresa (f.)   purpose; enterprise; company
en   in, at, into, on
en cuanto   as soon as
en efectivo   cash
en punto   o'clock
en regla   in order
en seguida   right away
en vez de   instead of
enamorado, -a   in love
enamorarse (de)   to fall in love (with)
encargado, -a   in charge
encargar   to order
encender (e>ie)   to turn on
encerrado, -a   locked in
encía (f.)   gum
encontrar (o>ue)   to find
encontrarse (con) (o>ue)   to meet

enero   January
enfadar(se)   to anger, to become angry
énfasis (*m.*)   emphasis
enfermar(se)   to make sick, to become sick
enfermedad (*f.*)   disease, sickness
enfermero, -a (*m.f.*)   nurse
enfermo, -a   sick
enfrentar(se)   to face
enfriar   to cool
engrasar   to grease
enjuagar(se)   to rinse, to rinse out
enorme   enormous
enriquecer   to enrich
enrollar   to roll
ensalada (*f.*)   salad
enseñar   to show, to teach
ensuciar   to get (something) dirty
entender (e > ie)   to understand
enterarse   to find out
entero, -a   whole
entonces   then
entrada (*f.*)   entrance
entrar (**en, a**)   to enter, to go in
entre   between, among
entregar   to deliver, to turn in
entrenador, -a (*m.f.*)   coach
entretener (e > ie)   to entertain
entrevistar   to interview
entristecerse   to become sad
entusiasmado, -a   excited
enviar   to send
envidia (*f.*)   envy, jealousy
envolver (o > ue)   to wrap
episodio (*m.*)   episode
época (*f.*)   time
equipaje (*m.*)   luggage
equipo (*m.*)   team
equivocado, -a (*m.f.*)   wrong
errar   to make a mistake, to err
escalar   to climb
escalera (*f.*)   ladder; **— mecánica** escalator
escaleras (*f.*)   stairs
escoba (*f.*)   broom
escoger   to choose
escolar (*adj.*)   school

escribir   to write; **— a máquina**   to type
escrito, -a (*p.p. of* **escribir** *and adj.*)   written
escritorio (*m.*)   desk
escuchar   to listen (to)
escuela (*f.*)   school; **— primaria** grade school
escupir   to spit
es de esperar   it is to be hoped
ese(-os), esa(-s) (*adj.*)   that, those (nearby)
ése(-os), ésa(-s) (*pron.*)   that (one), those
esfuerzo (*m.*)   effort
esmalte de uñas (*m.*)   nail polish
eso (*neuter pron.*)   that
espacioso, -a   spacious, roomy
espalda (*f.*)   back
español, -a (*m.*) (*also noun*)   Spanish
español (*m.*)   Spanish (*language*)
especial   special
especialidad (*f.*)   specialty
especialista de niños, pediatra (*m.f.*)   pediatrician
especialista de la piel (*m.f.*)   dermatologist
especialización (*f.*)   major, specialization
espectáculo (*m.*)   show, spectacle
espejo (*m.*)   mirror
espejuelos (*m.*)   (eye)glasses
esperar   to wait (for); to expect; to hope
esposa   wife
esposo   husband
es que . . .   the fact is
esquiar   to ski
esquina (*f.*)   street corner
está bien   all right
esta noche   tonight
estación (*f.*)   station; **— del metro** subway; **— de policía** police station; **— de servico** service station
estadio (*m.*)   stadium
estado civil (*m.*)   marital status
Estados Unidos (*m.*)   United States

estampilla (*f.*)   stamp
estaño (*m.*)   tin
estar   to be; **— de acuerdo**   to agree
este . . .   er
este (*m.*)   East
este(-os), esta(-s) (*adj.*)   this, these
éste(-os), ésta(-s) (*pron.*)   this (one), these; the latter
estimado, -a   dear
estirar   to stretch
esto   this (*neuter pron.*)
estómago (*m.*)   stomach
estrechamente   closely
estrella (*f.*)   star
estrellado, -a   starry
estricto, -a   strict
estudiante (*m.f.*)   student
estudiar   to study
estudio (*m.*)   study
estufa (*f.*)   stove
estupendo, -a   great, fantastic
estúpido, -a   stupid
evaluado, -a   appraised
exagerar   to exaggerate
examen (*m.*)   examination, exam, test
examinar   to examine
excelente   excellent
excepción (*f.*)   exception
excepto   except
exceso (*m.*)   excess
exclamar   exclaim
éxito (*m.*)   success
experiencia (*f.*)   experience
experimento (*m.*)   experiment
explicación (*f.*)   explanation
explicar   to explain
exportación (*f.*)   *export*
expreso (*m.*)   express (*train*)
extendido, -a   widespread
extraer   to extract, to pull out
extranjero, -a (*m.f.*)   foreigner
extraordinario, -a   extraordinary
extremadamente   extremely

F

fácil   easy, likely
facilidad (*f.*)   ease, facility

facultad (f.)   college
faja (f.)   girdle
falda (f.)   skirt
fama (f.)   fame
familia (f.)   family
familiar   familiar
fantástico, -a   fantastic
farmacéutico, -a (m.f.)   pharmacist
farmacia (f.)   pharmacy
favorito, -a   favorite
febrero   February
fecha (f.)   date
fechar   to date
felicidad (f.)   happiness
feliz   happy
feo, -a   ugly, homely
ficción (f.)   fiction
fiel   faithful
fiesta (f.)   party
figura (f.)   figure
figurín (m.)   fashion magazine
fijo, -a   fixed, set
filtro (m.)   filter
fin (m.)   end; **— de semana**
   weekend
firma (f.)   signature; firm
firmar   to sign
física (f.)   physics
flan (m.)   custard
flor (f.)   flower
florido, -a   full of flowers
fondo (m.)   background
forense (m.f.)   coroner
foto (f.)   photograph
fracaso (m.)   failure
francés (m.)   French (*language*)
francés, francesa (m.f.)   French
Francia (f.)   France
frazada (f.)   blanket
frecuente   frequent
fregadero (m.)   sink
freír (e>i)   to fry
freno (m.)   brake
frente (f.)   forehead
frente a   in front of
fresa (f.)   strawberry
frialdad (f.)   coldness
frijol (m.)   bean

frío (m.)   cold
frío, -a (adj.)   cold
frito, -a   fried
frontera (f.)   border
fruncir el ceño   to frown
fruta (f.)   fruit
fuego (m.)   fire; **a — lento**   at low
   temperature
fuente (f.)   source
fuera de combate   knocked out
fuerza aérea (f.)   air force
funcionar   to work, to function
funda (f.)   pillowcase
fundar   to found
funeraria (f.)   funeral home
furioso, -a   furious
fútbol (m.)   football, soccer

G

gafas (f.)   glasses
ganar   to win; to earn
ganga (f.)   bargain
garaje (m.)   garage
gaseosa (f.)   club soda
gasolina (f.)   gasoline
gasolinera (f.)   service station
gastar   to spend (*e.g. money*); to use
gelatina (f.)   gelatin
general   general
gente (f.)   people
geografía (f.)   geography
geología (f.)   geology
gerente (m.)   manager
ginebra (f.)   gin
ginecólogo, -a (m.f.)   gynecologist
giro postal (m.)   money order
gitano, -a   gypsy
gol (m.)   goal (*soccer*)
golf (m.)   golf
goma (f.)   tire
goma pinchada (f.)   flat tire
gordo, -a   fat
gota (f.)   drop
gozar   to enjoy
gracias   thank you
grado (m.)   degree
graduar(se)   to graduate

gran   great
grande   big, large, great
gratis   free
grave   serious
gris   grey
gritar   to scream, to shout
guante (m.)   glove; **— de pelota**
   baseball glove
guapo, -a   handsome
guardafangos (m.)   fender
guardar   to keep; **— la línea**   to
   watch one's figure
guardarropa (m.)   wardrobe
guerra (f.)   war
guiar   to guide
gustar   to please, to be pleasing
gusto (m.)   pleasure, taste; **a —**   to
   one's taste

H

haber (aux.)   to have
habilidad (f.)   ability
habitación (f.)   room
habitante (m.f.)   inhabitant
hablar   to speak, to talk
hacer   to make, to do; **— calor**   to
   be hot; **— cola**   to stand in line; **—
   escala**   to stop over; **— frío**   to be
   cold; **— gárgaras**   to gargle; **—
   juego**   to match; **— las maletas**
   to pack; **— las paces**   to make up;
   — sol   to be sunny; **— viento**   to be
   windy; **—se**   to become
hacia   toward
hacienda (f.)   large ranch
hada (f.)   fairy
hambre (f.)   hunger
hamburguesa (f.)   hamburger
harina de maíz (f.)   corn meal
hasta   until, up to, even; **— luego**
   see you later; **— mañana**   see you
   tomorrow
hay   there is, there are; **— que . . .**
   one must . . .
hecho, -a (p.p. of **hacer** and adj.)
   done, made
helado (m.)   ice cream

helado, -a (*adj.*) iced
herida (*f.*) wound
hermana sister
hermano brother
hermoso, -a beautiful
héroe (*m.*) hero
hervir (**e>ie**) to boil
hielo (*m.*) ice
hierro (*m.*) iron
higiene (*f.*) health education
hija daughter
hijo son
hijos (*m.*) children
hilo (*m.*) thread; **— dental** (*m.*)
  dental floss
hipoteca (*f.*) mortgage
hipotecar to mortgage
historia (*f.*) history
hogar (*m.*) home
hoja (*f.*) leaf
hojalata (*f.*) tin
hola hello, hi
hombre man; **— de negocios**
  businessman
hombro (*m.*) shoulder
hora (*f.*) time, hour
horario (*m.*) schedule
horno (*m.*) oven
hospital (*m.*) hospital
hotel (*m.*) hotel
hoy today; **— en día** nowadays
huelga (*f.*) strike
huerta (*f.*) orchard
huevo (*m.*) egg
huir to run away, to escape
humano, -a human
húmedo, -a humid

I

idea (*f.*) idea
idioma (*m.*) language
iglesia (*f.*) church
impermeable (*m.*) raincoat
importación (*f.*) import
importar to matter
imposible impossible
(im)probable (im)probable

impuesto (*m.*) tax
inapreciable priceless
incendio (*m.*) fire
incluir include
increíble incredible
independencia (*f.*) independence
indicador (*m.*) turn signal
indio, -a Indian
individuo (*m.*) person, individual
inesperado, -a unexpected
infancia (*f.*) childhood
infectado, -a infected
inferior inferior
infernal infernal
inflación (*f.*) inflation
inflamado, -a swollen
influir to influence
información (*f.*) information
ingeniero (*m.f.*) engineer
inglés (*m.*) English (*language*)
ingreso (*m.*) revenue
inmediatamente immediately
insistir to insist
inspector, -a (*m.f.*) inspector
instalar to install
inteligente intelligent
interés (*m.*) interest
interesante interesting
interior interior
intérprete (*m.f.*) interpreter
inventar to invent
invierno (*m.*) winter
invitar to invite
inyección (*f.*) injection, shot
ir to go; (**— se**) to go away; **— de
  compras** to go shopping
irresistible irresistible
isla (*f.*) island
italiano, -a Italian
itinerario (*m.*) schedule, timetable
izquierdo, -a left

J

jabón (*m.*) soap
jamás never
jamón (*m.*) ham
jardín (*m.*) garden

jefe, -a (*m.f.*) chief, director
joven young
jueves (*m.*) Thursday
juez (*m.f.*) judge
jugador, -a (*m.f.*) player
jugar (**u>ue**) to play
jugo (*m.*) juice
juguete (*m.*) toy
julio July
junio June
junto a next to
juntos, -as together
justificar to justify
juventud (*f.*) youth
juzgar to judge

L

la (*fem. sing.*) the
labio (*m.*) lip
lacio, -a straight
lado (*m.*) side
ladrar to bark
ladrón, -ona (*m.f.*) thief, robber
lago (*m.*) lake
lamentable regrettable
lamentar to lament, to be sorry
lámpara (*f.*) lamp
langosta (*f.*) lobster
lápiz (*m.*) pencil
largo, -a long
las (*plural fem.*) the
lastimar(se) to hurt, to hurt oneself
lata (*f.*) can
laurel (*m.*) bay leaf
lavado (*m.*) shampoo
lavaplatos (*m.*) dishwasher
lavar(se) to wash
leal loyal
lección (*f.*) lesson
leche (*f.*) milk
lechero (*m.*) milkman
lechón (*m.*) young pig
lechuga (*f.*) lettuce
leer to read
lejos far
lengua (*f.*) tongue
lentes (*m.*) glasses

lentes de contacto (*m.*)   contact lenses
lento, -a   slow
letra (*f.*)   letter
letrero (*m.*)   sign
levantar   to lift, to raise
levantarse   to get up
ley (*f.*)   law
libertad (*f.*)   liberty
libra (*f.*)   pound
libre   vacant, free
libreta de ahorros (*f.*)   passbook
libro (*m.*)   book
licencia (*f.*)   registration, license; —
   para conducir   driver's license
limonada (*f.*)   lemonade
limonero (*m.*)   lemon tree
limpiabotas (*m.*)   shoeshine boy
limpiaparabrisas (*m.*)   windshield
   wiper
limpiar   to clean
limpieza (*f.*)   cleaning
limpio, -a   clean
lindo, -a   pretty
línea (*f.*)   line
liquidación (*f.*)   sale
lista (*f.*)   list; — **de espera** (*f.*)
   waiting list
litera (*f.*)   berth; — **alta**   upper
   berth; — **baja**   lower berth
literatura (*f.*)   literature
loco, -a   crazy
lograr   to obtain
los (*plural masc.*)   the
lote de terreno (*m.*)   lot, land
lucha libre (*f.*)   wrestling
luchar   to fight, to struggle
luego   later, then
lugar (*m.*)   place; **en — de**   instead of
lumbre (*f.*)   fire, light
luna (*f.*)   moon
lunes (*m.*)   Monday
lustrar   to shine
luz (*f.*)   light

LL

llamar   to call; — **por teléfono**   to
   make a phone call

llave (*f.*)   key
llegada (*f.*)   arrival
llegar   to arrive; — **tarde**   to be late
llenar   to fill
lleno, -a   full
llevar   to take
llevar puesto (**a**)   to wear
llevarse   to carry off
llover (**o>ue**)   to rain
lloviznar   to drizzle
lluvia (*f.*)   rain
lluvioso, -a   rainy

M

macho   male
madera (*f.*)   wood
madero (*m.*)   large piece of timber
   (*cross*)
madre   mother
madrina   godmother
madrugar   to get up very early in the
   morning
maestro, -a (*m.f.*)   school teacher
magnífico, -a   magnificent
mago, -a (*m.f.*)   magician
maíz (*m.*)   corn
mal   bad, badly
mal aliento (*m.*)   bad breath
maleta (*f.*)   suitcase; **hacer las
   maletas**   to pack
maletero (*m.*)   trunk
maletín (*m.*)   hand luggage
malo, -a   bad
mamá   *Mom*
mandar   to send; to order
manejar   to drive
manera (*f.*)   way
manicura (*f.*)   manicure
mano (*f.*)   hand
manteca (*f.*)   lard
mantel (*m.*)   tablecloth
mantequilla (*f.*)   butter
manzana (*f.*)   apple
mañana (*adv.*)   tomorrow
mañana (*n.f.*)   morning
mapa (*m.*)   map
maquillaje (*m.*)   makeup

máquina (*f.*)   machine; — **de afeitar**
   (*f.*)   razor; — **de calcular** (*f.*)
   calculator; — **de coser** (*f.*)   sewing;
   — **de escribir** (*f.*)   typewriter
mar (*m.*)   sea
marca (*f.*)   brand
marciano, -a   Martian
mareo (*m.*)   dizziness, dizzy spell
margarita (*f.*)   daisy
marina (*f.*)   navy
mariscos (*m.*)   seafood
marrón   brown
martes (*m.*)   Tuesday
martini (*m.*)   martini
marzo   March
más   more
masaje (*m.*)   massage
más bien   rather
mascar   to chew
matar   to kill
matemáticas (*f. pl.*)   math
materia (*f.*)   subject matter
matón (*m.*)   killer
matrícula (*f.*)   registration
matricularse   to register
matrimonio (*m.*)   married couple,
   marriage
mayo   May
mayor (*adj.*)   older, oldest
mayor (*m.f.*)   major
mayoría (*f.*)   majority
me (*obj. pron.*)   me, to me, (*to*)
   myself
mecánico (*m.*)   mechanic
mecánico (*adj.*)   standard shift
mecanografía (*f.*)   typing
mecanógrafo, -a (*m.f.*)   typist
medalla (*f.*)   medal
media (*f.*)   stocking; half
medianoche (*f.*)   midnight
medicina (*f.*)   medicine
médico   M.D.
medida (*f.*)   size
medio (*m.*)   half
mediodía (*m.*)   noon
medios (*m.*)   means
mejilla (*f.*)   cheek
mejor   better, best

mejora (*f.*) improvement
melocotón (*m.*) peach
melón (*m.*) melon
mencionar to mention
menor younger, youngest
menos less
mensual monthly
mentir (e>ie) to lie
mentiroso, -a liar
menú (*m.*) menu
mercado (*m.*) market
merienda (*f.*) afternoon snack
mesa (*f.*) table; — **de centro** (*f.*)
  coffee table
metro (*m.*) subway
mexicano, -a (*m.f.*) Mexican
mezcla (*f.*) mix
mezclar to mix
mi (*adj.*) my
mí (*ob. of prep.*) me
microbio (*m.*) germ
microbiología (*f.*) microbiology
microscopio (*m.*) microscope
miedo (*m.*) fear
miel (*f.*) honey
mientras while; — **tanto**
  meanwhile
miércoles (*m.*) Wednesday
mil thousand
militar military
milla mile
millaje (*m.*) mileage
millón (*m.*) million
millonario, -a millionaire
mínimo, -a minimum
minuto (*m.*) minute
mío, -a (*pron.*) mine
míos, -as mine
miope near-sighted
mirar to look at, to watch
Misa del Gallo (*f.*) midnight mass
mismo same; **lo —** the same thing
mitad (*f.*) half, middle; — **de curso**
  midterm
moda (*f.*) fashion; **estar de —** to be
  in style
modelo (*m.*) model, style; — **de**
  depósito deposit slip

moderno, -a modern
modista (*f.*) dressmaker
modo (*m.*) way; **de — que** so
mojar to wet
molde (*m.*) mold, pan
moler (o>ue) to grind
molestar to bother
molido, -a ground
momento (*m.*) moment
moneda (*f.*) coin
monja (*f.*) nun
mono, -a (*m.f.*) monkey
montaña (*f.*) mountain
montar to mount, to ride (*a horse*)
moreno, -a dark-haired
morir (o>ue) to die
mosca (*f.*) fly
motor (*m.*) motor
mover (o>ue) to move
mozo waiter
muchacho boy, young man
muchas gracias thank you very
  much
muchísimo, -a very much
mucho, -a much, a great deal (of)
mucho gusto a pleasure, how do you
  do
muchos, -as many
mudarse to move (*from one house or*
  place to another)
muebles (*m.*) furniture
muela (*f.*) tooth, molar; — **de juicio**
  wisdom tooth
muerte (*f.*) death
muerto, -a (*p.p. of* **morir** *and adj.*)
  dead
mujer woman
mundo (*m.*) world
muñeca (*f.*) wrist
muro (*m.*) wall
música (*f.*) music
muy very

N

nacimiento (*m.*) birth; nativity
  scene
nacional national

nada nothing
nadar to swim
nadie nobody, no one
naranja (*f.*) orange
naranjo (*m.*) orange tree
nariz (*f.*) nose
natación (*f.*) swimming
Navidad (*f.*) Christmas
necesario, -a necessary
necesitar to need
necio, -a silly, foolish
negar (e>ie) to deny
negocio (*m.*) business
negro, -a black
neurólogo (*m.f.*) neurologist
nevar (e>ie) to snow
ni nor, neither
niebla (*f.*) fog
nieta granddaughter
nieto grandson
nieve (*f.*) snow
ninguno, -a no, none, not any
niño, -a (*m.f.*) child
nivel (*m.*) standard, level
no no, not
no hay de qué you're welcome
no importa it doesn't matter
noche (*f.*) evening, night
Nochebuena (*f.*) Christmas Eve
nombre (*m.*) name; noun
norte (*m.*) North
norteamericano, -a (*m.f.*) North
  American
nos (*obj. pron.*) us, to us, (to)
  ourselves
nosotros, -as we, us
nota (*f.*) note, grade
notar to notice
notario público (*m.*) notary public
noticias (*f.*) news
novecientos nine hundred
novela (*f.*) novel
noveno, -a ninth
noventa ninety
novia girlfriend, fiancée, bride
noviembre November
novio boyfriend, fiancé, groom
nuera daughter-in-law

nuestro(-s), nuestra(-s) (*adj.*)   our
nuestro(-s), nuestra(-s) (*pron.*)   ours
nueve   nine
nuevo, -a   new, different
número (*m.*)   number
nunca   never

O

o   or, either
obedecer   to obey
objeto (*m.*)   object
obrero, -a (*m.f.*)   worker
ocasión (*f.*)   occasion
océano (*m.*)   ocean
ochenta   eighty
ocho   eight
ochocientos   eight hundred
octavo, -a   eighth
octubre   October
oculista (*m.f.*)   oculist, eye doctor
ocupado, -a   busy, occupied
ocupar(se)   to fill (*a vacancy*)
ocurrir   to happen, to take place
odioso, -a   hateful
oeste (*m.*)   West
oficial (*m.*)   officer
oficina (*f.*)   office; **— de correos**
   post office
oficio (*m.*)   trade
ofrecer   to offer
oído (*m.*)   ear, hearing
oír   to hear
ojalá   God grant, I hope
ojo (*m.*)   eye
olivo (*m.*)   olive tree
olvidar   to forget
olvidar(se) (de)   to forget (about)
ómnibus (*m.*)   bus
once   eleven
operar   operate
oponente (*m.f.*)   opponent
oportunidad (*f.*)   opportunity
optimista (*m.f.*)   optimist
orden (*f.*)   command
oreja (*f.*)   ear
organización (*f.*)   organization
orgullo (*m.*)   pride

orilla (*f.*)   edge
oro (*m.*)   gold
orquesta (*f.*)   orchestra
orquídea (*f.*)   orchid
ortiga (*f.*)   nettle
ortopédico, -a (*m.f.*)   orthopedist
os (*obj. pron.*)   you (*fam. pl.*)   to
   you, (to) yourselves
oscuro, -a   dark
otoño (*m.*)   autumn, fall
otra vez   again
otro, -a   another, other

P

padre   father
padres (*m.*)   parents
padrino   godfather
pagar   to pay
pagaré (*m.*)   promissory note
página deportiva (*f.*)   sports page
pago (*m.*)   payment, payroll
país (*m.*)   country
paisaje (*m.*)   landscape
pájaro (*m.*)   bird
palabra (*f.*)   word
paliza (*f.*)   spanking, beating
palmada (*f.*)   clapping
palmera (*f.*)   palm tree
palo (*m.*)   stick, rod; **— de golf**   golf
   club
pan (*m.*)   bread; **— rallado**   bread
   crumbs
panadero,-a (*m.f.*)   baker
pantalón (*m.*)   pant
pañuelo (*m.*)   handkerchief
papa (*f.*)   potato
papel (*m.*)   role, paper; **— higiénico**
   toilet tissue
paperas (*f.*)   mumps
paquete (*m.*)   package
par (*m.*)   pair
para   to, for, by, in order to
parabrisas (*m.*)   windshield
para colmo de males   to make things
   worse
parado, -a   standing, stopped
paraguas (*m.*)   umbrella

¿para qué?   what for
parar   to stop, to halt
parecer   to seem, to look
parecerse (a)   to look like
pared (*f.*)   wall
pareja (*f.*)   couple
participar   to participate
partido (*m.*)   game
pasado, -a   last, past
pasaje (*m.*)   ticket, fare
pasaporte (*m.*)   passport
pasar   to go by, to pass; to spend
   (*time*); to happen; **— la aspiradora**
   to vacuum; **— lo divinamente**   to
   have a great time
Pascua Florida (*f.*)   Easter
pasear   to go for a walk or a ride
pasillo (*m.*)   hallway
pasta dentífrica (*f.*)   tooth paste
patilla (*f.*)   sideburn
patinar   to skate
patio (*m.*)   backyard
patria (*f.*)   homeland
pavo (*m.*)   turkey
pecho (*m.*)   chest, breast
pediatra (*m.f.*)   pediatrician
pedido (*m.*)   order
pedir (e>i)   to ask for, to request; to
   order; **— prestado**   to borrow; **—
   turno**   to make an appointment
peinado (*m.*)   set, hairdo
peinarse   to comb one's hair
peine (*m.*)   comb
pelar   to peel
pelea (*f.*)   fight
pelear   to fight
película (*f.*)   movie, film
pelirrojo, -a   redheaded
pelo (*m.*)   hair
pelota (*f.*)   ball
peluquería (*f.*)   beauty parlor
peluquero, -a   hairdresser
pena capital (*f.*)   capital punishment
penicilina (*f.*)   penicillin
penitencia (*f.*)   penance
pensar (e<ie)   to plan, to think
pensión (*f.*)   boardinghouse
peor   worse, worst

pequeño, -a   small, little
pera (f.)   pear
perder (e>ie)   to lose, to waste
perdón (m.)   pardon, pardon me
perdonar   to forgive
perfecto, -a   perfect
perfume (m.)   perfume
periódico (m.)   newspaper
periodista (m.f.)   journalist
período (m.)   period
perla (f.)   pearl
permanente (f.)   permanent
permiso (m.)   permit
permitir   to permit
pero   but
perro, -a (m.f.)   dog, female dog
persona (f.)   person
personaje (m.)   character
personal (m.)   personnel
personal   personal
personalidad (f.)   personality
pertenecer   to belong
peruano, -a   Peruvian
pesado, -a   heavy
pesar   to weigh
pesca (f.)   fishing; ir de —   to go
   fishing
pescado (m.)   fish
pescar   to fish, to catch (a fish)
pesebre (m.)   manger
peseta (f.)   Spanish currency
pesimista (m.f.)   pessimistic
pestaña (f.)   eyelash
petróleo (m.)   oil
petrolero, -a   related to oil
pez (m.)   fish
piano (m.)   piano
pie (m.)   foot
pierna (f.)   leg
pimienta (f.)   pepper
piorrea (f.)   pyorrhea
piraña (f.)   piranha
piropo (m.)   gallantry, compliment
pisar   to step, to set foot
piscina (f.)   swimming pool
piso (m.)   floor
pizarra (f.)   blackboard
plan (m.)   plan

planchar   to iron
planear   to plan
planilla (f.)   form
plástico (m.)   plastic
plata (f.)   silver; money
plátano (m.)   banana
platillo (m.)   saucer
plato (m.)   dish, plate
playa (f.)   beach
plaza (f.)   square
plazo   term; a — fijo   for a specified
   time; a plazos   on installments
plomero (m.)   plumber
plomo (m.)   lead
pluma (f.)   pen
población (f.)   population
pobre   poor, unfortunate
pobreza (f.)   poverty
poco, -a   little (quantity)
pocos, -as   few
poder (o>ue)   to be able to
poder (m.)   power
poema (m.)   poem
policía   policeman
polvo (m.)   dust; — de hornear
   baking powder
pollo (m.)   chicken
poner   to put, to place; — la mesa
   to set the table; —se   to put on; —
   a dieta   to go on a diet; — + adj.
   to become
por   around, along, by, for, through
por ciento   per cent
por ejemplo   for example
por favor   please
por fin   finally, at last
por lo menos   at least
por lo tanto   so
¿por qué?   why
por supuesto   of course
porque   because
portaguantes (m.)   glove
   compartment
portal (m.)   porch
portero, -a (m.f.)   janitor
poseer   to have, to own, to possess
posibilidad (f.)   possibility
postre (m.)   dessert

pozo (m.)   well
práctica (f.)   practice
practicar   to practice
precio (m.)   price
precioso, -a   beautiful, precious
preferible   preferable
preferir (e>ie)   to prefer
pregunta (f.)   question
preguntar   to ask (a question)
prender   to arrest
prensa (f.)   press
preocupado, -a   worried
preocupar(se)   to worry
preparar(se)   to prepare (oneself)
presentar   to introduce, to present
presidente, -a (m.f.)   president
préstamo (m.)   loan
prestar   to lend, borrow
primavera (f.)   spring
primero, -a   first
primo, -a (m.f.)   cousin
principal   main
príncipe   prince
prisa (f.)   haste
privado, -a   private
probablemente   probably
probador (m.)   fitting room
probar (o>ue)   to try, to test; to
   prove; —se   to try on
problema (m.)   problem
producir   to produce
producto lácteo (m.)   dairy product
profesión (f.)   profession
profesional (m.f.)   professional
profesor, -a (m.f.)   professor
programa (m.)   program; — de clases
   (m.)   study program
progresista   progressive
promedio (m.)   average
promesa (f.)   promise
pronto: de —   suddenly
propiedad (f.)   personal assets
propina (f.)   tip
propio, -a   own, proper
proponer (conj. like poner)   to
   propose
prostitución (f.)   prostitution
proverbio (m.)   proverb

próximo, -a   next
psiquiatra (*m.f.*)   psychiatrist
publicar   to publish
pueblo (*m.*)   town
puerta (*f.*)   door
pues   for, well, then
puesto (*m.*)   job, position
puesto, -a (*p.p. of* poner *and adj.*)
   set, placed
pulgada (*f.*)   inch
punto de vista (*m.*)   point of view
puntual   punctual
pupila (*f.*)   pupil
puré de papas (*m.*)   mashed potatoes

Q

que   what, that, who, which, whom
¿Qué hay de nuevo?   What's new?
¿Qué tal?   How goes it?
¡Qué va!   Nonsense, are you kidding?
quebrarse (e>ie)   to break
quedar   to be located; to fit, to suit;
   —(se)   to remain; to stay
queja (*f.*)   complaint
quejarse (de)   to complain
querer (e>ie)   to want, to love
querido, -a   dear, darling, honey
queso (*m.*)   cheese
quicio (*m.*)   doorjamb
quien(es)   that, whom, who; de —
   whose
química (*f.*)   chemistry
quince   fifteen
quinientos   five hundred
quinto, -a   fifth
quitar(se)   to take away, to take off

R

radiografía (*f.*)   x-ray
raíz (*f.*)   root
rajita (*f.*)   small slice
ralo, -a   sparse
rallar   to grate
ramo (*m.*)   bouquet
rápido (*m.*)   express (*train*)
rápido, -a (*adj.*)   rapid, fast
raqueta (*f.*)   racket

raro, -a   strange, rare
rascacielo (*m.*)   skyscraper
rasurar(se)   to shave
rato (*m.*)   while, moment
razón (*f.*)   reason
realizar   to accomplish
rebajado, -a   marked down
rebelarse   to rebel
recámara (*f.*) (*Mex.*)   bedroom
recepcionista (*m.f.*)   receptionist
receta (*f.*)   prescription; recipe
recetar   to prescribe
recibir   to receive; — (de)   to
   graduate
recibo (*m.*)   receipt
reciente   recent
recomendación (*f.*)
   recommendation
recomendar (e>ie)   to recommend
reconocer   to recognize
recordar (o>ue)   to remember
recorrer   to walk around
recortar   to trim
rectangular   rectangular
rechazar   to reject
reflejar   to reflect
refresco (*m.*)   soda
refrigerador (*m.*)   refrigerator
regalar   to give (*a gift*)
regalo (*m.*)   gift
regatear   to haggle
registro (*m.*)   register
reír (e>i)   to laugh
relacionado, -a   related
relacionar   to relate
relieve geográfico (*m.*)   geographical
   relief
reloj (*m.*)   watch, clock; — de pulsera
   (*m.*)   wrist watch
relleno, -a   stuffed
remedio (*m.*)   medicine; no hay
   más —   there is no other
   alternative
rentar   to rent
reñido, -a   close, tight (*game*)
reñir (e>i)   to fight
repetir (e>i)   to repeat
requisito (*m.*)   requirement

reservación (*f.*)   reservation
reservar   to reserve
responsabilidad (*f.*)   responsibility
restaurante (*m.*)   restaurant
resto (*m.*)   rest
resultado (*m.*)   result
retirar   to claim, to withdraw, to
   remove
retraso (*m.*)   delay
reunirse   to get together
revisar   to check, to revise
revista (*f.*)   magazine
revolver (o>ue)   to stir
rey   king
rezar   to pray
rico, -a   rich
rincón (*m.*)   corner
río (*m.*)   river
riqueza (*f.*)   richness, wealth
riquísimo, -a   very tasty
rizador (*m.*)   curler
rizo (*m.*)   curl
robar   to steal
robo (*m.*)   robbery
rodilla (*f.*)   knee
rogar (o>ue)   to beg
rojo, -a   red
romper(se)   to break
ron (*m.*)   rum
ropa (*f.*)   clothes; — interior (*f.*)
   underwear
rosa (*f.*)   rose
rosado, -a   pink
rostro (*m.*)   face
roto, -a (*p.p. of* romper *and adj.*)
   broken, torn
rubio, -a   blond(e)
rubiola (*f.*)   German measles
rueda (*f.*)   wheel
ruido (*m.*)   noise
ruina (*f.*)   ruin

S

sábado (*m.*)   Saturday
sábana (*f.*)   sheet
saber   to know
sabiduría (*f.*)   wisdom

sabor (*m.*) flavor

sabroso, -a tasty

sacar to take out; — (**de**) to check out; — **pasaje** to buy (*get*) a ticket

sacudir to dust

sal (*f.*) salt

sala (*f.*) living room; — **de clase** classroom; — **de emergencia** emergency room; — **de equipajes** baggage room; — **de espera** waiting room; — **de rayos equis** x-ray room

saldo (*m.*) balance

salida (*f.*) exit

salir to leave, to go out

salmón (*m.*) salmon

salón (*m.*) room, ballroom; — **de belleza** beauty parlor; — **de estar** family room

salsa (*f.*) sauce

¡salud! (*f.*) cheers!

saludar to greet

saludo (*m.*) greeting

salvar to save

salvavidas (*m.f.*) lifeguard

sandalia (*f.*) sandal

sándwich (*m.*) sandwich

sangrar to bleed

sangre (*f.*) blood

sarampión (*m.*) measles

sargento, -a (*m.f.*) sergeant

sartén (*f.*) frying pan

secador (*m.*) hair dryer

secar to dry

sección (*f.*) section; — **de pagos** payroll department

secretario, -a (*m.f.*) secretary

sed (*f.*) thirst

seda (*f.*) silk

seguir (e>i) to follow, to continue

según according to

segundo, -a second

seguramente surely

seguro, -a (*adj.*) sure; **estar —** to be sure

seguro (*n.m.*) insurance

seis six

seiscientos six hundred

sello (*m.*) stamp

semana (*f.*) week

Semana Santa (*f.*) Holy Week

semestre (*m.*) semester

sencillo, -a single, simple

sentado, -a sitting

sentar(se) (e>ie) to sit, to sit down

sentido (*m.*) sense

sentimental love; sentimental

sentimiento (*m.*) feeling

sentir(se) (e>ie) to feel, to be sorry; to regret

señalar to point out

señor (*abr.* Sr.) Mister, sir, gentleman

señora (*abr.* Sra.) Mrs., Madam, lady

señorita (*abr.* Srta.) miss, young lady

separado, -a separated

septiembre September

séptimo, -a seventh

ser to be

sereno, -a calm

sereno (*m.*) watchman

serio; en — seriously, really

servilleta (*f.*) napkin

servir (e>i) to serve

sesenta sixty

setecientos seven hundred

setenta seventy

sexto, -a sixth

si if

sí yes

sicología (*f.*) psychology

sidra (*f.*) cider

siempre always

siento: lo — I am sorry

siete seven

siguiente following

silenciador (*m.*) muffler

silla (*f.*) chair

sillón (*m.*) armchair

simpático, -a nice, charming

sin without

sinceramente sincerely

sin embargo however

sino but

sistema (*m.*) system

situación (*f.*) situation

sobrante remaining

sobrar to be over and above

sobre about, on

sobre todo above all

sobresalir to be outstanding

sobrina niece

sobrino nephew

social social

sociedad (*f.*) society

sociología sociology

sofá (*m.*) couch

sol (*m.*) sun

solamente only

soldado soldier

soldado (raso) (*m.*) private

solicitar to apply, to request

solicitud (*f.*) application

solo, -a alone

sólo only

soltar (o>ue) to let go, to loosen, to set free

soltero, -a single

solución (*f.*) solution

solucionar to solve

sombra (*f.*) shade

sombrero (*m.*) hat

sombrilla (*f.*) parasol

sonreír to smile

sonar (o>ue) to ring

sopa (*f.*) soup

sorpresa (*f.*) surprise

su his, her, its, your (*formal*), their

suave soft

subdesarrollado, -a underdeveloped

subir to climb, to go up

súbito, -a sudden

suceder to happen

sucesivo, -a following

sucio, -a dirty

sucursal (*f.*) branch

suegra mother-in-law

suegro father-in-law

sueldo (*m.*) salary

sueño (*m.*) dream, sleep

suerte (*f.*) luck

suéter (*m.*) sweater

suficiente enough, sufficient

sufrir to suffer; — **del corazón** to have heart trouble

sugerencia (*f.*)   suggestion
sugerir (e>ie)   to suggest
suicidarse   to commit suicide
sumamente   extremely, very
superior   superior
supervisor, -a (*m.f.*)   supervisor
suponer   to suppose (*conj. like*
   poner)   to suppose
sur (*m.*)   South
suroeste   Southwest
suspirar   to sigh
suyo(-s), suya(-s) (*pron.*)   yours, his,
   hers, theirs

T

tacaño, -a   stingy
talonario de cheques (*m.*)
   checkbook
talla (*f.*)   size
taller (*m.*)   repair shop
también   also, too
tampoco   neither, not either
tan   as, so
tanque (*m.*)   tank
tanto, -a   so much
taquígrafo, -a (*m.f.*)   stenographer
tarde   late
tarde (*f.*)   afternoon
tarea (*f.*)   homework
tarifa (*f.*)   rate
tarjeta (*f.*)   card; — **de crédito**
   credit card; — **de turista**   tourist
   card; — **postal**   post card
taxi (*m.*)   taxi
taza (*f.*)   cup
tazón (*m.*)   bowl
te (*pron.*)   you (*fam.*), to you, (*to*)
   yourself
té (*m.*)   tea
teatro (*m.*)   theater
techo (*m.*)   roof
tela (*f.*)   fabric
teléfono (*m.*)   telephone
telégrafo (*m.*)   telegraph
telegrama (*m.*)   telegram
telenovela (*f.*)   soap opera
televisión (*f.*)   television

televisor (*m.*)   T.V. set
tema (*m.*)   subject, theme
temer   to fear, to be afraid
templo (*m.*)   temple
temporada (*f.*)   season
temprano   early
tender (e>ie)   to tend
tenedor (*m.*)   fork
tenedor, -a de libro (*m.f.*)
   bookkeeper
tener   to have; **tener . . . años**   to
   be . . . years old; — **calor**   to be
   warm; — **frío**   to be cold; —
   hambre   to be hungry; — **miedo**
   to be afraid; — **prisa**   to be in a
   hurry; — **razón**   to be right; — **sed**
   to be thirsty; — **sueño**   to be
   sleepy; — **. . . de atraso**   to be
   behind
tener que   to have to
teniente (*m.f.*)   lieutenant
tenis (*m.*)   tennis
teñir (e>i)   to dye
teorema (*m.*)   theorem
tercero, -a   third
terminar   to finish, to end
terraza (*f.*)   terrace
terrible   terrible
tétano (*m.*)   tetanus
ti (*obj. of prep.*)   you (*fam. sing.*)
tía   aunt
tiempo (*m.*)   time; weather
tienda (*f.*)   store
tienda de campaña (*f.*)   tent
tierra (*f.*)   land
tijeras (*f.*)   scissors
timbre (*m.*)   stamp, doorbell
tímido, -a   shy
tinta (*f.*)   ink
tinto   red (*wine*)
tío   uncle
típico, -a   typical
tipo (*m.*)   type, guy
tirar   to throw
tiza (*f.*)   chalk
toalla (*f.*)   towel
tobillo (*m.*)   ankle
tocador (*m.*)   dresser

tocar   to touch, to play
toda la mañana   all morning long
toda la noche   all night long
toda la tarde   all afternoon
todavía   yet, still
todo, -a   all, whole, entire, every;
   (*pron.*)   everything
todo el día   all day long
todo el mundo   everybody
todo el tiempo   all the time
todos(as)   everybody, all
tomar   to take; to drink; — **le el pelo
   a alguien**   to tease someone, to
   pull someone's leg
tomate (*m.*)   tomato
tontería (*f.*)   nonsense, foolishness
tonto, -a   silly, foolish
toro   bull
torpeza (*f.*)   stupidity
torta (*f.*)   cake
tortilla (*f.*)   omelette; — **de maíz**
   (*f.*)   Mexican corn tortilla
trabajador, -a   hardworking
trabajar   to work
trabajo (*m.*)   work, job
traducción (*f.*)   translation
traducir   to translate
traductor, -a (*m.f.*)   translator
traer   to bring
tragar   to swallow
trágico, -a   tragic
traje (*m.*)   suit
traje de baño (*m.*)   bathing suit
trampa (*f.*)   trap
transacción (*f.*)   transaction
trasbordar   to transfer
trasladar   to transfer
tratar   to try
trece   thirteen
treinta   thirty
tren (*m.*)   train
tres   three
trescientos   three hundred
trigo (*m.*)   wheat
trimestre (*m.*)   quarter
triste   sad
tristeza (*f.*)   sadness
triunfar   to triumph

trozo (*m.*)   piece
trucha (*f.*)   trout
tu   your (*fam. sing.*)
tú   you (*fam. sing.*)
turismo (*m.*)   tourism
turista (*m.f.*)   tourist
turno (*m.*)   appointment
tuyo(-s), tuya(-s) (*pron.*)   yours (*fam. sing.*)

U

últimamente   lately
último, -a   last
un(a) (*m.f.*)   a, an, one
un rato   a short while
único, -a   only, unique; **lo —**   the only thing
unido, -a   united
uniforme (*m.*)   uniform
unir   to unite
universidad (*f.*)   university
urólogo (*m.f.*)   urologist
usar   to wear; to use
uso (*m.*)   use, usage
usted (*abr.* **Ud.**)   you (*form.*)
ustedes (*abr.* **Uds.**)   you (*pl.*)
uva (*f.*)   grape

V

vacaciones (*f. pl.*)   vacation; **de —**   on vacation
vacante   vacant
vacío, -a   empty
vacuna (*f.*)   vaccination
vagón (*m.*)   coach
¡Vale!   Okay!
valer   to be worth
valija (*f.*)   suitcase
valorado, -a   appraised
valla (*f.*)   fence
¡vamos!   come on!

vanidoso, -a   vain
vaquero, -a (*m.f.*)   cowboy, cowgirl
varicela (*f.*)   chicken pox
varios, -as   several, various
vascuence (*m.f.*)   Basque
vaso (*m.*)   glass
vecino, -a   neighbor
veinte   twenty
velocidad (*f.*)   speed
vencido, -a   defeated
vendar   to bandage
vender   to sell
venir   to come
ventana (*f.*)   window
ventanilla (*f.*)   window (*car, bus, train*)
ventoso, -a   windy
ver   to see; **a —**   let's see
verano (*m.*)   summer
verdad (*f.*)   truth
verde   green
verdura (*f.*)   vegetable
vergüenza (*f.*)   shame
vermut (*m.*)   vermouth
vertir (**e>ie**)   to pour
vestido (*m.*)   dress; **— de noche** (*m.*)   evening gown
vestir(se) (**e>i**)   to dress, to get dressed
vez (*f.*)   time
vía aérea   air mail
viajar   to travel
viaje (*m.*)   trip
viajero, -a   traveller
vida (*f.*)   life
vidriera (*f.*)   window
viejo, -a (*adj.*)   old; (*n.m.*)   old man (woman)
viento (*m.*)   wind
viernes (*m.*)   Friday
vino (*m.*)   wine

viña (*f.*)   vineyard
violación (*f.*)   rape
violento, -a   violent
violeta (*f.*)   violet
virar   to turn over
viruela (*f.*)   small pox
visa (*f.*)   visa
visitador, -a social (*m.f.*)   social worker
visitar   to visit
vista (*f.*)   view
visto, -a (*p.p. of* **ver** *and adj.*)   seen
viuda   widow
viudo   widower
¡Viva . . . !   Long live . . . !
vivir   to live
volante (*m.*)   steering wheel
volar (**o>ue**)   to fly
volver (**o>ue**)   to return
vosotros, -as (*m.f.*)   you (*inf. pl.*)
voz (*f.*)   voice
vuelo (*m.*)   flight
vuelto (*m.*)   change
vuestro, -a   your (*inf. pl.*)
vuestro, -a (*pron.*)   yours (*fam. pl.*)

Y

y   and
ya   already
ya que   since
ya verás   you'll see
yerno   son-in-law
yo   I

Z

zanahoria (f.)   carrot
zapatería (f.)   shoe store
zapatero, -a (*m.f.*)   shoemaker
zapato (*m.*)   shoe
zoología (f.)   zoology

English-Spanish

A

a   un, -a
ability   habilidad (*f.*)
about   acerca (de), a eso (de), sobre
above all   sobre todo
accelerator   acelerador (*m.*)
accept   aceptar
accident   accidente (*m.*)
accomplish   realizar, llevar a cabo
according (to)   según
account   cuenta (*f.*)
accounting   contabilidad (*f.*)
ache   doler
activity   actividad (*f.*)
actor   actor
actress   actriz
ad   anuncio (*m.*), aviso (*m.*)
add   agregar, añadir
address   dirección (*n.f.*), domicilio (*n.m.*)
address   dirigirse (a)
adjust   ajustar
administrative   administrativo, -a
admire   admirar
advice   consejo (*m.*)
adviser   consejero, -a (*m.f.*)
affair   asunto (*m.*)
affectionately   afectuosamente
after   después (de)
afternoon   tarde (*f.*); all afternoon   toda la tarde
afternoon snack   merienda (*f.*)
again   otra vez
against   contra
age   edad (*f.*)
agent   agente (*m.f.*)
agree   estar de acuerdo, convenir
agricultural   agrícola
aha   ajá

ahead   adelantado, adelante
air conditioner   aire acondicionado (*m.*)
air force   fuerza aérea (*f.*)
air mail   vía aérea
airport   aeropuerto (*m.*)
alcoholic   alcohólico, -a
all   todos, -as
allergic   alérgico, -a
alligator   caimán (*m.*)
allow   dejar
all right   está bien
almost   casi
alone   solo, -a
already   ya
also   también
although   aunque
always   siempre
ambulance   ambulancia (*f.*)
among   entre
amusement   diversión (*f.*)
amusing   divertido, -a
an   un, -a
analysis   análisis (*m.*)
and   y, e
anesthesia   anestesia (*f.*)
angel   ángel (*m.*)
ankle   tobillo (*m.*)
anniversary   aniversario (*m.*)
announce   anunciar
another   otro, -a
answer   contestar, responder
anthropology   antropología (*f.*)
any   alguno, -a; cualquier, -a
apartment   apartamento (*m.*)
appear   aparecer
appendicitis   apendicitis (*m.*)
apple   manzana (*f.*)
application   solicitud (*f.*)

apply   solicitar
appointment   turno (*m.*)
appraised   evaluado, -a; valorado, -a
appreciate   apreciar
April   abril
argue   discutir
arm   brazo (*m.*), arma (*f.*)
armchair   sillón (*m.*), butaca (*f.*)
army   ejército (*m.*)
around   alrededor (de), por
architect   arquitecto (*m.f.*)
arrange   arreglar
arrest   prender, arrestar
arrival   llegada (*f.*)
arrive   llegar
art   arte (*m.*)
article   artículo (*m.*)
as   como, tan
as soon as   en cuanto
as soon as possible   lo antes posible
as usual   como siempre
ask (*question*)   preguntar; (*request*) pedir
aspirin   aspirina (*f.*)
assault   asalto (*m.*)
assets   propiedad personal (*f.*)
assist   ayudar
assistant   ayudante (*m.f.*)
assure   asegurar
astronomy   astronomía (*f.*)
at   en
athlete   atleta (*m.f.*)
August   agosto
aunt   tía
automatic   automático, -a
autopsy   autopsia (*f.*)
autumn   otoño (*m.*)
avenue   avenida (*f.*)
average   promedio (*m.*)

B

back   espalda (*f.*)
background   fondo (*m.*)
backyard   patio (*m.*)
bad(ly)   malo, -a (*adj.*); mal (*adv.*)
bad breath   mal aliento (*m.*)
baggage room   sala de equipajes (*f.*)
baker   panadero, -a (*m.f.*)
bakery   confitería (*f.*)
baking powder   polvo de hornear (*m.*)
balance   balancear; saldo (*m.*)
bald   calvo, -a
ball   pelota (*f.*)
banana   plátano (*m.*)
bandage   vendar
bank   banco (*n.m.*); bancario, -a (*adj.*)
baptism   bautismo (*m.*)
bar   bar (*m.*)
barbecue   asado (*m.*)
barber   barbero, -a (*m.f.*)
barber shop   barbería (*f.*)
bargain   ganga (*f.*)
bark   ladrar
baseball glove   guante de pelota (*m.*)
basketball   básquetbol (*m.*)
Basque   vascuence (*m.f.*)
bat   bate (*m.*)
bathe   bañar(se)
bathing suit   traje de baño (*m.*)
bathroom   baño (*m.*)
battery   batería (*f.*)
battle   batalla (*f.*)
bay leaf   laurel (*m.*)
be   estar, ser, quedar; — . . . **years old**   tener (cumplir) . . . años; — **able**   poder; — **afraid**   tener miedo; — **cold**   tener frío — **hungry**   tener hambre; — **in a hurry**   tener prisa; — **right**   tener razón; — **sleepy**   tener sueño; — **thirsty**   tener sed; — **warm**   tener calor; — **behind**   tener . . . de atraso; — **born**   nacer; — **cold** (*weather*) hacer frío; — **hot** (*weather*) hacer calor; — **sunny** hacer sol; — **windy**   hacer viento; — **late**   llegar tarde
beach   playa (*f.*)
bean   frijol (*m.*)
beard   barba (*f.*)
beat   batir
beating   paliza (*f.*)
beautiful   precioso, -a, bello, -a, hermoso, -a
beauty parlor   peluquería (*f.*), salón de belleza (*m.*)
become   ponerse + *adj*
become + *noun*   hacerse, convertirse (en)
bed   cama (*f.*)
bedroom   dormitorio (*m.*), alcoba (*f.*), cuarto (*m.*), recámara (*f.*) (*Mexico*)
beer   cerveza (*f.*)
before   antes (de)
beg   rogar
begin   empezar, comenzar
behave   comportarse
behind   detrás
behind (*schedule*)   atrasado, -a
believe   creer, pensar
bellboy   botones (*m.*)
bell pepper   ají (*m.*)
belly   barriga (*f.*)
belong   pertenecer
below   abajo, debajo de
bend   doblar
berth   litera (*f.*)
besides   además
best   (el, la) mejor
bet   apuesta (*n.f.*); apostar
better   mejor
between   entre
big   grande
bilingual   bilingüe
bill   cuenta (*f.*); billete (*m.*)
biology   biología (*f.*)
bird   pájaro (*m.*), ave (*f.*)
birth   nacimiento (*m.*)
birthday   cumpleaños (*m.*)
black   negro, -a
blackboard   pizarra (*f.*)
blame   culpa (*f.*)
blanket   frazada (*f.*)
bleed   sangrar
blessed   bendito, -a
block   cuadra (*f.*)
blond(e)   rubio, -a
blood   sangre (*f.*)
blouse   blusa (*f.*)
blue   azul
blurred   borroso, -a
boarding house   pensión (*f.*)
boat   barco (*m.*)
boil   hervir
book   libro (*m.*)
bookkeeper   tenedor, -a de libros (*m.f.*)
border   borde (*m.*), frontera (*f.*)
bore   aburrir
boring   aburrido, -a
borrow   pedir prestado, prestar
botany   botánica (*f.*)
bother   molestar
bottle   botella (*f.*)
bouquet   ramo (*m.*)
bowl   tazón (*m.*)
box   caja (*f.*)
boy   muchacho, chico
brake   freno (*m.*)
branch   sucursal (*f.*)
brand   marca (*f.*)
brandy   aguardiente (*m.*)
bread   pan (*m.*)
bread crumbs   pan rallado (*m.*)
break   romper, quebrarse
breakfast   desayuno (*m.*)
breast   pecho (*m.*)
brief   breve
bring   traer
brink   borde (*m.*)
broken   roto, -a
broom   escoba (*f.*)
brother   hermano
brother-in-law   cuñado
brown   marrón, café
brunette   moreno, -a
brush   cepillo (*n.m.*); cepillar(se)
building   edificio (*m.*)

bull   toro
bullfight   corrida (*f.*)
bus   ómnibus (*m.*)
business   asunto (*m.*), negocio (*m.*)
businessman   hombre de negocios
busy   ocupado, -a
but   pero, sino
butter   mantequilla (*f.*)
buy   comprar; — (**get**) **a ticket**
  sacar pasaje
by the way   a propósito

C

cabin   cabaña (*f.*)
cadet   cadete (*m.f.*)
cafeteria   cafetería (*f.*)
cake   torta (*f.*)
calculator   calculadora (*f.*)
call   llamar
calm   sereno, -a
camera   cámara fotográfica (*f.*)
camp   acampar
can   lata (*f.*)
cancel   cancelar
candy   dulce (*m.*)
candy shop   dulcería (*f.*)
capable   capaz
capacity   capacidad (*f.*)
capital   capital (*f.*)
capital punishment   pena capital (*f.*)
captain   capitán, -ana (*m.f.*)
car   carro (*m.*), coche (*m.*),
  automóvil (*m.*)
caramel   caramelo (*m.*)
carburetor   carburador (*m.*)
card   tarjeta (*f.*)
cardiologist   cardiólogo, -a (*m.f.*)
career   carrera (*f.*)
caress   acariciar
carnation   clavel (*m.*)
carpenter   carpintero, -a (*m.f.*)
carpet   alfombra (*f.*)
carrot   zanahoria (*f.*)
carry off   llevarse
case   caso (*m.*)
cash   cobrar; al contado
cashier   cajero, -a (*m.f.*)
catch up (**with**)   ponerse al día

cause   causa (*f.*)
cavity   carie (*f.*)
celebrate   celebrar
cent   centavo (*m.*)
certainty   certidumbre (*f.*)
certificate   certificado (*m.*)
certified   certificado, -a
Certified Public Accountant
  contador público, -a (*m.f.*)
chair   silla (*f.*)
chalk   tiza (*f.*)
champagne   champaña (*m.*)
champion   campeón, -ona (*m.f.*)
change   cambio (*n.m.*); vuelto (*m.*);
  cambiar
change one's mind   cambiar de idea
channel   canal (*m.*)
chapter   capítulo (*m.*)
character   personaje (*m.*)
charming   simpático, -a
cheap   barato, -a
cheat   hacer trampa
check   cheque (*n.m.*); revisar
check (**out**)   sacar (de)
checkbook   talonario de cheques
  (*m.*)
checking account   cuenta corriente
  (*f.*)
cheek   mejilla (*f.*)
cheerful   alegre
cheers!   ¡salud!
cheese   queso (*m.*)
chemistry   química (*f.*)
chess   ajedrez (*m.*)
chest   pecho (*m.*)
chest of drawers   cómoda (*f.*)
chew   mascar
chicken   pollo (*m.*)
chicken pox   varicela (*f.*)
chief   jefe, -a (*m.f.*)
child   niño, -a hijo, -a (*m.f*)
childhood   infancia (*f.*)
children   hijos (*m.*)
Chilean   chileno, -a
chin   barbilla (*f.*)
chocolate   chocolate (*m.*)
Christmas   Navidad (*f.*)
Christmas Eve   Nochebuena (*f.*)

choose   escoger, elegir
church   iglesia (*f.*)
cider   sidra (*f.*)
cigarette   cigarrillo (*m.*)
cinnamon   canela (*f.*)
cinnamon stick   barrita de canela
  (*f.*)
citizen   ciudadano, -a, (*m.f.*)
city   ciudad (*f.*)
claim   reclamar, retirar
claim check   comprobante (*m.*)
class   clase (*f.*)
classified   clasificado, -a
classroom   aula (*f.*), sala de clase (*f.*)
clean   limpio, -a; limpiar
cleaning   limpieza (*f.*)
clear   claro, -a
clerk   empleado, -a (*m.f.*)
client   cliente, -a (*m.f.*)
climate   clima (*m.*)
climb   subir, escalar
clock   reloj (*m.*)
close   cerrar
close   reñido (*adj.*) (*game*)
closely   estrechamente
clothes   ropa (*f.*)
clothing store   tienda de ropa (*f.*)
clove   diente (de ajo) (*m.*)
club soda   gaseosa (*f.*)
coach   entrenador, -a (*m.f.*), coche
  (*m.*), vagón (*m.*)
coal   carbón (*m.*)
coat   abrigo (*m.*)
cocktail   cóctel (*m.*)
coffee   café (*m.*)
coffee table   mesa de centro (*f.*)
coin   moneda (*f.*)
cold   frío (*m.*); frío, -a (*adj.*)
coldness   frialdad (*f.*)
collect   cobrar; coleccionar
college   facultad (*f.*)
colonel   coronel, -a (*m.f.*)
color   color (*m.*)
comb   peine (*n.m.*); (*hair*) peinar(**se**)
come   venir
come on!   ¡vamos!
comedian   comediante (*m.f.*)
comfort   comodidad (*f.*)

comfortable cómodo, -a
command orden (f.)
comment comentar
commit suicide suicidarse
compact compacto, -a
company compañía (f.)
competition competencia (f.)
complain quejarse (de)
complaint queja (f.)
compliment piropo (m.)
computer computadora (f.)
conclusion conclusión (f.)
conduct conducir
confirm confirmar
consist consistir (en)
contact lenses lentes de contacto (m.)
content contento, -a
continue continuar, seguir
contract contrato (m.)
contrary contrario, -a; **on the —** al contrario
contribute contribuir
conversation conversación (f.)
converse conversar
cook cocinero, -a (n.m.f.); cocinar
cool enfriar
copper cobre (m.)
corn maíz (m.)
corn meal harina de maíz (f.)
corner rincón (m.)
coroner forense (m.f.)
corporal cabo (m.f.)
corpse cadáver (m.)
cost costar; **— an arm and a leg** costar un ojo de la cara
costume dance baile de disfraces (m.)
couch sofá (m.)
counselor consejero, -a (m.f.)
count contar
country país (m.)
couple pareja (f.)
course curso (m.)
cousin primo, -a (m.f.)
cover cubrir
covered (with) cubierto, -a (de)
cowboy vaquero (m.)

crab cangrejo (m.)
crazy loco, -a
cream crema (f.)
credit card tarjeta de crédito (f.)
crime crimen (m.)
cross cruz (f.)
Cuban cubano, -a
cup taza (f.)
curl rizo (m.)
curler rizador (m.)
current corriente
curtain cortina (f.)
curve curva (f.)
custard flan (m.)
custom costumbre (f.)
customer cliente, -a (m.f.)
customs aduana (f.)
cut (oneself) cortar(se)

D

daily diario, -a
dairy product producto lácteo (m.)
daisy margarita (f.)
dance baile (n.m.); bailar
dancer bailarín, -ina, (m.f.)
dandruff caspa (f.)
dark oscuro, -a
darling cariño, querido, -a
date fecha (n.f.); cita (n.f.); fechar
daughter hija
daughter-in-law nuera
dawn aurora (f.)
day día (m.) **all day long** todo el día
dead muerto, -a
deal asunto (m.)
dear querido, -a
death muerte (f.)
debt deuda (f.)
December diciembre
decide decidir
declare declarar
deer ciervo
defeated vencido, -a
defend defender
degree grado (m.)
delay retraso (m.)

deliver entregar
dent abollar
dental floss hilo dental (m.)
dented abollado, -a
dentist dentista (m.f.)
dentures dientes postizos (m.)
deny negar
depend (on) depender (de)
deposit depositar
deposit slip modelo de depósito (m.)
depression depresión económica (f.)
dermatologist especialista de la piel (m.f.)
descend bajar
desert desierto (m.)
desk escritorio (m.)
despair desesperar
dessert postre (m.)
developed desarrollado, -a
devote (oneself) dedicar(se)
diabetes diabetes (f.)
diabetic diabético, -a
die morir
diet dieta (f.); **to go on a diet** ponerse a dieta
difference diferencia (f.)
different diferente, nuevo, -a, distinto, -a
difficult difícil
dilate dilatar
dining car coche comedor (m.)
dining room comedor (m.)
dinner cena (f.); **have dinner or supper** cenar
director jefe, -a (m.f.)
dirty sucio, -a
discount descuento (m.)
discover descubrir
discuss discutir
disease enfermedad (f.)
dish plato (m.)
dishwasher lavaplatos (m.)
disinfect desinfectar
dispose disponer
disposition disposición (f.)
divide dividir
divine divino, -a
divorced divorciado, -a

dizziness   mareo (*m.*)
do   hacer
doctor   doctor, -a (*m.f.*)
doctor's office   consultorio (*m.*)
document   documento (*m.*)
dog   perro, -a (*m.f.*)
dollar   dólar (*m.*)
door   puerta (*f.*)
doorjamb   quicio (*m.*)
double   doble
double boiler   baño María (*m.*)
doubt   duda (*n.f.*); dudar
doubtful   dudoso, -a
due to   debido a
during   durante
down   abajo
downstairs   abajo
downtown   centro (*m.*)
dozen   docena (*f.*)
dream   sueño (*m.*)
dress   vestido (*m.*)
dresser   tocador (*m.*)
dressmaker   modisto, -a (*m.f.*)
drink   bebida (*n.f.*); tomar, beber
drive   conducir, manejar
driver's license   licencia para
    conducir (*f.*)
drizzle   lloviznar
drowned   ahogado, -a
drug   droga (*f.*)
drug addict   drogadicto, -a (*m.f*)
drunk   borracho, -a
dry   secar
dumb   bobo, -a
dust   polvo (*n.m.*); sacudir
dye   teñir

E

each   cada
ear   oído (*m.*), oreja (*f.*)
early   temprano
earn   ganar
ease   facilidad (*f.*)
East   este (*m.*)
Easter   Pascua Florida (*f.*)
easy   fácil
eat   comer

economics   economía (*f.*)
economist   economista (*m.f.*)
edge   borde (*m.*), orilla (*f.*)
efficiency   eficiencia (*f.*)
efficient   eficiente
effort   esfuerzo (*m.*)
egg   huevo (*m.*)
eight   ocho
eighteen   diez y ocho
eighth   octavo, -a
eight hundred   ochocientos
eighty   ochenta
elbow   codo (*m.*)
elect   elegir
electric   eléctrico, -a
electrician   electricista (*m.f.*)
electricity   electricidad (*f.*)
elegant   elegante
elevator   ascensor (*m.*); elevador (*m.*)
eleven   once
embassy   embajada (*f.*)
emergency   emergencia (*f.*); — room
    sala de emergencia (*f.*)
emperor   emperador (*m.*)
emphasis   énfasis (*m.*)
employ   emplear
empty   vacío, -a
end   fin (*m.*)
engineer   ingeniero (*m.*)
English (language)   inglés (*m.*);
    inglés, inglesa
enjoy   gozar
enormous   enorme
enough   basta (de), suficiente
enrich   enriquecer
enter   entrar (en, a)
entertain   entretener
entrance   entrada (*f.*)
envy   envidia (*f.*)
episode   episodio (*m.*)
er . . .   este . . .
eraser   borrador (*m.*)
err   errar
escalator   escalera mecánica (*f.*)
even   aun, hasta
evening   noche (*f.*)
evening gown   vestido de noche
    (*m.*)

ever   alguna vez
everybody   todos, -as
everywhere   por todas partes
exaggerate   exagerar
exam   examen (*m.*)
examination   examen (*m.*)
examine   examinar
example   ejemplo (*m.*); for — por
    ejemplo
excellent   excelente
except   excepto
exception   excepción (*f.*)
excess   exceso (*m.*)
exchange   cambio (*m.*); cambiar
excited   entusiasmado, -a; excitado,
    -a
excitement   animación (*f.*)
exclaim   exclamar
exit   salida (*f.*)
expensive   caro, -a
experience   experiencia (*f.*)
experiment   experimentar
explain   explicar
explanation   explicación (*f.*)
export   exportación (*f.*)
express (train)   expreso (*m.*), rápido
    (*m.*)
extract   extraer
extraordinary   extraordinario, -a
extremely   sumamente,
    extremadamente
eye   ojo (*m.*)
eye doctor   oculista (*m.f.*)
eyebrow   ceja (*f.*)
eyelash   pestaña (*f.*)

F

fabric   tela (*f.*)
face   cara (*f.*), rostro (*m.*);
    enfrentarse
facility   facilidad (*f.*)
fact: the — is . . .   es que . . .
failure   fracaso (*m.*)
faint   desmayarse, desfallecer
fairy   hada (*f.*)
faithful   fiel
fall   caer(se)

fall asleep   dormirse
fall in love (with)   enamorarse (de)
fame   fama (*f.*)
familiar   familiar
family   familia (*f.*)
family room   salón de estar (*m.*)
fantastic   estupendo, -a fantástico, -a
far   lejos
fare   pasaje (*m.*)
farm worker   campesino, -a (*m.f.*)
fashion   moda (*f.*)
fashion magazine   figurín (*m.*)
fat   gordo, -a
father   padre
father-in-law   suegro
fault   defecto (*m.*), culpa (*f.*)
favorite   favorito, -a
fear   temer
February   febrero
feel   sentir(se)
feeling   sentimiento (*m.*)
fence   cerca (*f.*), valla (*f.*)
fender   guardafango (*m.*)
few   pocos, -as
fiction   ficción (*f.*)
field   campo (*m.*)
fight   pelea (*f.*), lucha (*f.*); luchar, pelear, reñir
fifteen   quince
fifth   quinto, -a
fifty   cincuenta
figure   figura (*f.*)
fill   llenar; — (*cavity*) empastar; — (*a vacancy*) ocupar(se)
filter   filtro (*m.*)
finally, at last   por fin
financial   económico, financiero
find   encontrar
find out   enterarse, averiguar
finger   dedo (*m.*)
finish   concluir, terminar, acabar
fire   lumbre (*f.*), fuego (*m.*), incendio (*m.*)
firefighter   bombero (*m.*)
firm   firma (*f.*)
first   primer, primero, -a; at — al principio

fish   pez, pescado (*m.*); pescar
fishing   pesca (*f.*); **to go fishing**   ir de pesca
fishing pole   caña de pescar (*f.*)
fit   caber; **to fit, to suit**   quedar
fitting room   probador (*m.*)
five   cinco
five hundred   quinientos
fix   arreglar
fixed   fijo, -a
flavor   sabor (*m.*)
flight   vuelo (*m.*)
flirt   coqueta (*f.*)
float   carroza (*f.*)
floor   piso (*m.*)
flower   flor (*f.*)
fly   mosca (*f.*); volar
fog   niebla (*f.*)
folder   carpeta (*f.*)
follow   seguir
following   siguiente, sucesivo, -a
foolish   necio, -a, tonto, -a
foolishness   tontería (*f.*)
foot   pie (*m.*)
football   fútbol (*m.*)
for   para, por, pues
forehead   frente (*f.*)
foreigner   extranjero, -a (*m.f.*)
forget   olvidar(se)
forgive   perdonar
fork   tenedor (*m.*)
form   planilla (*f.*)
former   antiguo, -a
forty   cuarenta
found   fundar
four   cuatro
four hundred   cuatrocientos
fourteen   catorce
fourth   cuarto, -a
France   Francia (*f.*)
free   libre, gratis
freeway   autopista (*f.*)
frequent   frecuente
Friday   viernes (*m.*)
fried   frito, -a
friend   amigo, -a (*m.f.*)
from   de, desde
frown   fruncir el ceño

fruit   fruta (*f.*)
fruit trees   árboles frutales (*m.*)
fry   freir
frying pan   sartén (*f.*)
full   lleno, -a
full of flowers   florido, -a
full of people   concurrido, -a
function   funcionar
funeral home   funeraria (*f.*)
funny   divertido, -a, cómico, -a
furious   furioso, -a
furniture   muebles (*m.*)

G

gallantry   piropo (*m.*)
game   partido (*f.*)
garage   garaje (*m.*)
garbageman   basurero (*m.*)
garden   jardín (*m.*)
gargle   hacer gárgaras
garlic   ajo (*m.*)
gasoline   gasolina (*f.*)
gear shift   cambio de velocidades (*m.*)
Gee   caramba, caray
gelatin   gelatina (*f.*)
general   general
gentleman   caballero
geographical relief   relieve geográfico (*m.*)
geography   geografía (*f.*)
geology   geología (*f.*)
germ   microbio (*m.*)
German (language)   alemán (*m.*)
German measles   rubiola (*f.*)
get   conseguir, obtener; — **dressed** vestirse; — **married** casarse; — **old** envejecer; — (*something*) **dirty** ensuciar; — **together** reunirse; — **undressed** desvestirse; — **up** levantarse; — **up early** madrugar; — **used** (**to**) acostumbrarse (a)
gift   regalo (*m.*)
gin   ginebra (*f.*)
girdle   faja (*f.*)
girl   chica
girlfriend   novia, amiga

give   dar; — (a gift)   regalar; —
  service to   atender
glad   contento, -a; be —   alegrarse
  de
glance   mirada (f.)
glass   vaso (m.)
glasses   gafas (f.), anteojos (m.),
  espejuelos (m.)
glove   guante (m.)
glove compartment   portaguantes
  (m.)
go   ir; — by   pasar; — down   bajar;
  — for a walk or a ride   pasear; —
  out   salir; — to bed   acostarse; —
  up   subir; — away   irse; —
  in   entrar (en, a)
goal   gol (m.) (soccer)
goblet   copa (f.)
God   Dios
godfather   padrino
God grant   ojalá
godmother   madrina
godson   ahijado
gold   oro (m.)
golden (brown)   dorado, -a
golf   golf (m.)
golf club   palo de golf (m.)
good   bueno, -a
good afternoon   buenas tardes
good-bye   adiós
good evening   buenas noches
good morning   buenos días, buen día
good night   buenas noches
grade   nota (f.)
grade school   escuela primaria (f.)
graduate   recibirse (de), graduarse
granddaughter   nieta
grandfather   abuelo
grandmother   abuela
grandson   nieto
grape   uva (f.)
grate   rallar
grease   engrasar
great   gran, grande; estupendo, -a
green   verde
greet   saludar
greeting   saludo (m.)
grey   gris; — hair   cana (f.)

grind   moler
groceries   comestibles (m.)
ground   molido, -a
grow   crecer, cultivar
guide   guiar
guilt   culpa (f.)
gum   encía (f.)
gynecologist   ginecólogo, -a (m.f.)
gypsy   gitano, -a

H

habit   costumbre (f.), hábito (m.)
haggle   regatear
hair   pelo (m.), cabello (m.)
haircut   corte (m.)
hairdo   peinado (m.)
hairdresser   peluquero, -a (m.f.)
hair dryer   secador (m.)
half   medio, -a (adj.); mitad (n.f.)
hallway   pasillo (m.), corredor (m.)
ham   jamón (m.)
hamburger   hamburguesa (f.)
hand   mano (f.)
handbag   bolso de mano (m.)
handkerchief   pañuelo (m.)
hand luggage   maletín (m.)
handsome   guapo, -a
happen   suceder, pasar, ocurrir
happiness   felicidad (f.)
happy   feliz, contento, -a
happy-go-lucky   despreocupado, -a
hard   duro, -a
hardly   apenas
hard worker   trabajador, -a
harp   arpa (f.)
hat   sombrero (m.)
hateful   odioso, -a
have   poseer, tener, haber (aux.); — a
  good time   divertirse; — a nice
  trip   Buen viaje; — a seat   tome
  asiento; — breakfast   desayunar;
  — dinner   cenar; — just   acabar
  de; — lunch   almorzar; — to
  tener que
he   él
head   cabeza (f.)
headache   dolor de cabeza (m.)
health education   higiene (f.)

hear   oír
heart   corazón (m.)
heat   calentar
heaven   cielo (m.)
heavy   pesado, -a
hello   hola
help   ayudar
her   su(s) (adj.)
here   aquí
hero   héroe (m.)
hers   suyo, -a, suyos, -as; (el, la, los,
  las) de ella
high   alto, -a
highway   carretera (f.)
hip   cadera (f.)
hire   emplear
his   su(s) (adj.)
his   suyo, -a, suyos, -as; (el, la, los,
  las) de él
history   historia (f.)
Holy Week   Semana Santa (f.)
home   hogar, (m.), casa (f.)
home economics   economía
  doméstica (f.)
homeland   patria (f.)
homely   feo, -a
homework   tarea (f.)
honey   miel (f.)
hood   capucha (f.), capó (m.),
  cubierta (f.)
hope   esperar; it is to be hoped   es
  de esperar
horse   caballo
hospital   hospital (m.)
hot   caliente
hot water bottle   bolsa de agua
  caliente (f.)
hour   hora (f.)
house   casa (f.)
how   cómo, qué
How goes it?   ¿Qué tal?
how long   cuánto tiempo
how many   cuántos, -as
how much   cuánto, -a
however   sin embargo
hug   abrazo (m.); abrazar
human   humano, -a
humid   húmedo, -a

hundred, one (a) hundred   cien, ciento
hunger   hambre (*f.*)
hunt   cazar
hurry   apresurarse, darse prisa
hurt   doler, lastimar(se)
husband   esposo

I

I   yo
ice   hielo (*m.*)
ice cream   helado (*m.*)
iced   helado, -a
ice pack   bolsa de hielo (*f.*)
idea   idea (*f.*)
if   si
illiterate   analfabeto, -a
immediately   inmediatamente
import   importación (*f.*)
importance   auge (*m.*)
impossible   imposible
(im)probable   (im)probable
improvement   mejora (*f.*)
in   en, dentro, dentro de
(in) cash   (en) efectivo
in charge   encargado, -a
in exchange for   a cambio de
in front of   frente a
in love   enamorado, -a
in order   en regla
in spite of   a pesar de
in (within)   dentro (de)
inch   pulgada (*f.*)
include   incluir
increase   aumento (*m.*); aumentar
incredible   increíble
independence   independencia (*f.*)
Indian   indio, -a
inexpensive   barato, -a
infected   infectado, -a
inferior   inferior
infernal   infernal
inflation   inflación (*f.*)
influence   influir
information   información (*f.*)
inhabitant   habitante (*m.f.*)
injection   inyección (*f.*)

ink   tinta (*f.*)
inside   adentro
insist   insistir
inspector   inspector, -a (*m.f.*)
install   instalar; **on installments**   a plazos
instead of   en lugar de, en vez de
insurance   seguro (*m.*)
insure   asegurar
intelligent   inteligente
interest   interés (*m.*)
interesting   interesante
interior   interior
interpreter   intérprete (*m.f.*)
interview   entrevistar
introduce   presentar
invent   inventar
invite   invitar
iron   hierro (*m.*); planchar
irresistible   irresistible
island   isla (*f.*)
Italian   italiano, -a
its   su(s) (*adj.*)

J

jacket   chaqueta (*f.*)
jail   cárcel (*f.*), prisión (*f.*)
janitor   portero, -a (*m.f.*)
January   enero
jealous   celoso, -a
job   empleo (*m.*)
joint account   cuenta conjunta (*f.*)
joke   bromear
journalist   periodista (*m.f.*)
joy   alegría (*f.*)
judge   juzgar; juez (*n.m.f.*)
juice   jugo (*m.*)
July   julio
June   junio
justify   justificar
juvenile delinquency   delincuencia juvenil (*f.*)

K

keep   guardar
key   llave (*f.*)

kid   bromear
kill   matar
killer   matón (*m.*)
kilogram   kilo, kilogramo (*m.*)
kindness   bondad (*f.*)
kiss   besar
kitchen   cocina (*f.*)
knee   rodilla (*f.*)
kneel down   arrodillarse
knife   cuchillo (*m.*)
knight   caballero
knocked out   fuera de combate
know   conocer, saber
knowledge   conocimiento (*m.*)

L

lack   faltar
ladder   escalera (*f.*)
lake   lago (*m.*)
lamb   cordero (*m.*)
lament   lamentar
lamp   lámpara (*f.*)
land   tierra (*f.*)
landscape   paisaje (*m.*)
language   idioma (*m.*)
lard   manteca (*f.*)
large   grande
last   último, -a (*adj.*); durar; **at —**   por fin; **— night**   anoche
late   tarde
lately   últimamente
later   después, más tarde, luego
laugh   reír
law   ley (*f.*)
lawn   césped (*m.*), zacate (*m.*) (*Méx.*)
lawyer   abogado, -a (*m.f.*)
lead   plomo (*m.*)
leaf   hoja (*f.*)
learn   aprender, averiguar, saber
least: at —   por lo menos
leather   cuero (*m.*)
leave   dejar, salir
left   izquierdo, -a
leg   pierna (*f.*)
lemonade   limonada (*f.*)
lemon tree   limonero (*m.*)
Lent   cuaresma (*f.*)

less menos
lesson lección (f.)
letter carta (f.)
lettuce lechuga (f.)
level nivel (m.)
liar mentiroso, -a (m.f.)
librarian bibliotecario, -a (m.f.)
library biblioteca (f.)
liberty libertad (f.)
license plate chapa (f.)
lie mentir
lieutenant teniente (m.f.)
life vida (f.)
lifeguard salvavidas (m.)
lift levantar, alzar
light lumbre (f.), luz (f.), foco (m.)
like como
likely probable, fácil
like this (that) así
line línea (f.)
lip labio (m.)
list lista (f.)
listen (to) escuchar
literature literatura (f.)
little (quantity) poco, -a; (size)
    pequeño, -a
live vivir
living vida (f.)
living room sala (f.)
loaded (with) cargado, -a (de)
loan préstamo (m.)
lobster langosta (f.)
locked in encerrado, -a
long largo, -a
long live . . . ! ¡Viva . . . !
look mirar, parecer
look for buscar
look like parecerse (a)
lose perder
lot lote de terreno (m.)
love amor (n.m.), cariño (n.m.);
    sentimental (adj.); amar, querer
loving amoroso, -a
low bajo, -a; at low temperature
    a fuego lento
lower berth litera baja (f.)
loyal leal
luck suerte (f.)

luggage equipaje (m.)
lunch almuerzo (m.)

M

M.D. médico, -a (m.f.)
machine máquina (f.)
Madam señora
made hecho, -a
magazine revista (f.); fashion —
    figurín (m.)
magician mago, -a (m.f.)
magnificent magnífico, -a
mail correo (m.)
mailman cartero (m.)
main principal
major mayor (m.f.), especialización
    (f.), especialidad (f.)
majority mayoría (f.)
make hacer; — a phone call llamar
    por teléfono; — an appointment
    pedir turno
make clear aclarar
make fun (of) burlarse (de)
make things worse para colmo de
    males
make up hacer las paces
makeup maquillaje (n.m.)
male macho
man hombre
manage administrar
manager gerente (m.f.)
manger pesebre (m.)
manicure manicura (f.)
many muchos, -as
map mapa (m.)
March marzo
Mardi Gras carnaval (m.)
marital status estado civil (m.)
marked down rebajado, -a
market mercado (m.)
marriage matrimonio (m.)
married casado, -a
Martian marciano, -a
martini martini (m.)
mash aplastar
mashed potatoes puré de papas
massage masaje (m.)

match hacer juego
mathematics matemáticas (f.)
matter importar; it doesn't matter
    no importa
mattress colchón (m.)
May mayo
maybe tal vez, puede ser, quizá(s)
me me (dir, and indir, obj.); mí
    (after prep.)
meal comida (f.)
means medios (m.)
meanwhile mientras tanto
measles sarampión (m.)
meat carne (f.)
meatball albóndiga (f.)
meat cutter, butcher carnicero, -a
    (m.f.)
meat market carnicería (f.)
mechanic mecánico (m.)
medal medalla (f.)
medical center centro médico (m.)
medicine medicina (f.), remedio
    (m.)
meet encontrarse (con)
melon melón (m.)
melt derretir
mention mencionar
menu menú (m.)
merry alegre
Mexican mexicano, -a
Mexican corn tortillas tortillas de
    maiz (f.)
microbiology microbiología (f.)
microscope microscopio (m.)
middle mitad (f.)
midnight medianoche (f.)
midnight mass Misa del Gallo (f.)
midterm mitad de curso (f.)
mile milla (f.)
mileage millaje (m.)
milk leche (f.)
milkman lechero (m.)
million millón (m.)
millionaire millonario, -a
mine mío, -a, míos, -as (pron.)
mineral water agua mineral (f.)
minimum mínimo, -a
minute minuto (m.)

mirror   espejo (*m.*)
Miss, young lady   señorita
Mister, sir   señor
mix   mezcla (*f.*); mezclar
model   modelo (*m.f*)
modern   moderno, -a
mold   molde (*m.*)
Mom   mamá
moment   momento (*m.*), rato (*m.*)
Monday   lunes (*m.*)
money   dinero (*m.*), plata (*f.*)
money order   giro postal (*m.*)
monkey   mono, -a (*m.f.*)
monthly   mensual
moon   luna (*f.*)
more   más
morning   mañana (*f.*); **all — long**
   toda la mañana
mortgage   hipoteca (*f.*); hipotecar
mother   madre
mother-in-law   suegra
motor   motor (*m.*)
mount   montar
mountain   montaña (*f.*)
moustache   bigote (*m.*)
mouth   boca (*f.*)
move   mover; — (*from one house or
   place to another*)   mudarse
movie   película (*f.*)
movie theater   cine (*m.*)
much   mucho, -a
muffler   silenciador (*m.*)
mumps   paperas (*f.*)
murder   asesinato (*m.*)
murderer   asesino, -a (*m.f.*)
music   música (*f.*)
must   deber, hay que
my   mi(s) (*adj.*)

N

nail   clavo (*m.*)
nail polish   esmalte de uñas (*m.*)
name   nombre (*m.*)
napkin   servilleta (*f.*)
national   nacional
nativity scene   nacimiento (*m.*),
   pesebre (*m.*)

navy   marina (*f.*)
near   cerca
near-sighted   miope
necessary   necesario, -a
neck   cuello (*m.*)
need   necesitar
needle   aguja (*f.*)
neighbor   vecino, -a (*m.f.*)
neighborhood   barrio (*m.*)
neither   ni, tampoco
nephew   sobrino
nettle   ortiga (*f.*)
neurologist   neurólogo, -a (*m.f.*)
never   jamás, nunca
new   nuevo, -a
news   noticias (*f.*)
newspaper   periódico (*m.*)
next   próximo, -a
next (door) to   al lado de
next (to)   junto (a); **the — day**   al día
   siguiente
nice   simpático, -a
niece   sobrina
night   noche (*f.*); **all — long**   toda la
   noche
nine   nueve
nine hundred   novecientos
nineteen   diez y nueve
ninth   noveno, -a
ninety   noventa
no   no; **— buts about it**   no hay pero
   que valga
nobody   nadie
no one   nadie
noise   ruido (*m.*)
none   ninguno
nonsense   qué va, tontería (*f.*)
noon   mediodía (*m.*)
nor   ni
North   norte (*m.*)
North American   norteamericano, -a
nose   nariz (*f.*)
not   no
not any   ningún, ninguno, -a
not either   tampoco
notary public   notario público (*m.*)
note   nota (*f.*)
notebook   cuaderno (*m.*)

nothing   nada
notice   notar
novel   novela (*f.*)
November   noviembre
now   ahora
nowadays   hoy en día
number   número (*m.*)
nun   monja
nurse   enfermero, -a (*m.f.*)

O

obey   obedecer
object   objeto (*m.*)
obtain   lograr, conseguir
occasion   ocasión (*f.*)
ocean   oceáno (*m.*)
o'clock   en punto
October   octubre
oculist   oculista (*m.f.*)
of   de
of course!   ¡claro que sí!, por
   supuesto
offer   ofrecer
office   oficina (*f.*)
officer   oficial (*m.f.*)
often   a menudo
oh   ah, ay
oil   petróleo (*m.*); aceite (*m.*)
Okay!   ¡Vale!
old   antiguo, -a; viejo, -a
older   mayor
oldest   (el, la) mayor
olive tree   olivo (*m.*)
omelette   tortilla
on   sobre; **— foot**   a pie; **— the rocks**
   con hielo; **— vacation**   de
   vacaciones; **— installments**   a
   plazos; **— time**   a tiempo
one   uno, -a
one way   de ida
onion   cebolla (*f.*)
only   solamente, sólo, único, -a
open   abierto, -a; abrir
operate   operar
opponent   oponente (*m.f.*)
opportunity   oportunidad (*f.*)
optimistic   optimista

or　o

orange　anaranjado, -a (*adj.*); naranja (*f.*)

orange tree　naranjo (*m.*)

orchard　huerta (*f.*)

orchestra　orquesta (*f.*)

orchid　orquidea (*f.*)

order　encargar, pedir

order　pedido (*m.*)

organization　organización (*f.*)

orthopedist　ortopédico, -a (*m.f.*)

other　otro, -a

other(s)　demás (*adj. and pron.*)

ouch　ay

ours　nuestro, -a, nuestros, -as (*pron.*)

out of order　descompuesto, -a

outside　afuera

outstanding: to be —　sobresalir

oven　horno (*m.*)

over: to be — and above　sobrar

owe　deber

own　propio, -a (*adj.*); poseer

P

pack　hacer las maletas

package　paquete (*m.*)

page　página (*f.*)

pain　dolor (*m.*)

painful　doloroso, -a

pair　par (*f.*)

Palm Sunday　Domingo de Ramos

palm tree　palmera (*f.*)

pants　pantalón (*m.*), pantalones

paper　papel (*m.*)

parade　desfile (*m.*)

parasol　sombrilla (*f.*)

pardon　perdón (*m.*); **Pardon?** ¿Cómo?

parents　padres (*m.*)

participate　participar

party　fiesta (*f.*)

pass　pasar, aprobar

passbook　libreta de ahorros (*f.*)

passionate　apasionado, -a

past　pasado, -a

pay　pagar

payment　pago (*m.*)

payroll　pago (*m.*)

payroll department　sección de pagos (*f.*)

peach　melocotón (*m.*), durazno (*m.*)

pear　pera (*f.*)

pearl　perla (*f.*)

pediatrician　especialista de niños (*m.f.*), pediatra (*m.f.*)

peel　pelar

pen　pluma (*f.*)

penance　penitencia (*f.*)

pencil　lápiz (*m.*)

penicillin　penicilina (*f.*)

people　gente (*f.*)

pepper　pimienta (*f.*)

per cent　por ciento

perfect　perfecto, -a

perform　desempeñar(se)

perfume　perfume (*m.*)

period　período (*m.*)

permanent　permanente (*m.*)

permit　permitir, permiso (*m.*)

person　persona (*f.*), individuo (*m.*)

personal　personal

personality　personalidad (*f.*)

personnel　personal (*m.*)

Peruvian　peruano, -a

pessimistic　pesimista

pharmacist　farmacéutico, -a (*m.f.*)

pharmacy　farmacia (*f.*)

photograph　foto (*f.*), fotografía (*f.*)

physical education　educación física (*f.*)

physics　física (*f.*)

piano　piano (*m.*)

picture　cuadro (*m.*)

piece　trozo (*m.*)

pillow　almohada (*f.*)

pillowcase　funda (*f.*)

pink　rosado, -a

piranha　piraña (*f.*)

place　lugar (*m.*); poner

plan　planear, pensar; plan (*m.*)

plane　avión (*m.*)

plastic　plástico (*m.*)

plate　plato (*m.*)

platform　andén (*m.*)

play　tocar, jugar

player　jugador, -a (*m.f.*)

pleasant　agradable

please　por favor; complacer, gustar

pleasure　gusto (*m.*), placer (*m.*)

pluck　depilar

poem　poema (*m.*)

poet　poeta (*m.*)

point of view　punto de vista (*m.*)

point out　señalar

policeman　policía (*m.*)

police station　estación de policía (*f.*)

politely　atentamente

political science　ciencia política (*f.*)

poor　pobre

population　población (*f.*)

porch　portal (*m.*)

possess　poseer

possibility　posibilidad (*f.*)

post card　tarjeta postal (*f.*)

post office　oficina de correos (*f.*)

Post Office Box　apartado postal (*m.*)

potato　papa, patata (*f.*)

pound　libra (*f.*)

pour　verter

poverty　pobreza (*f.*)

power　poder (*m.*)

practice　práctica (*f.*); practicar

pray　rezar, orar

precious　precioso, -a

prefer　preferir

preferable　preferible

pregnant　embarazada

prepare (oneself)　preparar(se)

prescribe　recetar

prescription　receta (*f.*)

present　presentar

president　presidente, -a (*m.f.*)

press　prensa (*f.*)

pretty　bonito, -a, bello, -a

previous　antiguo, -a

price　precio (*m.*)

priceless　inapreciable

pride　orgullo (*m.*)

priest　cura

prince　príncipe

private　soldado raso (*m.*); privado, -a

probably probablemente
problem problema (*m.*)
produce producir
profession profesión (*f.*)
professional profesional (*m.f.*)
professor profesor, -a (*m.f.*)
program programa (*m.*)
progressive progresista
promise promesa (*f.*)
promissory note pagaré (*m.*)
property propiedad (*f.*)
propose proponer
prove probar
proverb proverbio (*m.*)
psychiatrist siquiatra (*m.f.*)
psychology sicología (*f.*)
publish publicar
pumpkin calabaza (*f.*)
punctual puntual
pupil pupila (*f.*)
purpose empresa (*f.*), propósito (*m.*)
purse bolsa (*f.*); cartera (*f.*)
put poner
put on ponerse
put out (*a fire*) apagar
put to bed acostar
pyorrhea piorrea (*f.*)

Q

quality cualidad (*f.*)
quantity cantidad (*f.*)
quarter cuarto, -a, trimestre (*m.*)
question pregunta (*f.*), cuestión (*f.*)

R

race carrera (*f.*)
racket raqueta (*f.*)
rain lluvia (*f.*); llover
raincoat impermeable (*m.*)
rainy lluvioso, -a
raise criar
ranch hacienda (*f.*), rancho, (*m.*), estancia (*f.*)
rape violación (*f.*)
rapid rápido, -a
rare raro, -a

rate tarifa (*f.*)
rather más bien
razor máquina de afeitar (*f.*)
read leer
ready listo, -a
real estate agency agencia de bienes raíces (*f.*)
realize darse cuenta (de)
rebel rebelarse
receipt recibo (*m.*)
receive recibir
recent reciente
receptionist recepcionista (*m.f.*)
recipe receta (*f.*)
recognize reconocer
recommend recomendar
recommendation recomendación (*f.*)
rectangular rectangular
red rojo, -a; (*wine*) tinto
redheaded pelirrojo, -a
reflex reflejar
refrigerator refrigerador (*m.*)
register registro (*m.*); matricularse
registered certificado, -a
registration licencia (*f.*), matrícula (*f.*)
regret sentir
regrettable lamentable
reject rechazar
relate relacionar
related relacionado, -a
remain quedar(se)
remaining sobrante
remember acordarse (de), recordar
remove retirar
rent alquilar, rentar; alquiler (*m.*)
repair shop taller (*m.*)
repeat repetir
repent arrepentirse
request solicitar
requirement requisito (*m.*)
reservation reservación (*f.*)
reserve reservar
responsibility responsabilidad (*f.*)
rest resto (*m.*), demás
restaurant restaurante (*m.*)
result resultado (*m.*)

return volver; devolver
revenue ingreso (*m.*)
rice arroz (*m.*)
rich rico, -a
ride montar
right derecho, -a (*adj.*); derecho (*n.m.*) (*law*); — **away** en seguida; — **now** ahora mismo; — **there** ahí mismo
ring anillo (*m.*); sonar
rinse (out) enjuagar(se)
river río (*m.*)
road carretera (*f.*), camino (*m.*)
roast asado, -a; barbecue (*m.*)
robbery robo (*m.*)
rod palo (*m.*)
role papel (*m.*)
roll enrollar
roof techo (*m.*)
room habitación (*f.*), cuarto (*m.*), salón (*m.*)
root raíz (*f.*)
rose rosa (*f.*)
round asalto (*m.*)
rug alfombra (*f.*)
ruin ruina (*f.*)
rum ron (*m.*)
run correr
run away huir, escapar
run into atropellar

S

sad triste
sadness tristeza (*f.*)
safe deposit box caja de seguridad (*f.*)
sailboat barco de vela (*m.*)
salad ensalada (*f.*)
salary sueldo (*m.*)
sale venta (*f.*)
salmon salmón (*m.*)
salt sal (*f.*)
same: the — thing lo mismo
sand arena (*f.*)
sandal sandalia (*f.*)
sandwich bocadillo (*m.*) (*Sp.*), sándwich (*m.*)

sargeant sargento, -a (*m.f.*)
Saturday sábado (*m.*)
sauce salsa (*f.*)
saucepan cacerola (*f.*)
saucer platillo (*m.*)
save salvar, ahorrar
savings ahorros (*m.*); — **account** cuenta de ahorros (*f.*)
say decir
schedule horario (*m.*), itinerario (*m.*)
school escuela (*f.*)
school teacher maestro, -a (*m.f.*)
scissors tijeras (*f.*)
scream gritar
sea mar (*m.*)
seafood mariscos (*m.*)
search buscar
season temporada (*f.*), estación (*f.*)
seat asiento (*m.*)
second segundo, -a
second half segundo tiempo (*m.*)
secretary secretario, -a (*m.f.*)
section sección (*f.*)
see ver; **let's —** a ver
seem parecer
sell vender
semester semestre (*m.*)
send enviar
sense sentido (*m.*)
sentimental sentimental
separated separado, -a
September septiembre
sergeant sargento, -a (*m.f.*)
serious grave
seriously en serio
servant criado, -a (*m.f.*)
serve servir
service servicio (*m.*)
service station gasolinera (*f.*), estación de servicio (*f.*)
set fijo, -a; puesto, -a; peinado (*m.*)
set foot pisar
set of teeth dentadura (*f.*)
set the table poner la mesa
seven siete
seven hundred setecientos
seventeen diez y siete
seventh séptimo, -a

seventy setenta
several varios, -as
sewing machine máquina de coser (*f.*)
shade sombra (*f.*)
shame vergüenza (*f.*)
shampoo champú (*m.*)
shave afeitar(se), rasurar(se)
she ella
sheet sábana (*f.*)
shine lustrar
ship barco (*m.*)
shirt camisa (*f.*)
shoe zapato (*m.*)
shoemaker zapatero, -a (*m.f.*)
shoe polish betún (*m.*)
shoeshine boy limpiabotas (*m.*), lustrabotas (*m.*)
shoe store zapatería (*f.*)
shopping: to go — ir de compras
short bajo, -a; **a — while** (un) rato
short corto, -a
short story cuento (*m.*)
shot inyección (*f.*)
shoulder hombro (*m.*)
shout gritar
show espectáculo (*m.*); mostrar, demostrar
shrimp camarones (*m.*)
shy tímido, -a
sick enfermo, -a
sickness enfermedad (*f.*)
side costado (*m.*), lado (*m.*)
sideburn patilla (*f.*)
sidewalk acera (*f.*)
sidewalk cafe café al aire libre (*m.*)
sign suspirar
sign letrero (*m.*); firmar
signature firma (*f.*)
silk seda (*f.*)
silly tonto, -a, necio, -a
silver plata (*f.*)
since ya que
sincerely sinceramente
sing cantar
singer cantante (*m.f.*)
single sencillo, -a; soltero, -a (*unmarried*)

sink fregadero (*m.*)
sister hermana
sister-in-law cuñada
sit (down) sentar(se)
sitting sentado, -a
situation situación (*f.*)
six seis
six hundred seiscientos
sixteen diez y seis
sixth sexto, -a
sixty sesenta
size talla (*f.*), medida (*f.*)
sleep dormir
sleeper car (Pullman) coche cama (*m.*)
slender delgado, -a
so de modo que
soap jabón (*m.*)
soft suave
soldier soldado
solution solución (*f.*)
solve solucionar
some alguno, -a
somebody alguien
someone alguien
something algo
sometimes a veces
son hijo
song canción (*f.*)
son-in-law yerno
sorry: be — lamentar, sentir
soul alma (*f.*)
soup sopa (*f.*)
source fuente (*f.*)
South sur (*m.*)
spacious espacioso, -a
Spanish español (*m.*) *language*; español, -a (*m.f. and adj.*)
spanking paliza (*f.*)
spark plug bujía (*f.*)
sparse ralo, -a
special especial
specialty especialidad (*f.*), especialización (*f.*)
speak hablar
speed velocidad (*f.*)
spell deletrear
spend (*money*) gastar; (*time*) pasar

spit escupir
splinter astilla (*f.*)
spoon cuchara (*f.*)
spoonful cucharada (*f.*)
sport deporte (*m.*)
spring primavera (*f.*)
square plaza (*f.*)
squid calamar (*m.*)
stadium estadio (*m.*)
stairs escaleras (*f.*)
stamp estampilla (*f.*), timbre (*m.*), sello (*m.*)
stand in line hacer cola
standard nivel (*m.*)
standard shift de cambios mecánicos; mecánico, -a
standing parado, -a
star estrella (*f.*)
starry estrellado, -a
start empezar, comenzar
starter arranque (*m.*)
station estación (*f.*)
stay quedar(se)
steak biftec (*m.*)
steal robar
steering wheel volante (*m.*)
stenographer taquígrafo, -a (*m.f.*)
step pisar
stick barrita (*f.*), palo (*m.*)
still todavía, aún
stingy avaro, -a, tacaño, -a
stir revolver
stocking media (*f.*)
stomach estómago (*m.*)
stop parar
stop over hacer escala
stove estufa (*f.*); cocina (*f.*)
straight lacio, -a, derecho, -a
straight ahead derecho
strange extraño, -a, raro, -a
strawberry fresa (*f.*)
street calle (*f.*)
stretch estirar
strict estricto, -a
strike huelga (*f.*)
student alumno, -a (*m.f.*), estudiante (*m.f.*)
study estudio (*m.*); estudiar

study program programa de clases (*m.*)
stuffed relleno, -a
stupid estúpido, -a, bobo, -a
stupidity torpeza (*f.*)
style: to be in — estar de moda
subject tema (*m.*), materia (*f.*); asignatura (*f.*)
subway metro (*m.*)
success éxito (*m.*)
sudden súbito, -a
suddenly de pronto
suffer sufrir
sufficient suficiente
sugar azúcar (*m.*)
suggest sugerir
suggestion sugerencia (*f.*)
suit traje (*m.*); quedar; convenir
suitcase maleta (*f.*), valija (*f.*)
summer verano (*m.*)
sun sol (*m.*)
Sunday domingo (*m.*)
superior superior
supervisor supervisor, -a (*m.f.*)
supper cena (*f.*)
suppose suponer
sure seguro, -a
surely seguramente, cómo no
surgeon cirujano, -a (*m.f.*)
surname apellido (*m.*)
surprise sorpresa (*f.*)
swallow tragar
sweater suéter (*m.*)
sweep barrer
sweet dulce (*adj.*); dulce (*n.m.*)
sweetheart corazón
swim nadar
swimming pool piscina (*f.*), alberca (*f.*) (*Mex.*)
swollen inflamado, -a
syrup almíbar (*m.*)
system sistema (*m.*)

T

table mesa (*f.*)
tablecloth mantel (*m.*)
take tomar, llevar; **— (a certain) size**

(in shoes) calzar; **— advantage of** aprovechar(se) de; **— away** quitarse; **— care** cuidar; **— off** quitarse; **— out** sacar; **— place** ocurrir, suceder
talk conversar, hablar
tall alto, -a
tank tanque (*m.*)
taste: to — a gusto
tasty sabroso, -a
tax impuesto (*m.*)
taxi taxi (*m.*)
tea té (*m.*)
teach enseñar
teacher maestro, -a (*m.f.*)
team equipo (*m.*)
tearoom confitería (*f.*)
tease (someone) tomarle el pelo (a alguien)
teaspoon cucharita (*f.*)
teaspoonful cucharadita (*f.*)
telegram telegrama (*m.*)
telegraph telégrafo (*m.*)
telephone teléfono (*m.*)
television televisión (*f.*)
television set televisor (*m.*)
tell contar, decir
temple templo (*m.*)
ten diez
tend tender, cuidar
tennis tenis (*m.*)
tent tienda de campaña (*f.*)
tenth décimo, -a
term plazo (*m.*)
terrace terraza (*f.*)
terrible terrible
test análisis (*m.*); probar
tetanus tétano (*m.*)
thank you gracias
thank you very much muchas gracias
that (*adj.*) (*near person addressed*) ese, esa (-os, -as); (*distant*) aquel, aquella (-os, -as); (*pron.*) ése, ésa (-os, -as), aquél, aquélla (-os, -as), (*neuter*) eso, aquello; (*relative pron.*) que, quien
the el (*m. sing.*), la (*f. sing.*), los (*m. pl.*), las (*f. pl.*)

theater   teatro (*m.*)
their   su(s) (*adj.*)
theirs   (*pron.*) suyo, -a, suyos, -as (el, la, los, las) de ellos (ellas)
theme   tema (*m.*)
then   entonces, pues, luego
theorem   teorema (*m.*)
there   allí
there is, there are   hay
there's no other alternative   (*idiom*)   no hay más remedio
these   (*adj.*) estos, estas; (*pron.*), éstos, éstas
they   ellos, -as (*m.f.*)
thief   ladrón, -ona (*m.f.*)
thin   delgado, -a
thing: the only —   lo único
think   pensar
third   tercero, -a
thirst   sed (*f.*)
thirteen   trece
thirty   treinta
this   (*adj.*) este, esta; (*pron.*) **this (one)** éste, ésta; (*neuter*) esto
thistle   cardo (*m.*)
those   (*adj.*) (*near person addressed*) esos, -as; (*distant*) aquellos, -as; (*pron.*) ésos, -as, aquéllos, -as
thousand   mil
thread   hilo (*m.*)
threaten   amenazar
three   tres
three hundred   trescientos
through   por, a través de
throw   tirar, arrojar
Thursday   jueves (*m.*)
ticket   pasaje (*m.*), billete (*m.*), boleto (*m.*); **— office** despacho de boletos (*m.*)
tie   corbata (*f.*)
tight (*game*) reñido
tighten   apretar
timber   madero (*m.*)
time   hora (*f.*), tiempo (*m.*), vez (*f.*); **all the —** todo el tiempo; **at the present —** actualmente, hoy en día; **have a good —** pasarlo divinamente, pasarlo bien, divertirse

time   época (*f.*)
time limit certificate   certificado de depósito a plazo fijo
timetable   itinerario; horario
tin   hojalata (*f.*), estaño (*m.*)
tip   propina (*f.*)
tired   cansado, -a
tire: flat —   goma pinchada (*f.*)
tired: get —   cansarse
to   a
today   hoy
toe   dedo (*m.*)
together   juntos, -as
toilet tissue   papel higiénico (*m.*)
tomato   tomate (*m.*)
tomorrow   mañana
tongue   lengua (*f.*)
tonight   esta noche
too   demasiado, -a
tooth   diente (*m.*), muela (*f.*)
toothbrush   cepillo de dientes (*m.*)
toothpaste   pasta dentífrica (*f.*)
torn   roto, -a
touch   tocar
tough   duro, -a
tourist   turista (*m.f.*)
tourist card   tarjeta de turista (*f.*)
toward   hacia
towel   toalla (*f.*)
town   pueblo (*m.*)
toy   juguete (*m.*)
trade   oficio (*m.*)
tragic   trágico, -a
train   tren (*m.*)
transaction   transacción (*f.*)
transfer   trasladar; trasbordar
translate   traducir
translation   traducción (*f.*)
translator   traductor, -a (*m.f.*)
travel   viajar
travel agency   agencia de viajes (*f.*)
traveler   viajero, -a (*m.f.*)
traveler's check   cheque de viajero (*m.*)
tree   árbol (*m.*)
trim   recortar
trip   viaje (*m.*); **round —** de ida y vuelta

triumph   triunfar
trout   trucha (*f.*)
truck   camión (*m.*)
trunk   maletero (*m.*), cajuela (*Mex.*)
truth   verdad (*f.*)
try   tratar (de); probar
try on   probar(se)
Tuesday   martes (*m.*)
tourism   turismo (*m.*)
turkey   pavo (*m.*)
turn   doblar
turn in   entregar
turn (into)   convertirse, volverse
turn off   apagar
turn on   encender
turn over   virar
turn signal   indicador (*m.*)
twelve   doce
twenty   veinte
two   dos
two hundred   doscientos
two-way street   calle de dos vías (*f.*)
type   tipo (*m.*); escribir a máquina
typewriter   máquina de escribir (*f.*)
typical   típico, -a
typing   mecanografía (*f.*)
typist   mecanógrafo, -a (*m.f.*)

U

ugly   feo, -a
umbrella   paraguas (*m.*)
uncle   tío
under   bajo
underdeveloped   subdesarrollado, -a
understand   entender, comprender
underwear   ropa interior (*f.*)
unemployment   desempleo (*m.*)
unexpected   inesperado, -a
unfortunate   pobre, desgraciado, -a
uniform   uniforme (*m.*)
unique   único, -a
unite   unir
united   unido, -a
United States   Estados Unidos (*m.*)
university   universidad (*f.*)
unlikely   difícil, improbable

unpleasant   antipático, -a, desagradable
until   hasta, hasta que (*conj.*)
upper berth   litera alta (*f.*)
upstairs   arriba
urologist   urólogo, -a (*m.f.*)
us   nos (*dir. and indir. obj.*); nosotros, -as (*after prep.*)
usage   uso (*m.*)
use   uso (*m.*)
use   usar, gastar
used (to)   acostumbrado, -a
usual   acostumbrado, -a

V

vacant, free   libre, vacante
vacation   vacaciones (*f.*); **to be on —** estar de vacaciones
vaccination   vacuna (*f.*)
vacuum   pasar la aspiradora
vacuum cleaner   aspiradora (*f.*)
vain   vanidoso, -a
various   varios, -as
vegetable   verdura (*f.*)
vermouth   vermut (*m.*)
very   muy
very much   muchísimo, -a
view   vista (*f.*)
vineyard   viña (*f.*)
violent   violento, -a
violet   violeta (*f.*)
visa   visa (*f.*)
visit   visitar
voice   voz (*f.*); **to raise one's — ** alzar la voz; **at the top of one's — ** a gritos

W

waist   cintura (*f.*)
wait   esperar
wait on   atender
waiter   mozo (*m.*), camarero, -a
waiting list   lista de espera (*f.*)
waiting room   sala de espera (*f.*)
wake up   despertar(se)
walk   andar, caminar

walk around   recorrer
wall   pared (*f.*), muro (*m.*)
wallet   billetera (*f.*)
want   querer, desear
war   guerra (*f.*)
wardrobe   guardarropa (*m.*)
wash   lavar
wasp   avispa (*f.*)
watch   reloj (*m.*)
watchman   sereno (*m.*)
watch one's figure   guardar la línea
water   agua (*f.*)
water pump   bomba de agua (*f.*)
way   modo (*m.*), manera (*f.*)
we   nosotros, -as (*m.f.*)
wealth   riqueza (*f.*)
weapon   arma (*f.*)
wear   usar, llevar puesto
wedding   boda (*f.*)
Wednesday   miércoles (*m.*)
week   semana (*f.*)
weekend   fin de semana (*m.*)
weigh   pesar
well   pozo (*m.*); bien, pues (*adv.*)
West   oeste (*m.*)
wet   mojar
what   qué, cual, lo que
what for?   ¿para qué?
What's new?   ¿Qué hay de nuevo?
wheat   trigo (*m.*)
wheel   rueda (*f.*)
when   cuando
where   dónde
where (to)   a dónde
which   cual (*pl.* cuales), que, lo que, lo cual (*pl.* los cuales)
while   rato (*m.*); mientras; **a — later** al rato
white   blanco, -a
who   quien(es), que
whole   entero, -a
whom   quien, que
whose   de quién(es); cuyo(a)
why   por qué
widespread   extendido, -a
widow   viuda
widower   viudo
wife   esposa

win   ganar
wind   viento (*m.*)
window   ventana (*f.*), vidriera (*f.*), ventanilla (*f.*)
windshield   parabrisas (*m.*)
windshield wiper   limpiaparabrisas (*m.*)
windy   ventoso, -a
wine   vino (*m.*)
winter   invierno (*m.*)
wisdom   sabiduría (*f.*)
wisdom tooth   muela de juicio (*f.*)
wish   desear
witch   bruja
with   con, de, en
withdraw   retirar
within   dentro (de)
without   sin
woman   mujer
wood   madera (*f.*)
word   palabra (*f.*)
work   trabajo (*m.*); trabajar, funcionar
worker   obrero, -a (*m.f.*)
world   mundo (*m.*)
worried   preocupado, -a
worse   peor
worst   (el, la) peor
worth: be —   valer
wound   herida (*f.*)
wrap   envolver
wrestling   lucha libre (*f.*)
wrist   muñeca (*f.*)
wrist watch   reloj de pulsera (*m.*)
write   escribir
write down   anotar
wrong   equivocado, -a; **to be —**   no tener razón

X

X-ray   radiografía (*f.*)
X-ray room   sala de rayos equis (*f.*)

Y

year   año (*m.*)
yearly   anual

yellow   amarillo, -a
yes   sí
yesterday   ayer
yet   todavía
you   (*fam. sing.*) tú, (*pl.*) vosotros, -as; (*dir. and indir. obj.*) te, os; (*after prep.*) ti, vosotros, -as
you   (*polite*) (*subject pron. and after prep.*) usted (Ud.), ustedes (Uds.); (*dir. obj.*) le, la, los, las; (*indir. obj.*) les, se
young   joven
younger   menor
youngest   (el, la) menor
young pig   lechón (*m.*)
your   (*adj.*) (*fam.*) tu(s), vuestro(s), -a(s); (*formal*) su(s), de Ud. (Uds.)
yours   (*pron.*) (*fam.*) (el) tuyo, (la) tuya, (los) tuyos, (las) tuyas, (el) vuestro, (la) vuestra, (los) vuestros, (las vuestras; (*formal*) (el) suyo, (la) suya, (los) suyos, (las) suyas, (el, la, los, las) de Ud. (Uds.)
youth   juventud (*f.*)

Z

zero   cero
zoology   zoología (*f.*)

Index

a: + **el**, 42; for 'at', 184; omission of personal a, 41; personal, 41
abbreviations, 6, note 370
acabar de, 160
accentuation, 411
address: forms of, 14
adjectives: agreement of, 27, 28, note 62, 234; change in meaning according to position, 158; comparison of, 46, 124; demonstrative, 76, 77; past participle used as, 234; position of, 157; possessive, 28, 29, note 121; with neuter **lo,** note 169
adverbs: comparison of, 46, 124; formation of, 159
affirmative and negative expressions, 74, 75
alphabet: Spanish, 410
article, definite: agreement, 17; contraction with **el,** 42; **el** with feminine nouns, note 244; for the possessive, 235; forms, 17; general use of, 17, note 31, 171; in a general sense and with abstract nouns, 236; in comparison of adjectives and adverbs, 47; in expressing time, 56, 58; **lo,** see neuter **lo;** used before time of day, 56, 57; used to avoid repetition, note 293; with days of the week, note 53; with titles, note 5
article, indefinite: agreement of, 40; forms of, 40; **un** with feminine nouns, note 244

capitalization, 6, 70, note 11
-car verbs, 154, 420
cardinal numbers, 2, 25, 40, 56; with dates, 61; with nouns, 157
-cer and **-cir** verbs, 420
cien(to), 56
cognates, 412
commands: equivalent to "let's", 319, 320; formal direct, 211, 212; indirect or implied, 298, 300; informal **tú** and **vosotros,** 340, 341; negative informal singular and plural, 341; object pronouns with direct, 213
comparison: of adjectives, 46, 124; of adverbs, 46, 124; of equality, 46
compound tenses, 232–234, 271, 272, 339
con: conmigo, contigo, 175
conditional: for probability in the past, 253; forms, 250; irregular forms, 252; perfect, 272, 273; perfect to express probability in the past, 273; uses of, 250, 251, 273
conocer: uses of, 104, 199
consonants, 404–408
contractions: **a + el,** 42; **de + el,** 42
contrary-to-fact sentences, 374
cual(es), use as "what", 301
cuyo, 255

days of the week, 6
de: after a superlative, 47; before a numeral, 46; equivalent to "with", note 37; for "than", 46; in expressing time, 58; in prepositional phrases, note 117; plus **el,** 42; possession, 26
¿de quien(es)?, 255
definite article, see article, definite
demonstrative: adjectives, 76, 77; pronouns, 78
diminutives, 275
diphthongs, 404
direct object, see pronouns
division of words into syllables, 410–411
-ducir verbs, 423

e: "and", note 133
en, note 215
estar: present indicative, 43; uses of, 44, 101; with present progressive, 98, 101

future: for probability, 249; irregular forms, 247; perfect, 271; for probability, 271; present tense for, note 11; tense, 245

-gar verbs, 154, 419
gender of nouns, 15, 16, note 24
gerund: formation of, 98; to express progressive tense, 98, 101, 173
-guar verbs, 420
-guir verbs, 420
gustar, 119, 120

haber: note 232; to form perfect tenses, 232–234, 271, 272, 339
hacer: in time expressions, 142, 175; in weather expressions, 210; meaning 'ago', 201
hay: uses of, 61

imperative, see commands
imperfect: contrasted with preterit, 196, 197; indicative forms, 171, 172; irregular forms, 173; verbs with special meanings in, 199; subjunctive forms, 355; uses of imperfect subjunctive, 356
impersonal expressions: followed by indicative, 322; followed by infinitive, 322; followed by subjunctive, 321, 322
indefinite article, see article, indefinite
indefinite subject, 274
indirect object, see pronouns
infinitive: after impersonal expressions, 321, 322; after escuchar, oír and ver, 202; after prepositions, note 117; after tener que, 145, 199; classification, 14; position of object pronouns with, 73, 105
interrogative sentences, 18
intonation, 18, 153, 154, 410
ir: a + infinitive, 59
-ísimo, 48

jugar, 128

letter writing, 368
"like", 119, 120
linking, 40, 409

lo, see neuter lo

months, 70

negation: double negatives, 75; simple, 17, 18; with object pronouns, 73
neuter lo: nominalization with, note 169; with que, 254
nouns: agreement of, 27, 28; gender of, 15, 16; phrases with de plus a noun, note 117; plural of, 16
numerals: cardinal, 2, 25, 40, 56, 61; ordinal, 61, 62, 157

oír: followed by infinite, 202; forms of, 201
ordinal numerals, 61, 62; with nouns, 157

para: uses of, 216
passive: reflexive substitute for, 378; voice, 376
past participle: forms of, 231; in perfect tenses, 232–234, 271, 272, 339; irregular forms of, 231; to express passive voice, 376; used as adjective, 234
pedir: use of, 104
pero, sino, 301
personal a, 41, note 139; omission of, 41
phrases with de + a noun, note 117
pluperfect: indicative, 233, 234; subjunctive, 358, 359
plural: of adjectives, 28; of nouns, 16
poder, 60, 199
por: uses of, 214, 215
position: of adjectives, 157, 158; of object pronouns, 73, 105, 213, note 341
possession, 26
possessive adjectives: agreement of, 29; definite article used for, 234; forms, 28, 29; position of, 157
possessive pronouns, 121, 122; clarification of el suyo, etc., 123
preguntar: use of, 104
preposition a, note 37, 151; personal, 41
present tense: for future, note 11; indicative of regular verbs, 14, 30; indicative

of stem-changing verbs, 45, 60, 70, 71; indicative of verbs irregular in first person singular, 102, 105; of **hacer** in time clauses, 142; perfect indicative, 232; perfect subjunctive, 339; subjunctive, 296–298

preterit: contrasted with imperfect, 196, 197; irregular forms of, 143; of **ser, ir, and dar,** 136; orthographic changes, 154–156; regular forms of, 12; stem-changing verbs, 156; verbs with special meanings in, 199

probability: conditional of, 252, 273; future of, 249, 271

progressive forms of tenses, 98, 173; position of object with, 105

pronouns: demonstrative, 78; direct object, 72, 73; indirect object, 105, 106; position of object, 73, 105, 213, note 341; possessive pronouns, 121, 122; reflexive, 138; relative, 237, 254, 255; subject, 13; two objects, 125, 126; used as objects of prepositions, 174, 175

pronunciation, 13, 25, 39, 55, 56, 69, 70, 97, 119, 135, 136, 403–408

que: meaning *let,* 300; meaning *than,* 46, 124; relative pronoun, 237; note 117

¿qué?, 301

¡qué!, note 151

questions, 18

quien: use of, 237

reflexive pronouns, 138

reflexive substitute for the passive, 378

reflexive constructions: forms of, 137, 138, 140; familiar plural commands of, 320; reciprocal, 274

relative pronouns, 237, 254, 255

rhythm, 409

saber: uses of, 104, 199

se: as indefinite subject, 274; as substitute for the passive, 378; for **le** and **les,** 125, 126; reflexive pronouns, 138

seasons, 70

ser: uses of, 26, 27, 44, 99, 100

si-clauses, 374

sino, pero, 301

stem-changing verbs, 45, 60, 70, 71, 156, 297, 417–419

su(s): clarification of, 29

subject pronouns: omission of, 15; uses of, 13, 14

subjunctive: after conjunctions that imply uncertainty or unfulfillment, 335, 336; after **con tal que, sin que, en caso de que, a menos que,** 336, 337; after impersonal expressions, 321, 322; forms in the present, 296–298; imperfect, 355, 356; in formal commands, 211, 212; in indirect or implied commands, 298; in si-clauses, 374; omission of main clause, 300; pluperfect, 358, 359; present perfect, 339; sequence of tenses with, 360, 361; summary of uses, 371–373; to express command in the first person plural, 319; to express doubt and unreality, 321, 322; to express emotion, 317, 318; to refer to someone or something that is indefinite, unspecified or non-existent, 334; uses of, 295; with **aunque,** 338

superlative: absolute, 48; comparative, 47

suyo, - a: clarification of, 123

tener: forms, 31; idioms with, 32; special meaning in preterit of, 199; **tener que** + infinitive, 145, 199

tenses, *see* present, etc.

"than", 46, 124

time: of day, 56, 57, 100

triphongs, 404

-uir verbs, 421

usted(es), 14

ver, followed by infinitive, 202

verbs: *see* each separately and tables in Appendix; stem-changing, 45, 60, 70, 71, 156; with irregular first person singular, 102, 103; with orthographic changes, 154–156, note 315; with special endings, 422–427; with special meanings in the preterit, 199; with special meanings in the reflexive, 140

volver a, 323
vowels, 403–404

weather: expression of, 210
word order: in interrogative sentences,
18; in negative sentences, 17, 18; with
gustar, 119, 120
word stress, 411–412

-zar verbs, 154, 155, 421